Passo a Passo

Microsoft®
Office Word 2007

C877m Cox, Joyce
　　　　Microsoft Office Word 2007 passo a passo / Joyce Cox, Joan Preppernau ; tradução de João Tortello. – Porto Alegre : Bookman, 2007.
　　　　412 p. : il. ; 25 cm.

　　　　ISBN 978-85-7780-032-2

　　　　1. Programa de Computador. 2. Software. 3. Microsoft Office – Word. I. Preppernau, Joan. II. Título.

　　　　　　　　　　CDU 004.4WORD 2007

Catalogação na publicação: Juliana Lagôas Coelho – CRB 10/1798

Joyce Cox e Joan Preppernau

Microsoft

Passo a Passo

Microsoft®
Office Word 2007

Tradução:
João Tortello

2007

Obra originalmente publicada sob o título
Microsoft® Office Word 2007 Step by Step
ISBN 978-0-7356-2302-6

Copyright 2007 by Microsoft Corporation
Edição original em inglês Copyright © 2007 by Joyce Cox and Joan Preppernau.
Publicado conforme acordo com a editora original, Microsoft Press, uma divisão da
Microsoft Corporation, Redmond, Washington, EUA.

Capa: *Gustavo Demarchi*

Preparação do original: *Rachel Garcia Valdez*

Supervisão editorial: *Arysinha Jacques Affonso e Elisa Viali*

Editoração eletrônica: *Techbooks*

Microsoft, Microsoft Press, Access, Active X, Aero, Calibri, Constantia, Encarta, Excel, Goove, Hotmail, Infopath, Internet Explorer, MSN, One Note, Outlook, PowerPoint, Share Point, SQL Server, Verdana, Visio, Webdings, Windows, Windows Live, Windows Server e Windows Vista são marcas comerciais registradas ou marcas comerciais da Microsoft Corporation nos Estados Unidos e/ou em outros países. Outros produtos e empresas mencionados aqui podem ser marcas comerciais de seus respectivos proprietários.

Os exemplos de empresas, organizações, produtos, nomes de domínio, endereços de correio eletrônico, logotipo, pessoas, lugares ou eventos aqui apresentados são fictícios. Nenhuma associação com qualquer empresa, organização, produto, nome de domínio, endereço de correio eletrônico, logotipo, pessoa, lugar ou eventos reais foi proposital ou deve ser inferido.

As informações aqui contidas são fornecidas sem quaisquer garantias expressas, legais ou implícitas. Os autores, a Microsoft Corporation e seus revendedores ou distribuidores não poderão ser responsabilizados por qualquer dano causado, ou supostamente causado, direta ou indiretamente, por este livro.

Reservados todos os direitos de publicação, em língua portuguesa, à
ARTMED® EDITORA S.A.
(BOOKMAN® COMPANHIA EDITORA é uma divisão da ARTMED® EDITORA S. A.)
Av. Jerônimo de Ornelas, 670 – Santana
90040-340 – Porto Alegre – RS
Fone: (51) 3027-7000   Fax: (51) 3027-7070

É proibida a duplicação ou reprodução deste volume, no todo ou em parte, sob quaisquer formas ou por quaisquer meios (eletrônico, mecânico, gravação, fotocópia, distribuição na Web e outros), sem permissão expressa da Editora.

SÃO PAULO
Av. Angélica, 1.091 – Higienópolis
01227-100 – São Paulo – SP
Fone: (11) 3665-1100   Fax: (11) 3667-1333

SAC 0800 703-3444

IMPRESSO NO BRASIL
PRINTED IN BRAZIL

As autoras

Joyce Cox tem 25 anos de experiência no desenvolvimento de materiais de treinamento sobre assuntos técnicos para leigos e é autora de dezenas de livros sobre as tecnologias Office e Windows. Ela é vice-presidente da Online Training Solutions, Inc. (OTSI). Foi presidente e principal idealizadora da Online Press, onde desenvolveu a série *Quick Course* de livros de treinamento em informática para alunos adultos iniciantes e intermediários. Também foi a primeira editora-executiva da Microsoft Press, editora da Sybex e editora na Universidade da Califórnia. Joyce e seu marido Ted vivem no centro da cidade de Bellevue, Washington, e escapam sempre que podem para sua minúscula cabana, sem acesso à Internet, nas colinas Cascade.

Joan Preppernau escreveu mais de dez livros sobre Windows e o Office, incluindo o popular *Microsoft Windows XP Step by Step*. Joan aprendeu a usar o computador no colo do seu pai. Desde então, sua vasta experiência em várias áreas da indústria de informática fez crescer o entusiasmo em produzir materiais de treinamento interessantes, úteis e de leitura fácil e agradável. Joan é presidente da Online Training Solutions, Inc. (OTSI) e ávida usuária da tecnologia online para trabalhar. O avanço da Internet e a obsessão por tecnologia possibilitaram a Joan viver e trabalhar na Nova Zelândia, Suécia, Dinamarca e em vários locais dos Estados Unidos, ao longo de 15 anos. Depois de finalmente descobrir os prazeres de uma dose diária de sol, Joan recentemente fixou residência em San Diego, Califórnia, com seu marido Barry e sua filha Trinity.

A equipe

Sem o apoio dos membros superdedicados da equipe de publicação da OTSI este livro não existiria. Susie Bayers e Marlene Lambert conduziram o processo editorial e Robert (RJ) Cadranell dirigiu o processo de produção. Jaime Odell revisou o livro e Jan Bednarczuk criou seu índice. Lisa Van Every fez a composição do livro usando o Adobe InDesign e Jeanne Craver trabalhou nas figuras. Outro membro importante da nossa equipe, Sandra Haynes, editora de séries da Microsoft Press, garantiu um apoio valioso ao longo de todo o processo de escrita e produção.

Online Training Solutions, Inc. (OTSI)

A OTSI é especializada no projeto, na criação e na produção de produtos de treinamento do Office e Windows voltados para aqueles que lidam com informações e para usuários domésticos de computadores. Para obter mais informações sobre a OTSI, visite o site

www.otsi.com

Apresentando o Word 2007

O Microsoft Office Word 2007 é um programa de processamento de textos sofisticado que ajuda a produzir e formatar, rápida e eficientemente, todos os documentos comerciais e pessoais que você precisar. Você pode usar o Word para:

- Criar documentos de aparência profissional que incorporam elementos gráficos impressionantes, como gráficos e diagramas.
- Dar aos documentos uma aparência consistente, aplicando estilos e temas que controlam a fonte, o tamanho, a cor e os efeitos de texto e também o plano de fundo da página.
- Armazenar e reutilizar conteúdo pronto e elementos formatados, como folhas de rosto e quadros.
- Criar mensagens de email personalizadas e correspondência para vários destinatários, sem digitação repetitiva.
- Tornar informação acessível em documentos longos, compilando sumários, índices remissivos e bibliografias.
- Tornar seus documentos seguros, controlando quem pode fazer alterações e os tipos de alterações que podem ser feitas, removendo informações pessoais e aplicando uma assinatura digital.

A versão 2007 do Word foi revista e atualizada em relação às versões anteriores. Você vai notar algumas alterações óbvias assim que iniciar o programa, pois a parte superior da janela de programa tem uma aparência completamente nova, descrita no Capítulo 1, "Explorando o Word 2007". Mas, os aprimoramentos vão além de mudanças na aparência. Neste livro, ensinamos como e quando utilizar cada recurso novo do programa.

> **Dica** Neste livro você encontrará um pôster colorido de quatro páginas que funciona como um guia prático para alguns dos melhores recursos da interface remodelada do office e inclui dicas para você começar. Você aprenderá a usar esses recursos e outros tantos à medida que avançar na leitura deste livro.

Novos recursos

Como existem muitos recursos novos nesta versão do Word, não os identificamos com um ícone de margem especial, como fizemos nas versões anteriores deste livro. Entretanto, os listamos aqui. Se você estiver migrando para o Word 2007 de uma versão anterior, é possível que esteja mais interessado nas diferenças entre a versão nova e a antiga e em como essas diferenças o afetarão. As seções a seguir listam os novos recursos introduzidos no Word 2007, dependendo da versão do programa da qual estiver migrando. Para localizar rapidamente informações sobre esses recursos, consulte o índice remissivo no final deste livro.

Se você estiver fazendo uma atualização a partir do Word 2003

Se você usa o Word 2003, logo vai perceber que o Word 2007 não é apenas uma atualização incremental do que parecia ser um conjunto de recursos e ferramentas mais abrangente. Além de introduzir uma estratégia mais eficiente para trabalhar com documentos, o Word 2007 contém uma longa lista de recursos novos e aprimorados, como:

- **A Faixa de Opções**. Chega de ficar procurando menus, submenus e caixas de diálogo. Essa nova interface organiza todos os comandos freqüentemente utilizados pela maioria das pessoas, tornando-os rapidamente acessíveis a partir de guias na parte superior da janela de programa.
- **Visualização dinâmica**. Veja o efeito de uma opção de formatação antes de aplicá-la.
- **Blocos de construção**. Os blocos de construção predefinidos incluem conjuntos de folhas de rosto, caixas de citação, barras laterais, cabeçalhos e rodapés.
- **Conjuntos de estilo e temas de documento**. Altere rapidamente a aparência de um documento aplicando um conjunto de estilos ou um tema diferente, visualizando seu efeito antes de fazer uma seleção.
- **Gráficos SmartArt**. Use essa impressionante nova ferramenta de diagramação para criar diagramas sofisticados com formas tridimensionais, transparência, sombras subjacentes e outros efeitos.
- **Criação de gráficos aprimorada**. Insira dados em uma planilha do Microsoft Office Excel vinculada e observe enquanto seus dados são instantaneamente plotados no tipo de gráfico de sua escolha.
- **Limpeza de documento**. Faça o Word procurar e remover comentários, texto oculto e informações pessoais antes de finalizar um documento.
- **Novo formato de arquivo**. Os novos Formatos XML Abertos do Microsoft Office reduzem o tamanho dos arquivos e ajudam a evitar a perda de dados.

Se você estiver fazendo uma atualização a partir do Word 2002

Além dos recursos listados na seção anterior, se você estiver atualizando a partir do Word 2002 (integrante do sistema Microsoft Office XP), deve tomar nota dos seguintes recursos introduzidos no Word 2003:

- **Modo de exibição Layout de Leitura**. Visualize e leia um documento facilmente na tela, sem precisar imprimi-lo, e use os botões da barra de ferramentas Marcação de Modo de Leitura para fazer comentários, realces e revisões.
- **Miniaturas**. Obtenha uma visão geral de um documento exibindo pequenas imagens de suas páginas.
- **Marcas Inteligentes**. Sinalize itens, como nomes e endereços, e depois exiba um menu de opções para executar tarefas comuns com esse tipo de informação.
- **Serviço de pesquisa**. Localize informações de suporte em referências armazenadas em seu computador ou na Internet.
- **Suporte para manuscritos**. Em um Tablet PC, redija seus comentários em documentos do Word à mão.

- **Cores de inserção e exclusão**. Ao controlar alterações e comentários em um documento, diferencie facilmente entre inserções e exclusões e entre alterações feitas por diferentes revisores.
- **Controle de balão**. Exiba ou oculte balões de revisão e balões de comentário independentemente.
- **Controle de edição e formatação**. Especifique se e como um documento pode ser modificado.
- **Espaços de trabalho compartilhados**. Envie um arquivo como anexo e crie um espaço de trabalho automaticamente em um site de colaboração construído com produtos e tecnologias Microsoft SharePoint.
- **Recursos de XML**. Salve um documento do Word como um arquivo XML.
- **Resumos de documento**. Extraia os principais pontos do documento.
- **Estatísticas de legibilidade**. Exiba estatísticas que ajudam a medir o nível de leitura do documento.

Se você estiver fazendo uma atualização a partir do Word 2000

Se você estiver fazendo uma atualização a partir do Word 2000, terá muito que aprender, mas essa migração definitivamente valerá a pena. Além dos recursos listados nas seções anteriores, os seguintes recursos e ferramentas, que foram adicionados no Word 2002, serão novidade para você:

- **Painel de tarefas Estilos e Formatação**. Trabalhe com estilos de parágrafo e formatação de caractere em um documento inteiro, a partir de um único painel de tarefas. Crie, visualize, selecione, aplique e limpe a formatação do texto.
- **Painel de tarefas Revelar formatação**. Exiba os atributos de formatação de uma seleção de texto.
- **Colaboração aprimorada**. Use a barra de ferramentas Revisão aprimorada ao colaborar em documentos com seus colegas.
- **Formatação de tabela e lista aprimorada**. Copie, formate e ordene tabelas facilmente e crie listas com estruturas de parágrafo complexas.
- **Interface de segurança aprimorada**. Acesse opções de segurança em uma única guia na caixa de diálogo Opções.
- **Proteção de informações**. Remova as informações pessoais armazenadas como propriedades de arquivo e os nomes associados a comentários ou em alterações controladas.

Vamos começar!

Trabalhamos com o Word desde que ele foi criado e cada versão tem oferecido algo que torna a elaboração diária de documentos um pouco mais fácil. Mas esta é a primeira versão que nos fez realmente sorrir e dizer "Uau!". Queremos muito compartilhar esse sentimento com você.

Informações para os leitores que usam o Windows XP

As instruções relativas aos elementos gráficos e ao sistema operacional deste livro refletem a interface do usuário do Windows Vista. Porém, o Windows Vista não é obrigatório; você também pode usar um computador com o Microsoft Windows XP.

A maioria das diferenças que você encontrará ao trabalhar nos exercícios deste livro em um computador com o Windows XP instalado está relacionada mais com aparência do que com funcionalidade. Por exemplo, o botão Iniciar do Windows Vista é redondo em vez de retangular e não está rotulado com a palavra *Iniciar*; os quadros das janelas e os botões de gerenciamento de janela são diferentes; e se o seu sistema der suporte ao Windows Aero, as molduras das janelas podem ser transparentes.

Nesta seção, fornecemos passos para a navegação pelos menus e caixas de diálogo do Windows XP que diferem daqueles fornecidos nos exercícios deste livro. Em geral, essas diferenças são tão pequenas que você não terá nenhuma dificuldade em concluir os exercícios.

Gerenciando os arquivos de exercícios

As instruções fornecidas na seção "Utilizando o CD-ROM deste livro" são específicas para o Windows Vista. As únicas diferenças ao instalar, usar, desinstalar e remover os arquivos de exercícios fornecidos no CD que acompanha o livro é o local de instalação padrão e o processo de desinstalação.

Em um computador com o Windows Vista, o local de instalação padrão dos arquivos de exercícios é *Documentos\MSP\SBS_Word2007*. Em um computador com o Windows XP, o local de instalação padrão é *Meus Documentos\MSP\SBS_Word2007*. Se o seu computador estiver executando o Windows XP, quando um exercício solicitar que navegue para a pasta *Documentos*, você deverá ir para a pasta *Meus Documentos*.

Para desinstalar os arquivos de exercícios de um computador com o Windows XP:

1. Na barra de tarefas do Windows, clique no botão **Iniciar** e, em seguida, clique em **Painel de Controle**.
2. No **Painel de Controle**, clique (ou no modo de exibição Clássico, clique duas vezes) em **Adicionar ou remover programas**.
3. Na janela **Adicionar ou remover programas**, clique em **Microsoft Office Word 2007 Step by Step** e, em seguida, clique em **Remover**.
4. Na caixa de mensagem **Adicionar ou remover programas** solicitando a sua confirmação para a exclusão, clique em **Sim**.

> **Importante** Se você precisar de ajuda para instalar ou desinstalar os arquivos de exercícios, consulte a seção "Como obter ajuda", posteriormente neste livro. Os Serviços de Suporte de Produtos Microsoft não oferecem suporte para este livro nem para o CD que o acompanha.

Usando o menu Iniciar

Para iniciar o Word 2007 em um computador com o Windows XP em execução:

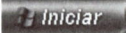 → Clique no botão **Iniciar**, aponte para **Programas**, clique em **Microsoft Office** e, em seguida, clique em **Microsoft Office Word 2007**.

As pastas no menu Iniciar do Windows Vista expandem verticalmente. As pastas no menu Iniciar do Windows XP expandem horizontalmente. Você irá observar essas variações entre as imagens mostradas neste livro e o seu menu Iniciar.

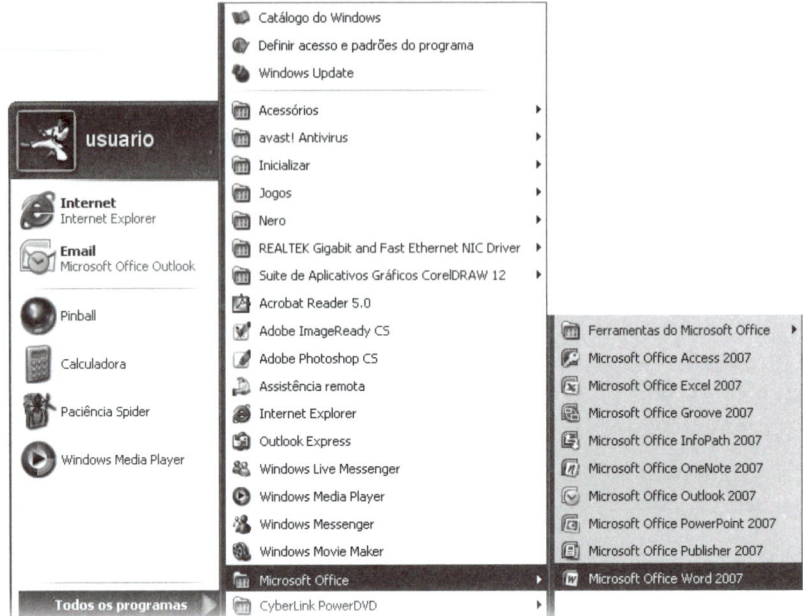

Navegando em caixas de diálogo

Em um computador com o Windows XP, algumas caixas de diálogo com as quais você trabalhará nos exercícios não só parecem diferentes dos elementos gráficos mostrados neste livro como também funcionam de forma diferente. Essas caixas de diálogo são principalmente aquelas que agem como uma interface entre o Word e o sistema operacional, incluindo qualquer caixa de diálogo em que você navegue para um local específico. Por exemplo, aqui estão as caixas de diálogo Abrir do Word 2007 sendo executado no Windows Vista e no Windows XP e alguns exemplos de como navegar por elas.

Informações para os leitores que usam o Windows XP   **xiii**

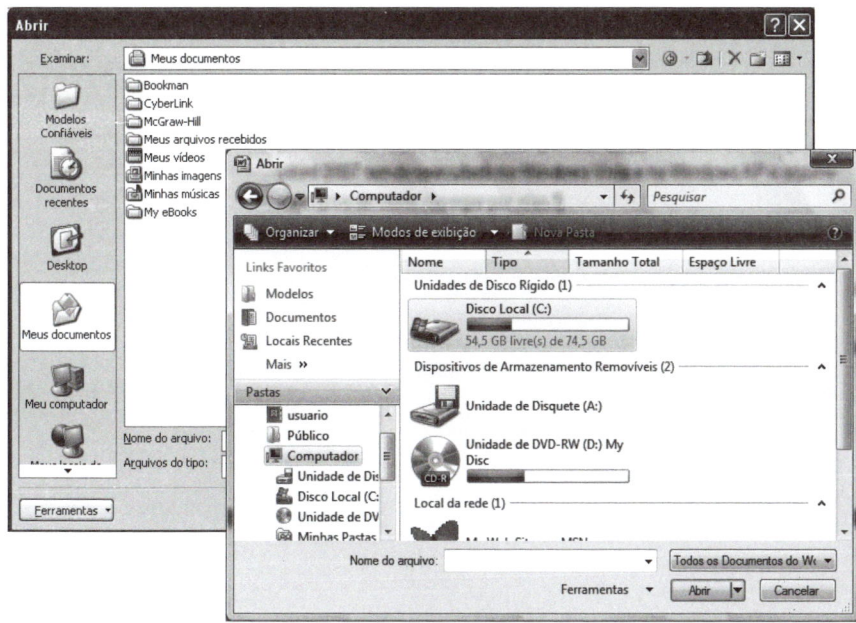

Para navegar para a pasta *Chapter01* no Windows Vista:

→ No painel **Links Favoritos**, clique em **Documentos**. Depois, no painel de conteúdo da pasta, clique duas vezes em **MSP**, em **SBS_Word2007** e, em seguida, clique duas vezes em **Chapter01**.

Para voltar à pasta *SBS_Word2007* no Windows Vista:

→ No canto superior esquerdo da caixa de diálogo, clique no botão **Voltar**.

Voltar

Para navegar para a pasta *Chapter01* no Windows XP:

→ Na barra **Locais**, clique em **Meus documentos**. Depois, no painel de conteúdo da pasta, clique duas vezes em **MSP**, em **SBS_Word2007** e, em seguida, clique duas vezes em **Chapter01**.

Para voltar à pasta *SBS_Word2007* no Windows XP:

Um nível acima

→ Na barra de ferramentas, clique no botão **Um nível acima**.

O programa Microsoft Business Certification

O profissional especializado em informática está se tornando cada vez mais importante no mundo empresarial. Como resultado, ao selecionar, contratar e treinar funcionários, a maioria dos empregadores exige a objetividade e consistência da certificação de tecnologia para assegurar a competência da mão-de-obra. Empregado ou não, você pode usar a certificação de tecnologia para provar que já possui as habilidades necessárias para ser bem-sucedido, economizando aos futuros ou atuais empregadores preocupação e custos com o seu treinamento.

O programa Microsoft Business Certification pretende a ajudar os funcionários a validar suas habilidades no Windows Vista e nos programas do Microsoft Office 2007. Há dois caminhos para a certificação:

- Um profissional com a certificação Microsoft Certified Application Specialist (MCAS) é uma pessoa que demonstrou grande habilidade para o Windows Vista ou para o conjunto de programas do Microsoft Office 2007 por meio de um exame de certificação no Windows Vista ou em um ou mais programas do Microsoft Office 2007, que inclui o Microsoft Office Word 2007, Microsoft Office Excel 2007, Microsoft Office PowerPoint 2007, Microsoft Office Outlook 2007 e Microsoft Office Access 2007.

- Um profissional com a certificação Microsoft Certified Application Professional (MCAP) é uma pessoa que possui conhecimento ainda maior do conjunto de programas do Microsoft Office 2007 e dos produtos e tecnologias do Microsoft SharePoint e demonstrou, por meio de um exame de certificação, que pode usar o poder colaborativo do conjunto de programas do Office para executar funções como análise e previsão de orçamento e gerenciamento e colaboração de conteúdo.

Após obter a certificação, você pode incluir o logotipo do MCAS ou MCAP com o designador de certificação apropriado em seu cartão de visita e outros materiais de promoção pessoal. Esse logotipo comprova que você é proficiente nas habilidades dos aplicativos ou entre aplicativos necessárias para obter a certificação.

Selecionando um caminho de certificação

Ao selecionar o caminho do Microsoft Business Certification que gostaria de seguir, você deve avaliar:

- O programa e a(s) versão(ões) do(s) programa(s) com o(s) qual(is) você está familiarizado.
- Por quanto tempo você usou o programa.
- Se você teve treinamento formal ou informal no uso daquele programa.

Espera-se que os candidatos à certificação de nível MCAS concluam com êxito uma ampla variedade de tarefas comerciais padrão, como formatar um documento ou planilha. Os candidatos bem-sucedidos geralmente têm seis ou mais meses de experiência com o Windows Vista ou com o programa específico do Office, incluindo treinamento formal com acompanhamento de instrutor, estudo informal sem acompanhamento usando livros, guias ou materiais interativos baseados na Internet aprovados pelo MCAS.

Espera-se que os candidatos à certificação de nível MCAP concluam com êxito tarefas mais complexas voltadas à área comercial utilizando funcionalidades avançadas com o conjunto de produtos do Microsoft Office 2007 combinados. Os candidatos bem-sucedidos geralmente têm entre seis meses e um ano, ou mais, de experiência com os programas, incluindo treinamento formal com acompanhamento de instrutor ou estudo informal sem acompanhamento usando os materiais aprovados para o MCAP.

O Microsoft Certified Application Specialist

Os exames de certificação MCAS e MCAP são desenvolvidos a partir de um conjunto de padrões de habilidades necessários à boa utilização do Windows Vista e dos programas do Office 2007 no ambiente de trabalho. Como esses padrões de habilidades prescrevem a abrangência de cada exame, eles fornecem informações importantes sobre como se preparar para a certificação.

Para ser certificado como Microsoft Certified Application Specialist para o Microsoft Office Word 2007, você precisa demonstrar competência nestas seis áreas:

- **Criação e personalização de documentos**. Você precisa demonstrar a capacidade de criar e formatar documentos rapidamente; organizar documentos por meio da formatação de páginas; tornar documentos e conteúdo mais fáceis de encontrar; e personalizar o Word 2007 por meio de opções de personalização.

- **Formatação de conteúdo**. Você precisa demonstrar a capacidade de formatar texto e parágrafos, incluindo a criação e a modificação de estilos e a configuração de tabulações; manipular texto recortando, copiando e colando, localizando-o e substituindo-o; e controlar a paginação com quebras de página e seções.

- **Trabalho com conteúdo visual**. Você precisa demonstrar a capacidade de inserir e formatar imagens, clip-art, elementos gráficos de SmartArt e formas; inserir texto gráfico usando WordArt, citações e letras capitulares; e inserir, formatar e vincular caixas de texto.

- **Organização de conteúdo**. Você precisa demonstrar a capacidade de criar e usar Partes Rápidas (blocos de construção); criar, modificar e ordenar listas; criar e formatar tabelas, incluindo a mesclagem e a divisão de células e efetuar cálculos; inserir e formatar legendas, bibliografias e tabelas de ilustrações e autoridades; e usar mala direta para criar cartas modelo, envelopes e etiquetas.

- **Revisão de documentos**. Você precisa demonstrar a capacidade de mover-se em um documento e trocar para um modo de exibição diferente; comparar e mesclar documentos; e gerenciar alterações controladas e trabalhar com comentários.

- **Compartilhamento e segurança de conteúdo**. Você precisa demonstrar a capacidade de preparar um documento para compartilhamento, salvando-o no formato apropriado, removendo informações inadequadas ou privativas e marcando-o como final; restringir permissões para um documento, configurar uma senha e protegê-lo; e anexar uma assinatura digital.

O exame Microsoft Business Certification

Os exames de certificação MCAS e MCAP para o Windows Vista e os programas do Office 2007 são baseados em desempenho e exigem que você conclua tarefas relacionadas à área comercial usando uma simulação interativa (um modelo digital) do sistema operacional Windows Vista ou um ou mais programas integrantes do conjunto do Office.

Dicas para fazer o teste

- Siga todas as instruções fornecidas em cada questão de forma completa e precisa.
- Digite as informações solicitadas conforme elas aparecem nas instruções, mas sem reproduzir a formatação, a menos que você seja instruído a fazer isso. Por exemplo, o texto e os valores que você é solicitado a digitar podem aparecer nas instruções em negrito e sublinhado (por exemplo, **texto**), mas digite as informações sem aplicar essas formatações.
- Feche todas as caixas de diálogo antes de passar para a próxima questão do exame, a menos que você seja instruído a fazer o contrário.
- Não feche os painéis de tarefas antes de passar para a próxima questão do exame, a menos que você seja instruído a fazer o contrário.
- Se você for solicitado a imprimir um documento, planilha, gráfico, relatório ou slide, execute a tarefa, mas saiba que na verdade nada será impresso.
- Não se preocupe com os pressionamentos de teclas ou cliques de mouse extras. Seu trabalho é avaliado com base no resultado e não no método que utiliza para chegar a esse resultado (a menos que um método específico esteja indicado nas instruções) nem no tempo que você leva para concluir a questão.
- Caso seu computador se torne instável durante o exame (por exemplo, se o exame não responder ou se o mouse não funcionar mais) ou se falta de energia, entre em contato com o administrador do centro de testes imediatamente. O administrador vai reinicializar o computador e abrir o exame no ponto em que a interrupção ocorreu; sua nota estará intacta.

Certificado

Ao concluir o exame você receberá um relatório de notas, que pode ser impresso com a ajuda do administrador do centro de testes. Se a sua nota alcançar ou ultrapassar a nota mínima exigida, você receberá pelo correio um certificado impresso em aproximadamente 14 dias.

Para obter mais informações

Para saber mais sobre os exames e o curso virtual de MCAS, visite o site

http://www.microsoft.com/learning/mcp/mcas/

Para saber mais sobre os exames e o curso virtual de MCAP, visite o site

http://www.microsoft.com/learning/mcp/mcap/

Recursos e convenções deste livro

Este livro tem como objetivo orientá-lo na execução passo a passo de todas as tarefas que desejará executar no Microsoft Office Word 2007. Se começar pelo início e fizer todos os exercícios, você alcançará proficiência suficiente para criar e trabalhar com todos os tipos comuns de documentos do Word. Porém, cada tópico é independente. Se você trabalhou com uma versão anterior do Word ou se concluiu todos os exercícios e precisa de ajuda para relembrar um procedimento, os seguintes recursos deste livro o ajudarão a localizar uma informação:

- **Sumário detalhado.** Uma listagem dos tópicos e barras laterais em cada capítulo.
- **Guias indicativas de início de capítulo.** Localize o início do capítulo que você deseja com facilidade.
- **Cabeçalhos de capítulo por tópicos.** Em um capítulo, localize rapidamente o tópico desejado olhando o cabeçalho das páginas ímpares.
- **Consulta rápida.** Instruções gerais de cada procedimento abordado posteriormente em detalhes. Refresque sua memória sobre uma tarefa enquanto trabalha em seus documentos.
- **Índice remissivo detalhado.** Localize tarefas e recursos específicos e conceitos gerais no índice remissivo, que foi cuidadosamente planejado pensando no leitor.
- **CD-ROM.** Contém arquivos necessários para os exercícios passo a passo, assim como uma versão eletrônica totalmente pesquisável deste livro (em inglês) e outros recursos úteis.
- **Encarte colorido.** Um guia de consulta aos recursos básicos da interface do usuário do sistema Microsoft Office 2007, sobre os quais você aprenderá mais neste livro.

Além disso, fornecemos um glossário de termos para que você possa procurar o significado de uma palavra ou a definição de um conceito.

Você pode economizar tempo ao utilizar este livro. Veja como a série *Passo a Passo* apresenta as instruções especiais, teclas a serem pressionadas, botões a serem clicados e assim por diante.

Convenção	Significado
(ícone de CD)	Este ícone no final da introdução de um capítulo indica as informações sobre os arquivos de exercícios fornecidos no CD que serão utilizados no capítulo.
USE	Indicação que precede um exercício passo a passo informando os arquivos que você usará para fazer o exercício.
NÃO SE ESQUEÇA DE	Precede ou segue um exercício e indica os requisitos que você deve atender antes de começar o exercício ou ações que deve executar para restaurar seu sistema ao final do exercício.
ABRA	Precede um exercício passo a passo e indica os arquivos que devem ser abertos antes de começar o exercício.
FECHE	Usado no final de um exercício passo a passo, fornece instruções para fechar arquivos ou programas abertos antes de passar para outro tópico.
1 2	Etapas numeradas em azul o conduzem ao longo dos exercícios passo a passo e da Consulta Rápida.

(continua)

Convenção	Significado
1 2	Etapas numeradas em preto o conduzem ao longo dos procedimentos em barras laterais e textos expositivos.
→	Uma seta indica um procedimento que tem apenas uma etapa.
Consulte também	Esses parágrafos dizem onde encontrar mais informações sobre um tópico específico neste livro ou em outro lugar.
Solução de problemas	Esses parágrafos explicam como corrigir um problema comum que pode impedi-lo de continuar um exercício.
Dica	Esses parágrafos fornecem uma sugestão útil ou atalho que facilita o trabalho em uma tarefa ou informações sobre outras possíveis opções.
Importante	Esses parágrafos indicam informações que você precisa conhecer para concluir um procedimento
Salvar	Na primeira vez que você for solicitado a clicar em um botão em um exercício, uma imagem do botão aparecerá na margem esquerda. Se o nome do botão não aparecer no próprio botão, aparecerá abaixo da figura.
Enter	Nos exercícios passo a passo, as teclas que você deve pressionar são mostradas como apareceriam em um teclado.
Ctrl + Home	Um sinal de mais (+) entre dois nomes de teclas significa que você tem de manter a primeira tecla pressionada enquanto pressiona a segunda tecla. Por exemplo, "pressione Ctrl + Home " significa "manter pressionada a tecla Ctrl enquanto você pressiona a tecla Home ".
Elementos da interface do programa	Nas etapas, os nomes de elementos do programa, como botões, comandos e caixas de diálogos, são mostrados em caracteres em negrito preto.
Entrada do usuário	Qualquer coisa que você tiver que digitar aparecerá em caracteres em negrito azul.
Termos do glossário	Os termos que são explicados no glossário no final do livro aparecem em caracteres em itálico azul.

Utilizando o CD-ROM deste livro

O CD-ROM que acompanha este livro contém os arquivos que você usará para fazer os exercícios do livro, assim como outros recursos eletrônicos que o ajudarão a aprender como usar o Microsoft Office Word 2007.

O que há no CD?

A tabela a seguir lista os arquivos de exercícios fornecidos no CD do livro.

Capítulo	Arquivos
Capítulo 1: Explorando o Word 2007	02_Opening.docx
	03_Viewing1.docx
	03_Viewing2.docx
	05_Printing.docx
Capítulo 2: Editando e revisando texto em documentos	01_Changes.docx
	02_SavedText.docx
	03_FindingWord.docx
	04_Outline.docx
	05_FindingText.docx
	06_Spelling.docx
	07_Finalizing.docx
Capítulo 3: Alterando a aparência de texto	01_QuickFormatting.docx
	02_Characters.docx
	03_Paragraphs.docx
	04_Lists.docx
Capítulo 4: Alterando a aparência de um documento	01_Background.docx
	02_Theme.docx
	03_Template.docx
	04_Header.docx
	05_ControllingPage.docx
Capítulo 5: Apresentando informações em colunas e tabelas	01_Columns.docx
	02_TabularList.docx
	03_Table.docx
	05_Calculations.docx
	05_LoanData.xlsx
	06_Loan.xlsx
	06_Memo.docx
	06_TableAsLayout.docx

(continua)

Capítulo	Arquivos
Capítulo 6: Trabalhando com elementos gráficos, símbolos e equações	01_Logo.png 01_Picture.docx 02_WordArt.docx 03_Shapes.docx 04_Relationships.docx 05_Symbols.docx
Capítulo 7: Trabalhando com diagramas e gráficos	01_Diagram.docx 02_ModifyingDiagram.docx 03_Chart.docx 04_ModifyingChart.docx 05_ExistingData.docx 05_Sales.xlsx
Capítulo 8: Trabalhando com documentos longos	01_Parts.docx 02_Contents.docx 03_Index.docx 04_Bookmarks.docx 05_Hyperlinks.docx 05_OtherLogos.docx 06_Bibliography1.docx 06_Bibliography2.docx
Capítulo 9: Criando cartas modelo, mensagens de email e etiquetas	02_DataSource.xlsx 02_PreparingData.docx 03_DataSource.xlsx 03_FormLetter.docx 04_DataSource.xlsx 04_MergingData.docx 05_E-mail.docx 06_DataSource.xlsx
Capítulo 10: Colaborando com os outros	01_Sending1.docx 01_Sending2.docx 01_Sending3.docx 02_TrackChanges.docx 03_Comments.docx 04_Comparing1.docx 04_Comparing2.docx 04_Comparing3.docx 05_Password.docx 06_PreventingChanges.docx 07_Workspace.docx

(continua)

Capítulo	Arquivos
Capítulo 11: Criando documentos para uso fora do Word	02_Web.docx
	03_Blog.docx
	04_XML.docx
	04_XMLSchema.xsd
Capítulo 12: Personalizando o Word	02_Commands.docx
	03_Toolbar1.docx
	03_Toolbar2.docx

Além dos arquivos de exercícios, o CD contém alguns recursos interessantes (em inglês) que farão você extrair o máximo deste livro e do Word 2007, incluindo:

- *Microsoft Office Word 2007 Step by Step* no formato de livro eletrônico
- *Microsoft Computer Dictionary*, 5th ed. no formato de livro eletrônico
- *First Look 2007 Microsoft Office System* (Katherine Murray, 2006)
- Capítulo de cortesia e encarte de *Look Both Ways: Help Protect Your Family on the Internet* (Linda Criddle, 2007)

Importante O CD que acompanha este livro não contém o software Word 2007. Você deve comprar e instalar o programa antes de usar este livro.

Requisitos mínimos do sistema

Sistema Microsoft Office 2007

O sistema Microsoft Office 2007 inclui os seguintes programas:

- Microsoft Office Access 2007
- Microsoft Office Communicator 2007
- Microsoft Office Excel 2007
- Microsoft Office Groove 2007
- Microsoft Office InfoPath 2007
- Microsoft Office OneNote 2007
- Microsoft Office Outlook 2007
- Microsoft Office Outlook 2007 com o Business Contact Manager
- Microsoft Office PowerPoint 2007
- Microsoft Office Publisher 2007
- Microsoft Office Word 2007

Nenhuma edição individual do sistema Office 2007 instala todos os programas acima. Os programas especializados disponíveis separadamente incluem o Microsoft Office Project 2007, Microsoft Office SharePoint Designer 2007 e Microsoft Office Visio 2007.

Para instalar e executar esses programas, seu computador precisa atender aos seguintes requisitos mínimos:

- Processador de 500 megahertz (MHz)
- 256 megabytes (MB) de memória RAM
- Unidade de CD ou DVD
- 2 gigabytes (GB) de espaço disponível na unidade de disco rígido; uma parte desse espaço em disco será liberada se você selecionar a opção de excluir os arquivos de instalação

> **Dica** Os requisitos de disco rígido variam dependendo da configuração; as opções de instalação personalizadas podem precisar de mais ou menos espaço em disco.

- Monitor com resolução de tela de 800×600, 1024×768 ou maior é o recomendado
- Teclado e mouse ou dispositivo de apontamento compatível
- Conexão de Internet, 128 kilobits por segundo (Kbps) ou maior, para fazer download e ativação de produtos, acessar o Microsoft Office Online e os tópicos de Ajuda online e quaisquer outros processos que dependam da Internet
- Windows Vista ou posterior, Microsoft Windows XP com o Service Pack 2 (SP2) ou o Microsoft Windows Server 2003 ou posterior
- Windows Internet Explorer 7 ou Microsoft Internet Explorer 6 com service packs

Os conjuntos do Microsoft Office 2007, incluindo o Office Basic 2007, Office Home & Student 2007, Office Standard 2007, Office Small Business 2007, Office Professional 2007, Office Ultimate 2007, Office Professional Plus 2007 e Office Enterprise 2007, têm requisitos semelhantes.

Exercícios passo a passo

Além do hardware, do software e das conexões exigidos para executar o sistema Microsoft Office 2007, você também precisará do seguinte para concluir com êxito os exercícios deste livro:

- Word 2007, Excel 2007 e Outlook 2007
- Acesso a uma impressora
- 10 MB de espaço livre em disco para os arquivos de exercícios

Como instalar os arquivos de exercícios

Você precisa instalar os arquivos de exercícios no local correto em sua unidade de disco rígido antes de utilizá-los. Siga estas etapas:

1. Remova o CD do envelope no final do livro e insira na unidade de CD de seu computador.

   Os termos da licença do CD aparecem. Siga as instruções da tela. Para usar os arquivos de exercícios, você precisa aceitar os termos do contrato de licença. Após aceitar o contrato de licença, aparecerá uma tela de menu.

Utilizando o CD-ROM deste livro **xxv**

> **Importante** Se a tela de menu não aparecer, clique no botão Iniciar e, em seguida, clique em Computador. Exiba a lista Pastas no Painel de Navegação, clique no ícone de sua unidade de CD e, em seguida, no painel da direita, clique duas vezes no arquivo executável StartCD.

2. Clique em **Instalar Arquivos de Exercícios**.
3. Clique em **Próximo** na primeira tela e, em seguida, clique em **Próximo** para aceitar os termos do contrato de licença na tela seguinte.
4. Se você quiser instalar os arquivos de exercícios em um local diferente da pasta padrão (Documentos*MSP\SBS_Word2007*), clique no botão **Mudar**, selecione a nova unidade e caminho e, em seguida, clique em **OK**.

> **Importante** Se você instalar os arquivos de exercícios em um local diferente do padrão, precisará substituir esse caminho nos exercícios.

5. Clique em **Próximo** na tela **Escolher local de destino** e, em seguida, clique em **Instalar** na tela **Pronto para instalar o programa** para instalar os arquivos de exercícios selecionados.
6. Após os arquivos de exercícios terem sido instalados, clique em **Concluir**.
7. Feche a janela do CD, remova o CD da unidade e guarde-o novamente no envelope do final do livro.

Como usar os arquivos de exercícios

Quando você instala os arquivos de exercícios do CD que acompanha este livro, eles são armazenados no seu disco rígido em subpastas específicas para cada capítulo, sob *Documentos\MSP\SBS_Word2007*. Cada exercício é precedido por um parágrafo que lista os arquivos necessários e explica qualquer preparação necessária para começar a trabalhar no exercício, como a seguir:

> **USE** o documento *03_FormLetter* e a pasta *03_DataSource*. Esses arquivos de exercícios estão localizados na subpasta *Chapter09*, sob *SBS_Word2007*.
>
> **NÃO SE ESQUEÇA DE** iniciar o Word e exibir os caracteres não imprimíveis antes de iniciar este exercício.
>
> **ABRA** o documento *03_FormLetter*.

Você pode procurar os arquivos de exercícios no Windows Explorer seguindo estas etapas:

Iniciar

1. Na barra de tarefas do Windows, clique no botão **Iniciar** e, em seguida, clique em **Documentos**.
2. Na pasta **Documentos**, clique duas vezes em **MSP**, clique duas vezes em **SBS_Word2007** e, em seguida, clique duas vezes na pasta do capítulo específico.

Você pode navegar para os arquivos de exercícios a partir de uma caixa de diálogo do Word 2007 seguindo estas etapas:

1. No painel **Links Favoritos** da caixa de diálogo, clique em **Documentos**.
2. Na pasta **Documentos**, clique duas vezes em **MSP**, clique duas vezes em **SBS_Word2007** e, em seguida, clique duas vezes na pasta do capítulo específico.

Como remover e desinstalar os arquivos de exercícios

Você pode liberar espaço no disco rígido desinstalando os arquivos de exercícios que foram instalados do CD. O processo de desinstalação exclui todos os arquivos que você criou nas pastas dos capítulos específicos em *Documentos\MSP\SBS_Word2007*, enquanto fazia os exercícios. Siga estas etapas:

Iniciar

1. Na barra de tarefas do Windows, clique no botão **Iniciar** e, em seguida, clique em **Painel de Controle**.
2. No **Painel de Controle**, sob **Programas**, clique na tarefa **Desinstalar um programa**.
3. Na janela **Programas e Recursos**, clique em **Microsoft Office Word 2007 Step by Step** e, em seguida, na barra de ferramentas da parte superior da janela, clique no botão **Desinstalar**.
4. Se aparecer a caixa de mensagem **Programas e Recursos** pedindo uma confirmação para a exclusão, clique em **Sim**.

Consulte também Se você precisar de ajuda adicional para instalar e desinstalar os arquivos de exercícios, consulte "Como obter ajuda", posteriormente neste livro.

> **Importante** Os serviços de suporte de produtos Microsoft não fornecem suporte a este livro ou ao CD que o acompanha.

Como obter ajuda

Fizemos todo o possível para garantir a exatidão deste livro e do conteúdo de seu CD-ROM. Se você tiver problemas, entre em contato com as fontes listadas abaixo para obter ajuda.

Como obter ajuda para este livro e seu CD-ROM*

Se a sua dúvida ou problema se refere ao conteúdo deste livro ou do CD-ROM, primeiro pesquise em Microsoft Press Knowledge Base online, que fornece suporte para erros conhecidos ou correções deste livro, neste site:

www.microsoft.com/mspress/support/search.asp

Se você não encontrar a resposta, envie seus comentários ou perguntas para o Suporte Técnico da Microsoft Press em:

mspinput@microsoft.com

Como obter ajuda para o Word 2007

Se a sua pergunta for sobre o Microsoft Office Word 2007 e não sobre o conteúdo deste livro, seu primeiro recurso é o sistema de Ajuda do Word. Esse sistema combina ferramentas e arquivos que foram armazenados em seu computador quando o sistema Microsoft Office 2007 foi instalado e, se o seu computador estiver conectado à Internet, as informações disponíveis no Microsoft Office Online. Existem várias maneiras de encontrar informações de Ajuda gerais ou específicas:

- Para descobrir para que serve um item da tela, você pode exibir uma *Dica de tela*. Por exemplo, para exibir a dica de tela de um botão, aponte para o botão sem clicar nele. A dica de tela fornece o nome do botão, o atalho de teclado associado (se houver um) e, a não ser que você especifique de outra forma, uma descrição do que ele faz quando é acionado.

- Na janela de programa do Word, você pode clicar no botão de Ajuda do Microsoft Office Word (um ponto de interrogação em um círculo azul) na extremidade direita da Faixa de Opções, para exibir a janela de Ajuda do Word.

- Após abrir uma caixa de diálogo, você pode clicar no botão de Ajuda (também um ponto de interrogação) no lado direito de sua barra de título, para exibir a janela de Ajuda do Word com tópicos relacionados às funções dessa caixa de diálogo já identificada.

Para praticar o modo de obter ajuda, você pode fazer o exercício a seguir.

> **NÃO SE ESQUEÇA DE** iniciar o Word antes de começar este exercício.

---

* N. de R. Comentários e sugestões relativos à edição brasileira desta obra podem ser encaminhados para secretariaeditorial@artmed.com.br

Ajuda do
Microsoft Office
Word

1. Na extremidade direita da Faixa de Opções, clique no botão **Ajuda do Microsoft Office Word**.

   A janela de Ajuda do Word abre.

2. Na lista de tópicos da janela de Ajuda do Word, clique em **Ativando o Word**.

   A Ajuda do Word exibe uma lista de tópicos relacionados à ativação dos programas do sistema Microsoft Office.

Você pode clicar em qualquer tópico para exibir as informações correspondentes.

Mostrar
Sumário

3. Na barra de ferramentas, clique no botão **Mostrar Sumário**.

   O Sumário aparece no painel da esquerda, organizado por categoria, como o sumário de um livro.

   Clicar em qualquer categoria (representada por um ícone de livro) exibe os tópicos dessa categoria (representados por ícones de ajuda).

Como obter ajuda **xxix**

Tópico

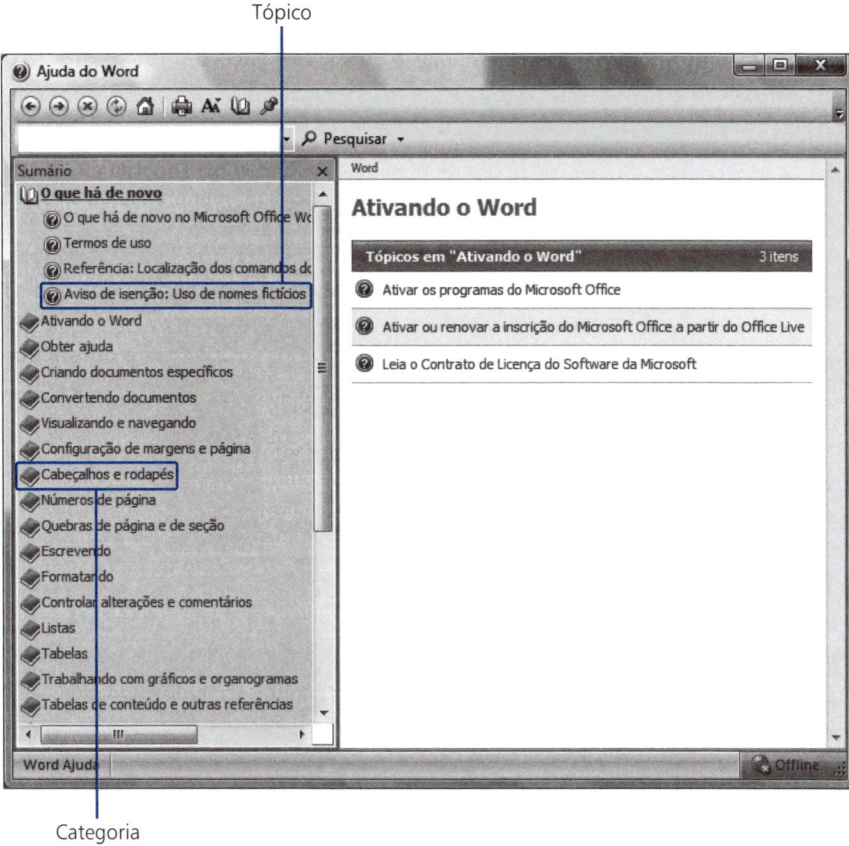

Categoria

Se você estiver conectado na Internet, o Word exibirá categorias, tópicos e treinamento disponíveis no site Office Online, assim como aqueles armazenados em seu computador.

  4. No **Sumário**, clique em algumas categorias e tópicos e, em seguida, clique nos botões **Voltar** e **Avançar** para mover-se entre os tópicos que já viu.

Voltar Avançar

  5. Na extremidade direita da barra de título do **Sumário**, clique no botão **Fechar**.

Fechar 6. Na parte superior da janela de Ajuda do Word, clique na caixa **Digite as palavras a serem pesquisadas**, digite **janela de Ajuda** e, em seguida, pressione a tecla Enter.

A janela de Ajuda do Word exibe tópicos relacionados às palavras que você digitou.

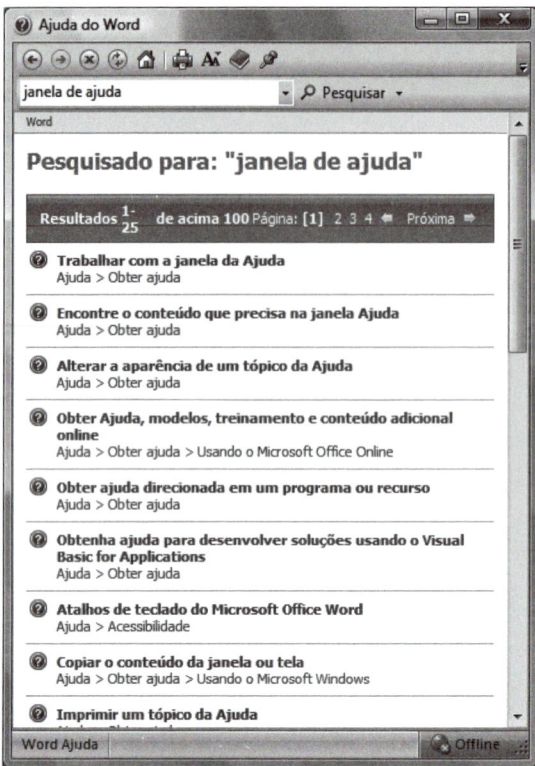

7. Na lista de resultados, clique em **Imprimir um tópico da Ajuda**.

   O tópico selecionado aparece na janela de ajuda do Word, explicando que você pode clicar no botão Imprimir na barra de ferramentas para imprimir qualquer tópico.

8. Abaixo do título, na parte superior do tópico, clique em **Mostrar tudo**.

   O Word exibe as informações auxiliares ocultas disponíveis para o tópico e altera o botão Mostrar tudo para Ocultar tudo. Você pode exibir ou ocultar um item individual clicando nele. Quando você clicar no botão Imprimir, o Word imprimirá todas as informações exibidas.

 FECHE a janela de Ajuda do Word.

Mais informações

Se a sua dúvida for sobre o Microsoft Office Word 2007 ou outro produto de software da Microsoft e você não encontrar uma resposta no sistema de Ajuda do produto, pesquise no centro de suporte apropriado ao produto ou no Microsoft Knowledge Base no endereço:

support.microsoft.com

Nos Estados Unidos, as questões de suporte a produtos de software da Microsoft não abordadas pela Microsoft Knowledge Base são resolvidas pelo Microsoft Product Support Services. As opções de suporte a software específicas da localidade estão disponíveis no endereço:

support.microsoft.com/gp/selfoverview

Sumário

1 Explorando o Word 2007 . . . . **63**
    Trabalhando no ambiente do Word. 64
    Abrindo, movendo-se e fechando um documento. 71
        Box: Compatibilidade com versões anteriores 75
    Os diferentes modos de exibição de um documento 75
    Criando e salvando um documento. 82
    Visualizando e imprimindo um documento. 86
    Pontos principais 89

2 Editando e revisando texto em documentos. **91**
    Alterando um documento 92
        Box: O que aconteceu com o modo sobrescrever? 92
        Box: A Área de Transferência 97
    Inserindo texto salvo. 97
        Box: Inserindo a data e a hora 100
    Encontrando a palavra mais apropriada 100
        Box: Pesquisando informações 102
        Box: Traduzindo texto 102
    Reorganizando a estrutura de tópicos de um documento 103
    Localizando e substituindo texto. 105
    Corrigindo a grafia e os erros gramaticais 109
        Box: Vendo estatísticas do documento 113
    Finalizando um documento 113
        Box: Adicionando uma assinatura digital 116
    Pontos principais 117

3 Alterando a aparência do texto **119**
    Formatando texto e parágrafos rapidamente. 119
    Alterando a aparência de caracteres manualmente 122
        Box: Mais informações sobre formatação de caixa e caractere. 127
    Alterando a aparência de parágrafos manualmente. 127
        Box: Localizando e substituindo uma formatação 136
    Criando e modificando listas. 137
        Box: Formatando texto enquanto você digita 143
    Pontos principais 143

4 Alterando a aparência de um documento 145

Alterando o plano de fundo de um documento. 146
    Box: Usando uma imagem como marca d'água 149
Alterando o tema de um documento 149
Trabalhando com modelos 152
    Box: Aplicando um modelo diferente em um documento existente. 159
Adicionando cabeçalhos e rodapés 159
Controlando o que aparece em cada página 162
    Box: Inserindo e formatando números de página 163
Pontos principais 167

5 Apresentando informações em colunas e tabelas... 169

Apresentando informações em colunas. 170
Criando uma lista tabular 173
Apresentando informações em uma tabela 175
    Box: Outras opções de leiaute 181
Formatando informações de tabela. 182
Efetuando cálculos em uma tabela 185
    Box: Criando estilos de tabela 186
Usando uma tabela para controlar o leiaute da página 192
    Box: Decidindo como inserir dados do Excel 193
Pontos principais 197

6 Trabalhando com elementos gráficos, símbolos e equações 199

Inserindo e modificando imagens 200
    Box: Organizando clipes 205
Criando texto estilizado 205
    Box: Formatando a primeira letra de um parágrafo. 210
Desenhando e modificando formas. 210
Alterando o relacionamento dos elementos na página 215
Inserindo símbolos e equações 218
Pontos principais 223

7 Trabalhando com diagramas e gráficos............ 225

Criando um diagrama. 226
Modificando um diagrama 230
Inserindo um gráfico 235

Modificando um gráfico... 241
Usando dados existentes em um gráfico............................ 248
Pontos principais.. 251

8 Trabalhando com documentos longos 253

Inserindo partes de documento prontas............................ 254
Criando e modificando um sumário................................. 260
    Box: Criando outros tipos de índices......................... 264
Criando e modificando um índice remissivo........................ 265
Adicionando indicadores e referências cruzadas................... 272
Adicionando hyperlinks... 276
Adicionando fontes bibliográficas e compilando uma bibliografia.. 280
    Box: Adicionando notas de rodapé e notas de fim.............. 281
Pontos principais.. 287

9 Criando cartas modelo, mensagens de email e etiquetas 289

Entendendo a mala direta... 290
Preparando dados para mala direta................................ 290
    Box: Usando uma lista de contatos do Outlook como fonte de dados.... 295
Preparando uma carta modelo...................................... 296
Mesclando uma carta modelo com sua fonte de dados................ 300
    Box: Imprimindo envelopes.................................... 302
Enviando uma mensagem de email personalizada para vários destinatários.... 302
Criando e imprimindo etiquetas................................... 305
Pontos principais.. 309

10 Colaborando com os outros 311

Enviando um documento diretamente do Word........................ 312
    Box: Enviando um documento por fax........................... 314
Controlando e gerenciando alterações no documento................ 314
Adicionando e revisando comentários.............................. 318
    Box: Inserindo alterações manuscritas........................ 321
Comparando e mesclando documentos................................ 322
Protegendo um documento com senha................................ 324
Impedindo alterações... 326
Usando espaços de trabalho de documento.......................... 329
Pontos principais.. 333

11 Criando documentos para uso fora do Word 335

Salvando um arquivo em um formato diferente. 336

    Box: Salvando um arquivo PDF. 337

    Box: Usando suplementos 338

Criando e modificando um documento Web. 339

Criando um post de blog 342

    Box: Configurando uma conta de blog. 343

Criando um documento XML 346

    Box: O formato DOCX 352

Pontos principais 353

12 Personalizando o Word 355

Alterando opções de programa padrão. 355

Tornando comandos favoritos do Word facilmente acessíveis. 362

Tornando comandos disponíveis em um documento específico 368

Criando um atalho de teclado personalizado. 370

    Box: Buscando atalhos de teclado 372

Pontos principais 372

Glossário 373

Índice 379

Consulta rápida

1 Explorando o Word 2007

Para iniciar o Word, página 67-68

→ Na extremidade esquerda da barra de tarefas do Windows, clique no botão **Iniciar**, aponte para **Todos os Programas**, clique em **Microsoft Office** e, em seguida, clique em **Microsoft Office Word 2007**.

Para abrir um arquivo existente, página 73-74

1. Clique no **Botão Microsoft Office** e, em seguida, clique em **Abrir**.
2. Na caixa de diálogo **Abrir**, navegue até a pasta que contém o arquivo que você deseja abrir e, em seguida, clique duas vezes no arquivo.

Para mover o ponto de inserção para o início ou para o final do documento, página 74-75

→ Pressione Ctrl + Home ou Ctrl + End.

Para converter um documento criado em uma versão anterior do Word, página 75-76

→ Clique no **Botão Microsoft Office** e, em seguida, clique em **Converter**.

Para ver várias páginas, página 77

1. Na barra de ferramentas **Exibição**, clique no botão **Zoom**.
2. Na caixa de diálogo **Zoom**, clique na seta de **Várias páginas**, selecione o número de páginas e, em seguida, clique em **OK**.

Para ajustar a ampliação de um documento, página 78-79

1. Na barra de ferramentas **Exibição**, clique no botão **Zoom**.
2. Na caixa de diálogo **Zoom**, clique em uma porcentagem de **Nível de Zoom** ou digite um valor na caixa **Porcentagem** e, em seguida, clique em **OK**.

Para exibir o Mapa do Documento, página 78-79

→ Na guia **Exibição**, no grupo **Mostrar/Ocultar**, marque a caixa de seleção **Mapa do Documento**.

Para exibir miniaturas de páginas, página 79-80

→ Na guia **Exibição**, no grupo **Mostrar/Ocultar**, marque a caixa de seleção **Miniaturas**.

Para exibir ou ocultar caracteres não imprimíveis, página 79-80

→ Na guia **Início**, no grupo **Parágrafo**, clique no botão **Mostrar/ocultar ¶**.

Para exibir um documento em um modo de exibição diferente, página 79-80

→ Na guia **Exibição**, no grupo **Modos de Exibição de Documento**, clique no botão do modo de exibição desejado; ou

→ Clique em um botão de modo de exibição na barra de ferramentas **Exibir** na extremidade direita da barra de status.

Para trocar entre documentos abertos, página 81-82

→ Na guia **Exibição**, no grupo **Janela**, clique no botão **Alternar Janelas** e, em seguida, clique no nome do documento para o qual você deseja trocar.

Para ver vários documentos abertos, página 81-82

→ Na guia **Exibição**, no grupo **Janela**, clique no botão **Organizar Tudo**.

Para abrir um novo documento, página 82-83

→ Clique no **Botão Microsoft Office**, clique em **Novo** e, em seguida, na janela **Novo Documento**, clique duas vezes em **Documento em branco**.

Para salvar um documento pela primeira vez, página 83-84

1. Na **Barra de Ferramentas de Acesso Rápido**, clique no botão **Salvar**; ou clique no **Botão Microsoft Office** e, em seguida, clique em **Salvar como**.

2. Se **Procurar Pasta** aparecer no canto inferior esquerdo da caixa de diálogo **Salvar como**, clique nisso e, em seguida, navegue até o local onde você deseja salvar o arquivo.

3. Na caixa **Nome do arquivo**, digite um nome para o documento e clique em **Salvar**.

Para criar uma nova pasta ao salvar um documento, página 84-85

1. Clique no **Botão Microsoft Office** e, em seguida, clique em **Salvar como**.

2. Na caixa de diálogo **Salvar como**, navegue até a pasta onde você deseja criar a nova pasta.

3. Na barra de ferramentas da caixa de diálogo, clique no botão **Nova Pasta**.

4. Digite o nome da nova pasta, pressione [Enter] e, em seguida, clique em **Abrir**.

5. Na caixa **Nome do arquivo**, digite um nome para o documento e, em seguida, clique em **Salvar**.

Para visualizar como um documento ficará quando for impresso, página 86-87

→ Clique no **Botão Microsoft Office**, aponte para **Imprimir** e clique em **Visualização de Impressão**.

Para imprimir um documento com as configurações padrão, página 88-89

→ Clique no **Botão Microsoft Office**, aponte para **Imprimir** e, em seguida, clique em **Impressão Rápida**.

Para imprimir um documento com configurações personalizadas, página 87-88

1. Clique no **Botão Microsoft Office** e, em seguida, clique em **Imprimir**.
2. Na caixa de diálogo **Imprimir**, modifique as configurações conforme for necessário e clique em **OK**.

2   Editando e revisando texto em documentos

Para selecionar texto, página 92-93

→ Palavra: clique duas vezes na palavra.

→ Frase: clique na frase enquanto mantém a tecla [Ctrl] pressionada.

→ Parágrafo: clique três vezes no parágrafo ou clique duas vezes na área de seleção à esquerda do parágrafo.

→ Bloco: clique à esquerda da primeira palavra, mantenha a tecla [Shift] pressionada e, em seguida, clique imediatamente à direita da última palavra ou sinal de pontuação.

→ Linha: clique na área de seleção à esquerda da linha.

→ Documento: clique três vezes na área de seleção.

Para excluir texto, página 95

→ Selecione o texto e, em seguida, pressione [Del] ou [Backspace].

Para copiar ou recortar e colar texto, página 95

1. Selecione o texto e, em seguida, na guia **Início**, no grupo **Área de Transferência**, clique no botão **Copiar** ou **Recortar**.
2. Clique onde você deseja colar o texto e, em seguida, no grupo **Área de Transferência**, clique no botão **Colar**.

Para desfazer uma ação, página 95-96

→ Na **Barra de Ferramentas de Acesso Rápido**, clique no botão **Desfazer**.

Para mover texto arrastando, página 95-96

1. Selecione o texto e, em seguida, aponte para a seleção.
2. Mantenha o botão do mouse pressionado, arraste o texto para seu novo local e solte o botão do mouse.

Para salvar texto como um bloco de construção, página 97-98

1. Selecione o texto. Em seguida, na guia **Inserir**, no grupo **Texto**, clique no botão **Partes Rápidas** e, em seguida, clique em **Salvar Seleção na Galeria de Partes Rápidas**.

2. Na caixa de diálogo **Criar Novo Bloco de Construção**, digite um nome para o bloco de construção, faça as alterações necessárias nas configurações e, em seguida, clique em **OK**.

Para inserir um bloco de construção em um documento, página 98-99

→ Clique onde você deseja inserir o bloco de construção. Em seguida, digite o nome do bloco de construção e pressione F3 ; ou, na guia **Inserir**, no grupo **Texto**, clique no botão **Partes Rápidas** e selecione o bloco de construção na galeria **Partes Rápidas**.

Para inserir a data e a hora, página 100

1. Clique onde você deseja que a data ou hora apareça e, em seguida, na guia **Inserir**, no grupo **Texto**, clique no botão **Data e Hora**.

2. Na caixa de diálogo **Data e hora**, sob **Formatos disponíveis**, clique no formato desejado e, em seguida, clique em **OK**.

Para usar o Dicionário de Sinônimos, página 100-101

1. Clique duas vezes na palavra que você deseja substituir e, em seguida, na guia **Revisão**, no grupo **Revisão de Texto**, clique no botão **Dicionário de Sinônimos**.

2. No painel de tarefas **Pesquisar**, aponte para a palavra que você deseja inserir no lugar da palavra selecionada, clique na seta que aparece e, em seguida, clique em **Inserir**.

Para procurar informações, página 101-102

1. Na guia **Revisão**, no grupo **Revisão de Texto**, clique em **Pesquisar**.

2. No painel de tarefas **Pesquisar**, na caixa **Procurar por**, digite o tópico da pesquisa.

3. Clique na seta da caixa abaixo da caixa **Procurar por**, clique no recurso que você deseja usar e, em seguida, na lista de resultados, clique em uma fonte para ver suas informações.

Para traduzir uma palavra ou frase para outro idioma, página 102-103

1. Selecione a palavra ou frase e, em seguida, na guia **Revisão**, no grupo **Revisão de Texto**, clique no botão **Traduzir**.

2. Na área **Tradução** do painel de tarefas **Pesquisar**, selecione os idiomas desejados nas caixas **De** e **Para** para exibir a tradução.

Para exibir um documento no modo de exibição Estrutura de Tópicos, página 103

→ Na barra de ferramentas **Exibição**, clique no botão **Estrutura de Tópicos**.

Para exibir níveis de título específicos no modo de exibição Estrutura de Tópicos, página 103

→ Na guia **Estrutura de Tópicos**, no grupo **Ferramentas de Estrutura de Tópicos**, clique na seta de **Mostrar Nível** e, na lista, clique em um nível de título.

Para recolher ou expandir níveis de título no modo de exibição Estrutura de Tópicos, página 104

→ Clique em qualquer parte do título a ser recolhido ou expandido. Em seguida, na guia **Estrutura de Tópicos**, no grupo **Ferramentas de Estrutura de Tópicos**, clique no botão **Recolher** ou **Expandir**.

Para rebaixar ou elevar títulos no modo de exibição Estrutura de Tópicos, página 104

→ Clique no título a ser rebaixado ou elevado. Em seguida, na guia **Estrutura de Tópicos**, no grupo **Ferramentas de Estrutura de Tópicos**, clique no botão **Rebaixar** ou **Elevar**.

Para mover conteúdo no modo de exibição Estrutura de Tópicos, página 104

→ Recolha o título cujo texto você deseja mover. Em seguida, na guia **Estrutura de Tópicos**, no grupo **Ferramentas de Estrutura de Tópicos**, clique no botão **Mover para Cima** ou **Mover para Baixo**.

Para localizar texto, página 106-107

1. Na guia **Início**, no grupo **Edição**, clique no botão **Localizar**.
2. Na guia **Localizar** da caixa de diálogo **Localizar e substituir**, especifique o texto que você deseja localizar e clique em **Localizar Próxima**.

Para substituir texto, página 107-108

1. Na guia **Início**, no grupo **Edição**, clique no botão **Substituir**.
2. Na guia **Substituir** da caixa de diálogo **Localizar e substituir**, especifique o texto que você deseja localizar e o texto pelo qual deseja substituir e, em seguida, clique em **Localizar Próxima**.
3. Clique em **Substituir** para substituir a primeira instância do texto, em **Substituir Tudo** para substituir todas as instâncias ou em **Localizar Próxima** para deixar essa instância inalterada e passar para a próxima.

Para verificar a ortografia e a gramática, página 111-112

1. Na guia **Revisão**, no grupo **Revisão de Texto**, clique no botão **Ortografia e Gramática**.
2. Na caixa de diálogo **Verificar ortografia e gramática**, clique nos botões apropriados para corrigir os erros que o Word encontrar ou para adicionar palavras no dicionário personalizado ou na lista de AutoCorreção.

3. Clique em **OK** quando o Word chegar ao fim da verificação ortográfica e gramatical e, em seguida, clique em **Fechar**.

Para remover informações pessoais de um documento, página 114-115

1. Clique no **Botão Microsoft Office**, aponte para **Preparar** e, em seguida, clique em **Inspecionar Documento**.

2. Na caixa de diálogo **Inspetor de Documento**, selecione os itens que você deseja verificar e, em seguida, clique em **Inspecionar**.

3. No resumo do **Inspetor de Documento**, clique no botão **Remover Tudo** à direita dos itens que você deseja remover e feche a caixa de diálogo **Inspetor de Documento**.

Para marcar um documento como final, página 115-116

1. Clique no **Botão Microsoft Office**, aponte para **Preparar** e, em seguida, clique em **Marcar como Final**.

2. Clique em **OK** na caixa de mensagem, clique em **Salvar** e, em seguida, clique em **OK** na mensagem de finalização.

3 Alterando a aparência do texto

Para visualizar e aplicar estilos, página 119-120

→ Clique no parágrafo ou selecione o texto no qual você deseja aplicar um estilo. Em seguida, na guia **Início**, no grupo **Estilo**, clique na miniatura do estilo que você deseja aplicar na galeria de **Estilos Rápidos**.

Para alterar o conjunto de estilos, página 121-122

→ Na guia **Início**, no grupo **Estilo**, clique no botão **Alterar Estilos**, clique em **Conjunto de Estilos** e, em seguida, clique no conjunto que você deseja usar.

Para aplicar formatação de caractere, página 122-123

→ Selecione o texto. Em seguida, na guia **Início**, no grupo **Fonte** (ou na Minibarra de ferramentas que aparece), clique no botão da formatação que você deseja aplicar.

Para copiar formatação, página 123-124

→ Selecione o texto que possui a formatação que você deseja copiar. Em seguida, na guia **Início**, no grupo **Área de Transferência** (ou na **Minibarra de ferramentas** que aparece), clique no botão **Formatar Pincel** e selecione o texto no qual você deseja aplicar a formatação copiada.

Para alterar a fonte, página 123-124

→ Selecione o texto. Em seguida, na guia **Início**, no grupo **Fonte**, clique na seta de **Fonte** e clique na fonte desejada.

Para alterar o tamanho da fonte, página 123-124

→ Selecione o texto. Em seguida, na guia **Início**, no grupo **Fonte**, clique na seta de **Tamanho da Fonte** e clique no tamanho de fonte desejado.

Para aplicar efeitos de texto, página 123-124

1. Selecione o texto e, em seguida, na guia **Início**, clique no Iniciador da Caixa de Diálogo **Fonte**.
2. Na caixa de diálogo **Fonte**, sob **Efeitos**, marque a caixa de seleção do efeito desejado e, em seguida, clique em **OK**.

Para limpar formatação de texto, página 125

→ Na guia **Início**, no grupo **Fonte**, clique no botão **Limpar Formatação**.

Para alterar a cor do texto, página 125

→ Selecione o texto. Em seguida, na guia **Início**, no grupo **Fonte**, clique na seta de **Cor da Fonte** e, na paleta de cores, clique na cor desejada.

Para realçar texto com uma cor, página 125-126

→ Selecione o texto. Em seguida, na guia **Início**, no grupo **Fonte**, clique na seta de **Cor do Realce do Texto** e clique na cor desejada.

Para selecionar todo texto com a mesma formatação, página 125-126

→ Clique no texto formatado. Em seguida, na guia **Início**, no grupo **Edição**, clique no botão **Selecionar** e clique em **Selecionar texto com formatação semelhante**.

Para inserir uma quebra de linha, página 130

→ Clique na extremidade direita do texto onde você deseja que a quebra de linha apareça. Em seguida, na guia **Layout da Página**, no grupo **Configurar Página**, clique no botão **Quebras** e clique em **Quebra Automática de Texto**.

Para alinhar parágrafos, página 130-131

→ Clique no parágrafo ou selecione vários parágrafos. Em seguida, na guia **Início**, no grupo **Parágrafo**, clique no botão **Alinhar Texto à Esquerda**, **Centralizar**, **Alinhar Texto à Direita** ou **Justificar**.

Para recuar a primeira linha de um parágrafo, página 130-131

→ Clique no parágrafo. Em seguida, na régua horizontal, arraste o marcador **Recuo da primeira linha** para o local do recuo.

Para recuar um parágrafo inteiro, página 131-132

→ Clique no parágrafo ou selecione vários parágrafos. Em seguida, na régua horizontal, arraste o marcador **Recuo à esquerda** ou **Recuo à direita** para o local do recuo.

Para aumentar ou diminuir recuo, página 132-133

→ Clique no parágrafo ou selecione vários parágrafos. Em seguida, no grupo **Parágrafo**, clique no botão **Aumentar recuo** ou **Diminuir recuo**.

Para configurar uma parada de tabulação, página 132-133

→ Clique no parágrafo ou selecione vários parágrafos. Em seguida, clique no botão **Tabulação** até que ele exiba o tipo de tabulação desejada e clique na régua horizontal no local onde você deseja configurar a parada de tabulação para o(s) parágrafo(s) selecionado(s).

Para alterar a posição de uma parada de tabulação, página 134

→ Clique no parágrafo ou selecione vários parágrafos. Em seguida, na régua horizontal, arraste a parada de tabulação para a nova marca.

Para adicionar uma borda ou sombreamento em um parágrafo, página 134-135

1. Clique no parágrafo. Em seguida, na guia **Início**, no grupo **Parágrafo**, clique na seta de **Bordas** e clique em **Bordas e Sombreamento**.

2. Na caixa de diálogo **Bordas e sombreamento**, na guia **Bordas**, clique no ícone do estilo de borda que você deseja aplicar e, em seguida, clique em **OK**.

3. Na caixa de diálogo **Bordas e sombreamento**, na guia **Sombreamento**, clique na seta de **Preenchimento**, clique na cor de sombreamento desejada e, em seguida, clique em **OK**.

Para formatar parágrafos como uma lista, página 138

→ Selecione os parágrafos. Em seguida, na guia **Início**, no grupo **Parágrafo**, clique no botão **Marcadores** ou **Numeração**.

Para alterar o estilo de uma lista, página 138

1. Selecione os parágrafos da lista. Em seguida, na guia **Início**, no grupo **Parágrafo**, clique na seta de **Marcadores** ou de **Numeração**.

2. Na **Biblioteca de Marcadores** ou na **Biblioteca de Numeração**, clique no estilo de marcador ou de número que você deseja usar.

Para alterar o nível de recuo de uma lista, página 140

→ Selecione os parágrafos da lista. Em seguida, na guia **Início**, no grupo **Parágrafo**, clique no botão **Diminuir recuo** ou **Aumentar recuo**.

Para classificar itens em uma lista, página 140

1. Selecione os parágrafos da lista. Em seguida, na guia **Início**, no grupo **Parágrafo**, clique no botão **Classificar**.

2. Na caixa de diálogo **Classificar Texto**, clique na seta de **Tipo** e, em seguida, na lista, clique no tipo de texto pelo qual deseja classificar.

3. Selecione **Crescente** ou **Decrescente** e, em seguida, clique em **OK**.

Para criar uma lista de vários níveis, página 141

1. Clique onde você deseja criar a lista. Em seguida, na guia **Início**, no grupo **Parágrafo**, clique no botão **Lista de Vários Níveis**.
2. Na galeria **Lista de Vários Níveis**, clique na miniatura do estilo de lista de vários níveis que você deseja usar.
3. Digite o texto da lista, pressionando `Enter` para criar outro item no mesmo nível, pressionando `Enter` e depois `Tab` para criar um item subordinado ou pressionando `Enter` e depois `Shift`+`Tab` para criar um item de nível mais alto.

4 Alterando a aparência de um documento

Para adicionar uma cor de plano de fundo em um documento, página 146-147

→ Na guia **Layout da Página**, no grupo **Plano de Fundo da Página**, clique no botão **Cor da Página** e, em seguida, na paleta, clique na cor de plano de fundo desejada.

Para alterar os efeitos de preenchimento de plano de fundo de um documento, página 146-147

1. Na guia **Layout da Página**, no grupo **Plano de Fundo da Página**, clique no botão **Cor da Página** e, em seguida, clique em **Efeitos de preenchimento**.
2. Na caixa de diálogo **Efeitos de preenchimento**, clique na guia do tipo de efeito de preenchimento desejado.
3. Clique nas opções ou miniaturas desejadas e, em seguida, clique em **OK**.

Para adicionar uma marca d'água de texto, página 146-147

→ Na guia **Layout da Página**, no grupo **Plano de Fundo da Página**, clique no botão **Marca d'água** e, em seguida, clique na miniatura de uma das marcas d'água de texto predefinidas.

ou

1. Na guia **Layout da Página**, no grupo **Plano de Fundo da Página**, clique no botão **Marca d'água** e, em seguida, clique em **Personalizar Marca d'água**.
2. Na caixa de diálogo **Marca d'água impressa**, selecione a opção **Marca d'água de texto** e, em seguida, clique na seta de **Texto** e clique no texto desejado ou digite o texto na caixa **Texto**.
3. Formate o texto alterando as configurações nas caixas **Fonte**, **Tamanho** e **Cor**.
4. Selecione uma opção de leiaute, marque ou desmarque a caixa de seleção **Semitransparente** e, em seguida, clique em **OK**.

Para usar uma imagem como marca d'água, página 149

1. Na guia **Layout da Página**, no grupo **Plano de Fundo da Página**, clique no botão **Marca d'água** e, em seguida, clique em **Personalizar Marca d'água**.

2. Na caixa de diálogo **Marca d'água impressa**, selecione a opção **Marca d'água de imagem** e, em seguida, clique em **Selecionar Imagem**.

3. Na caixa de diálogo **Inserir Imagem**, navegue até a pasta onde a imagem está armazenada, clique duas vezes no nome da imagem e, em seguida, clique em **OK**.

Para aplicar um tema, página 149-150

→ Na guia **Layout da Página**, no grupo **Temas**, clique no botão **Temas** e, em seguida, na galeria **Temas**, clique no tema desejado.

Para salvar um tema personalizado, página 151-152

1. Na guia **Layout da Página**, no grupo **Temas**, clique no botão **Temas** e, em seguida, clique em **Salvar Tema Atual**.

2. Na caixa de diálogo **Salvar Tema Atual**, na caixa **Nome do arquivo**, digite um nome para o tema e, em seguida, clique em **Salvar**.

Para criar um documento baseado em um modelo, página 153-154

1. Clique no **Botão Microsoft Office**, clique em **Novo** e, em seguida, no painel esquerdo da janela **Novo Documento**, clique em **Modelos Instalados**.

2. No painel central, clique duas vezes na miniatura do modelo desejado.

3. Substitua o texto do espaço reservado pelo seu próprio texto e, em seguida, salve o documento.

Para salvar um documento como um modelo, página 155-156

1. Clique no **Botão Microsoft Office** e, em seguida, clique em **Salvar como**.

2. Na caixa de diálogo **Salvar como**, na caixa **Nome do arquivo**, digite um nome para o modelo.

3. Clique na seta de **Tipo** e, em seguida, clique **Modelo do Word**.

4. Sob **Links Favoritos**, clique em **Modelos** e, em seguida, clique em **Salvar**.

Para criar um novo estilo, página 157

1. Clique no texto que você deseja salvar como um novo estilo.

2. No grupo **Estilo**, clique no botão **Mais** e, em seguida, clique em **Salvar Seleção como Novo Estilo Rápido**.

3. Na caixa de diálogo **Criar Novo Estilo a Partir da Formatação**, na caixa **Nome**, digite o nome do novo estilo.

4. Para tornar o estilo disponível no modelo, em vez de apenas no documento atual, clique em **Modificar**.

5. Na parte inferior da caixa de diálogo, selecione a opção **Novos documentos baseados neste modelo** e, em seguida, clique em **OK**.

Para aplicar um modelo diferente a um documento, página 159

1. Clique no **Botão Microsoft Office** e, em seguida, clique em **Opções do Word**.
2. Na janela **Opções do Word**, clique em **Suplementos**.
3. Clique na seta de **Gerenciar**, clique em **Modelos** e, em seguida, clique em **Ir**.
4. Na caixa de diálogo **Modelos e Suplementos**, sob **Modelo de documento**, clique em **Anexar**.
5. Na caixa de diálogo **Anexar modelo**, localize e clique duas vezes no modelo que você deseja anexar.
6. Na caixa de diálogo **Modelos e Suplementos**, marque a caixa de seleção **Atualizar estilos automaticamente** e, em seguida, clique em **OK**.

Para inserir um cabeçalho ou rodapé em um documento, página 159-160

1. Na guia **Inserir**, no grupo **Cabeçalho e Rodapé**, clique no botão **Cabeçalho** ou **Rodapé**.
2. Na galeria de **Cabeçalhos** ou de **Rodapés**, clique no estilo que você deseja usar.
3. Nos espaços reservados, digite o texto desejado.
4. Na guia contextual **Design**, no grupo **Fechar**, clique no botão **Fechar Cabeçalho e Rodapé**.

Para inserir apenas um número de página, página 163

1. Na guia **Inserir**, no grupo **Cabeçalho e Rodapé**, clique no botão **Número de Página**.
2. Aponte para uma opção de posição na lista e, na galeria, selecione um estilo de número de página.

Para alterar o formato de números de página, página 163

1. Na guia **Inserir**, no grupo **Cabeçalho e Rodapé**, clique no botão **Número de Página** e, em seguida, clique em **Formatar Números de Página**.
2. Na caixa de diálogo **Formatar número de página**, clique na seta de **Formato do número** e, em seguida, na lista, clique no formato de número desejado.
3. Selecione as opções desejadas e, em seguida, clique em **OK**.

Para evitar linhas viúvas e órfãs, página 164-165

1. Selecione os parágrafos que você deseja formatar. Em seguida, na guia **Início**, clique no Iniciador da Caixa de Diálogo **Parágrafo**.
2. Na caixa de diálogo **Parágrafo**, clique na guia **Quebras de linha e de página**.
3. Marque as caixas de seleção **Controle de linhas órfãs/viúvas** e **Manter linhas juntas**. Em seguida, desmarque todas as outras caixas de seleção, clicando nelas duas vezes, e clique em **OK**.

Para inserir uma quebra de página, página 164-165

→ Clique à esquerda de onde você deseja inserir a quebra de página. Em seguida, na guia **Inserir**, no grupo **Páginas**, clique em **Quebra de Página**.

Para inserir uma quebra de seção, página 165-166

→ Clique à esquerda de onde você deseja inserir a quebra de seção. Em seguida, na guia **Layout da Página**, no grupo **Configurar Página**, clique no botão **Quebras** e, sob **Quebras de Seção**, clique no tipo de quebra de seção desejado.

Para ajustar as margens da página, página 165-166

→ Na guia **Layout da Página**, no grupo **Configurar Página**, clique no botão **Margens** e, em seguida, clique no estilo de margem desejado.

5 Apresentando informações em colunas e tabelas

Para formatar texto em várias colunas, página 170-171

→ Selecione o texto. Em seguida, na guia **Layout da Página**, no grupo **Configurar Página**, clique no botão **Colunas** e clique no número de colunas desejado.

Para alterar a largura de colunas, página 171-172

1. Clique em qualquer parte na primeira coluna. Em seguida, na guia **Layout da Página**, no grupo **Configurar Página**, clique no botão **Colunas** e, em seguida, clique em **Mais Colunas**.

2. Sob **Largura e espaçamento**, altere a configuração na Largura da coluna ou no Espaçamento da coluna e, em seguida, clique em **OK**.

Para hifenizar texto automaticamente, página 172-173

→ Na guia **Layout da Página**, no grupo **Configurar Página**, clique no botão **Hifenização** e, em seguida, clique em **Automático**.

Para inserir uma quebra de coluna, página 172-173

→ Clique onde você deseja que a quebra de coluna apareça. Em seguida, na guia **Layout da Página**, no grupo **Configurar Página**, clique no botão **Quebras** e, em seguida, clique em **Coluna**.

Para criar uma lista tabular, página 174-175

1. Digite o texto da lista, pressionando `Tab` entre cada item de uma linha e pressionando `Enter` no final de cada linha.

2. Selecione as linhas da lista, altere o botão **Tab** para o tipo de parada de tabulação desejado e, em seguida, clique na régua horizontal, no local onde você deseja configurar as paradas de tabulação que alinharão os itens das colunas.

Para inserir uma tabela, página 177-178

1. Clique onde você deseja inserir a tabela. Em seguida, na guia **Inserir**, no grupo **Tabelas**, clique no botão **Tabela**.

2. Na grade, aponte para a célula superior esquerda, mova o ponteiro do mouse na horizontal e para baixo para selecionar o número de colunas e linhas desejadas e clique na célula inferior direita da seleção.

Para mesclar células de tabela, página 178-179

→ Selecione as células que você deseja mesclar. Em seguida, na guia contextual **Layout**, no grupo **Mesclar**, clique no botão **Mesclar Células**.

Para adicionar linhas em uma tabela, página 179-180

→ Clique na linha acima ou abaixo da qual você deseja adicionar uma única linha e, em seguida, na guia **Layout**, no grupo **Linhas e Colunas**, clique no botão **Inserir Acima** ou **Inserir Abaixo**; ou selecione o número de linhas que você deseja inserir e, em seguida, no grupo **Linhas e Colunas**, clique no botão **Inserir Acima** ou **Inserir Abaixo**.

Para transformar texto em uma tabela, página 180

1. Selecione o texto que você deseja converter. Em seguida, na guia **Inserir**, no grupo **Tabelas**, clique no botão **Tabela** e clique em **Converter Texto em Tabela**.

2. Na caixa de diálogo **Converter texto em tabela**, insira as dimensões da tabela nas caixas **Número de colunas** e **Número de linhas**, selecione o tipo de separador de texto e, em seguida, clique em **OK**.

Para inserir uma Tabela Rápida, página 182-183

1. Clique onde você deseja inserir a tabela. Em seguida, na guia **Inserir**, no grupo **Tabelas**, clique no botão **Tabela** e, em seguida, aponte para **Tabelas Rápidas**.

2. Na galeria **Tabelas Rápidas**, clique no estilo de tabela desejado.

Para aplicar um estilo de tabela, páginas 183-184 e 186

→ Clique na tabela cujo estilo você deseja alterar. Depois, na guia contextual **Design**, no grupo **Estilos de Tabela**, clique no estilo desejado da galeria **Estilos de Tabela**.

Para totalizar uma coluna de valores em uma tabela, página 186-187

1. Clique na célula da tabela onde você deseja que o total apareça.

2. Na guia contextual **Layout**, no grupo **Dados**, clique no botão **Fórmula**.

3. Com a fórmula SUM na caixa Fórmula, clique em **OK** para totalizar os valores.

Para inserir uma planilha do Excel, página 188-189

→ Copie os dados da planilha no Excel e, em seguida, no Word, clique onde você deseja inserir os dados copiados e, na guia **Início**, no grupo **Área de Transferência**, clique no botão **Colar**.

ou

1. No Excel, copie os dados da planilha. Em seguida, no Word, clique onde você deseja inserir os dados copiados e, na guia **Início**, no grupo **Área de Transferência**, clique na seta de **Colar** e clique em **Colar Especial**.

2. Na caixa de diálogo **Colar especial**, na lista de **Como**, clique em **Planilha do Microsoft Office Excel: objeto**, selecione a opção **Colar vínculo** e, em seguida, clique em **OK**.

ou

→ Clique onde você deseja inserir a planilha e, em seguida, na guia **Inserir**, no grupo **Tabelas**, clique no botão **Tabela** e clique em **Planilha do Excel**.

Para desenhar uma tabela, página 194

1. Clique onde você deseja desenhar a tabela. Em seguida, na guia **Inserir**, no grupo **Tabelas**, clique no botão **Tabela** e, em seguida, clique em **Desenhar Tabela**.

2. Arraste o ponteiro do mouse (que se tornou um lápis) para o lado e para baixo para criar uma célula.

3. Aponte para o canto superior direito da célula e arraste para criar outra célula ou desenhe os limites de coluna e linha dentro da primeira célula.

6 Trabalhando com elementos gráficos, símbolos e equações

Para inserir uma imagem, página 200-201

1. Clique onde você deseja inserir a imagem. Em seguida, na guia **Inserir**, no grupo **Ilustrações**, clique no botão **Imagem**.

2. Navegue até a pasta onde a imagem está armazenada e, em seguida, clique duas vezes na imagem para inseri-la.

Para ajustar o tamanho de um objeto, página 200-201

→ Clique no objeto. Em seguida, aponte para uma das alças que circundam o objeto e, quando o ponteiro do mouse se tornar uma seta de duas pontas, arraste até que a imagem tenha o tamanho desejado.

Para inserir uma clip-art, página 202-203

1. Clique onde você deseja inserir a clip-art. Em seguida, na guia **Inserir**, no grupo **Ilustrações**, clique botão **Clip-art**.

2. No painel de tarefas **Clip-art**, na caixa **Procurar por**, digite uma palavra que descreva o que você está procurando e, em seguida, clique em **Ir**.

3. No painel de tarefas, clique em uma imagem de clip-art para inseri-la no documento e, em seguida, feche o painel de tarefas.

Para mover um objeto, página 204

→ Clique no objeto para selecioná-lo. Em seguida, aponte para o objeto e, quando o ponteiro do mouse mudar para uma seta de quatro pontas, arraste o objeto para a nova posição.

Para copiar um objeto rapidamente, página 204

→ Clique no objeto, mantenha a tecla `Ctrl` pressionada e, em seguida, arraste uma cópia do objeto para sua nova posição, soltando primeiro o botão do mouse e depois a tecla `Enter`.

Para inserir um objeto de WordArt, página 205-206

1. Clique onde você deseja inserir a WordArt. Em seguida, na guia **Inserir**, no grupo **Texto**, clique no botão **WordArt**.
2. Na galeria **WordArt**, clique no estilo desejado.
3. Na caixa de diálogo **Editar texto da WordArt**, digite seu texto.
4. Configure o tamanho e outros atributos do texto e, em seguida, clique em **OK**.

Para aplicar uma letra capitular, página 210

→ Clique no parágrafo. Em seguida, na guia **Inserir**, no grupo **Texto**, clique no botão **Letra Capitular** e clique no estilo desejado.

Para desenhar uma forma, página 211-212

1. Na guia **Inserir**, no grupo **Ilustrações**, clique no botão **Formas** e, em seguida, clique na forma desejada.
2. Aponte para onde você deseja que a forma apareça e, em seguida, arraste para desenhar a forma.

Para agrupar objetos de desenho, página 211-212

1. Mantenha a tecla `Ctrl` pressionada e clique em cada objeto que você queira agrupar.
2. Na guia contextual **Formatar**, no grupo **Organizar**, clique no botão **Agrupar** e, em seguida, clique em **Agrupar**.

Para alterar a quebra automática de texto de uma imagem, página 215-216

→ Selecione a imagem. Em seguida, na guia contextual **Formatar**, no grupo **Organizar**, clique no botão **Quebra Automática de Texto** e clique no estilo de quebra automática de texto e nos atributos desejados.

Para alterar a posição de uma imagem, página 215-216

→ Selecione a imagem. Em seguida, aponte para a imagem e, quando o ponteiro do mouse mudar para uma seta de quatro pontas, arraste a imagem para sua nova posição.

ou

1. Selecione a imagem. Em seguida, na guia contextual **Formatar**, no grupo **Organizar**, clique no botão **Imagem** e clique em **Mais Opções de Layout**.

2. Na caixa de diálogo Layout Avançado, na guia **Posição da Imagem**, configure as opções de posição desejadas e, em seguida, clique em **OK**.

Para inserir um símbolo, página 218-219

1. Clique onde você deseja inserir o símbolo. Em seguida, na guia **Inserir**, no grupo **Símbolos**, clique no botão **Símbolo** e clique em **Mais Símbolos**.

2. Na caixa de diálogo **Símbolo**, na guia **Símbolos**, selecione a fonte desejada.

3. Role pela lista de símbolos até encontrar o símbolo desejado, clique duas vezes nele e, em seguida, clique em **Fechar**.

Para inserir uma equação, página 220-221

1. Clique onde você deseja inserir a equação. Em seguida, na guia **Inserir**, no grupo **Símbolos**, clique no botão **Equação**.

2. Digite sua equação na caixa de equação que aparece no documento.

7 Trabalhando com diagramas e gráficos

Para inserir um diagrama, página 226-227

1. Clique onde você deseja inserir o diagrama. Em seguida, na guia **Inserir**, no grupo **Ilustrações**, clique no botão **SmartArt**.

2. Na caixa de diálogo **Escolher Elemento Gráfico SmartArt**, clique no leiaute de diagrama desejado e, em seguida, clique em **OK**.

Para adicionar texto em um diagrama, página 227-228

→ Clique no texto do espaço reservado do painel **Digite seu texto aqui** ou na forma do diagrama e, em seguida, digite seu texto.

Para redimensionar um diagrama, página 229-230

→ Arraste uma alça de dimensionamento em torno da moldura do diagrama e, em seguida, arraste a alça para aumentar ou diminuir o tamanho do diagrama.

Para adicionar uma forma em um diagrama, página 230-231

→ Clique na forma do diagrama acima ou abaixo da qual você deseja que a nova forma apareça. Em seguida, na guia contextual **Design**, no grupo **Criar Gráfico**, clique na seta de **Adicionar Forma** e, na lista, clique em **Adicionar Forma Depois**, **Adicionar Forma Antes**, **Adicionar Forma Acima** ou **Adicionar Forma Abaixo**.

Para alterar o leiaute do diagrama, página 230-231

→ Clique em uma área em branco na moldura do diagrama. Em seguida, na guia contextual **Design**, no grupo **Layouts**, clique no botão **Mais** e, na galeria, clique no leiaute desejado.

Para mover um diagrama, página 232

→ Aponte para a moldura do diagrama (não para uma das alças) e, quando o ponteiro do mouse mudar para uma seta de quatro pontas, arraste o diagrama para seu novo local.

Para alterar o estilo de um diagrama, página 232

→ Clique em uma área em branco dentro da moldura do diagrama. Em seguida, na guia **Design**, no grupo **Estilos de SmartArt**, clique no botão **Mais** e, na galeria, clique no estilo desejado.

Para inserir um gráfico, página 235-236

1. Clique onde você deseja que o gráfico apareça. Em seguida, na guia **Inserir**, no grupo **Ilustrações**, clique em **Gráfico**.
2. Na caixa de diálogo **Inserir Gráfico**, clique na categoria de gráfico desejada, clique no estilo desejado e, em seguida, clique em **OK**.

Para inserir dados em um novo gráfico, página 237-238

→ Na planilha do Excel, substitua os dados de amostra clicando em uma célula e, em seguida, digite seus próprios dados.

Para encaixar uma coluna automaticamente em sua entrada mais longa, página 237-238

→ Aponte para a borda entre dois cabeçalhos de coluna e, quando o ponteiro do mouse mudar para uma seta de duas pontas, clique duas vezes.

Para editar os dados de um gráfico, página 240

1. Clique em qualquer parte do gráfico para ativá-lo. Em seguida, na guia **Design**, no grupo **Dados**, clique no botão **Editar Dados**.
2. Na planilha do Excel, clique na célula que você deseja editar, digite os novos dados e, em seguida, pressione `Enter`.

Para alterar o tipo de gráfico, página 243

1. Clique no gráfico. Em seguida, na guia **Design**, no grupo **Tipo**, clique no botão **Alterar Tipo de Gráfico**.
2. Na caixa de diálogo **Alterar Tipo de Gráfico**, clique no tipo de gráfico desejado e, em seguida, clique em **OK**.

Para alterar o estilo de um gráfico, página 244

→ Clique no gráfico. Em seguida, na guia **Design**, no grupo **Estilos de Gráfico**, clique no botão **Mais** e, na galeria **Estilos de Gráfico**, clique no estilo desejado.

Para ativar e desativar as linhas de grade de um gráfico, página 244-245

→ Clique no gráfico. Em seguida, na guia contextual **Layout**, no grupo **Eixos**, clique no botão **Linhas de Grade**, aponte para **Linhas de Grade Horizontais Principais** ou para **Linhas de Grade Verticais Principais** e clique na opção desejada.

8 Trabalhando com documentos longos

Para excluir um bloco de construção, página 259-260

1. No grupo **Texto**, clique em **Partes Rápidas** e, em seguida, clique em **Organizador de Blocos de Construção**.
2. Na lista **Blocos de construção**, selecione o bloco de construção que você deseja excluir e, em seguida, clique em **Excluir**.

Para criar um sumário, página 261-262

1. Supondo que o documento tenha parágrafos definidos como títulos, clique onde você deseja inserir o sumário. Em seguida, na guia **Referências**, no grupo **Sumário**, clique no botão **Sumário**.
2. Na galeria **Sumários**, clique no estilo de sumário desejado.

Para atualizar um sumário, página 263-264

1. Clique no sumário. Em seguida, na guia **Referências**, no grupo **Sumário**, clique no botão **Atualizar Sumário**.
2. Na caixa de diálogo **Atualizar Sumário**, clique em **Atualizar apenas os números de página** ou em **Atualizar o índice inteiro** e, em seguida, clique em **OK**.

Para marcar uma entrada de índice remissivo, página 268-269

1. Selecione a palavra que você deseja marcar. Em seguida, na guia **Referências**, no grupo **Índice**, clique no botão **Marcar Entrada**.
2. Na caixa de diálogo **Marcar entrada de índice remissivo**, clique em **Marcar**.

Para criar um índice remissivo, página 269-270

1. Clique onde você deseja inserir o índice remissivo. Em seguida, na guia **Início**, no grupo **Parágrafo**, clique no botão **Mostrar/ocultar** para ocultar os caracteres não imprimíveis.
2. Na guia **Referências**, no grupo **Índice**, clique em **Inserir Índice**.
3. Na caixa de diálogo **Índice remissivo**, clique na seta de **Formatos**, clique em um formato de índice, selecione as outras opções desejadas e, em seguida, clique em **OK**.

Para inserir um indicador, página 272-273

1. Selecione o texto ou item que você deseja indicar. Em seguida, na guia **Inserir**, no grupo **Links**, clique em **Indicador**.

2. Na caixa de diálogo **Indicador**, na caixa **Nome do indicador**, digite o nome do indicador (sem espaços) ou selecione um na lista de indicadores e, em seguida, clique em **Adicionar**.

Para inserir uma referência cruzada, página 274-275

1. Clique onde você deseja inserir a referência cruzada. Em seguida, digite o texto introdutório da referência cruzada; por exemplo, **Para obter mais informações, consulte**.

2. Na guia **Inserir**, no grupo **Links**, clique no botão **Referência Cruzada**.

3. Na caixa de diálogo **Referência Cruzada**, clique na seta de **Tipo de referência** e, em seguida, clique no tipo de referência desejada.

4. Clique na seta de **Inserir referência para** e, em seguida, clique no tipo de item que você está referenciando, se necessário.

5. Na lista **Para qual**, clique no item que você está referenciando, clique em **Inserir** e, em seguida, clique em **Fechar**.

Para inserir um hyperlink, página 276-277

1. Selecione o texto ou item que você deseja converter em hyperlink. Em seguida, na guia **Inserir**, no grupo **Links**, clique em **Hyperlink**.

2. Na caixa de diálogo **Inserir hyperlink**, selecione o tipo de vínculo na barra **Vincular a** e, em seguida, designe o destino do hyperlink.

3. Clique em **Quadro de destino** e, em seguida, na caixa de diálogo **Definir quadro de destino**, especifique onde o destino do hyperlink será exibido.

4. Clique em **OK** duas vezes.

Para pular para um destino de hyperlink a partir de um documento do Word, página 277-278

→ Mantenha a tecla Ctrl pressionada e, em seguida, clique no vínculo.

Para editar um hyperlink, página 279

1. Clique com o botão direito do mouse no hyperlink e, em seguida, clique em **Editar hyperlink**.

2. Na caixa de diálogo **Editar hyperlink**, faça as alterações necessárias e, em seguida, clique em **OK**.

Para criar uma nota de rodapé ou nota de fim, página 281

1. Clique onde você deseja inserir a marca de referência. Em seguida, na guia **Referências**, no grupo **Notas de Rodapé**, clique em **Inserir Nota de Rodapé** ou em **Inserir Nota de Fim**.

2. Na área vinculada na parte inferior da página ou no final do documento ou da seção, digite o texto da nota.

Para adicionar uma nova fonte bibliográfica no Gerenciador de Fontes Bibliográficas, página 283

1. Na guia **Referências**, no grupo **Citações e Bibliografia**, clique no botão **Gerenciar Fontes Bibliográficas**.

2. Na caixa de diálogo **Gerenciador de Fontes Bibliográficas**, clique em **Nova**.

3. Na caixa de diálogo **Criar Fonte Bibliográfica**, clique na seta de **Tipo de Fonte Bibliográfica** e, na lista, clique no tipo de fonte bibliográfica. Em seguida, insira as informações bibliográficas da fonte e clique em **OK**.

Para inserir uma citação bibliográfica em um documento, página 285

→ Clique onde você deseja inserir a citação. Em seguida, na guia **Referências**, no grupo **Citações e Bibliografia**, clique em **Inserir Citação** e, na galeria **Inserir Citação**, clique na citação que você deseja inserir.

Para criar uma bibliografia, página 286

→ Clique onde você deseja inserir a bibliografia. Em seguida, na guia **Referências**, no grupo **Citações e Bibliografia**, clique no botão **Bibliografia** e, na galeria, clique no tipo de bibliografia desejada.

9 Criando cartas modelo, mensagens de email e etiquetas

Para usar uma fonte de dados existente, página 291-292

1. Abra o documento principal. Em seguida, na guia **Correspondências**, no grupo **Iniciar Mala Direta**, clique no botão **Iniciar Mala Direta** e clique em **Assistente de Mala Direta Passo a Passo**.

2. No painel de tarefas **Mala Direta**, selecione uma opção na área **Selecione o tipo de documento** e, em seguida, clique em **Próxima: Documento inicial**.

3. Selecione a opção **Usar o documento atual** e, em seguida, clique em **Próxima: Selecione os destinatários**.

4. Selecione a opção **Usar uma lista existente** e, em seguida, clique em **Procurar**.

5. Na caixa de diálogo **Selecionar fonte de dados**, navegue até o local da fonte de dados e, em seguida, clique duas vezes no arquivo.

Para adicionar um registro em uma fonte de dados, página 292-293

1. Na guia **Correspondências**, no grupo **Iniciar Mala Direta**, clique no botão **Editar Lista de Destinatários**.

2. Na caixa de diálogo **Destinatários da mala direta**, na caixa **Fonte de Dados**, clique na fonte de dados e, em seguida, clique em **Editar**.

3. Na caixa de diálogo **Editar Fonte de Dados**, clique em **Nova Entrada**, insira as informações do novo registro nos campos, clique em **OK** e, em seguida, clique em **Sim** para atualizar a lista.

Para classificar dados em uma fonte de dados, página 293-294

1. Na guia **Correspondências**, no grupo **Iniciar Mala Direta**, clique no botão **Editar Lista de Destinatários**.

2. Na caixa de diálogo **Destinatários da mala direta**, sob **Refinar lista de destinatários**, clique em **Classificar**.

3. Na caixa de diálogo **Filtrar e classificar**, clique na seta de **Classificar por** e selecione o campo pelo qual você deseja classificar. Em seguida, clique em **Crescente** ou em **Decrescente** e clique em **OK**.

Para filtrar registros em uma fonte de dados, página 294-295

1. Na guia **Correspondências**, no grupo **Iniciar Mala Direta**, clique no botão **Editar Lista de Destinatários**.

2. Na caixa de diálogo **Destinatários da mala direta**, sob **Refinar lista de destinatários**, clique em **Filtrar**.

3. Na caixa de diálogo **Filtrar e classificar**, clique na seta de **Campo** e selecione os critérios que você deseja usar para o filtro. Em seguida, clique em **OK**.

Para inserir um campo de mesclagem em uma carta modelo, página 296-297

1. Clique onde você deseja inserir o campo de mesclagem. Em seguida, na guia **Correspondências**, no grupo **Gravar e Inserir Campos**, clique no botão do campo que você deseja inserir.

2. Na caixa de diálogo que aparece, clique em **OK** para aceitar as configurações padrão ou faça as alterações desejadas e, em seguida, clique em **OK**.

Para imprimir um envelope baseado em um endereço em um documento, página 302

1. Selecione as linhas do endereço no documento. Em seguida, na guia **Correspondências**, no grupo **Criar**, clique no botão **Envelopes**.

2. Na caixa de diálogo **Envelopes e etiquetas**, se necessário, digite o endereço do destinatário e faça as outras seleções necessárias.

3. Insira um envelope na impressora, de acordo com as instruções do fabricante da impressora e, em seguida, clique em **Imprimir**.

Para enviar mensagens de email personalizadas, página 302-303

1. Abra um novo documento em branco. Em seguida, na guia **Correspondências**, no grupo **Iniciar Mala Direta**, clique no botão **Iniciar Mala Direta** e clique em **Mensagens de Email**.

2. Digite o texto da mensagem no documento do Word.

3. No grupo **Iniciar Mala Direta**, clique no botão **Selecionar Destinatários** e, em seguida, designe a fonte de dados que você deseja usar.

4. Adicione os campos de mesclagem necessários na mensagem, usando os botões do grupo **Gravar e Inserir Campos**.

5. No grupo **Concluir**, clique no botão **Concluir e Mesclar** e, em seguida, clique em **Enviar Emails**.

6. Na caixa de diálogo **Mesclagem para email**, selecione **Endereço_de_email** na caixa **Para**, digite um assunto na caixa **Linha de assunto**, selecione o formato da mensagem, selecione quais registros serão usados e, em seguida, clique em **OK**.

Para criar etiquetas de endereçamento, página 306-307

1. Abra um novo documento em branco. Em seguida, na guia **Correspondências**, no grupo **Iniciar Mala Direta**, clique em **Etiquetas**.

2. Na caixa de diálogo **Opções de etiqueta**, selecione o fornecedor da etiqueta e o número do produto desejado e, em seguida, clique em **OK**.

3. No grupo **Iniciar Mala Direta**, clique no botão **Selecionar Destinatários** e, em seguida, designe a fonte de dados que você deseja usar.

4. Com o ponto de inserção na primeira célula à esquerda, no grupo **Gravar e Inserir Campos**, clique no botão **Bloco de Endereço**.

5. Na caixa de diálogo **Inserir bloco de endereço**, clique em **OK** para aceitar as configurações padrão.

6. No grupo **Gravar e Inserir Campos**, clique no botão **Atualizar Etiquetas**.

7. No grupo **Visualizar Resultados**, clique no botão **Visualizar Resultados**.

8. No grupo **Concluir**, clique no botão **Concluir e Mesclar** e selecione se você deseja mesclar em um documento ou na impressora.

10 Colaborando com os outros

Para enviar uma cópia de um documento como anexo de email, página 312-313

1. No menu do **Botão Microsoft Office**, aponte para **Enviar** e, em seguida, clique em **Email**.

2. Na caixa **Para**, digite o endereço de email do(s) destinatário(s) e, em seguida, clique no botão **Enviar**.

Para ativar ou desativar o controle de alteração, página 316

→ Na guia **Revisão**, no grupo **Controle**, clique no botão **Controlar Alterações**.

Para exibir revisões em balões, página 316-317

→ No grupo **Controle**, clique no botão **Balões** e, em seguida, na lista, clique em **Mostrar Revisões nos Balões**.

Para mostrar ou ocultar marcas de revisões, página 316-317

→ No grupo **Controle**, clique na seta de **Exibir para Revisão** e, em seguida, na lista, clique em **Marcação na exibição final** ou em **Final**.

Para aceitar ou rejeitar uma alteração em um documento, página 317-318

→ Selecione o texto alterado. Em seguida, no grupo **Alterações**, clique no botão **Aceitar** ou **Rejeitar**.

Para mover-se entre os comentários em um documento, página 317-318

→ Na guia **Revisão**, no grupo **Comentários**, clique no botão **Próximo** ou **Anterior**.

Para inserir um comentário, página 319-320

→ Selecione a(s) palavra(s) sobre as quais você deseja comentar. Em seguida, na guia **Revisão**, no grupo **Comentários**, clique no botão **Novo Comentário** e digite o comentário no balão de comentário.

Para excluir um comentário, página 319-320

→ Clique no balão de comentário. Em seguida, na guia **Revisão**, no grupo **Comentários**, clique no botão **Excluir**.

Para abrir e fechar o painel de revisão, página 319-320

→ Na guia **Revisão**, no grupo **Controle**, clique no botão **Painel de Revisão**.

Para editar um comentário, página 320-321

→ Clique no comentário que você deseja editar e, em seguida, digite suas alterações.

Para responder a um comentário, página 320-321

→ Clique no balão de comentário. Em seguida, na guia **Revisão**, no grupo **Comentários**, clique no botão **Novo Comentário** e digite sua resposta.

Para ocultar comentários, página 320-321

→ Na guia **Revisão**, no grupo **Controle**, clique na seta de **Mostrar Marcações** e, em seguida, clique em **Comentários**.

Para combinar versões de um documento, página 322-323

1. Na guia **Revisão**, no grupo **Comparar**, clique no botão **Comparar** e, em seguida, clique em **Combinar**.

2. Na caixa de diálogo **Combinar Documentos**, clique na seta de **Documento original** e, em seguida, na lista, clique no nome do documento original.

3. Clique na seta de **Documento revisado** e, em seguida, na lista, clique no nome de uma versão diferente do documento.

4. No canto inferior esquerdo da caixa de diálogo, clique em **Mais** e, em seguida, sob **Configurações de comparação**, marque as caixas de seleção dos itens que você deseja que o Word verifique.

5. Sob **Mostrar alterações em**, selecione a opção desejada e, em seguida, clique em **OK**.

Para ocultar as alterações de um revisor, página 323-324

→ Na guia **Revisão**, no grupo **Controle**, clique no botão **Mostrar Marcações**, aponte para **Revisores** e, em seguida, clique no nome de um revisor cujas alterações você deseja ocultar.

→ Para exibir alterações ocultas, no grupo **Controle**, clique no botão **Mostrar Marcações**, aponte para **Revisores** e, em seguida, clique em **Todos os revisores**.

Para aceitar todas as alterações em um documento, página 323-324

→ Na guia **Revisão**, no grupo **Alterações**, clique na seta de **Aceitar** e, em seguida, clique em **Aceitar Todas as Alterações no Documento**.

Para proteger um documento com uma senha, página 324

1. Clique no **Botão Microsoft Office** e, em seguida, clique em **Salvar como**.

2. Na caixa de diálogo **Salvar como**, navegue até a pasta onde você deseja salvar o arquivo e, em seguida, na caixa **Nome do arquivo**, digite um nome para o documento.

3. Na parte inferior da caixa de diálogo, clique em **Ferramentas** e, em seguida, clique em **Opções Gerais**.

4. Na caixa de diálogo **Opções Gerais**, na caixa **Senha de proteção** ou **Senha de gravação**, digite uma senha.

5. Clique em **OK** para fechar a caixa de diálogo **Opções Gerais**.

6. Na caixa de diálogo **Confirmar senha**, na caixa **Redigite a senha de gravação**, digite a senha novamente e, em seguida, clique em **OK**.

7. De volta à caixa de diálogo **Salvar como**, clique em **Salvar**.

Para remover uma senha, página 325-326

1. Clique no **Botão Microsoft Office**, clique em **Salvar como**, clique em **Ferramentas** e, em seguida, clique em **Opções Gerais**.

2. Na caixa de diálogo **Opções Gerais**, selecione o conteúdo da caixa **Senha de proteção** ou **Senha de gravação**, pressione [Del], clique em **OK** e, em seguida, clique em **Salvar**.

Para restringir formatação e edição, página 326-327

1. Na guia **Revisão**, no grupo **Proteger**, clique no botão **Proteger Documento** e, em seguida, clique em **Restringir Formatação e Edição**.

2. No painel de tarefas **Restringir Formatação e Edição**, sob **Restrições de formatação**, marque a caixa de seleção **Limitar formatação a uma seleção de estilos** e, em seguida, clique em **Configurações**.

3. Clique no botão **Mínimo Recomendado**. Em seguida, sob **Os estilos selecionados são permitidos no momento**, marque as caixas de seleção dos outros estilos que você queira incluir.

4. Sob **Formatação**, marque as caixas de seleção das outras restrições que você queira configurar no documento e, em seguida, clique em **OK**.

5. Se uma caixa de mensagem perguntar se você deseja remover estilos que não são permitidos no documento, clique em **Sim**.

6. Sob **Restrições de edição** no painel de tarefas, marque a caixa de seleção **Permitir apenas este tipo de edição no documento**.

7. Clique na seta à direita da caixa abaixo da caixa de seleção e, em seguida, na lista, clique nos tipos de alterações que você deseja permitir.

8. Sob **Aplicar proteção** no painel de tarefas, clique em **Sim, Aplicar Proteção**.

9. Se quiser, insira uma senha e, em seguida, clique em **OK**.

Para criar um espaço de trabalho de documento, página 329-330

1. Abra o documento para o qual você deseja criar um espaço de trabalho de documento. Em seguida, clique no **Botão Microsoft Office**, aponte para **Publicar**, e clique em **Criar Espaço de Trabalho de Documento**.

2. No painel de tarefas **Gerenciamento de Documentos**, na caixa **Local do novo espaço de trabalho**, digite o URL do site do SharePoint onde você deseja criar o espaço de trabalho de documento e, em seguida, clique em **Criar**.

3. Se seu nome de usuário e sua senha forem solicitados para se conectar no site, preencha as caixas **User name** e **Password** e, em seguida, clique em **OK**.

11 Criando documentos para uso fora do Word

Para salvar um documento como uma página da Web, página 341-342

1. Abra o documento que você deseja salvar como página da Web. Em seguida, clique no **Botão Microsoft Office** e clique em **Salvar como**.

2. Na caixa de diálogo **Salvar como**, navegue até a pasta onde você deseja salvar a página da Web e, em seguida, na caixa **Nome do arquivo**, digite um nome.

3. Clique na seta de **Tipo** e, em seguida, na lista, clique em **Página da Web**.

4. Se você deseja que o título da página da Web seja diferente do que aparece na caixa de diálogo, clique em **Alterar título** e, em seguida, na caixa **Título da página** da caixa de diálogo **Definir título de página**, digite um novo título e clique em **OK**.

5. Na caixa de diálogo **Salvar como**, clique em **Salvar**.

Para registrar um espaço de blog, página 343-344

1. Clique no **Botão Microsoft Office** e, em seguida, clique em **Novo**.

2. Na caixa de diálogo **Novo Documento**, clique duas vezes em **Nova postagem de blog**.

3. Na caixa de diálogo **Registrar uma Conta de Blog**, clique em **Registrar Agora**.
4. Na caixa de diálogo **Nova Conta de Blog**, clique na seta de **Blog**, selecione o nome de seu provedor de serviços de blog e, em seguida, clique em **Avançar**.
5. Na caixa de diálogo **Nova Conta**, digite as informações solicitadas e clique em **OK**.

Para publicar um post de blog, página 345-346

1. Abra o post de blog que você deseja publicar. Em seguida, na guia **Postagem de Blog**, no grupo **Blog**, clique no botão **Publish Enter**.
2. Na caixa de diálogo **Connect to Your Space**, insira suas informações de usuário e, em seguida, clique em **OK**.

Para salvar um documento no formato XML, página 346-347

1. Abra o documento que você deseja salvar como XML. Em seguida, clique no **Botão Microsoft Office** e clique em **Salvar como**.
2. Na caixa de diálogo **Salvar como**, navegue até a pasta onde você deseja salvar o arquivo XML e, em seguida, na caixa **Nome do arquivo**, digite um nome.
3. Clique na seta de **Tipo** e, em seguida, na lista, clique em **Documento XML do Word**.
4. Na caixa de diálogo **Salvar como**, clique em **Salvar**.

Para mostrar a guia Desenvolvedor na Faixa de Opções, página 347-348

1. Clique no **Botão Microsoft Office** e, em seguida, clique em **Opções do Word**.
2. Na página **Mais Usados** da janela **Opções do Word**, sob **Principais opções para trabalhar com o Word**, marque a caixa de seleção **Mostrar guia Desenvolvedor na Faixa de Opções** e, em seguida, clique em **OK**.

12 Personalizando o Word

Para alterar as opções de programa padrão, página 355-356

→ Clique no **Botão Microsoft Office** e, em seguida, clique em **Opções do Word**.

Para adicionar um botão para um comando na Barra de Ferramentas de Acesso Rápido, página 363

1. Na extremidade direita da **Barra de Ferramentas de Acesso Rápido**, clique no botão **Personalizar Barra de Ferramentas de Acesso Rápido**.
2. Se o comando que você deseja adicionar aparece na lista, clique nele; caso contrário, clique em **Mais Comandos**.
3. Configure **Escolher comandos em** com a guia ou menu que contém o comando que você deseja adicionar. Em seguida, clique no comando na lista debaixo e clique em **Adicionar** para movê-lo para a caixa da direita.
4. Clique em **OK** para adicionar um botão para o comando selecionado na Barra de Ferramentas de Acesso Rápido de todos os documentos.

Para criar um atalho de teclado, página 370-371

1. Na extremidade direita da **Barra de Ferramentas de Acesso Rápido**, clique no botão **Personalizar Barra de Ferramentas de Acesso Rápido** e, em seguida, clique em **Mais Comandos**.

2. Na janela **Opções do Word**, à direita de **Atalhos de teclado**, clique em **Personalizar**.

3. Na caixa de diálogo **Personalizar teclado**, na lista **Categorias**, clique no nome da guia ou do menu que contém o comando desejado e, em seguida, na lista **Comandos**, clique no comando.

4. Se ainda não existir um atalho para o comando, clique na caixa **Pressione a nova tecla de atalho** e, em seguida, pressione as teclas que você deseja usar para o atalho.

5. Se o atalho ainda não estiver atribuído a outro comando, clique em **Atribuir**.

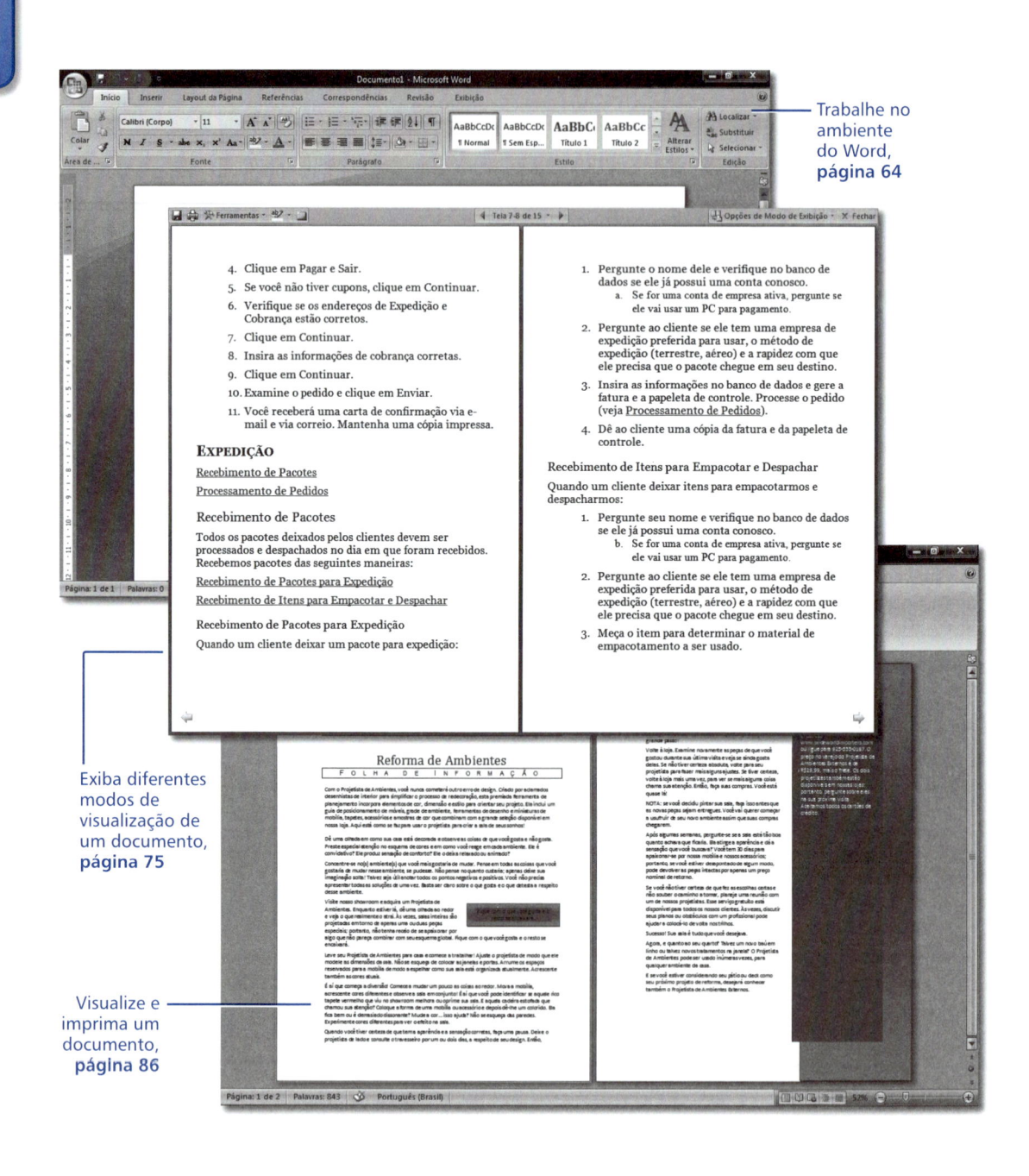

Trabalhe no ambiente do Word, **página 64**

Exiba diferentes modos de visualização de um documento, **página 75**

Visualize e imprima um documento, **página 86**

Visão Rápida do Capítulo 1

Capítulo 1
Explorando o Word 2007

Neste capítulo, você vai aprender a:
- Trabalhar no ambiente do Word.
- Abrir um documento, mover-se nele e fechá-lo.
- Exibir diferentes modos de visualização de um documento.
- Criar e salvar um documento.
- Visualizar e imprimir um documento.

Quando usa um programa de computador para criar, editar e produzir documentos de texto, você está *processando texto*. O Microsoft Office Word 2007 é um dos programas de processamento de texto mais sofisticados disponíveis atualmente. Com o Word 2007, é mais fácil do que nunca criar uma ampla variedade de documentos comerciais e pessoais, desde a carta mais simples até o relatório mais complexo. O Word inclui muitos recursos de *editoração eletrônica* que você pode usar para melhorar a aparência de documentos a fim de que eles fiquem organizados e fáceis de ler. O programa foi completamente remodelado para tornar esses e outros recursos mais acessíveis. Como resultado, até usuários iniciantes poderão trabalhar eficientemente no Word, após apenas uma breve introdução.

Neste capítulo, primeiro você vai conhecer o ambiente de trabalho do Word. Em seguida, você vai abrir um documento do Word já existente, aprender maneiras de mover-se nele e o fechar. Você vai explorar várias maneiras de ver documentos para saber qual modo de visualização deve usar para diferentes tarefas e como personalizar a janela de programa de acordo com suas necessidades. Você vai criar e salvar um documento novo e, então, vai salvar um documento já existente em um local diferente. Finalmente, você vai visualizar e imprimir um documento.

Consulte também Você precisa de uma recapitulação rápida sobre os tópicos deste capítulo? Veja as entradas da Consulta rápida nas páginas 35–61.

Importante Antes de usar os arquivos de exercícios deste capítulo, você precisa instalá-los do CD que acompanha o livro para um local padrão. Consulte "Utilizando o CD-ROM deste livro", na página xxi, para obter mais informações.

Solução de problemas As figuras e as instruções relacionadas ao sistema operacional deste livro refletem a interface do usuário do Windows Vista. Se seu computador estiver executando o Microsoft Windows XP e você enfrentar dificuldades para seguir as instruções, consulte a seção "Informações para os leitores que usam o Windows XP", no início deste livro.

Trabalhando no ambiente do Word

Assim como em todos os programas do Microsoft Office versão 2007, a maneira mais comum de iniciar o Word é a partir do menu Iniciar, exibido quando você clica no botão Iniciar na extremidade esquerda da barra de tarefas do Microsoft Windows. Se o Word é o primeiro programa do sistema Office 2007 que você usou, vai ter uma surpresa! A aparência da janela de programa mudou bastante em relação às versões anteriores.

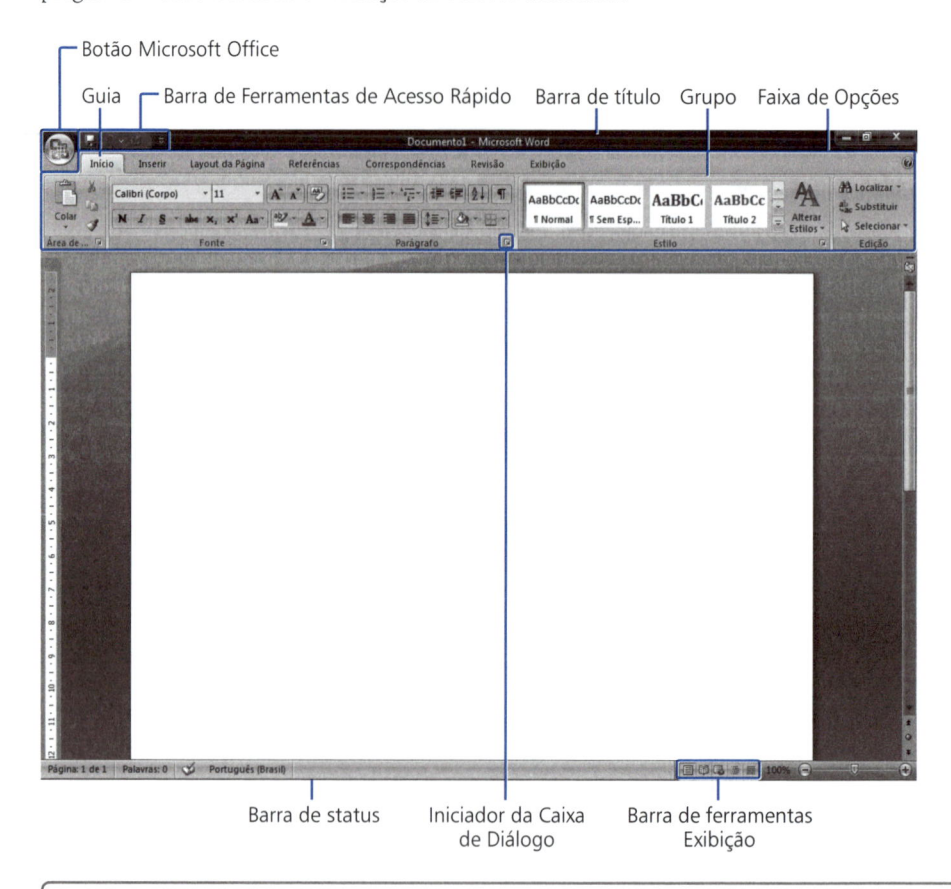

Botão Microsoft Office
Guia — Barra de Ferramentas de Acesso Rápido — Barra de título — Grupo — Faixa de Opções

Barra de status — Iniciador da Caixa de Diálogo — Barra de ferramentas Exibição

Dica O que aparece na sua tela talvez não corresponda exatamente às figuras deste livro. As telas deste livro foram capturadas em um monitor configurado com uma resolução de 1024 × 768 pixels, com a barra de tarefas do Windows oculta para aumentar o espaço de exibição.

O novo ambiente do Word foi projetado para refletir a maneira como as pessoas geralmente trabalham com o programa. Quando você inicia o Word pela primeira vez, esse ambiente consiste nos seguintes elementos:

Botão Office

- Os comandos relacionados ao Word e seus documentos como um todo (em vez do conteúdo do documento) estão reunidos em um menu que é exibido quando você quando você clica no *Botão Microsoft Office*.

- Os comandos podem ser representados como botões na *Barra de Ferramentas de Acesso Rápido*, à direita do Botão Microsoft Office. Por padrão, essa barra de ferramentas exibe os botões Salvar, Desfazer e Repetir, mas você pode personalizá-la para incluir qualquer comando que utilize com freqüência.

Capítulo 1 • Explorando o Word 2007   **65**

Consulte também   Para obter informações sobre a personalização da Barra de Ferramentas de Acesso Rápido, consulte a seção "Tornando os comandos favoritos do Word facilmente acessíveis", no Capítulo 12, "Personalizando o Word".

- A *barra de título* exibe o nome do documento ativo. Na extremidade direita da barra de título estão os três conhecidos botões que têm a mesma função em todos os programas Windows. Você pode ocultar a janela do Word temporariamente, clicando no botão Minimizar, ajustar o tamanho da janela com o botão Restaurar abaixo/Maximizar, e fechar o documento ativo ou encerrar o Word com o botão Fechar.

- Abaixo da barra de título está a *Faixa de Opções*, que torna todos os recursos do Word disponíveis em uma única área para que você possa trabalhar eficientemente com o programa.

- Os comandos relacionados ao trabalho com o conteúdo de um documento são representados como botões nas *guias* que compõem a Faixa de Opções. A guia Início fica ativa por padrão. Clicar em uma das outras guias, como Inserir, exibe os botões dessa guia.

> **Dica**   Se o Microsoft Outlook com Business Contact Manager estiver instalado em seu computador, você terá uma guia Business Tools, além daquelas mostradas nas figuras deste livro.

- Em cada guia, os botões são organizados em *grupos*. Dependendo do tamanho da janela de programa, em alguns grupos o botão que você provavelmente vai usar com mais freqüência é maior do que os restantes.

> **Dica**   Dependendo da resolução de sua tela e do tamanho da janela de programa, uma guia talvez não tenha espaço suficiente para exibir todos os seus grupos. Nesse caso, o nome do grupo é semelhante a um botão e clicar no botão exibe os comandos do grupo.

Iniciador da Caixa de Diálogo

- Os comandos relacionados, mas menos comuns, não são representados como botões no grupo. Em vez disso, eles estão disponíveis em uma caixa de diálogo, a qual você pode exibir clicando no *Iniciador da Caixa de Diálogo*, na extremidade direita da barra de título do grupo.

- Alguns nomes de botão são exibidos e outros não. Deixar o ponteiro do mouse sobre qualquer botão por alguns segundos (o que é chamado de *focalizar*) exibe uma *Dica de tela*, com o nome do botão e a função.

- Alguns botões possuem setas, mas nem todas as setas são iguais. Se você apontar para um botão e tanto o botão como sua seta estiverem na mesma caixa e tiverem a mesma cor, clicar no botão exibirá opções para refinar sua ação. Se você apontar para um botão e ele estiver em uma caixa e sua seta em outra, com uma tonalidade diferente, clicar no botão executará essa ação com as configurações atuais do botão. Se quiser alterar essas configurações, você precisará clicar na seta para ver as opções disponíveis.

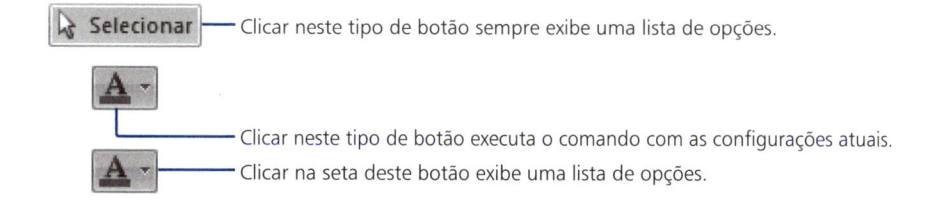

Clicar neste tipo de botão sempre exibe uma lista de opções.

Clicar neste tipo de botão executa o comando com as configurações atuais.
Clicar na seta deste botão exibe uma lista de opções.

- O ***botão Ajuda do Microsoft Office Word*** aparece na extremidade direita da Faixa de Opções.
- Você cria um documento na ***janela de documento***. Quando mais de um documento está aberto, cada um deles tem sua própria janela.
- Ao longo da parte inferior da janela de programa, a ***barra de status*** fornece informações sobre o documento atual. Você pode desativar a exibição de um item de informações clicando com o botão direito do mouse na barra de status e, então, clicando nesse item.

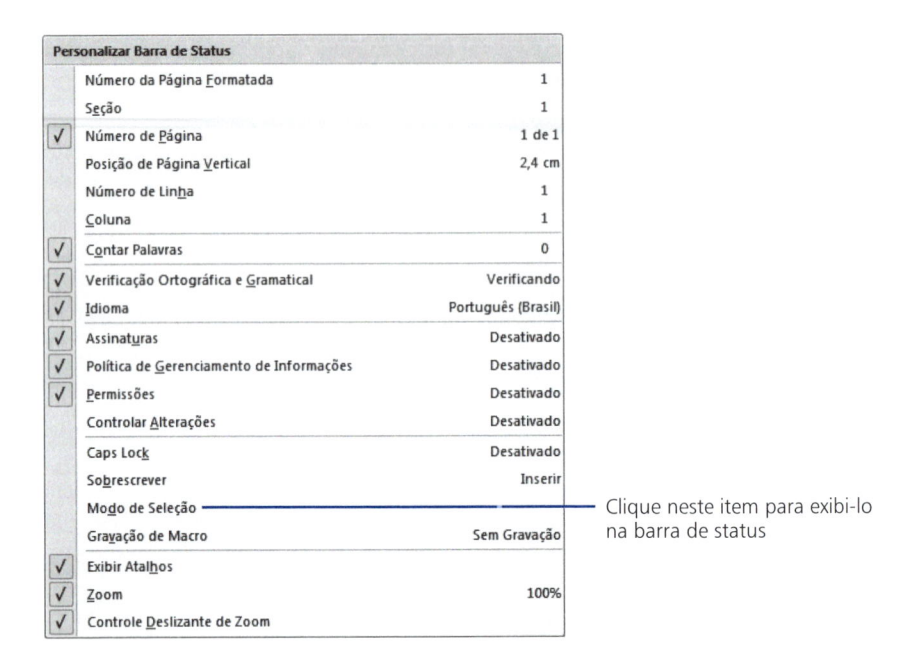

Personalizar Barra de Status	
Número da Página Formatada	1
Seção	1
✓ Número de Página	1 de 1
Posição de Página Vertical	2,4 cm
Número de Linha	1
Coluna	1
✓ Contar Palavras	0
✓ Verificação Ortográfica e Gramatical	Verificando
✓ Idioma	Português (Brasil)
✓ Assinaturas	Desativado
✓ Política de Gerenciamento de Informações	Desativado
✓ Permissões	Desativado
Controlar Alterações	Desativado
Caps Lock	Desativado
Sobrescrever	Inserir
Modo de Seleção	
Gravação de Macro	Sem Gravação
✓ Exibir Atalhos	
✓ Zoom	100%
✓ Controle Deslizante de Zoom	

Clique neste item para exibi-lo na barra de status

- Na extremidade direita da barra de status está a ***barra de ferramentas Exibição***, que fornece ferramentas para ajustar a visualização do conteúdo do documento.

   Consulte também   Para obter informações sobre o ajuste da visualização de um documento, consulte a seção "Os diferentes modos de exibição de um documento", posteriormente neste capítulo.

O objetivo do novo ambiente é tornar o trabalho em um documento mais intuitivo. Os comandos de tarefas que você executa freqüentemente não ficam mais ocultos em menus e em caixas de diálogo e os recursos que talvez você não tenha descoberto antes, agora estão mais visíveis.

Por exemplo, quando uma opção de formatação tem várias escolhas disponíveis, freqüentemente elas são apresentadas em uma ***galeria*** de ***miniaturas***. Essas galerias fornecem uma imagem rápida de cada escolha. Se você apontar para uma miniatura em uma galeria, um novo recurso impressionante, chamado ***visualização dinâmica***, mostra como ficará essa escolha se você a aplicar em seu documento.

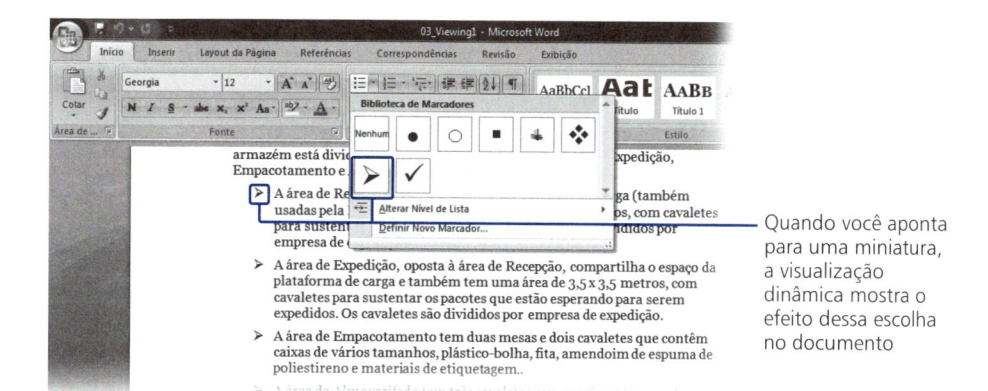

Quando você aponta para uma miniatura, a visualização dinâmica mostra o efeito dessa escolha no documento

Neste exercício, você vai iniciar o Word e explorar o Botão Microsoft Office e as guias e grupos da Faixa de Opções. Você também aprenderá a tirar proveito das galerias e da visualização dinâmica. Não há arquivos para este exercício.

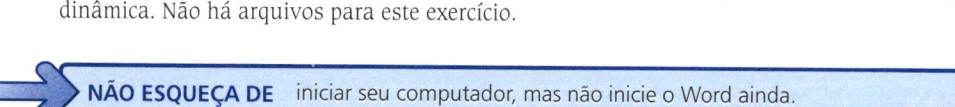

NÃO ESQUEÇA DE iniciar seu computador, mas não inicie o Word ainda.

Iniciar

1. Na barra de tarefas, clique no botão **Iniciar**, clique em **Todos os Programas**, clique em **Microsoft Office** e, em seguida, clique **Microsoft Office Word 2007**.

   A janela de programa Word abre, exibindo um documento em branco.

Botão Office

2. Clique no **Botão Microsoft Office**.

   Os comandos relacionados ao gerenciamento de documentos (como criação, salvamento e impressão) estão disponíveis no menu que abre. Esse menu, ao qual nos referimos neste livro como *menu do Office*, assume o lugar do menu Arquivo que aparecia nas versões anteriores do Word.

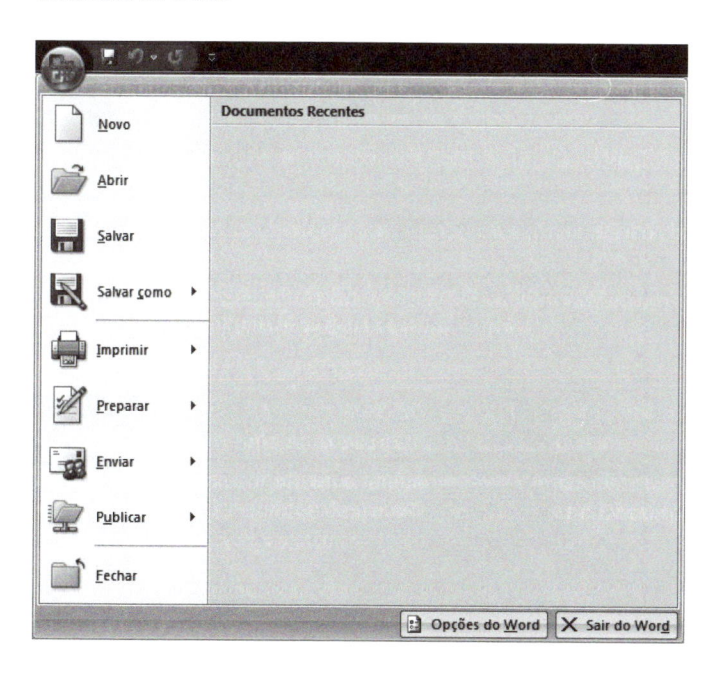

Os comandos da esquerda são destinados a tarefas relacionadas ao documento como um todo. Depois que você tiver trabalhado com um documento, o nome dele aparecerá na lista Documentos Recentes para que possa abri-lo rapidamente. Na parte inferior do menu estão os botões para alterar opções do programa e para encerrar o Word.

Consulte também   Para obter informações sobre a alteração de opções do programa, consulte a seção "Alterando as opções padrão do programa", no Capítulo 12, "Personalizando o Word".

3. Pressione as tecla ⎯Esc⎯ para fechar o menu.

   Na Faixa de Opções, a guia Início está ativa. Os botões relacionados ao trabalho com o conteúdo do documento estão organizados nessa guia em cinco grupos: Área de Transferência, Fonte, Parágrafo, Estilo e Edição. Apenas os botões que representam comandos que podem ser executados no elemento do documento atualmente selecionado estão ativos.

4. Deixe o ponteiro do mouse sobre os botões ativos nessa guia para exibir as Dicas de tela que mostram seus nomes e descrevem suas funções.

   > **Importante**   Dependendo da resolução da sua tela e do tamanho da janela de programa, você poderá ver mais ou menos botões em cada um dos grupos, ou os botões que aparecem na sua tela podem estar representados por ícones maiores ou menores do que os que aparecem neste livro. Mude o tamanho da janela de programa para entender o efeito sobre a aparência das guias.

5. Clique na guia **Inserir** e, em seguida, explore seus botões.

   Os botões relacionados a todos os itens que você pode inserir estão organizados nessa guia em sete grupos: Páginas, Tabelas, Ilustrações, Links, Cabeçalho e Rodapé, Texto e Símbolos.

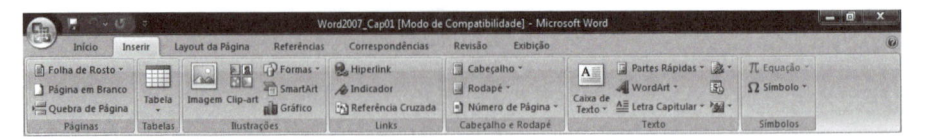

6. Clique na guia **Layout da Página** e, em seguida, explore seus botões.

   Os botões relacionados à aparência do seu documento estão organizados nessa guia em cinco grupos: Temas, Configurar Página, Plano de Fundo da Página, Parágrafo e Organizar.

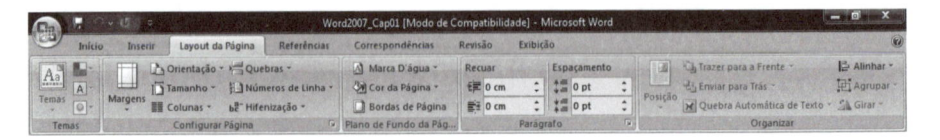

7. No grupo **Configurar Página**, exiba a Dica de tela do botão **Margens**.

   A Dica de tela informa como você pode ajustar as margens.

Iniciador da Caixa de Diálogo

8. Na extremidade direita da barra de título do grupo **Configurar Página**, clique no Iniciador da Caixa de Diálogo **Configurar Página**.

   A caixa de diálogo Configurar Página abre.

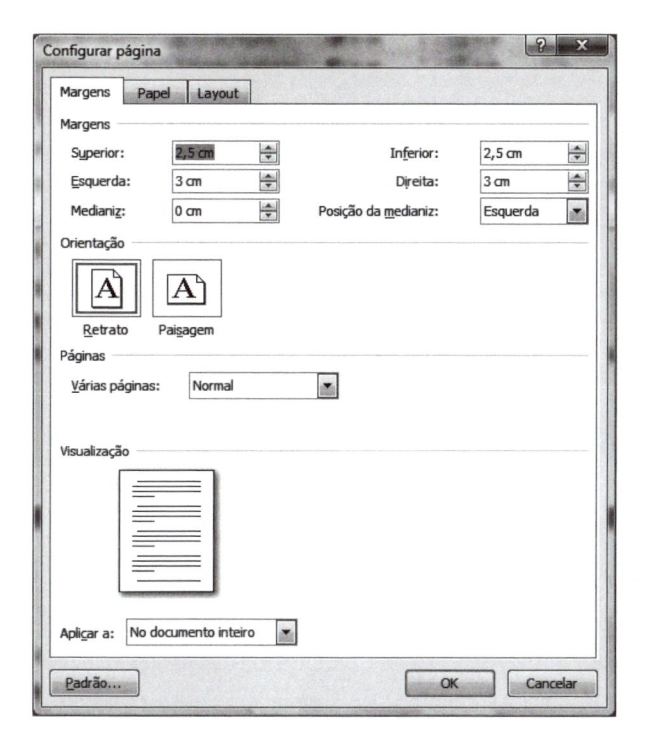

   A caixa de diálogo fornece um local único onde você pode configurar as margens e a orientação, e especificar a configuração de um documento de várias páginas. Você pode visualizar os resultados das suas escolhas antes de aplicá-las.

   Consulte também   Para obter informações sobre a configuração de documentos de várias páginas, consulte a seção "Controlando o que aparece em cada página", no Capítulo 4, "Alterando a aparência de um documento".

9. Clique em **Cancelar** para fechar a caixa de diálogo.
10. No grupo **Temas**, clique no botão **Temas**.

    Você verá uma galeria de miniaturas dos temas disponíveis.

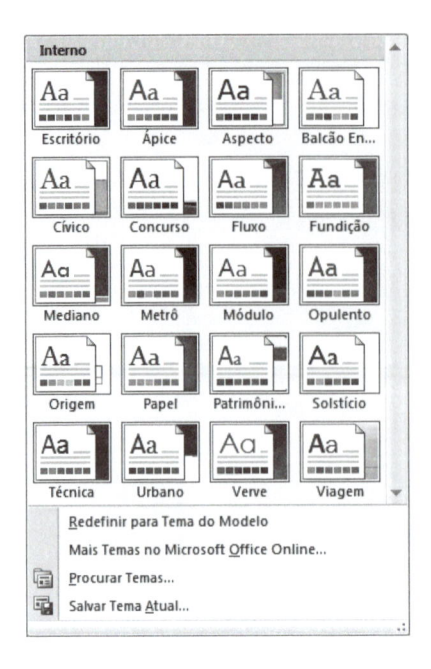

11. Pressione [Esc] para fechar a galeria sem selecionar um tema. 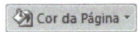
12. No grupo **Plano de Fundo da Página**, clique no botão **Cor da Página** e, em seguida, na linha superior da paleta **Cores do Tema**, aponte para uma caixa de cada vez.

    A página do documento em branco mostra uma visualização dinâmica de como ela ficará se você clicar na cor para a qual está apontando. Você pode ver o efeito da seleção sem aplicá-la realmente.

13. Pressione [Esc] para fechar a paleta sem selecionar uma cor.
14. Clique na guia **Referências** e, em seguida, explore seus botões.

    Os botões relacionados aos itens que você pode adicionar em documentos longos, como relatórios, estão organizados nessa guia em seis grupos: Sumário, Notas de Rodapé, Citações e Bibliografia, Legendas, Índice e Índice de Autoridades.

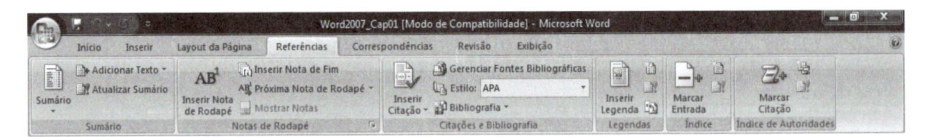

15. Clique na guia **Correspondências** e, em seguida, explore seus botões.

    Os botões relacionados à criação de correspondência estão organizados nessa guia em cinco grupos: Criar, Iniciar Mala Direta, Gravar e Inserir Campos, Visualizar Resultados e Concluir.

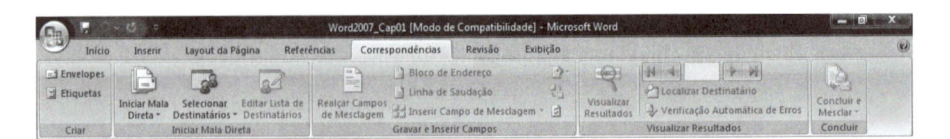

16. Clique na guia **Revisão** e, em seguida, explore seus botões.

    Os botões relacionados à revisão de texto, comentários e alteração de documentos estão organizados nessa guia em seis grupos: Revisão de Texto, Comentários, Controle, Alterações, Comparar e Proteger.

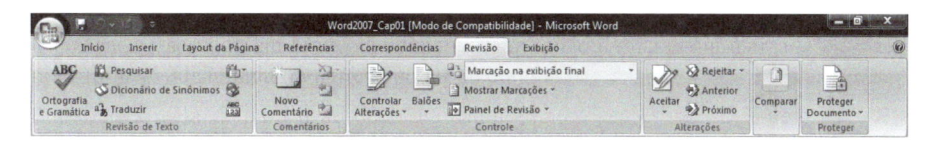

17. Clique na guia **Exibição** e, em seguida, explore seus botões.

    Os botões relacionados à alteração da exibição ou à exibição de documentos estão organizados nessa guia em cinco grupos: Modos de Exibição de Documento, Mostrar/Ocultar, Zoom, Janela e Macros.

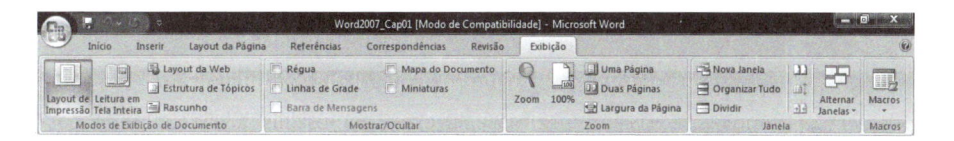

Abrindo, movendo-se e fechando um documento

Para abrir um documento já existente, clique no Botão Microsoft Office e, em seguida, clique em Abrir para exibir a caixa de diálogo Abrir. Na primeira vez que você usa esse comando, a caixa de diálogo exibe o conteúdo de sua pasta *Documentos*. Se você exibir a caixa de diálogo novamente, na mesma sessão do Word, ela exibirá o conteúdo da pasta usada pela última vez. Para ver o conteúdo de uma pasta diferente, use as técnicas padrão do Windows. Após localizar o arquivo com o qual deseja trabalhar, clique duas vezes nele para abri-lo.

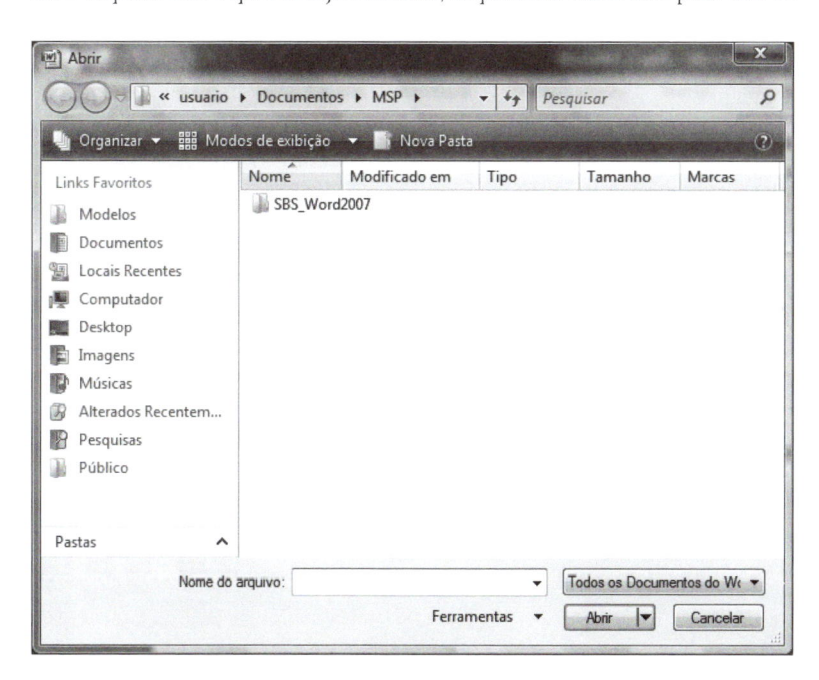

> **Dica** Clicar em um nome de arquivo e, em seguida, clicar na seta Abrir no canto inferior direito da caixa de diálogo Abrir, exibe uma lista de maneiras alternativas pelas quais você pode abrir o arquivo. Para examinar o documento sem correr o risco de alterá-lo involuntariamente, você pode abrir o arquivo como *somente leitura* ou abrir uma cópia independente dele. Você pode abrir um arquivo em um navegador da Web ou abrir um arquivo XML com uma transformação (consulte o Capítulo 11). No caso de uma falha do computador ou outro incidente semelhante, você pode dizer ao Word para que abra o arquivo e tente reparar qualquer dano. Além disso, você pode exibir versões anteriores do arquivo.

Para mover-se em um documento aberto sem alterar o local do ponto de inserção, use as barras de rolagem vertical e horizontal das seguintes maneiras:

- Clique nas setas de rolagem para mover a janela de documento uma linha para cima ou para baixo, ou alguns caracteres para a esquerda ou para a direita.
- Clique acima ou abaixo na caixa de rolagem vertical para mover-se uma janela inteira para cima ou para baixo, ou à esquerda ou à direita da caixa de rolagem horizontal para mover-se uma janela inteira para a esquerda ou para a direita.
- Arraste a caixa de rolagem na barra de rolagem para exibir a parte do documento correspondente à localização da caixa de rolagem. Por exemplo, arrastar a caixa de rolagem para o meio da barra de rolagem exibe o meio do documento.

Você também pode mover-se em um documento da mesma maneira como move o ponto de inserção. Para colocar o ponto de inserção em um local específico, basta clicar nesse lugar. Para mover o ponto de inserção uma página para frente ou para trás, clique nos botões Página Anterior e Próxima Página, abaixo da barra de rolagem vertical.

Você também pode pressionar uma tecla ou uma *combinação de teclas* no teclado para mover o ponto de inserção. Por exemplo, você pode pressionar a tecla Home para mover o ponto de inserção para a extremidade esquerda de uma linha ou pressionar Ctrl+Home para movê-lo para o início do documento.

> **Dica** A localização do ponto de inserção aparece na barra de status. Por padrão, a barra de status indica em qual página o ponto de inserção está, mas você também pode exibir sua localização por seção, linha e coluna, e em centímetros a partir do início da página. Basta clicar com o botão direito do mouse na barra de status e, em seguida, clicar na opção que você deseja exibir.

A tabela a seguir lista maneiras de usar o teclado para mover o ponto de inserção.

Para mover o ponto de inserção...	Pressione...
Um caractere à esquerda	Seta para a esquerda
Um caractere à direita	Seta para a direita
Uma linha para baixo	Seta para baixo
Uma linha para cima	Seta para cima

(continua)

Para mover o ponto de inserção...	Pressione...
Uma palavra à esquerda	Ctrl+Seta para a esquerda
Uma palavra à direita	Ctrl+Seta para a direita
Para o início da linha atual	Home
Para o final da linha atual	End
Para o início do documento	Ctrl+Home
Para o início da página anterior	Ctrl+Page Up
Para o início da próxima página	Ctrl+Page Down
Uma tela acima	Page Up
Uma tela abaixo	Page Down

Em um documento longo, talvez você queira mover-se rapidamente entre elementos de certo tipo; por exemplo, de uma figura para outra. Você pode clicar no botão Selecionar objeto da procura, na parte inferior da barra de rolagem vertical e, em seguida, fazer uma escolha na paleta de opções de procura que aparece, como Procurar por página ou Procurar por gráfico.

Se mais de um documento estiver aberto, você pode fechá-lo clicando no botão Fechar, na extremidade direita da barra de título. Se apenas um documento estiver aberto, clicar no botão Fechar fecha o documento e também encerra o Word. Se você quiser fechar o documento, mas deixar o Word aberto, clique no Botão Microsoft Office e, em seguida, clique em Fechar.

Neste exercício, você vai abrir um documento existente e explorar várias maneiras de mover-se nele. Em seguida, você vai fechar o documento.

> **USE** o documento *02_Opening*. Esse arquivo de exercício está localizado na subpasta *Chapter01*, sob *SBS_Word2007*.

1. Clique no **Botão Microsoft Office** e, em seguida, clique em **Abrir**.

   A caixa de diálogo Abrir aparece, mostrando o conteúdo da pasta que você usou para sua última ação de abrir ou salvar.

2. Se o conteúdo da pasta *Documentos* não for exibido, no **Painel de Navegação**, clique em **Documentos**.

3. Clique duas vezes na pasta **MSP**, clique duas vezes na pasta **SBS_Word2007** e, em seguida, clique duas vezes na pasta **Chapter01**.

4. Clique no documento *02_Opening* e, em seguida, clique no botão **Abrir**.

   O documento *02_Opening* abre na janela de programa do Word.

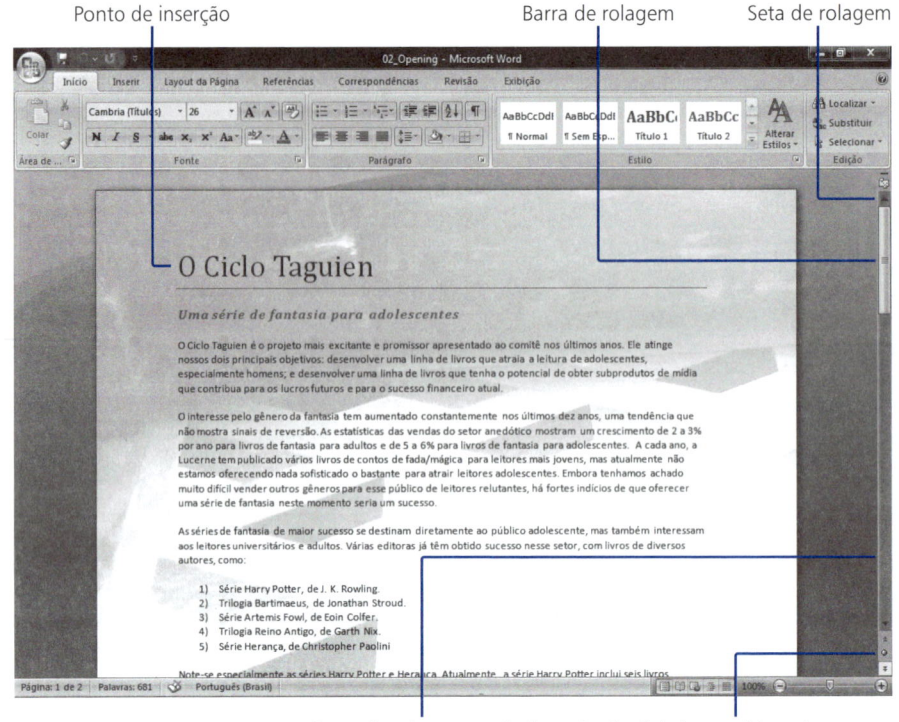

74 Microsoft Office Word 2007

Ponto de inserção — Barra de rolagem — Seta de rolagem

Barra de rolagem vertical — Botão Selecionar objeto da procura

5. Na segunda linha do título do documento, clique no final do parágrafo para posicionar o ponto de inserção.

6. Pressione a tecla [Home] para mover o ponto de inserção para o início da linha.

7. Pressione a tecla [→] quatro vezes para mover o ponto de inserção para o início da palavra *série* no cabeçalho.

8. Pressione a tecla [End] para mover o ponto de inserção para o final da linha.

9. Pressione [Ctrl]+[End] para mover o ponto de inserção para o final do documento.

10. Pressione [Ctrl]+[Home] para mover o ponto de inserção para o início do documento.

11. Na parte inferior da barra de rolagem vertical, clique no botão **Próxima página**.

Próxima página

12. Clique acima da caixa de rolagem vertical para mudar a exibição do documento por uma janela inteira.

13. Arraste a caixa de rolagem vertical para a parte superior da barra de rolagem vertical.

O início do documento aparece. Note que a localização do ponto de inserção não mudou – apenas a exibição do documento.

Selecionar objeto da procura

14. Clique à esquerda do título para colocar o ponto de inserção no início do documento e, em seguida, na parte inferior da barra de rolagem vertical, clique no botão **Selecionar objeto da procura**.

Uma paleta de opções de procura abre.

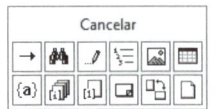

Capítulo 1 • Explorando o Word 2007   **75**

15. Mova o ponteiro sobre os botões que representam os objetos nos quais você pode navegar.

    À medida que você aponta para cada botão, o nome do objeto aparece na parte superior da paleta.

Procurar por página

16. Clique no botão **Procurar por página**.

    O ponto de inserção se move do início da Página 1 para o início da Página 2.

17. Clique no **Botão Microsoft Office** e, em seguida, clique em **Fechar**.

> **Solução de problemas**   Se você clicar no botão Fechar na extremidade direita da barra de título, em vez de clicar no Botão Microsoft Office e, em seguida, clicar em Fechar, fechará o documento aberto e encerrará o programa Word. Para continuar trabalhando, inicie o Word novamente.

Compatibilidade com versões anteriores

O Word 2007 usa um formato de arquivo diferente das versões anteriores do programa. Você pode abrir um documento criado em versões anteriores, mas os novos recursos do Word 2007 não estarão disponíveis. O nome do documento aparece na barra de título com [Modo de Compatibilidade] à sua direita. Você pode trabalhar no Modo de Compatibilidade ou converter o documento para o formato de arquivo do Word 2007. Para tanto, clique no Botão Microsoft Office e clique em Converter. Em seguida, clique no botão Salvar na Barra de Ferramentas de Acesso Rápido para sobrescrever o documento existente ou clique em Salvar como no menu do Office para salvar o documento no novo formato, como um arquivo diferente.

Você não pode abrir um documento do Word 2007 em uma versão anterior do programa, a não ser que instale o Pacote de Compatibilidade para o sistema Office 2007, que está disponível gratuitamente para download no Microsoft Office Online. Após instalar o Pacote de Compatibilidade, você poderá abrir e trabalhar com documentos do Word 2007, mas não poderá abrir modelos do Word 2007.

Os diferentes modos de exibição de um documento

No Word, você pode exibir um documento de várias maneiras:

- *Modo de exibição Layout de impressão*. Esse modo de exibição mostra um documento na tela da maneira como ele aparecerá quando impresso. Você pode ver elementos como margens, quebras de página, cabeçalhos e rodapés, e marcas d'água.

- *Modo de exibição Leitura em Tela Inteira*. Esse modo de exibição mostra o máximo do conteúdo do documento que caberá na tela, em um tamanho confortável para leitura. Nele, a Faixa de Opções é substituída por uma única barra de ferramentas na parte superior da tela, com botões que você pode usar para salvar e imprimir o documento, acessar referências e outras ferramentas, destacar texto e fazer comentários. Você também pode mover-se de uma página para outra e ajustar a exibição.

- *Modo de exibição Layout da Web*. Esse modo de exibição mostra um documento na tela conforme ele ficará quando visto em um navegador da Web. Você pode ver segundos planos, AutoFormas e outros efeitos. Você também pode ver como o texto é disposto para encaixar na janela e como os elementos gráficos são posicionados.

Consulte também Para obter informações sobre documentos da Web, consulte "Criando e modificando um documento da Web", no Capítulo 11, "Criando documentos para uso fora do Word".

- *Modo de exibição Estrutura de Tópicos*. Esse modo de exibição mostra a estrutura de um documento como níveis aninhados de títulos e corpo do texto, e fornece ferramentas para exibir e alterar sua hierarquia.

Consulte também Para obter informações sobre estrutura de tópicos, consulte a seção "Reorganizando a estrutura de tópicos de um documento", no Capítulo 2, "Editando e revisando textos em documentos".

- *Modo de exibição Rascunho*. Esse modo de exibição mostra o conteúdo de um documento com um leiaute simplificado para que você possa digitar e editar rapidamente. Você não pode ver elementos de leiaute como cabeçalhos e rodapés.

Você alterna entre os modos de exibição usando os botões no grupo Modos de Exibição de Documento da guia Exibição ou usando os botões da barra de ferramentas Exibição, no canto inferior direito da janela.

Você pode usar outros botões da guia Exibição para fazer o seguinte:

- Exibir réguas e linhas de grade para ajudá-lo a posicionar e alinhar elementos.
- Exibir um painel separado contendo o *Mapa do Documento* – uma lista dos títulos que compõem a estrutura do documento – ao exibir e editar seu texto.
- Exibir um painel separado contendo *miniaturas* das páginas do documento.
- Organizar e trabalhar com janelas.
- Alterar a ampliação do documento.

Você também pode ajustar a ampliação do documento usando ferramentas da barra de ferramentas Exibição, na extremidade direita da barra de status. Você pode clicar no botão Zoom e selecionar (ou digitar) uma porcentagem, arrastar o controle deslizante para a esquerda ou para a direita ou clicar no botão Reduzir ou Ampliar em uma das extremidades do controle deslizante.

Quando você está criando documentos mais complexos, é mais fácil posicionar os elementos com precisão se a exibição de caracteres não imprimíveis for ativada. Esses caracteres pertencem a duas categorias: os que controlam o leiaute do seu documento e os que fornecem a estrutura dos "bastidores" do documento, como a indexação. Você pode ativar e desativar a exibição de caracteres não imprimíveis clicando no botão Mostrar/ocultar ¶ no grupo Parágrafo da guia Início.

> **Dica** Você pode ocultar qualquer texto selecionando-o, clicando no Iniciador da Caixa de Diálogo Fonte na extremidade direita da barra de título do grupo Fonte na guia Início, selecionando a caixa de seleção Oculto e clicando em OK. Quando o botão Mostrar/ocultar ¶ está ativo, o texto oculto fica visível e é identificado no documento por meio de um sublinhado pontilhado.

Neste exercício, você vai explorar várias maneiras de personalizar o modo de exibição Layout de impressão para tornar mais eficiente o trabalho de desenvolver documentos. Você vai ativar e desativar o espaço em branco, ampliar e reduzir o documento, exibir as réguas e o Mapa do Documento e exibir caracteres não imprimíveis e texto. Então, você vai visualizar outros modos de exibição, a fim de determinar qual é mais adequado para qual tarefa. Finalmente, você vai alternar entre os documentos abertos e exibir documentos em mais de uma janela ao mesmo tempo.

> **USE** os documentos *03_Viewing1* e *03_Viewing2*. Esses arquivos de exercícios estão localizados na subpasta *Chapter01*, sob *SBS_Word2007*.
>
> **ABRA** o documento *03_Viewing1*.

1. No modo de exibição de Layout de impressão, role pelo documento.

   Como você pode ver, em todas as páginas, menos na primeira, o documento impresso terá o título no cabeçalho na parte superior da página, o número da página na margem direita e a data no rodapé, na parte inferior de cada página.

   Consulte também Para obter informações sobre cabeçalhos e rodapés, consulte a seção "Adicionando cabeçalhos e rodapés", no Capítulo 4, "Alterando a aparência de um documento".

2. Aponte para o espaço entre quaisquer duas páginas e, quando o ponteiro do mouse mudar para duas setas opostas, clique duas vezes no botão do mouse. Em seguida, role novamente pelo documento.

   Agora, o espaço em branco na parte superior e inferior de cada página e o espaço cinza entre as páginas está oculto.

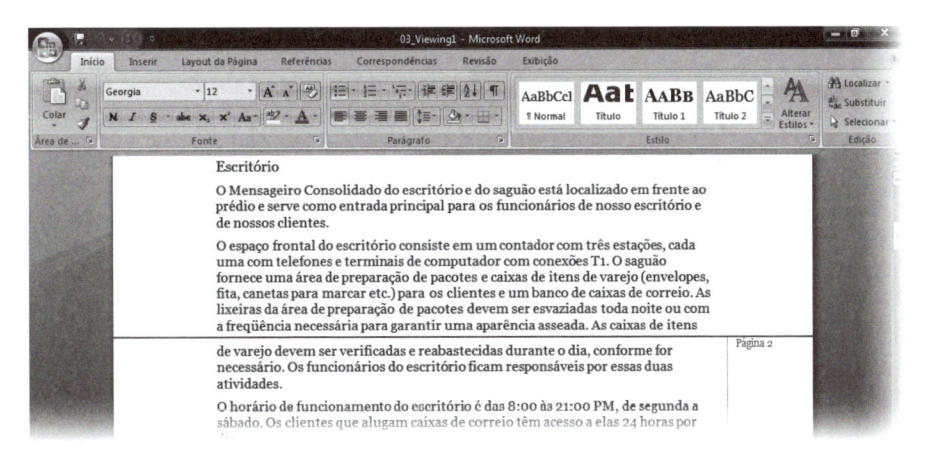

3. Restaure o espaço em branco, apontando para a linha preta que separa uma página da outra, clicando duas vezes no botão do mouse.

4. Pressione Ctrl+Home para ir ao início do documento e, em seguida, na barra de ferramentas **Exibição**, clique no botão **Zoom**.

   A caixa de diálogo Zoom abre.

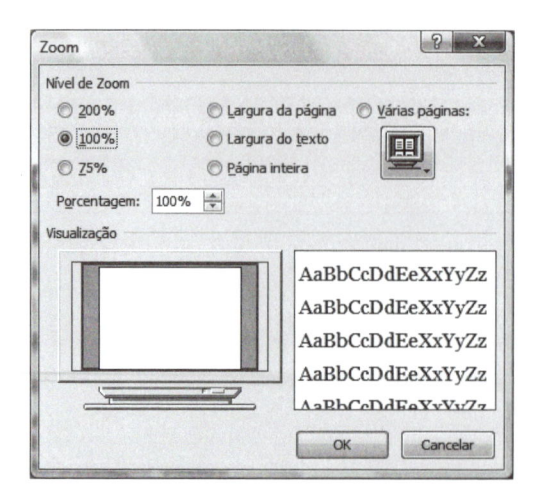

5. Sob **Várias páginas**, clique no botão do monitor, clique na segunda miniatura de página na linha superior e, em seguida, clique em **OK**.

A ampliação muda para que você possa ver duas páginas lado a lado.

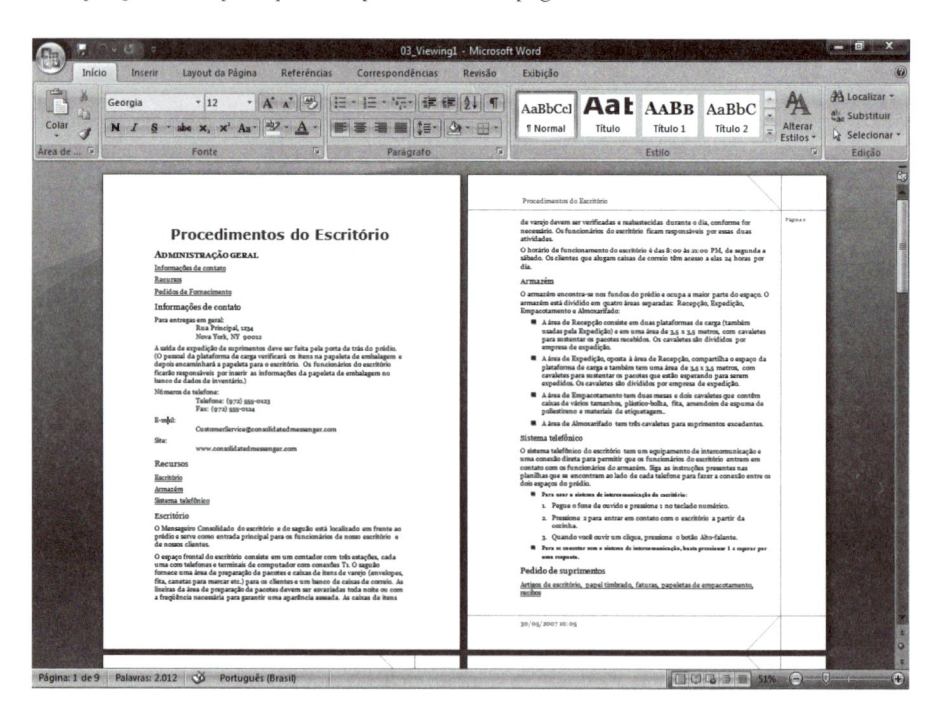

Próxima página

6. Abaixo da barra de rolagem vertical, clique no botão **Próxima página** para exibir a terceira e a quarta páginas do documento.

7. Na barra de ferramentas **Exibição**, clique no botão **Zoom**. Em seguida, na caixa de diálogo **Zoom**, clique em **75%** e clique em **OK**.

Observe que a posição do controle deslizante Zoom é ajustada para refletir a nova configuração.

8. Na extremidade esquerda do controle deslizante **Zoom**, clique no botão **Reduzir** algumas vezes.

   À medida que você clica no botão, o controle deslizante se move para a esquerda e a porcentagem de Zoom diminui.

9. Na extremidade direita do controle deslizante **Zoom**, clique no botão **Ampliar** até que a ampliação seja de 100%.

10. Na guia **Exibição**, no grupo **Mostrar/Ocultar**, marque a caixa de seleção **Régua**.

    Réguas horizontais e verticais aparecem acima e à esquerda da página. Nas réguas, a área ativa da página está em branco e as margens são azuis.

11. No grupo **Mostrar/Ocultar**, clique na caixa de seleção **Mapa do Documento**.

    Um painel abre no lado esquerdo da tela, exibindo uma estrutura de tópicos dos títulos presentes no documento. O primeiro título na página ativa é realçado.

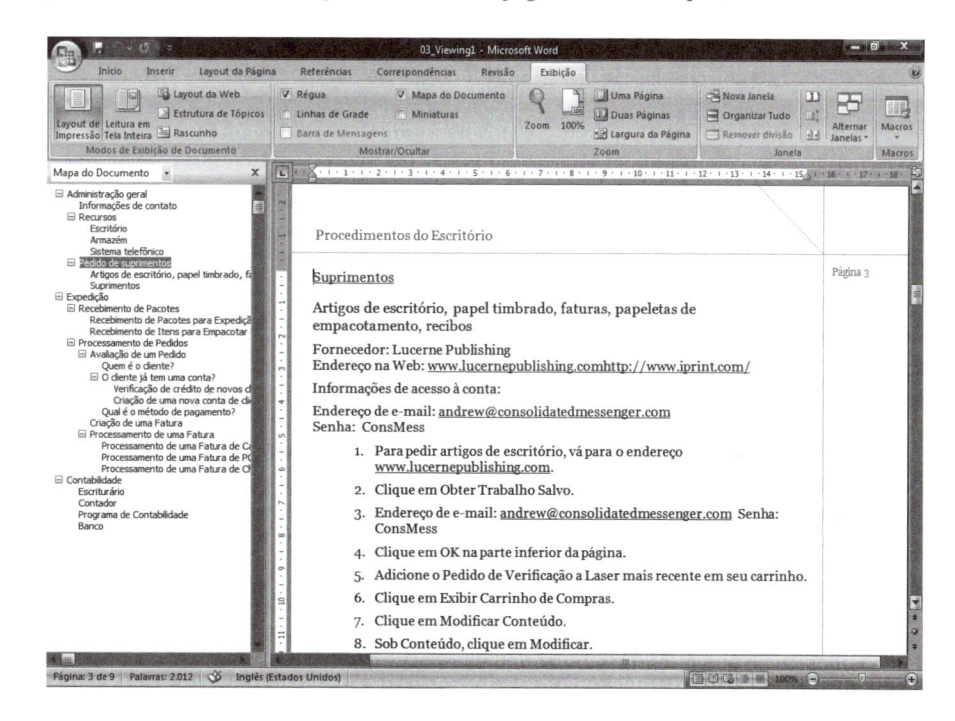

12. No **Mapa do Documento**, clique no título **Expedição**.

    O Word exibe a página contendo o título selecionado.

13. No grupo **Mostrar/Ocultar**, clique na caixa de seleção **Miniaturas** e, em seguida, role o painel **Miniaturas** e clique na página **5**.

14. No painel **Miniaturas**, clique no botão **Fechar**.

    O painel da esquerda fecha.

15. Na guia **Início**, no grupo **Parágrafo**, clique no botão **Mostrar/ocultar ¶**.

    Agora você pode ver caracteres não imprimíveis, como espaços, tabulações e marcas de parágrafo.

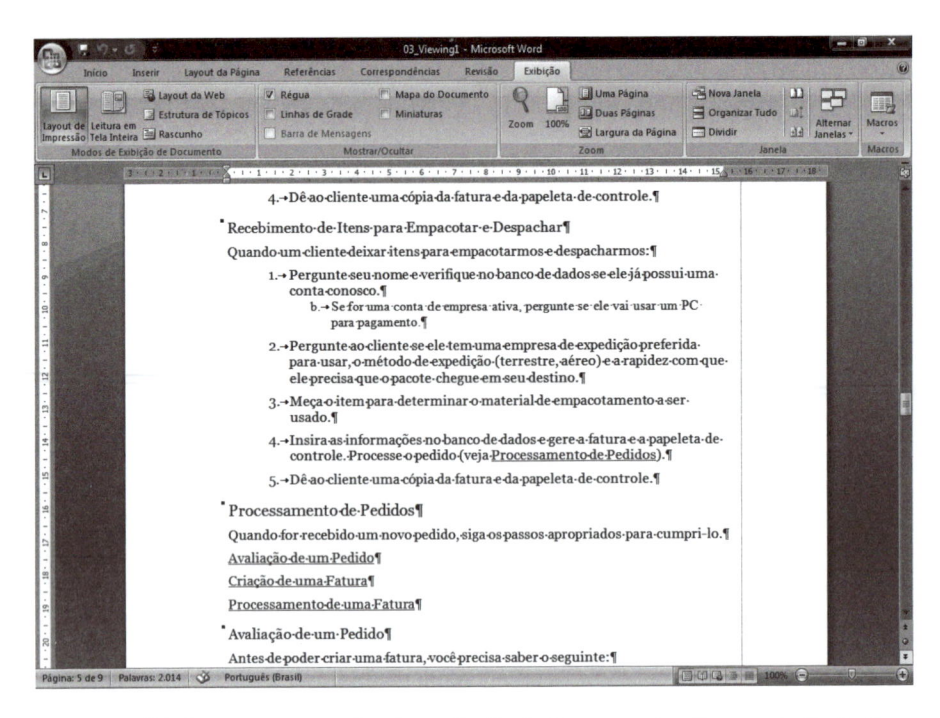

16. Na guia **Exibição**, no grupo **Modos de Exibição de Documento**, clique no botão **Leitura em Tela Inteira**.

    A tela muda para exibir o documento em um formato que torna a leitura fácil.

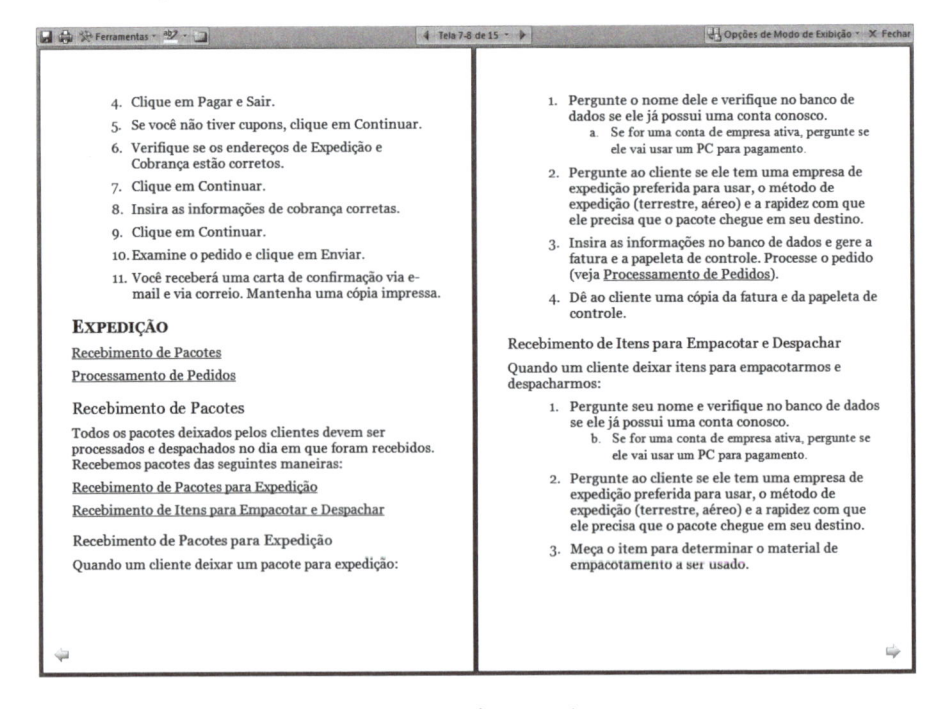

17. Na parte superior da tela, clique no botão **Próxima Tela**.

    As próximas duas telas de informações aparecem.

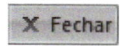

18. Explore os outros botões da parte superior do modo de exibição Leitura em Tela Inteira e, em seguida, clique no botão **Fechar** para voltar ao modo de exibição Layout de impressão.

19. Pressione Ctrl+Home. Em seguida, na barra de ferramentas **Exibição**, clique no botão **Layout da Web** e role pelo documento.

Em um navegador da Web, a coluna de texto preencherá a janela e não haverá quebras de página.

20. Pressione Ctrl+Home e, em seguida, na barra de ferramentas **Exibição**, clique no botão **Estrutura de Tópicos**.

A tela muda para mostrar a estrutura hierárquica do documento e a guia Estrutura de Tópicos aparece na extremidade esquerda da Faixa de Opções.

21. Na guia **Estrutura de Tópicos**, no grupo **Ferramentas de Estrutura de Tópicos**, clique na seta de **Mostrar Nível** e, na lista, clique em **Nível 2**.

O documento recolhe para exibir apenas os títulos de nível 1 e 2.

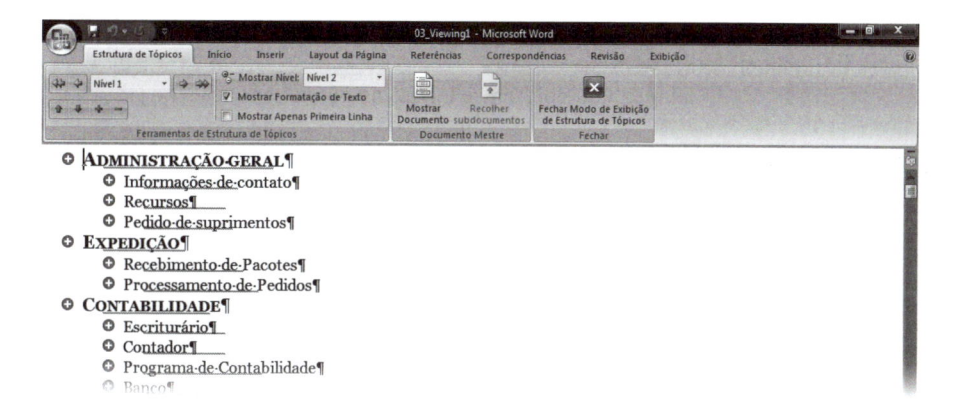

22. Na barra de ferramentas **Exibição**, clique no botão **Rascunho** e, em seguida, role pelo documento.

Você pode ver o conteúdo básico do documento sem qualquer elemento estranho, como margens, cabeçalhos e rodapés. A área ativa na régua indica a largura da coluna de texto, linhas pontilhadas indicam quebras de página e a rolagem é fácil e rápida.

23. Clique no **Botão Microsoft Office**, clique em **Abrir** e, em seguida, na caixa de diálogo **Abrir**, clique duas vezes em *03_Viewing2*.

O documento *03_Viewing2* abre no modo de exibição Layout de impressão, em sua própria janela de documento. Observe que o número de telefone no corpo do memorando tem um pontilhado sublinhado, pois está formatado como oculto.

24. Na guia **Início**, no grupo **Parágrafo**, clique no botão **Mostrar/ocultar ¶** para desativá-lo.

Nenhum caractere não imprimível e nenhum texto oculto é visível.

25. Na guia **Exibição**, no grupo **Janela**, clique em **Alternar Janelas** e, em seguida, clique em *03_Viewing1*.

O outro documento aberto é exibido no Modo de exibição de rascunho, com os caracteres não imprimíveis visíveis.

26. Na guia **Exibição**, no grupo **Janela**, clique no botão **Organizar Tudo**.

As duas janelas de documento são dimensionadas e empilhadas uma sobre a outra. Cada janela tem uma Faixa de Opções, de modo que você pode trabalhar com cada documento independentemente.

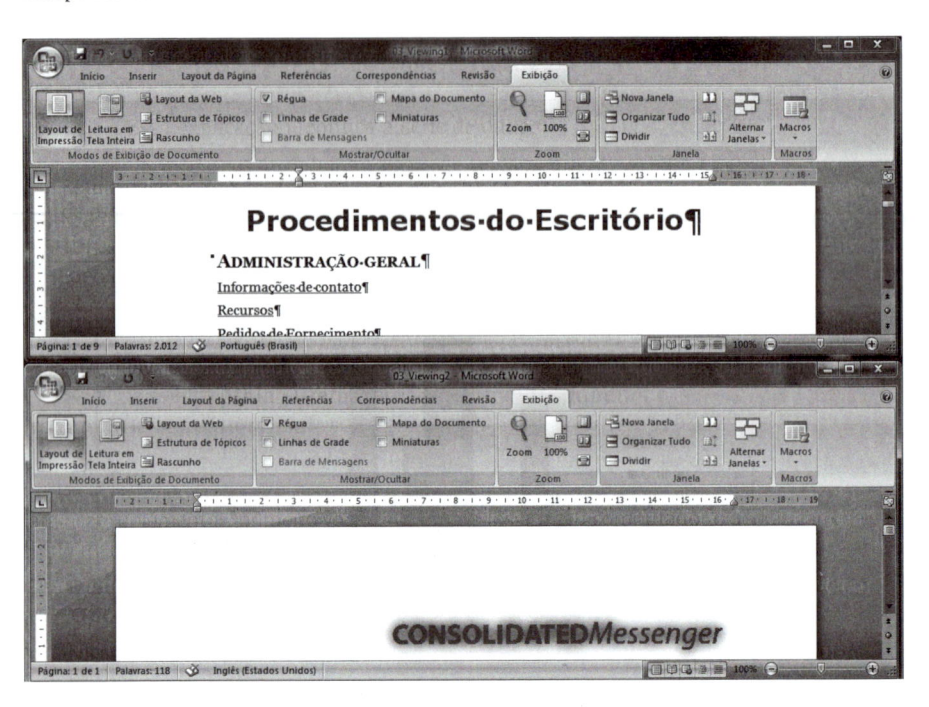

27 Na extremidade direita da barra de título da janela de *03_Viewing1*, clique no botão **Fechar**.

Clicar no botão Fechar não encerra o Word, pois mais de um documento está aberto.

28. Na extremidade direita da barra de título da janela de *03_Viewing2*, clique no botão **Maximizar**.

A janela de documento se expande para preencher a tela.

29. Na guia **Exibição**, no grupo **Mostrar/Ocultar**, desmarque a caixa de seleção **Régua** para desativar as réguas.

> **FECHE** o documento *03_Viewing2*.

Criando e salvando um documento

Para criar um documento do Word, você simplesmente abre um novo documento em branco e digita seu conteúdo. O ponto de inserção mostra onde o próximo caractere digitado aparecerá. Quando o ponto de inserção atinge a margem direita, a palavra que você está digitando passa para a próxima linha. Por causa desse recurso de *quebra automática de linha*, comum em programas de processamento de textos e editoração eletrônica, você só pressiona Enter para iniciar um novo parágrafo e não uma nova linha.

Cada documento que você cria é temporário, a não ser que seja salvo como um arquivo, com um nome ou localização exclusiva. Para salvar um documento pela primeira vez, clique no botão Salvar na Barra de Ferramentas de Acesso Rápido ou clique no Botão Microsoft Office e, em seguida, clique em Salvar. Qualquer uma dessas ações exibe a caixa de diálogo Salvar como, onde você designa o nome e o local de armazenamento.

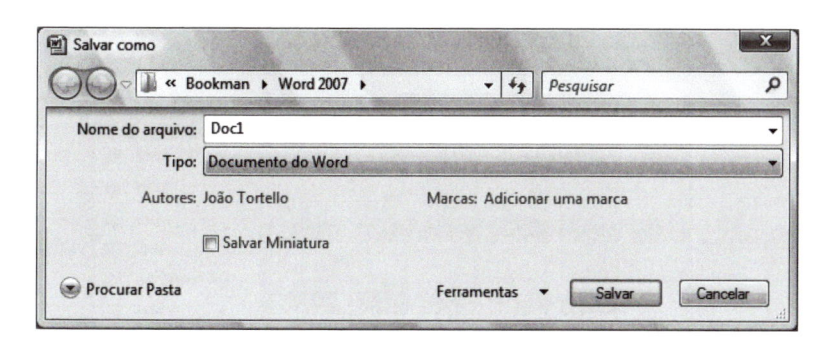

Se quiser salvar o documento em uma pasta que não seja aquela mostrada na barra de endereços, você pode clicar nas divisas à esquerda do nome de pasta atual e, em seguida, navegar até a pasta desejada. Você também pode clicar em Procurar nas pastas, para exibir o Painel de Navegação e uma barra de ferramentas. Se quiser criar uma nova pasta para armazenar o arquivo, você pode clicar no botão Nova Pasta nessa barra de ferramentas.

Após salvar um documento pela primeira vez, você pode gravar as alterações simplesmente clicando no botão Salvar. Então, a nova versão do documento sobrescreverá a versão anterior. Se você quiser manter a nova versão e a versão anterior, no menu do Office, clique em Salvar como e, em seguida, salve a nova versão com um nome diferente no mesmo local ou com o mesmo nome em um local diferente. (Você não pode armazenar dois arquivos com o mesmo nome na mesma pasta.)

Neste exercício, você vai digitar texto em um novo documento e salvar o documento em uma pasta que vai criar. Não há arquivos para este exercício.

NÃO ESQUEÇA DE fechar todos os documentos abertos antes de iniciar este exercício.

Botão Office

1. Clique no **Botão Microsoft Office**, clique em **Novo** e, em seguida, na janela **Novo Documento**, clique duas vezes em **Documento em branco**.

   Uma nova janela de documento abre no modo de exibição Layout de Impressão.

2. Com o ponto de inserção no início do novo documento, digite **Decoradores, Preparem-se para a Mudança!** e pressione Enter.

   O texto aparece no novo documento.

3. Digite **Com a aproximação da primavera, vamos começar a fazer aquelas mudanças na decoração de interiores nas quais vocês estiveram pensando durante todo o inverno. Vamos introduzir novas cores refrescantes. Vamos acrescentar alguns acessórios. Vamos propor um grande plano para um espaço para o amor.**

   Observe que você não precisou pressionar Enter quando o ponto de inserção chegou na margem direita, pois o texto mudou automaticamente para a linha seguinte.

> Decoradores, Preparem-se para a Mudança!
>
> Com a aproximação da primavera, vamos começar a fazer aquelas mudanças na decoração de interiores nas quais vocês estiveram pensando durante todo o inverno. Vamos introduzir novas cores refrescantes. Vamos acrescentar alguns acessórios. Vamos propor um grande plano para um espaço para o amor.

Dica Se aparecer uma linha ondulada vermelha sob uma palavra ou frase, o Word está sinalizando um possível erro. Por enquanto, ignore todos os erros.

4. Pressione Enter e, em seguida, digite **Aqui, na Wide World Importers, compreendemos que você precisa ter as ferramentas certas para garantir uma reforma de ambiente de sucesso. Com isso em mente, temos o orgulho de apresentar o mais recente acréscimo em nossa linha de ferramentas de decoração, o Projetista de Ambientes.**

5. Na **Barra de Ferramentas de Acesso Rápido**, clique no botão **Salvar**.

   Salvar

   A caixa de diálogo Salvar como abre, exibindo o conteúdo da pasta *Documentos*. Na caixa Nome do arquivo, o Word sugere *Decoradores*, a primeira palavra no documento, como um possível nome para esse arquivo.

6. No canto inferior esquerdo da caixa de diálogo, clique em **Procurar Pasta**.

   A caixa de diálogo se expande para mostrar o Painel de Navegação e uma barra de ferramentas.

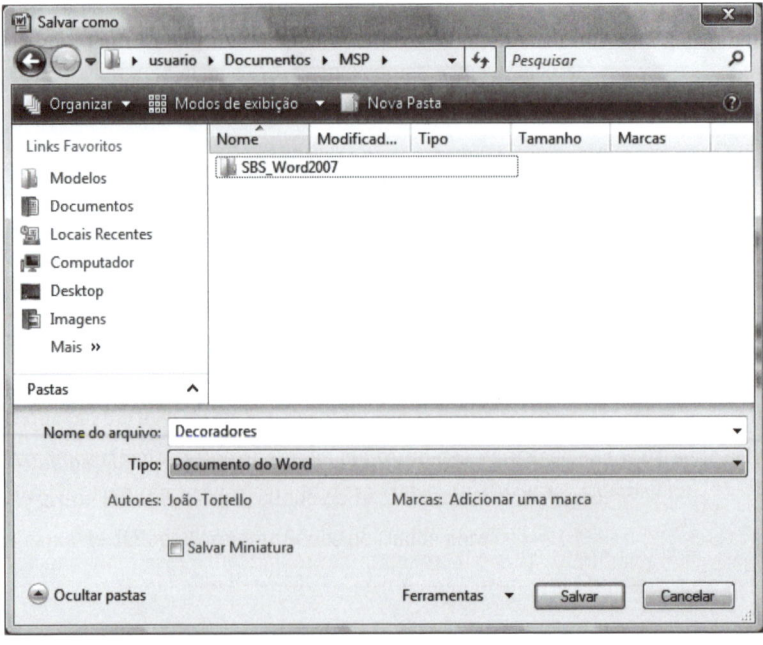

7. Clique duas vezes em **MSP**, clique duas vezes em **SBS_Word2007** e clique duas vezes em **Chapter01**.

8. Na barra de ferramentas da caixa de diálogo, clique no botão **Nova Pasta**, digite **Meus Novos Documentos** como o nome da nova pasta e, em seguida, pressione [Enter].

   Agora, Meus Novos Documentos é a pasta atual na caixa de diálogo Salvar como.

9. Na caixa **Nome do arquivo**, clique duas vezes na entrada existente e, em seguida, digite **Meu Anúncio**.

Solução de problemas Os programas executados nos sistemas operacionais Windows usam extensões de nome de arquivo para identificar os diferentes tipos de arquivos. Por exemplo, a extensão *.docx* identifica documentos do Word 2007. Os programas do Windows Vista não exibem essas extensões por padrão e você não deve digitá-las na caixa de diálogo Salvar como. Quando você salva um arquivo, o Word adiciona automaticamente a extensão associada ao tipo de arquivo selecionado na caixa Salvar como Tipo.

---

10. Clique em **Salvar**.

    A caixa de diálogo Salvar como fecha, o Word salva o arquivo *Meu Anúncio* na pasta *Meus Novos Documentos* e o nome do documento, *Meu Anúncio*, aparece na barra de título da janela de programa.

11. Clique no **Botão Microsoft Office** e, em seguida, clique em **Salvar como**.

    A caixa de diálogo Salvar como abre, exibindo o conteúdo da pasta *Meus Novos Documentos*.

12. Na barra de endereços da caixa de diálogo **Salvar como**, clique nas divisas à esquerda de *Meus Novos Documentos* e, em seguida, na lista, clique em **Chapter01**.

    Agora, a caixa de diálogo exibe o conteúdo da ***pasta pai*** da pasta *Meus Novos Documentos*, *Chapter01*.

13. Clique em **Salvar**.

    O Word salva o arquivo *Meu Anúncio* na pasta *Chapter01*. Agora, você tem duas versões do documento gravadas com o mesmo nome, mas em pastas diferentes.

FECHE o arquivo *Meu Anúncio*.

Dica Por padrão, o Word salva periodicamente o documento em que você está trabalhando, para o caso de o programa parar de responder ou haver falta de energia elétrica. Para ajustar o intervalo de tempo entre os salvamentos, clique no Botão Microsoft Office, clique em Opções do Word, clique em Salvar no painel esquerdo da janela Opções do Word e especifique o período de tempo na caixa à direita da caixa de seleção Salvar informações de AutoRecuperação a cada. Em seguida, clique em OK.

Visualizando e imprimindo um documento

Quando você estiver pronto para imprimir um documento, clique no Botão Microsoft Office, aponte para Imprimir e, em seguida, clique em Impressão Rápida. Então, o Word usará a impressora padrão de seu computador e as configurações especificadas na caixa de diálogo Imprimir. Para usar uma impressora diferente ou alterar as configurações de impressão, clique no Botão Microsoft Office e, em seguida, clique em Imprimir para abrir a caixa de diálogo Imprimir. Em seguida, você pode especificar a impressora a ser usada, o que vai ser impresso, quantas cópias serão feitas e outras alterações nas configurações.

Antes de imprimir um documento, é recomendável visualizá-lo para ver como ele ficará no papel. A visualização é fundamental para documentos de várias páginas, mas é útil até para documentos de uma página. Para visualizar um documento, clique no Botão Microsoft Office, aponte para Imprimir e, em seguida, clique em Visualização de Impressão. Esse modo de exibição mostra exatamente como cada página do documento ficará quando impressa. O Word exibe a guia Visualização de Impressão na Faixa de Opções para fornecer ferramentas para verificar cada página e fazer ajustes, caso você não goste do que estiver vendo.

Usando os botões do grupo Configurar Página da guia Visualização de Impressão, você pode fazer as seguintes alterações:

- Mudar as margens do documento para encaixar mais ou menos informações em uma página ou para controlar onde as informações aparecem. Você define o tamanho das margens superior, inferior, esquerda e direita, clicando no botão Margens e fazendo uma seleção na galeria Margens ou clicando em Margens Personalizadas e especificando configurações na guia Margens da caixa de diálogo Configurar Página.

- Trocar a *orientação* (a direção na qual uma página é disposta no papel). A orientação padrão é *retrato*, na qual a página é mais alta do que larga. Você pode configurar a orientação como *paisagem*, na qual a página é mais larga do que alta, clicando no botão Orientação e selecionando essa opção.

> **Dica** Todas as páginas de um documento têm as mesmas margens e são orientadas da mesma maneira, a não ser que você divida seu documento em seções. Então, cada seção poderá ter configurações de margem e orientação independentes.

Consulte também Para obter mais informações sobre seções, consulte a seção "Controlando o que aparece em cada página", no Capítulo 4, "Alterando a aparência de um documento".

- Selecionar o tamanho de papel que você deseja usar, clicando no botão Tamanho e fazendo uma seleção na galeria Tamanhos de Papel.

Você pode clicar em botões de outros grupos para alterar as opções de impressão, alterar o modo de exibição do documento e alterar o ponteiro do mouse para que possa editar o texto.

Neste exercício, você vai visualizar um documento, ajustar as margens, alterar a orientação e selecionar uma nova impressora antes de imprimir o documento.

> **USE** o documento *05_Printing*. Esse arquivo de exercício está localizado na subpasta *Chapter01*, sob *SBS_Word2007*.
>
> **NÃO ESQUEÇA DE** instalar uma impressora e ligá-la antes de iniciar este exercício.
>
> **ABRA** o documento *05_Printing*.

Botão Office

1. Clique no **Botão Microsoft Office**, aponte para a seta **Imprimir** e clique em **Visualização de Impressão**.

    A barra de título da janela indica que você está visualizando o documento e a guia Visualização de Impressão aparece na Faixa de Opções.

Duas Páginas

2. Na guia **Visualização de Impressão**, no grupo **Zoom**, clique no botão **Duas Páginas**.

    O Word exibe as duas páginas do documento lado a lado.

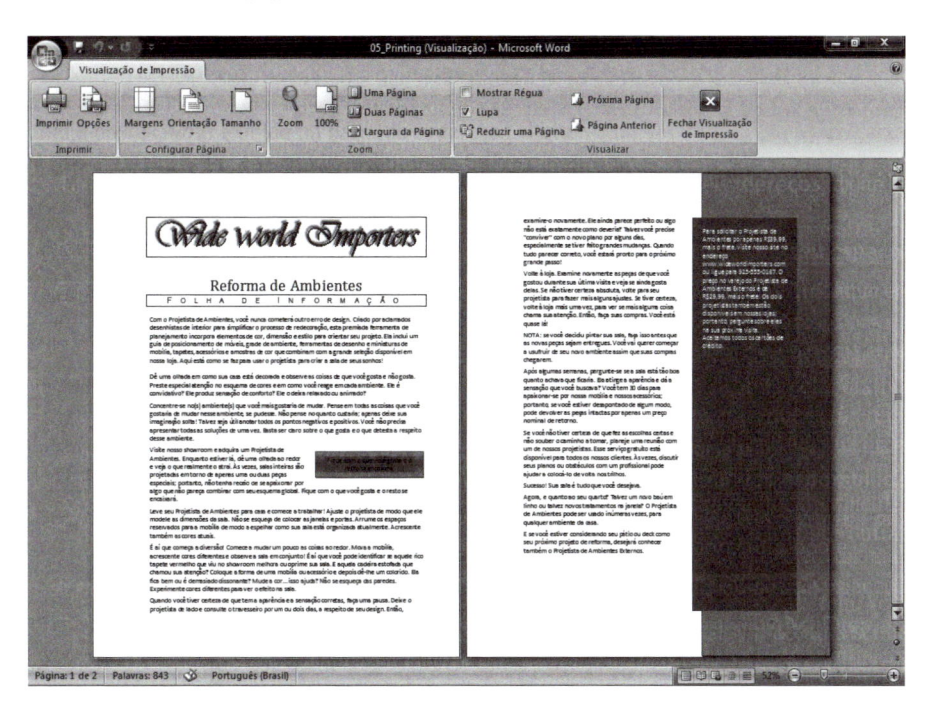

Margens

3. No grupo **Configurar Página**, clique no botão **Margens**.

    A galeria Margens aparece.

4. Na galeria, clique em **Larga**.

    O texto é reenquadrado dentro das novas margens e a extremidade esquerda da barra de status indica que agora o documento tem 3 páginas.

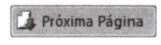

5. No grupo **Visualizar**, clique no botão **Próxima Página** para ver a última página do documento.

6. Clique no Iniciador da Caixa de Diálogo **Configurar Página**.

   A caixa de diálogo Configurar página abre, exibindo a guia Margens.

7. Sob **Margens**, substitua o valor que está na caixa **Esquerda**, digitando 2,54 cm. Em seguida, substitua o valor que está na caixa **Direita** por 2,54 e clique em **OK**.

   A largura das margens diminui e o texto é reenquadrado de forma a caber em 2 páginas.

8. No grupo **Configurar Página**, clique no botão **Orientação** e, em seguida, clique em **Paisagem**.

   Agora as páginas do documento são mais largas do que altas.

9. Aponte para o início da primeira página do documento para que o ponteiro se torne uma lente de aumento e, em seguida, dê um clique.

   A primeira página é ampliada. Observe que, agora, a caixa Zoom na extremidade direita da barra de status mostra 100%.

10. Clique próximo ao início do documento.

    A porcentagem de Zoom muda e agora você vê as duas páginas ao mesmo tempo.

11. No grupo **Visualizar**, clique no botão **Fechar Visualização de Impressão**.

    Você não precisa estar em Visualização de Impressão para mudar a orientação de um documento. Você pode fazer isso no modo de exibição Layout de Impressão.

12. Na guia **Layout da Página**, no grupo **Configurar Página**, clique no botão **Orientação** e, em seguida, clique em **Retrato**.

13. Clique no **Botão Microsoft Office** e, em seguida, clique em **Imprimir**.

> **Dica** Você pode clicar no Botão Microsoft Office, apontar para Imprimir e, em seguida, clicar em Impressão Rápida para imprimir o documento sem primeiro ver as configurações.

A caixa de diálogo Imprimir abre.

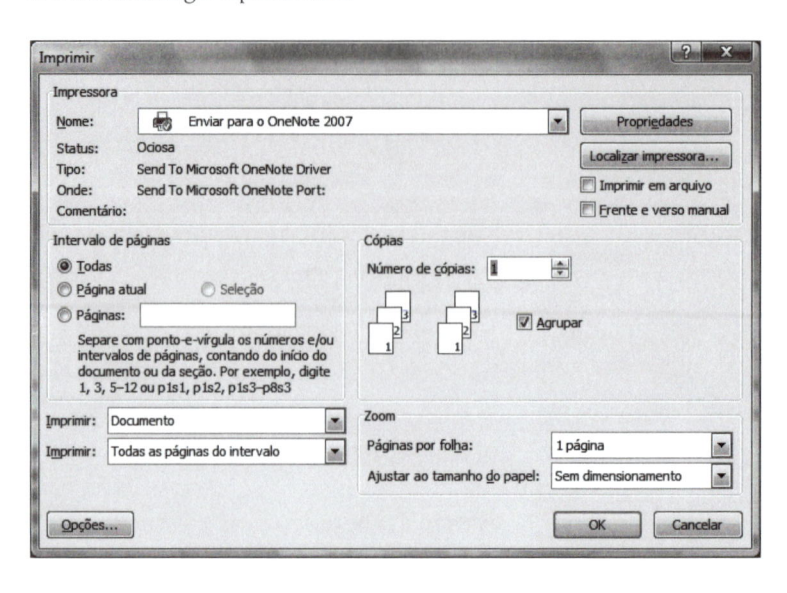

14. Se você tiver mais de uma impressora disponível e quiser alternar entre elas, clique na seta **Nome** e, na lista, clique na impressora desejada.
15. Sob **Intervalo de páginas**, clique na opção **Página atual**.
16. Sob **Cópias**, altere a configuração de **Número de cópias** para 2 e, em seguida, clique em **OK**.

O Word imprime duas cópias da primeira página na impressora designada.

> **FECHE** o documento *05_Printing* sem salvar suas alterações e, se você não for ler agora o próximo capítulo, feche o Word.

Pontos principais

- Você pode abrir mais de um documento do Word e pode ver mais de um documento simultaneamente, mas apenas um documento pode estar ativo por vez.
- Você cria documentos no Word digitando texto no ponto de inserção. É fácil mover o ponto de inserção clicando no texto ou pressionando teclas e combinações de teclas.
- Quando salva um documento do Word, você especifica seu nome, sua localização e o formato de arquivo na caixa de diálogo Salvar como.
- Você pode exibir um documento de várias maneiras, dependendo de suas necessidades ao criar o documento e do propósito para o qual o está criando.

Insira texto salvo, **página 97**

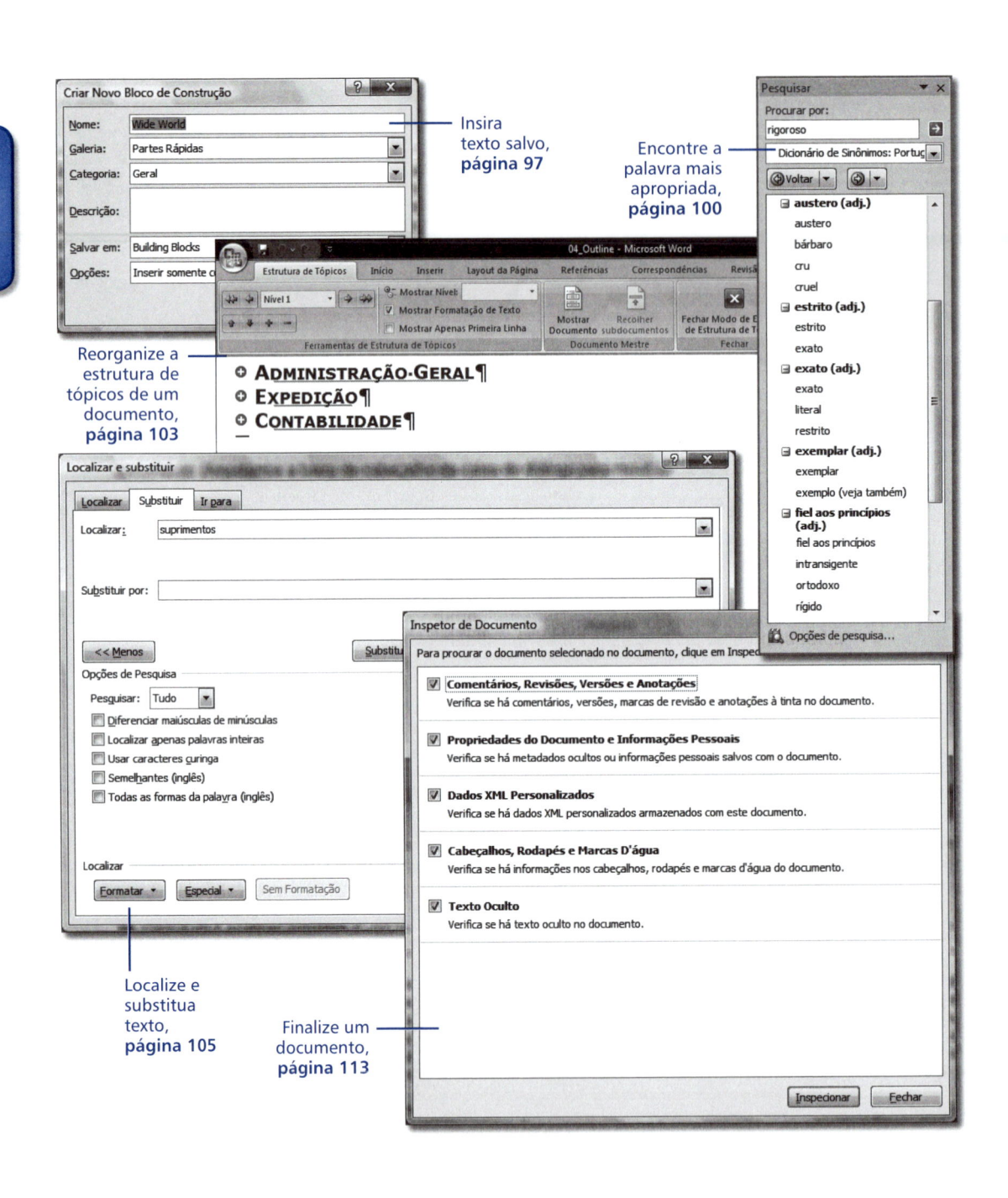

Encontre a palavra mais apropriada, **página 100**

Reorganize a estrutura de tópicos de um documento, **página 103**

Localize e substitua texto, **página 105**

Finalize um documento, **página 113**

Visão Rápida do Capítulo 2

Capítulo 2
Editando e revisando texto em documentos

Neste capítulo, você vai aprender a:
- Fazer alterações em um documento.
- Inserir texto salvo.
- Encontrar a palavra mais apropriada.
- Reorganizar a estrutura de tópicos de um documento.
- Encontrar e substituir texto.
- Corrigir erros ortográficos e gramaticais.
- Finalizar um documento.

A menos que seus documentos sejam apenas para uso pessoal, é necessário garantir que eles sejam corretos, lógicos e persuasivos. Seja você um escritor iniciante ou experiente, o Microsoft Office Word 2007 possui várias ferramentas que tornam a criação de documentos profissionais fácil e eficiente:

- As ferramentas de edição oferecem técnicas de seleção rápida e edição tipo arrastar e soltar a fim de tornar fácil mover e copiar texto para onde você quiser.
- O recurso dos blocos de construção pode ser usado para salvar e lembrar termos especializados ou parágrafos padronizados.
- As ferramentas de referência e pesquisa incluem um dicionário de sinônimos que torna fácil encontrar sinônimos e pesquisar serviços que fornecem acesso a uma variedade de materiais de referência baseados na Web.
- As ferramentas de estrutura de tópicos permitem a fácil reorganização de cabeçalhos e texto para garantir que seu argumento tenha lógica.
- As ferramentas de busca podem ser usadas para localizar e substituir palavras e frases, seja uma por vez ou em um documento inteiro.
- Os recursos de AutoCorreção e Ortografia e Gramática tornam fácil corrigir erros de digitação e gramaticais, antes que você compartilhe um documento com outras pessoas.
- As ferramentas de finalização garantem que um documento esteja pronto para distribuição.

Neste capítulo, você vai editar o texto de um documento, inserindo e excluindo texto, copiando e colando uma frase e movendo um parágrafo. Você vai salvar alguns blocos de construção e reorganizar um documento no modo de exibição Estrutura de Tópicos. Você vai encontrar uma frase e substituir uma frase por outra no documento inteiro. Você vai alterar uma configuração AutoCorreção e adicionar uma palavra grafada erroneamente em sua lista. Você vai verificar a ortografia e a gramática em um documento e adicionar um termo ao dicionário personalizado. Finalmente, você vai revisar um documento para detectar informações inadequadas e finalizá-lo.

Consulte também Você precisa de uma recapitulação rápida sobre os tópicos deste capítulo? Veja as entradas da Consulta rápida nas páginas 35–61.

> **Importante** Antes de usar os arquivos de exercícios deste capítulo, você precisa instalá-los do CD que acompanha o livro para um local padrão. Consulte "Utilizando o CD-ROM deste livro", na página xxi, para obter mais informações.

> **Solução de problemas** As figuras e as instruções relacionadas ao sistema operacional deste livro refletem a interface do usuário do Windows Vista. Se seu computador estiver executando o Microsoft Windows XP e você enfrentar dificuldades para seguir as instruções, consulte a seção "Informações para os leitores que usam o Windows XP", no início deste livro.

Alterando um documento

Raramente você escreverá um documento perfeito que não exija alguma edição. Quase sempre você vai querer inserir uma ou duas palavras, alterar uma frase ou mover texto de um lugar para outro. Você pode editar um documento à medida que o cria ou pode escrevê-lo primeiro e depois revisá-lo. Ou talvez você queira editar um documento que criou para um propósito, a fim de que ele sirva para algo diferente. Por exemplo, uma carta da campanha de marketing do ano passado poderia ser editada para criar uma nova carta para a campanha deste ano.

Inserir texto é fácil: você clica para posicionar o ponto de inserção e simplesmente começa a digitar. Todo texto existente à direita do ponto de inserção se move para dar espaço para o novo texto.

> ### O que aconteceu com o modo sobrescrever?
>
> Por padrão, o Word fica no Modo de inserção. Nas versões anteriores do Word, era possível trocar acidentalmente para o Modo sobrescrever, pressionando inadvertidamente a tecla Insert. No Modo sobrescrever, o texto existente não se move para a direita quando você digita texto novo; em vez disso, cada caractere digitado substitui um caractere existente.
>
> No Word 2007, você precisa trocar deliberadamente para o Modo sobrescrever se quiser usá-lo. Aqui está como fazer isso:
>
> 1. Clique com o botão direito do mouse na barra de status e, em seguida, clique em **Sobrescrever** para exibir o status de modo Inserir na extremidade esquerda da barra de status.
> 2. Clique em **Inserir** na barra de status.
>
>   A palavra *Sobrescrever* substitui *Inserir*. Você pode clicar na palavra para voltar ao modo Inserir quando tiver terminado de sobrescrever.
>
> Por padrão, pressionar a tecla Insert não altera o modo. Se você quiser que a tecla Insert ative e desative o modo Sobrescrever, siga estes passos:
>
> 1. Clique no **Botão Microsoft Office** e, em seguida, clique em **Opções do Word**.
> 2. Na caixa de diálogo **Opções do Word**, clique em **Avançado** no painel esquerdo e, em seguida, sob **Opções de edição**, marque a caixa de seleção **Usar a tecla Insert para controlar o modo Sobrescrever**.
> 3. Clique em **OK**.

Excluir texto é igualmente fácil. Se você quiser excluir apenas um ou alguns caracteres, pode simplesmente posicionar o ponto de inserção e, em seguida, pressionar a tecla Backspace ou Delete até que todos os caracteres tenham sido apagados. Pressionar Backspace exclui o caractere à esquerda do ponto de inserção; pressionar Delete exclui o caractere à direita do ponto de inserção.

Para excluir mais do que alguns caracteres eficientemente, você precisa saber como ***selecionar*** o texto. O texto selecionado aparece realçado na tela. Você pode selecionar itens específicos, como segue:

- Para selecionar uma palavra, clique duas vezes nela. O Word seleciona a palavra e o espaço depois dela. Ele não seleciona a pontuação após uma palavra.
- Para selecionar uma frase, enquanto mantém a tecla Ctrl pressionada, clique em qualquer parte da frase. O Word seleciona todos os caracteres da frase, do primeiro caractere até o espaço após o último sinal de pontuação.
- Para selecionar um parágrafo, clique três vezes nele.

Você pode selecionar palavras, linhas ou parágrafos adjacentes posicionando o ponto de inserção no início do texto que deseja selecionar, mantendo a tecla Shift pressionada e, em seguida, pressionando as teclas de direção ou clicando no final do texto que deseja selecionar. Se quiser selecionar palavras, linhas ou parágrafos não adjacentes, faça a primeira seleção e, em seguida, mantenha a tecla Ctrl pressionada enquanto seleciona o próximo bloco.

Como alternativa, você pode usar a ***área de seleção*** para selecionar vários itens rapidamente. Essa é uma área invisível na margem esquerda do documento, onde o ponteiro se torna uma seta vazada apontando para a direita. Você pode usar a área de seleção como segue:

- Para selecionar uma linha, clique na área de seleção à esquerda da linha.
- Para selecionar um parágrafo, clique duas vezes na área de seleção à esquerda do parágrafo.
- Para selecionar um documento inteiro, clique três vezes na área de seleção.

Área de seleção

Após selecionar o texto que você deseja trabalhar, basta pressionar a tecla Backspace ou Delete.

> **Dica** Para anular a seleção de texto, clique em qualquer parte da janela de documento, exceto na área de seleção.

Após selecionar texto, você pode movê-lo ou copiá-lo das seguintes maneiras:

- Use a *Área de Transferência* quando você precisar mover ou copiar texto entre dois locais que não pode ver ao mesmo tempo – por exemplo, entre páginas ou entre documentos. A Área de Transferência é uma área de armazenamento temporário na memória de seu computador. Selecione o texto e, em seguida, clique no botão Recortar ou Copiar no grupo Área de Transferência da guia Início. Em seguida, reposicione o ponto de inserção e clique no botão Colar para inserir a seleção em sua nova posição. Quando você recorta texto, ele é removido de sua posição original, e quando você o copia, ele também permanece em sua posição original.

    Consulte também Para obter mais informações, consulte o quadro "A Área de Transferência", mais adiante neste tópico.

- Use o recurso de *edição arrastar-e-soltar* (freqüentemente chamado simplesmente de *arrastar*) quando você precisar mover ou copiar texto em uma curta distância – por exemplo, dentro de um parágrafo ou de uma linha. Arrastar não envolve a Área de Transferência. Comece selecionando o texto. Em seguida, mantenha o botão do mouse pressionado, arraste o texto para seu novo local e solte o botão do mouse. Para copiar a seleção, mantenha a tecla Ctrl pressionada enquanto você arrasta.

Se você fizer uma alteração em um documento e, em seguida, perceber que cometeu um erro, pode revertê-la facilmente. Você pode desfazer sua última ação de edição clicando no botão Desfazer na Barra de Ferramentas de Acesso Rápido. Para desfazer uma ação anterior, clique na seta Desfazer e, em seguida, clique nessas ações na lista.

> **Dica** Selecionar uma ação na lista Desfazer desfaz essa ação e todas as ações de edição que você executou depois dela. Você não pode desfazer uma única ação, exceto a última que executou.

Se você desfizer uma ação e, em seguida, mudar de idéia, clique no botão Refazer da Barra de Ferramentas de Acesso Rápido. Você pode refazer apenas a última ação que desfez.

Neste exercício, você vai editar o texto de um documento inserindo e excluindo texto, desfazendo a exclusão, copiando e colando uma frase, e movendo um parágrafo.

> **USE** o documento *01_Changes*. Esse arquivo de exercício está localizado na subpasta *Chapter02*, sob *SBS_Word2007*.
>
> **NÃO ESQUEÇA DE** iniciar o Word antes de começar este exercício.
>
> **ABRA** o documento *01_Changes*.

¶
Mostrar/ocultar

1. Se os caracteres não imprimíveis não estiverem visíveis no documento, na guia **Início**, no grupo **Parágrafo**, clique no botão **Mostrar/ocultar ¶**.

2. Na terceira frase do primeiro parágrafo, clique imediatamente à esquerda da palavra *com*, mantenha a tecla [Shift] pressionada e, em seguida, clique imediatamente à direita da palavra *anos* (e à esquerda da vírgula que vem depois dele).

    O Word seleciona o texto entre os dois cliques.

> O Ciclo Taguien
> Uma Série de Fantasia para Adolescentes
>
> O Ciclo Taguien é o projeto de livro mais excitante e promissor apresentado ao comitê nos últimos anos. Ele atinge nossos dois principais objetivos: desenvolver uma linha de livros que atraia a leitura de adolescentes com idades entre 12 e 15 anos, especialmente homens; e desenvolver uma linha de livros que tenha o potencial de obter subprodutos de mídia que contribuam para os lucros futuros e para o sucesso financeiro atual.
>
> A cada ano, a Lucerne tem publicado vários livros de contos de fada/mágica para leitores mais jovens, mas atualmente não estamos oferecendo nada sofisticado o bastante para atrair leitores adolescentes. Embora tenhamos achado muito difícil vender outros gêneros para esse público de leitores relutantes, há fortes indícios de que oferecer uma série de fantasia neste momento seria um sucesso.
>
> O interesse pelo gênero da fantasia tem aumentado constantemente nos últimos dez anos, uma tendência que não mostra sinais de reversão. As estatísticas das vendas do setor anedótico

3. Pressione a tecla [Del] para excluir a seleção.

   O Word também exclui o espaço antes da seleção.

4. Selecione a palavra **livro** na primeira frase do primeiro parágrafo, clicando duas vezes nela e, em seguida, pressione a tecla [Backspace].

5. Clique duas vezes na palavra **principais** no mesmo parágrafo e, em seguida, a substitua, digitando **importantes**.

   Observe que você não precisa digitar um espaço após *importantes*. O Word insere o espaço para você.

> **Dica** O Word insere e exclui espaços porque a caixa de seleção Usar Recortar e Colar avançados está marcada na página Avançado da caixa de diálogo Opções do Word. Se você quiser controlar o espaçamento, clique no Botão Microsoft Office, clique em Opções do Word, clique em Avançado, desmarque essa caixa de seleção e clique em OK.

6. Posicione o ponteiro do mouse na área de seleção, à esquerda da frase *Uma Série de Fantasia para Adolescentes* e, em seguida, clique uma vez para selecionar a linha de texto inteira.

7. Na guia **Início**, no grupo **Área de Transferência**, clique no botão **Copiar**.

   A seleção é copiada na Área de Transferência.

8. Clique no botão **Próxima página**, abaixo da barra de rolagem vertical, a fim de ir para o início da página seguinte, pressione a tecla [↓] e, em seguida, no grupo **Área de Transferência**, clique no botão **Colar** (não em sua seta).

   O botão Opções de colagem aparece abaixo e à direita da inserção. Você pode clicar nesse botão se quiser alterar a maneira padrão de colar do Word, mas, neste caso, ignore-o.

9. Volte para a Página 1 e, em seguida, na lista numerada, clique três vezes em qualquer parte do parágrafo *Trilogia Bartimaeus* para selecioná-lo por inteiro.

10. No grupo **Área de Transferência**, clique no botão **Recortar**.

11. Pressione a tecla ↑ para ir ao início do parágrafo *Série Harry Potter* e, em seguida, no grupo **Área de Transferência**, clique no botão **Colar**.

   Os dois parágrafos trocaram de lugar e a lista foi renumerada.

   Consulte também   Para obter mais informações sobre listas numeradas, consulte a seção "Criando e modificando listas", no Capítulo 3, "Alterando a aparência do texto".

Desfazer

12. Na **Barra de Ferramentas de Acesso Rápido**, clique na seta **Desfazer** e, na lista, clique na terceira ação (**Colar**).

   O Word desfaz a operação de recortar e colar anterior e a colagem do texto copiado.

13. Pressione Ctrl + Home para ir ao início do documento. Em seguida, mova o ponteiro do mouse para a área de seleção adjacente ao parágrafo que começa com *O interesse pelo gênero da fantasia* e clique duas vezes para selecioná-lo.

14. Aponte para a seleção, mantenha o botão do mouse pressionado e, em seguida, arraste o parágrafo para cima, até o início do parágrafo que está acima dele.

   Quando você solta o botão do mouse, o texto aparece em seu novo local.

15. Com o texto ainda selecionado, pressione a tecla Esc.

   O Word solta a seleção e move o ponto de inserção para o final do parágrafo.

16. Pressione a barra de espaço e, em seguida, pressione Del.

   O Word exclui a marca de parágrafo e os dois parágrafos agora são um só.

   ¶
                     O Ciclo Taguien¶
           Uma Série de Fantasia para Adolescentes¶
   ¶
   O Ciclo Taguien é o projeto livro mais excitante e promissor apresentado ao comitê nos últimos anos. Ele atinge nossos dois importantes objetivos: desenvolver uma linha de livros que atraia a leitura de adolescentes, especialmente homens; e desenvolver uma linha de livros que tenha o potencial de obter subprodutos de mídia que contribuam para os lucros futuros e para o sucesso financeiro atual.¶
   ¶
   O interesse pelo gênero da fantasia tem aumentado constantemente nos últimos dez anos, uma tendência que não mostra sinais de reversão. As estatísticas das vendas do setor anedótico mostram um crescimento de 2 a 3% por ano para livros de fantasia para adultos e de 5 a 6% para livros de fantasia para adolescentes. A cada ano, a Lucerne tem publicado vários livros de contos de fada/mágica para leitores mais jovens, mas atualmente não estamos oferecendo nada sofisticado o bastante para atrair leitores adolescentes. Embora tenhamos achado muito difícil vender outros gêneros para esse público de leitores relutantes, há fortes indícios de que oferecer uma série de fantasia neste momento seria um sucesso.¶
   ¶

17. Na área de seleção, clique no local adjacente à marca de parágrafo que está abaixo do parágrafo combinado e, em seguida, pressione Del.

✖ **FECHE**   o documento *01_Changes* sem salvar suas alterações.

Capítulo 2 • Editando e revisando textos em documentos **97**

> ### A Área de Transferência
>
> Você pode ver os itens que foram recortados e copiados na Área de Transferência clicando no Iniciador da Caixa de Diálogo Área de Transferência para abrir o painel de tarefas Área de Transferência, que exibe até 24 itens recortados ou copiados.
>
> Para colar um item no ponto de inserção, basta dar um clique nele. Para colar todos os itens, clique no botão Colar tudo. Você pode apontar para um item, clicar na seta que aparece e, em seguida, clicar em Excluir para removê-lo da Área de Transferência ou, então, você pode remover todos os itens clicando no botão Limpar tudo.
>
> Você pode controlar o comportamento do painel de tarefas Área de Transferência clicando em Opções, na parte inferior do painel. Você pode fazer o painel de tarefas da Área de Transferência aparecer quando recorta ou copia um único item ou vários itens. Você também pode exibir o ícone da Área de Transferência na área de status da barra de tarefas, quando o painel de tarefas da Área de Transferência for exibido.
>
> Para fechar o painel de tarefas da Área de Transferência, clique no botão Fechar na extremidade direita de sua barra de título.

Inserindo texto salvo

Para economizar tempo e garantir a consistência em seus documentos, você pode salvar como um *bloco de construção* qualquer texto que utiliza freqüentemente. Para tanto, selecione o texto, clique em Partes Rápidas no grupo Texto da guia Inserir, clique em Salvar Seleção na Galeria de Partes Rápidas e atribua um nome ao texto. Então, ele aparece sob seu nome designado na galeria Partes Rápidas.

Consulte também   Para obter informações sobre os muitos tipos de blocos de construção predefinidos que você pode usar para aprimorar seus documentos, consulte a seção "Inserindo partes de documento prontas", no Capítulo 8, "Trabalhando com documentos maiores".

Após salvar o texto, você pode inseri-lo a qualquer momento clicando em Partes Rápidas para exibir sua galeria e, em seguida, clicando no bloco de construção desejado.

> **Dica**   Você também pode digitar o nome do bloco de construção e, em seguida, pressionar a tecla F3 para inseri-lo no ponto de inserção.

Neste exercício, você vai salvar como blocos de construção os nomes de uma empresa e de um produto, para que possa inseri-los em qualquer parte de um documento.

> **USE** o documento *02_SavedText*. Esse arquivo de exercício está localizado na subpasta *Chapter02*, sob *SBS_Word2007*.
>
> **ABRA** o documento *02_SavedText*.

1. No final do primeiro parágrafo do documento, selecione **Wide World Importers**. 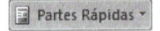
2. Na guia **Inserir**, no grupo **Texto**, clique no botão **Partes Rápidas** e, em seguida, clique em **Salvar Seleção na Galeria de Partes Rápidas**.

   A caixa de diálogo Criar Novo Bloco de Construção abre.

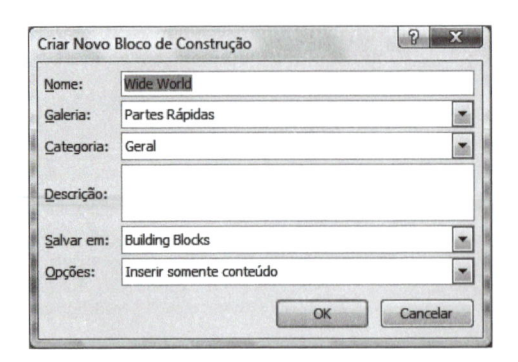

3. Na caixa **Nome**, digite **www** e, em seguida, clique em **OK**.

   O Word salva a seleção na galeria Partes Rápidas.

4. No terceiro parágrafo do documento, selecione **chimonobambusa marmorea** e, em seguida, no grupo **Texto**, clique no botão **Partes Rápidas**.

   Observe que agora o nome da empresa aparece como um bloco de construção na galeria Partes Rápidas.

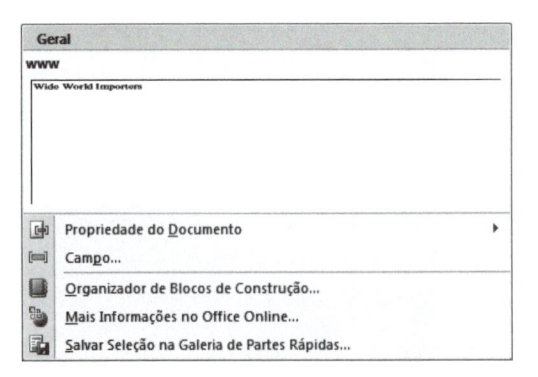

5. Clique em **Salvar Seleção na Galeria de Partes Rápidas** e salve o texto selecionado com o nome **cm**.
6. Pressione [Ctrl]+[End] a fim de mover o ponto de inserção para o final do documento e, em seguida, pressione a Barra de espaço.

7. Digite **Em particular, a** e um espaço. Em seguida, no grupo **Texto**, clique no botão **Partes Rápidas** e, na galeria, clique na entrada **www**.

   O nome da empresa aparece no ponto de inserção.

8. Digite um espaço, seguido de **recomenda a cm**.

9. Pressione a tecla F3 e, em seguida, digite um ponto final.

   O Word substitui *cm* por seu bloco de construção, *chimonobambusa marmorea*.

cm   www

> **Solução de problemas** Pressionar a tecla F3 só substitui o bloco de construção correspondente se o nome digitado não contiver espaços. Deve haver um espaço à sua esquerda e o ponto de inserção precisa estar à sua direita.

> **FECHE** o documento *02_SavedText* sem salvar suas alterações.

> **Importante** Quando você encerrar o Word, será perguntado se deseja salvar o modelo Building Blocks, que, por padrão, é onde seus blocos de construção personalizados são salvos. Se você quiser descartar os blocos de construção criados nesta sessão do Word, clique em Não. Se quiser salvá-los, clique em Sim.

Inserindo a data e a hora

Uma das maneiras mais fáceis de inserir a data ou a hora atual em um documento é usando o botão Data e Hora do grupo Texto da guia Inserir. Após você especificar o formato que deseja usar, o Word recupera a data ou a hora do calendário ou relógio interno de seu computador. Você pode inserir a informação como texto normal ou como um *campo*. Um campo é um espaço reservado que diz ao Word para que forneça a informação especificada, da maneira especificada. A vantagem de usar um campo é que ele pode ser atualizado com um clique em um botão.

Aqui estão os passos para inserir a data ou a hora:

1. Com o ponto de inserção localizado onde você deseja que a data ou hora apareça, na guia **Inserir**, no grupo **Texto**, clique no botão **Data e Hora**.

   A caixa de diálogo Data e hora abre.

2. Sob **Formatos disponíveis**, clique no formato de data e/ou hora desejado.

3. Se você quiser inserir um campo de data ou hora, marque a caixa de seleção **Atualizar automaticamente**.

4. Clique em **OK**.

Se você selecionou Atualizar automaticamente, o Word insere um campo de Data ou Hora, dependendo do formato selecionado. Quando você apontar para o campo, ele será realçado como uma unidade. Você pode clicar no campo para selecioná-lo e pode clicar no botão Atualizar que aparece acima dele, para atualizar o campo com as informações mais correntes. Se você clicar no campo com o botão direito do mouse, poderá clicar em Alternar códigos de campo para ver os códigos que controlam o campo; clique no comando novamente para exibir as informações de data ou hora outra vez.

Você pode inserir outros tipos de campos de data e hora, como um campo PrintDate ou um campo EditTime. Insira um campo de Data ou Hora da maneira usual, clique com o botão direito do mouse no campo e, em seguida, clique em Editar campo. Na caixa de diálogo Campo, altere a configuração da caixa Categorias para Data e hora e, na lista Nomes de campos, clique no campo desejado. Quando você clicar em OK, as informações correspondentes ao tipo de campo especificado serão mostradas no documento.

Encontrando a palavra mais apropriada

Freqüentemente, a linguagem é contextual – você usa diferentes palavras e frases em um folheto de marketing, em uma carta solicitando pagamento imediato de uma fatura e em um memorando informal sobre uma reunião social após o trabalho. Para garantir que você use as palavras que melhor transmitem sua intenção em determinado contexto, o Word fornece um *Dicionário de Sinônimos* onde você pode procurar sinônimos (palavras alternativas) para uma palavra selecionada. O Dicionário de Sinônimos é um componente de um conjunto de serviços de pesquisa fornecidos pelo Word.

Para procurar alternativas para uma palavra no Dicionário de Sinônimos, selecione a palavra e, em seguida, clique no botão Dicionário de Sinônimos no grupo Revisão de Texto da guia Revisão. O painel de tarefas Pesquisar abre, exibindo uma lista de sinônimos. Então, clique no sinônimo que deseja substituir pela palavra selecionada.

Neste exercício, você vai usar o Dicionário de Sinônimos para substituir uma palavra por outra.

> **USE** o documento *03_FindingWord*. Esse arquivo de exercício está localizado na subpasta *Chapter02*, sob *SBS_Word2007*.
>
> **ABRA** o documento *03_FindingWord*.

1. Clique duas vezes na palavra **rigoroso** na última linha do primeiro parágrafo da carta.
2. Na guia **Revisão**, no grupo **Revisão de Texto**, clique no botão **Dicionário de Sinônimos**.

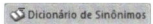

   O painel de tarefas Pesquisar abre, listando sinônimos para a palavra *rigoroso*.

3. No painel de tarefas, sob **exato**, clique em **exato**.

   A palavra *exato* substitui *rigoroso* na caixa Procurar por, na parte superior do painel de tarefas, e sinônimos de *exato* agora estão listados no painel de tarefas.
4. Aponte para a palavra **restrito**, clique na seta que aparece e, em seguida, clique em **Inserir**.

   A palavra *restrito* substitui *rigoroso* no documento.
5. Feche o painel de tarefas Pesquisar.

> **FECHE** o documento *03_FindingWord* sem salvar suas alterações.

Pesquisando informações

Além do Dicionário de Sinônimos, o painel de tarefas Pesquisar dá acesso a uma variedade de recursos informativos dentro do Word. Você pode digitar um tópico na caixa Procurar por e especificar, na caixa abaixo, qual recurso o Word deve usar para procurar informações sobre esse tópico. Clicando em Opções de pesquisa, na parte inferior do painel de tarefas Pesquisar, você pode especificar qual de uma lista predefinida de materiais de referência, como o Microsoft Encarta e vários recursos da Internet, estará disponível, e pode adicionar suas próprias fontes de material de referência.

Para pesquisar informações:

1. Na guia **Revisão**, no grupo **Revisão de Texto**, clique no botão Pesquisar para exibir o painel de tarefas Pesquisar.
2. Na caixa **Procurar por**, digite o tópico em que você está interessado em pesquisar.

    Por exemplo, você poderia digitar *bambu*.
3. Clique na seta à direita da caixa que está abaixo da caixa Procurar por e, em seguida, na lista, clique no recurso que você deseja usar para procurar informações.

    Por exemplo, você poderia clicar em MSN Busca. Quando você tiver feito sua seleção, o botão Iniciar pesquisa, à direita da caixa Procurar por, pisca e, segundos depois, os resultados da pesquisa são exibidos no painel de tarefas.
4. Clique em qualquer fonte de informação em que você tenha interesse.

    Você pode clicar em um hyperlink para um endereço na Web, a fim de buscar mais informações na Web. Você também pode selecionar parte de um tópico, clicar com o botão direito do mouse na seleção, clicar em Copiar e, em seguida, colar a seleção em seu documento. Ou você pode clicar com o botão direito do mouse na seleção e clicar em Consultar para pesquisar informações sobre a seleção.

Traduzindo texto

Agora o Word vem com dicionários para muitos idiomas comuns, a fim de que você possa traduzir facilmente palavras e frases de um idioma para outro.

Para traduzir uma palavra para outro idioma:

1. Selecione a palavra e, em seguida, na guia **Revisão**, no grupo **Revisão de Texto**, clique no botão **Traduzir**.

    O painel de tarefas Pesquisar abre, com caixas nas quais você pode especificar o idioma de origem e o idioma da tradução.
2. Sob **Tradução** no painel de tarefas **Pesquisar**, altere as configurações nas caixas **De** e **Para**, conforme necessário.

    O texto traduzido aparece sob Dicionário Bilíngüe.

Para traduzir uma palavra ou frase diferente, você pode digitá-la na caixa Procurar por e, em seguida, clicar no botão Iniciar pesquisa, à direita.

Para ver a tradução de qualquer palavra para a qual você aponte, clique no botão Dica de Tela de Tradução, no grupo Revisão de Texto da guia Revisão e, em seguida, selecione o idioma que você deseja ver. Então, você pode apontar para qualquer palavra em um documento para exibir a palavra equivalente no idioma selecionado. Clique no botão novamente e, em seguida, clique em Desativar Dica de Tela de Tradução para desativar a tela de tradução.

# Reorganizando a estrutura de tópicos de um documento

Se você está criando um documento que contém cabeçalhos, pode formatá-lo com estilos de cabeçalho internos que incluem níveis de estrutura de tópicos. Assim, é fácil ver e organizar o documento no modo de exibição Estrutura de tópicos. Nesse modo de exibição, você pode ocultar todo o corpo do texto e exibir apenas os cabeçalhos desse nível em particular e acima dele. Então, você pode reorganizar as seções de um documento movendo seus cabeçalhos.

Consulte também Para obter mais informações sobre formatação com estilos, consulte a seção "Trabalhando com modelos", no Capítulo 4, "Alterando a aparência de um documento".

Para ver um documento no modo de exibição Estrutura de tópicos, clique no botão Estrutura de tópicos no grupo Modos de Exibição de Documento da guia Exibição ou clique no botão Estrutura de tópicos da barra de ferramentas Exibir. O documento é exibido com uma estrutura hierárquica e a guia Estrutura de Tópicos aparece na Faixa de Opções.

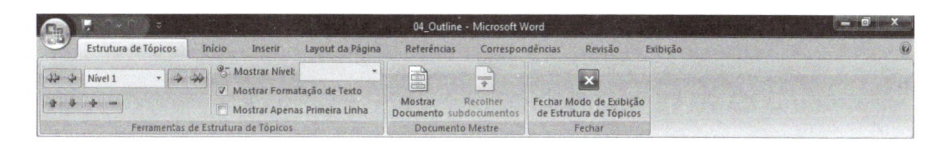

O grupo Ferramentas de Estrutura de Tópicos dessa guia inclui botões que você pode clicar para exibir apenas os cabeçalhos de um nível específico e acima dele, para ***promover*** ou ***rebaixar*** cabeçalhos ou o corpo do texto alterando seus níveis e mover cabeçalhos e seus textos para cima ou para baixo no documento. Os recuos e símbolos usados no modo de exibição Estrutura de tópicos para indicar o nível de um cabeçalho ou parágrafo na estrutura do documento não aparecem no documento em outros modos de exibição nem quando você o imprime.

> **Dica** Você pode clicar nos botões do grupo Documento Mestre para criar um documento mestre com subdocumentos que podem, então, ser exibidos e ocultos. O assunto dos documentos mestres e subdocumentos está além do escopo deste livro. Para obter mais informações, consulte a Ajuda do Word.

Neste exercício, você vai alternar para o modo de exibição Estrutura de tópicos, promover e rebaixar cabeçalhos, mover cabeçalhos e expandir e recolher a estrutura de tópicos.

> **USE** o documento *04_Outline*. Esse arquivo de exercício está localizado na subpasta *Chapter02*, sob *SBS_Word2007*.
> **ABRA** o documento *04_Outline*.

1. No canto inferior direito da janela, na barra de ferramentas **Exibir**, clique no botão **Estrutura de tópicos**.

   A tela muda para exibir o documento no modo de exibição Estrutura de tópicos e a guia Estrutura de Tópicos aparece na extremidade esquerda da Faixa de Opções.

2. Na guia **Estrutura de Tópicos**, no grupo **Ferramentas de Estrutura de Tópicos**, clique na seta de **Mostrar Nível** e, na lista, clique em **Nível 1**.

   O documento recolhe para exibir apenas cabeçalhos de nível 1.

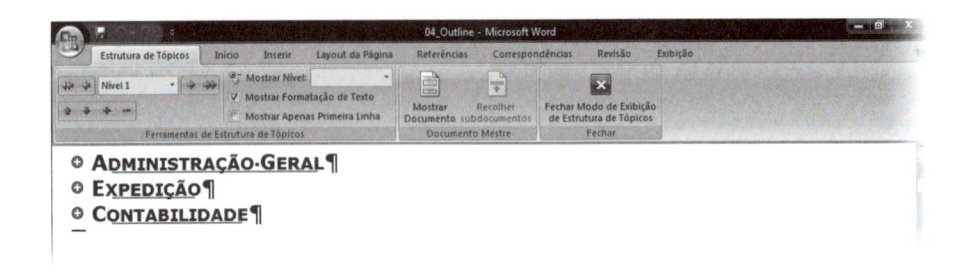

3. Clique em qualquer parte do cabeçalho **Contabilidade**.
4. No grupo **Ferramentas de Estrutura de Tópicos**, clique no botão **Expandir**.

    O Word expande a seção *Contabilidade* para exibir seus cabeçalhos de nível 2.

5. No grupo **Ferramentas de Estrutura de Tópicos**, clique no botão **Rebaixar**.

    O cabeçalho *Contabilidade* muda para um cabeçalho de nível 2.

6. Na **Barra de Ferramentas de Acesso Rápido**, clique no botão **Desfazer**.

    O cabeçalho *Contabilidade* volta a ser um cabeçalho de nível 1.

7. No grupo **Ferramentas de Estrutura de Tópicos**, clique no botão **Recolher**.
8. Clique no botão **Rebaixar**.

    Novamente, o cabeçalho *Contabilidade* muda para o nível 2.

9. Clique no botão **Expandir**.

    Como os subcabeçalhos estavam ocultos sob *Contabilidade* quando você rebaixou o cabeçalho, todos os subcabeçalhos foram rebaixados para o nível 3, para manter a hierarquia da seção.

10. Clique no botão **Recolher** e, em seguida, no grupo **Ferramentas de Estrutura de Tópicos**, clique no botão **Elevar**.

    Agora, o cabeçalho *Contabilidade* é novamente de nível 1.

11. Pressione Ctrl+Home para ir ao início do documento e, em seguida, no grupo **Ferramentas de Estrutura de Tópicos**, na lista de **Mostrar Nível**, clique em **Nível 2**.

    A estrutura de tópicos mostra todos os cabeçalhos de nível 1 e nível 2.

12. Clique no sinal de adição à esquerda do cabeçalho *Contabilidade* e, em seguida, no grupo **Ferramentas de Estrutura de Tópicos**, clique três vezes no botão **Mover para Cima**.

    O cabeçalho *Contabilidade* e todos os seus subtítulos ficam acima do cabeçalho *Expedição*.

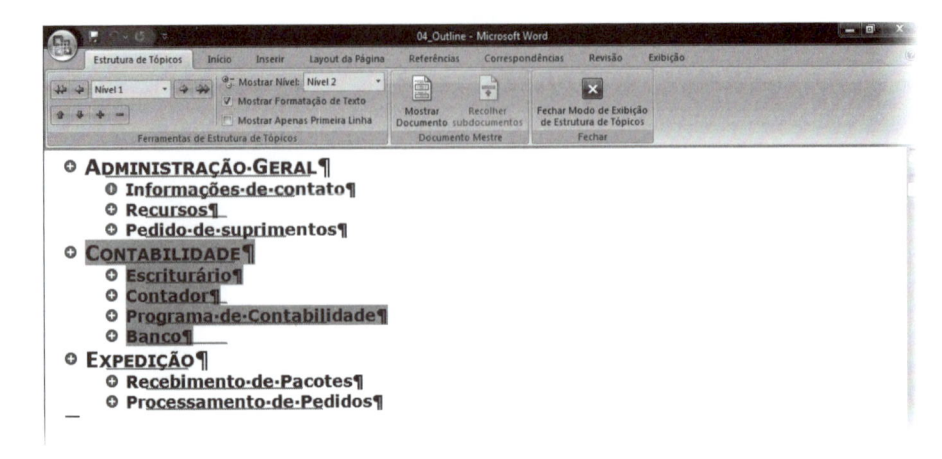

13. No grupo **Ferramentas de Estrutura de Tópicos**, na lista **Mostrar Nível**, clique em **Todos os Níveis**.

    Agora, você pode rolar pelo documento para ver os efeitos da reorganização.

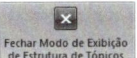

14. No grupo **Fechar**, clique no botão **Fechar Modo de Exibição de Estrutura de Tópicos**.

    O Word exibe o documento reorganizado no modo de exibição Layout de impressão.

> **FECHE** o documento *04_Outline* sem salvar suas alterações.

Localizando e substituindo texto

Uma maneira de garantir que o texto de seus documentos seja consistente e preciso é usar o recurso Localizar do Word para procurar cada instância de uma palavra ou frase em particular. Por exemplo, se você fosse o responsável por anunciar um produto com marca registrada, provavelmente desejaria pesquisar seus materiais de marketing para verificar se cada instância do nome do produto está corretamente identificada como uma marca registrada.

Clicar no botão Localizar no grupo Edição da guia Início exibe a guia Localizar da caixa de diálogo Localizar e substituir. Após digitar o texto que deseja localizar na caixa Localizar, você pode fazer o seguinte:

- Clicar em Localizar Próxima para selecionar a primeira ocorrência desse texto.
- Na lista Realce de Leitura, clique em Realçar Tudo para realçar todas as ocorrências.

Se você encontrar um erro no documento enquanto realiza uma pesquisa, pode fazer alterações de edição dinamicamente, sem fechar a caixa de diálogo Localizar e substituir. Basta clicar no documento, fazer a alteração e, em seguida, clicar na caixa de diálogo Localizar e substituir para torná-la ativa novamente. Se você souber que deseja substituir uma palavra ou frase por outra, pode usar o recurso Substituir para localizar cada ocorrência do texto que deseja alterar e substituí-lo por um texto diferente. Clicar no botão Substituir no grupo Edição exibe a guia Substituir da caixa de diálogo Localizar e substituir, que é semelhante à guia Localizar. Na guia Substituir, você pode fazer o seguinte:

- Clicar em Substituir para substituir a ocorrência selecionada pelo texto que está na caixa Substituir por e ir para a próxima ocorrência.
- Clicar em Substituir Tudo para substituir todas as ocorrências pelo texto que está na caixa Substituir por.
- Clicar em Localizar Próxima para deixar a ocorrência selecionada como está e localizar a próxima.

Você pode usar outras opções da caixa de diálogo Localizar e substituir para realizar pesquisas e substituições mais complicadas. Clicar em Mais expande a caixa para tornar essas opções adicionais disponíveis.

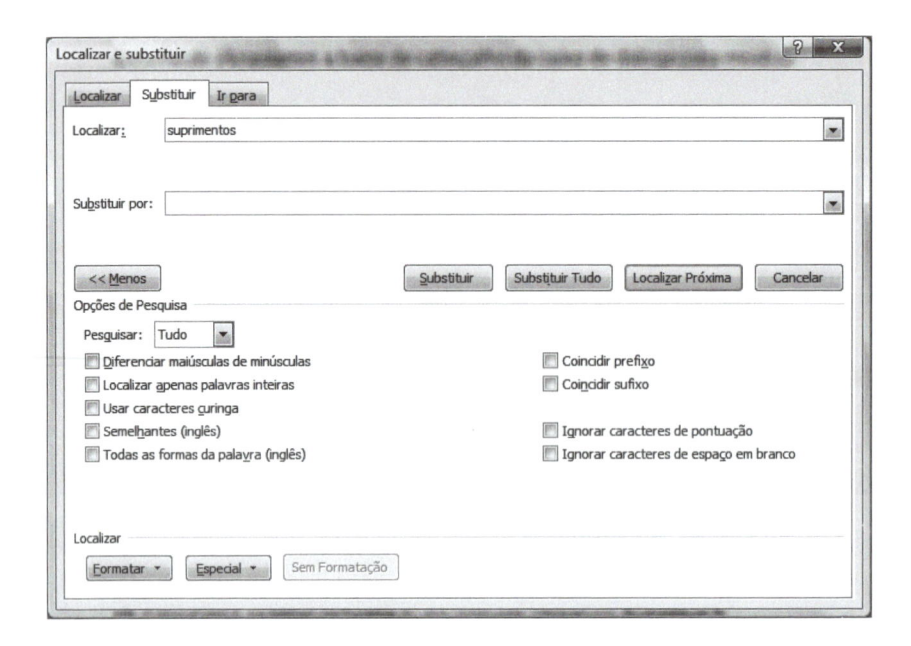

Você pode fazer uma seleção na lista Pesquisar para definir a direção da pesquisa. Você pode marcar a caixa de seleção Diferenciar maiúsculas de minúsculas para fazer corresponder a letras maiúsculas/minúsculas e marcar a caixa de seleção Localizar apenas palavras inteiras, para localizar apenas ocorrências de palavra inteira do texto que está em Localizar. Se você quiser verificar se sua utilização de duas palavras semelhantes, como *efeito* e *afeito*, está correta, pode marcar a caixa de seleção Usar caracteres curinga e, em seguida, digitar um *caractere curinga* na caixa Localizar, para localizar informações variáveis. Os dois caracteres curinga mais comuns são:

- O caractere curinga ?, que representa qualquer caractere único nessa posição no texto de Localizar.

- O caractere curinga *, que representa quaisquer caracteres nessa posição no texto de Localizar.

> **Dica** Para ver uma lista dos outros caracteres curingas disponíveis, use a Ajuda para procurar caracteres curinga.

Marcar a caixa de seleção Semelhantes localiza ocorrências do texto de pesquisa homófonas, mas não homógrafas, em inglês, como *there* e *their*. Marcar a caixa de seleção Todas as formas da palavra localiza as ocorrências de uma palavra em particular em qualquer forma, em inglês, como *plan*, *planned* e *planning*. Você pode fazer coincidir um prefixo ou um sufixo e pode ignorar pontuação e espaço em branco. Finalmente, você pode localizar formatação, como negrito, ou caracteres especiais, como tabulações, selecionando-os na lista Formatar ou Especial.

Neste exercício, você vai localizar uma frase e fazer uma correção no documento. Depois, você vai substituir uma frase por outra no documento inteiro.

> **USE** o documento *05_FindingText*. Esse arquivo de exercício está localizado na subpasta *Chapter02*, sob *SBS_Word2007*.
> **ABRA** o documento *05_FindingText*.

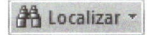

Capítulo 2 • Editando e revisando textos em documentos **107**

🔍 Localizar ▾   **1.** Com o ponto de inserção no início do documento, na guia **Início**, no grupo **Edição**, clique no botão **Localizar**.

A caixa de diálogo Localizar e substituir abre, exibindo a guia Localizar.

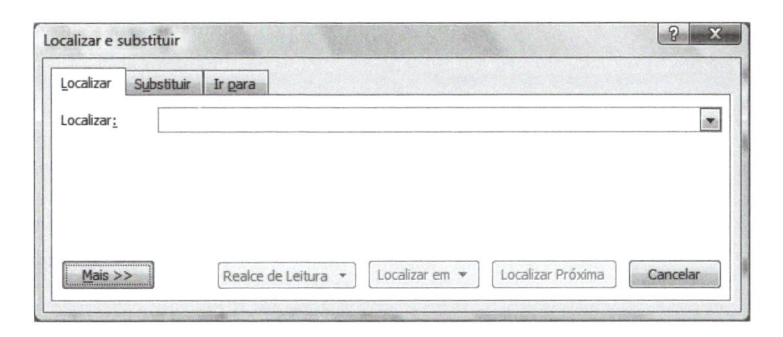

2. Na caixa **Localizar**, digite **O Ciclo Taguien**, clique em **Realce de Leitura** e, em seguida, na lista, clique em **Realçar Tudo**.

3. Role para a Página 2.

O Word encontrou e selecionou todas as ocorrências de *O Ciclo Taguien* no documento. (Arrastamos a barra de cabeçalho da caixa de diálogo para movê-la para o lado.)

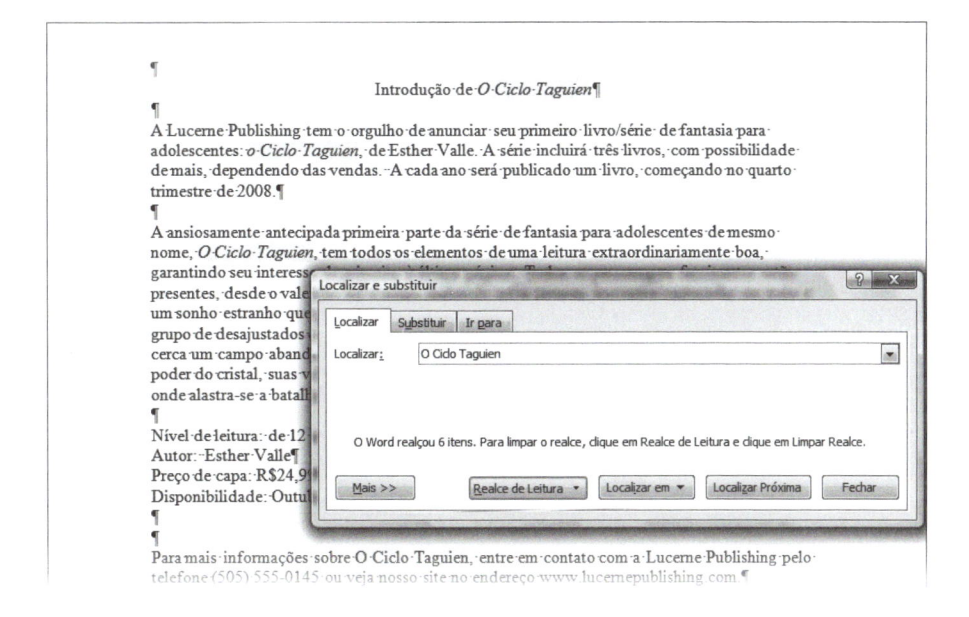

4. Clique no documento que está atrás da caixa de diálogo Localizar e substituir, clique duas vezes na palavra **o** em *o Ciclo Taguien* no primeiro parágrafo (não no título) da Página 2 e, em seguida, digite **O** para corrigir o uso de maiúscula.

5. Pressione Ctrl + Home para mover o ponto de inserção para o início do documento.

6. Clique na barra de cabeçalho da caixa de diálogo Localizar e substituir e, em seguida, clique na guia **Substituir**.

A caixa Localizar mantém a entrada da pesquisa anterior.

7. Clique na caixa Substituir por, digite **O Ciclo Taguien** e, em seguida, clique no botão **Mais**.

8. Na parte inferior da caixa de diálogo expandida, clique no botão **Formatar** e, em seguida, clique em **Fonte**.

A caixa de diálogo Substituir fonte abre.

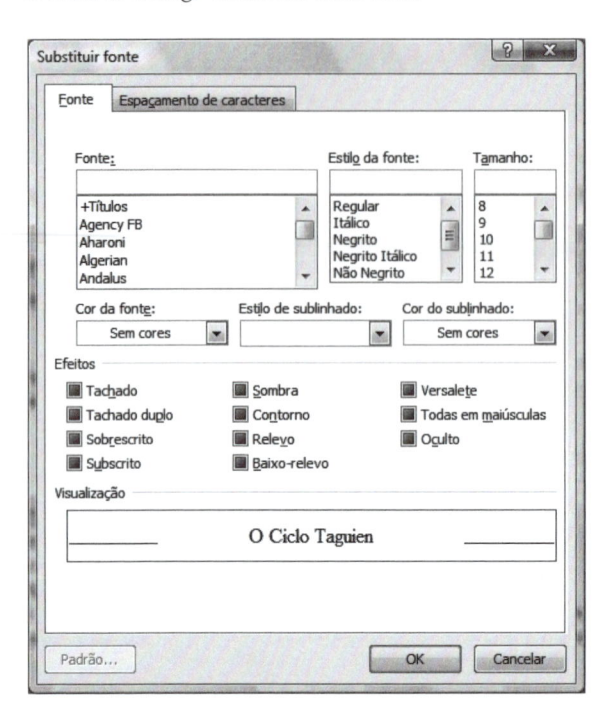

9. Sob **Estilo da fonte**, clique em **Itálico** e, em seguida, clique em **OK**.
10. Clique em **Localizar Próxima** e, em seguida, clique em **Substituir**.

    O título em texto sem formatação selecionado é substituído por texto em itálico e a próxima ocorrência de *O Ciclo Taguien* é selecionada.

11. Clique em **Substituir Tudo**.

    O Word exibe uma caixa de mensagens indicando que foram feitas seis substituições.

12. Clique em **OK** para fechar a caixa de mensagens e, em seguida, na caixa de diálogo Localizar e substituir, clique na guia **Localizar**.
13. Na caixa **Localizar**, clique em **Realce de Leitura** e, em seguida, na lista, clique em **Realçar Tudo**.

    O Word realça seis ocorrências do texto que está em Localizar.

14. Clique em **Realce de Leitura** e, em seguida, na lista, clique em **Limpar Realce**.

> **FECHE** a caixa de diálogo Localizar e substituir e, em seguida, feche o documento *05_FindingText* sem salvar suas alterações.

Corrigindo a grafia e os erros gramaticais

Na época dos documentos manuscritos e datilografados, as pessoas podiam tolerar um ou dois erros tipográficos ou gramaticais, pois era difícil corrigir tais erros sem fazer uma verdadeira bagunça. Os processadores de texto, como o Word, vêm com corretores ortográficos e gramaticais; portanto, agora, os documentos que contêm esses tipos de erros causam uma má impressão de seus criadores.

> **Dica** Embora o Word possa ajudá-lo a eliminar erros ortográficos e gramaticais, suas ferramentas não são infalíveis. Você sempre deve ler seus documentos para detectar os problemas que as ferramentas do Word não conseguem.

O Word fornece duas ferramentas para ajudá-lo na tarefa de eliminar erros ortográficos e gramaticais: a AutoCorreção e os recursos de Ortografia e Gramática.

Já notou que o Word corrige automaticamente alguns erros ortográficos quando você os digita? Esse é o trabalho do recurso de AutoCorreção. A AutoCorreção corrige palavras normalmente grafadas de forma errada, como *aer* para *era*, para que você não precise corrigi-las. A AutoCorreção vem com uma longa lista de palavras freqüentemente digitadas de forma errada e suas grafias corretas. Se você digita freqüentemente errado uma palavra que a AutoCorreção não altera, pode adicioná-la à lista, na caixa de diálogo AutoCorreção.

Se você digitar deliberadamente errado uma palavra e não quiser aceitar a alteração da AutoCorreção, pode revertê-la clicando no botão Desfazer da Barra de Ferramentas de Acesso Rápido, antes de digitar qualquer outra coisa.

Embora a AutoCorreção garanta que seus documentos estejam livres de erros de grafia comuns, ela não detecta erros tipográficos e gramaticais aleatórios. Para esses tipos de erros, você pode pedir ajuda ao recurso de Ortografia e Gramática. Você pode ter observado que, enquanto digita, o Word sublinha erros de grafia em potencial com linhas onduladas vermelhas e os erros gramaticais com linhas onduladas verdes. Você pode clicar com o botão direito do mouse em uma palavra ou frase sublinhada para exibir as correções sugeridas.

Se você quiser verificar a ortografia ou a gramática do documento inteiro, é mais fácil clicar no botão Ortografia e Gramática do grupo Revisão de Texto da guia Revisão do que lidar com palavras e frases sublinhadas individualmente. Então, o Word percorre o documento a partir do ponto de inserção e exibe a caixa de diálogo Verificar ortografia e gramática se encontra um erro em potencial. Se o erro é de ortografia, a caixa de diálogo Verificar ortografia e gramática sugere correções; se o erro é gramatical, a caixa de diálogo indica qual regra você quebrou e sugere correções. Os botões disponíveis na caixa de diálogo Verificar ortografia e gramática são dinâmicos e mudam para aqueles mais apropriados para corrigir o erro. Por exemplo, para um erro gramatical, você tem a oportunidade de ignorar em todo o documento a regra que violou.

Neste exercício, você vai alterar uma configuração da AutoCorreção e adicionar uma palavra grafada erroneamente em sua lista. Você vai verificar a ortografia no documento, adicionar termos no dicionário personalizado e vai localizar, revisar e corrigir um erro gramatical.

> **USE** o documento *06_Spelling*. Esse arquivo de exercício está localizado na subpasta *Chapter02*, sob *SBS_Word2007*.
>
> **ABRA** o documento *06_Spelling*.

1. Clique no final do primeiro parágrafo da carta, pressione a Barra de espaço e, em seguida, digite **em seu poprósito**, seguido de um ponto final.

   Assim que você digita o ponto final, a AutoCorreção muda *poprósito* para *propósito*.

2. Clique no **Botão Microsoft Office** e, em seguida, clique em **Opções do Word**.

3. No painel esquerdo da janela Opções do Word, clique em **Revisão de Texto** e, em seguida, na página **Revisão de Texto**, clique em **Opções de AutoCorreção**.

   A caixa de diálogo AutoCorreção abre, exibindo a guia AutoCorreção.

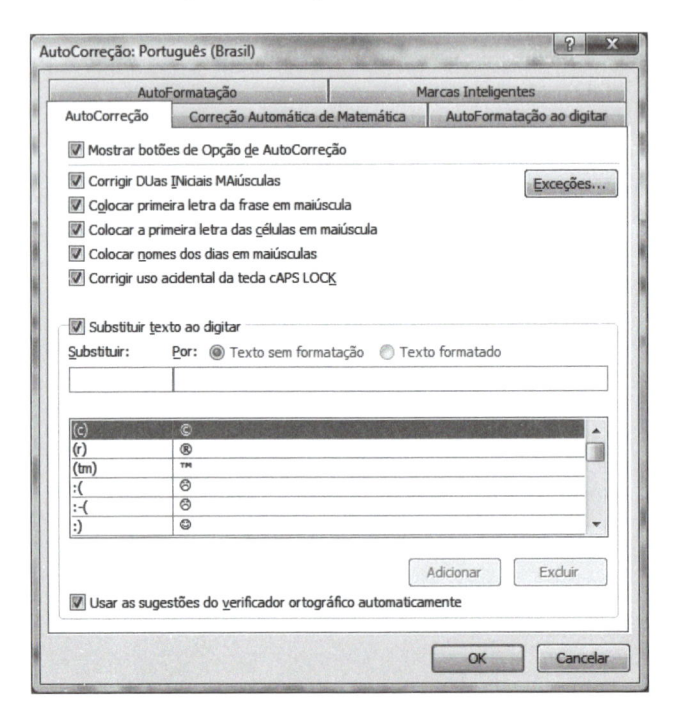

Botão Office

Observe as correções que a AutoCorreção fará. Você pode desmarcar a caixa de seleção de qualquer item que não queira corrigir. Por exemplo, se você não quiser que a AutoCorreção torne maiúscula uma letra minúscula ou a letra inicial de uma palavra que venha após um ponto final, desmarque a caixa de seleção Colocar primeira letra da frase em maiúscula.

4. Clique na caixa **Substituir** e, em seguida, digite **disponvel**.

   O Word rola a lista para mostrar a entrada mais parecida com o que você digitou.

5. Pressione a tecla [Tab] para mover o ponto de inserção para a caixa **Por** e, em seguida, digite **disponível**.

6. Clique em **Adicionar** para adicionar a entrada na lista de correção e, em seguida, clique em **OK**.

7. Clique em **OK** para fechar a janela Opções do Word.

8. Pressione Ctrl+End para ir até o final do documento e, em seguida, no parágrafo que começa com *Agradecemos seu interesse*, posicione o ponto de inserção à direita do ponto final no fim da terceira frase.

9. Pressione a Barra de espaço e, em seguida, digite **Shelly não estará disponvel de 10-15 de maio**, seguido de um ponto final.

    A palavra *disponvel* muda para *disponível*.

10. Pressione [Ctrl]+[Home] para ir ao início do documento e, em seguida, clique com o botão direito do mouse em *fotes*, a primeira palavra com um sublinhado ondulado vermelho.

    O Word lista as possíveis grafias corretas para essa palavra, assim como as ações que talvez você tenha que executar.

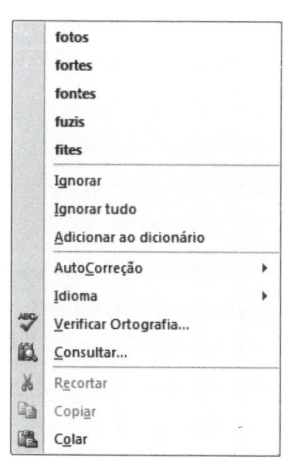

```
fotos
fortes
fontes
fuzis
fites
Ignorar
Ignorar tudo
Adicionar ao dicionário
AutoCorreção        ▶
Idioma              ▶
Verificar Ortografia...
Consultar...
Recortar
Copiar
Colar
```

11. Na lista, clique em **fontes**.

    O Word remove o sublinhado ondulado vermelho e insere a correção.

12. Pressione [Ctrl]+[Home] novamente e, em seguida, na guia **Revisão**, no grupo **Revisão de Texto**, clique no botão **Ortografia e Gramática**.

    A caixa de diálogo Verificar ortografia e gramática abre, com a primeira palavra que o Word não reconhece, *compometidos*, exibida em vermelho na caixa Não encontrada.

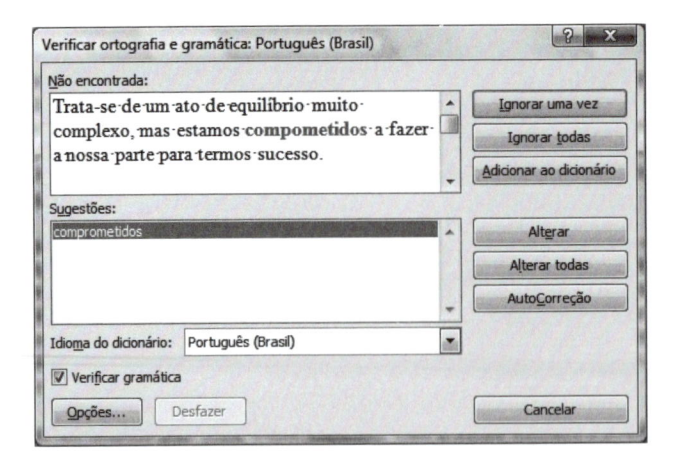

13. Com **comprometidos** selecionada na caixa **Sugestões**, clique em **AutoCorreção**.

    O Word adiciona a grafia errada e a correção selecionada na lista da AutoCorreção, para que, na próxima vez que você digitar *compometidos* por engano, a grafia seja corrigida automaticamente durante a digitação. Então, o Word sinaliza *Dyck* como o próximo erro ortográfico possível.

    > **Solução de problemas** Se os erros mencionados não aparecem no arquivo de exercício, clique em Opções na parte inferior da caixa de diálogo Verificar ortografia e gramática. Em seguida, na janela Opções do Word, sob Ao corrigir a ortografia e a gramática no Word, clique em Verificar documento novamente, clique em Sim para redefinir os verificadores e, em seguida, clique em **OK**.

14. Clique em **Ignorar todas**.

    Agora, o Word pulará essa e qualquer outra ocorrência desse substantivo próprio. Ele prossegue realçando a palavra duplicada *para*.

15. Clique em **Excluir**.

    O Word exclui o segundo *para* e, em seguida, sinaliza um possível erro gramatical.

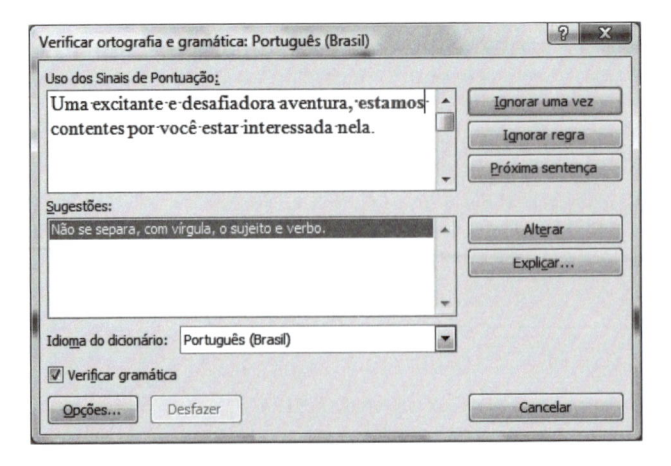

Esse erro gramatical é identificado como uso incorreto de vírgula. Você precisa ler a frase e, em seguida, decidir se vai corrigi-la e como. Neste caso, o erro não está relacionado à vírgula após *aventura*, mas ao fato de que não há nenhum verbo na primeira metade da frase.

> **Dica** O verificador gramatical do Word ajuda a identificar frases e cláusulas que não seguem as regras gramaticais tradicionais, mas nem sempre é preciso. É fácil habituar-se a ignorar os sublinhados ondulados verdes. Entretanto, é melhor examinar todos eles para garantir que seus documentos não contenham erros embaraçosos.

16. Atrás da caixa de diálogo **Verificar ortografia e gramática**, clique no documento, clique duas vezes na palavra **Uma** no início da sentença onde está o erro e, em seguida, digite **O negócio da importação é uma**.

17. Clique na barra de título da caixa de diálogo **Verificar ortografia e gramática** e, em seguida, clique em **Reiniciar**.

    O Word sinaliza *Florian* como uma palavra que não reconhece. *Florian* é um substantivo próprio e está grafado corretamente. Adicionando palavras como essa no dicionário personalizado, você pode evitar que o Word continue a sinalizá-las.

18. Clique em **Adicionar ao dicionário**.

    O Word exibe uma mensagem, indicando que concluiu a verificação da ortografia e da gramática do documento.

19. Clique em **OK** para fechar a caixa de mensagens.

> **FECHE** o documento *06_Spelling* sem salvar suas alterações.

Vendo estatísticas do documento

À medida que você digita, o Word monitora o número de páginas e palavras existentes em seu documento, exibindo essas informações na extremidade esquerda da barra de status. Para ver o número de palavras existentes em apenas parte do documento, como em alguns parágrafos, basta selecionar essa parte. Então, a barra de status exibirá o número de palavras existentes na seleção, expresso como uma fração do total, como 250/800.

Para ver mais estatísticas, você pode abrir a caixa de diálogo Contar palavras, clicando no botão Contar Palavras no grupo Revisão de Texto da guia Revisão. Além de contar páginas e palavras, a caixa de diálogo Contar palavras exibe o número de caracteres, parágrafos e linhas. Ela também oferece a você a opção de incluir ou excluir palavras existentes em caixas de texto, notas de rodapé e notas de fim.

Finalizando um documento

Quando um documento está pronto para distribuição, normalmente você executa diversas tarefas finais. Isso pode incluir a revisão do documento para procurar qualquer informação privada ou inadequada restante, restrição do acesso ou adição de uma assinatura digital.

Muitos documentos passam por várias revisões e alguns são minuciosamente examinados por diversos revisores. Durante esse processo de desenvolvimento, os documentos podem acumular informações que talvez você não queira na versão final, como os nomes das pessoas que trabalharam no documento, comentários que os revisores adicionaram no arquivo ou texto oculto sobre status e suposições. Essas informações estranhas não preocupam se a versão final for distribuída como uma cópia impressa. Entretanto, atualmente, cada vez mais arquivos são distribuídos eletronicamente, tornando essas informações disponíveis para qualquer um que queira ler.

O Word 2007 inclui uma ferramenta chamada Inspetor de Documento, o qual localiza e remove todas as informações estranhas e potencialmente confidenciais. Você pode instruir o Inspetor de Documento para que procure comentários, revisões e anotações, qualquer informação pessoal gravada com o documento e texto oculto. O Inspetor de Documento exibe um resumo do que encontra e dá a você a opção de remover tudo.

O Word também contém outra ferramenta de finalização, chamada Verificador de Compatibilidade, que verifica o uso de recursos não suportados em versões anteriores do programa.

Após ter solucionado os problemas de informações estranhas e de compatibilidade, você pode marcar um documento como final e tornar seu arquivo somente para leitura, para que outras pessoas saibam que não devem fazer alterações nesse documento liberado.

Neste exercício, você vai inspecionar um documento em busca de informações inadequadas e marcá-lo como final.

> **USE** o documento *07_Finalizing*. Esse arquivo de exercício está localizado na subpasta *Chapter02*, sob *SBS_Word2007*.
>
> **ABRA** o documento *07_Finalizing*.

1. Clique no **Botão Microsoft Office**, aponte para **Preparar** e, em seguida, clique em **Propriedades**.

   O Painel de Informações do Documento abre acima do documento, mostrando que informações de identificação foram gravadas com o arquivo. Parte das informações, incluindo o nome do autor, foi anexada ao arquivo pelo Word. Outras informações foram adicionadas por um usuário.

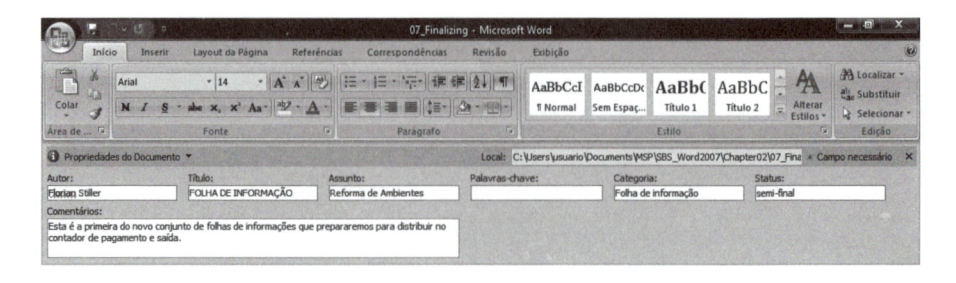

   Botão Office

2. No canto superior esquerdo do **Painel de Informações do Documento**, clique na seta **Propriedades do Documento** e, em seguida, na lista, clique em **Propriedades Avançadas**.

   A caixa de diálogo Propriedades abre.

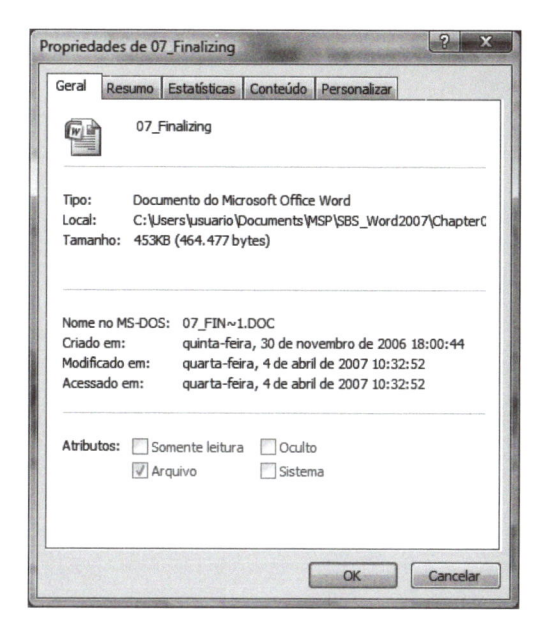

Capítulo 2 • Editando e revisando textos em documentos **115**

3. Clique, respectivamente, nas guias **Resumo** e **Estatísticas**, observando que informações de identificação adicionais são exibidas lá.

4. Clique em **Cancelar** para fechar a caixa de diálogo **Propriedades** e, em seguida, no canto superior direito do **Painel de Informações do Documento**, clique no botão **Fechar**.

5. Salve o documento na subpasta *Chapter02*, com o nome **Minha Folha de Informação**.

6. Clique no **Botão Microsoft Office**, aponte para **Preparar** e, em seguida, clique em **Inspecionar Documento**.

A caixa de diálogo Inspetor de Documento abre, listando os itens que serão verificados.

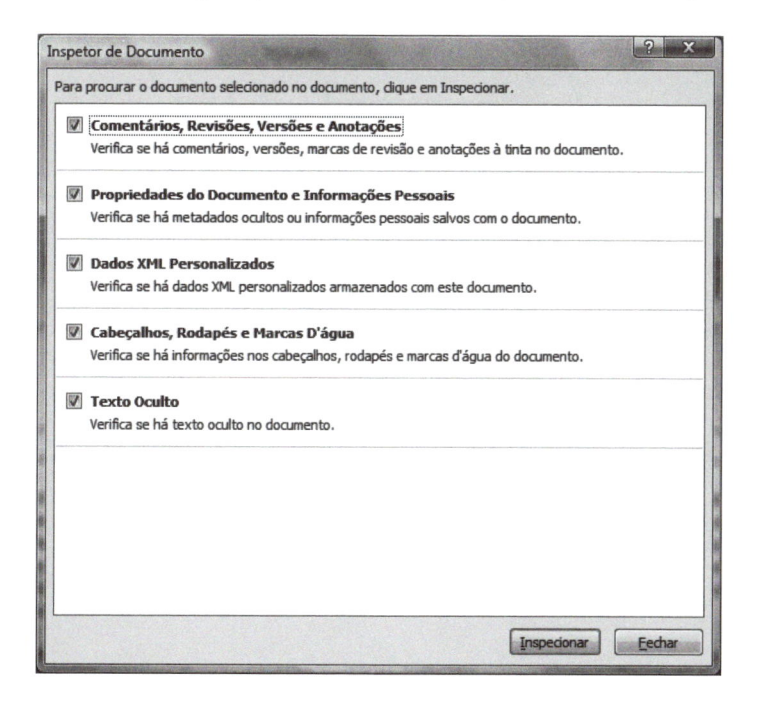

7. Sem alterar as seleções padrão na caixa de diálogo **Inspetor de Documento**, clique em **Inspecionar**.

   O Inspetor de Documento relata a presença das propriedades do documento e informações pessoais que você viu anteriormente neste exercício, assim como alguns dados XML personalizados.

8. À direita de **Propriedades do Documento e Informações Pessoais**, clique em **Remover Tudo**.

   O Word remove as propriedades do documento e as informações pessoais.

9. À direita de **Dados XML Personalizados**, clique em **Remover Tudo**.

   Consulte também Para obter informações sobre XML, consulte a seção "Criando um documento XML", no Capítulo 11, "Criando documentos para uso fora do Word".

10. Na caixa de diálogo **Inspetor de Documento**, clique em **Fechar**.

11. Clique no **Botão Microsoft Office**, aponte para **Preparar** e, em seguida, clique em **Marcar como Final**.

    Uma mensagem informa que o documento será marcado como final e, em seguida, salvo.

12. Clique em **OK** para completar o processo.

    Uma mensagem informa que o documento foi marcado como final e que a digitação, os comandos de edição e as marcas de revisão de texto estão desativadas.

13. Clique em **OK** para fechar a mensagem e, em seguida, clique na guia **Inserir**.

    A maioria dos botões está inativa, indicando que você não pode fazer alterações.

> **FECHE** o documento *Minha Folha de Informação* e, se você não for ler agora o próximo capítulo, feche o Word.

Adicionando uma assinatura digital

Quando você criar um documento que vai circular para outras pessoas via email ou via Web, talvez queira anexar uma *assinatura digital*, uma marca de autenticação eletrônica. A assinatura digital confirma a origem do documento e indica que ninguém o falsificou desde que foi assinado.

Para adicionar uma assinatura digital em um documento do Word, você precisa primeiro obter uma identificação digital. Identificações digitais certificadas podem ser obtidas de empresas como IntelliSafe Technologies e Comodo Inc. Você pode obter a identificação e anexá-la a um documento clicando no Botão Microsoft Office, apontando para Preparar, clicando em Adicionar uma Assinatura Digital e seguindo as instruções.

Pontos principais

- Você pode recortar ou copiar texto e colá-lo em qualquer parte do mesmo documento ou em um documento diferente. O texto recortado e copiado é armazenado na Área de Transferência.

- Cometeu um erro? Sem problemas! Você pode desfazer uma única ação ou as últimas ações que executou clicando no botão Desfazer (ou em sua seta) da Barra de Ferramentas de Acesso Rápido. Você pode até refazer uma ação, caso mude de idéia novamente.

- Você não precisa digitar o mesmo texto várias vezes. Em vez disso, salve o texto como uma Parte Rápida e insira-o com alguns cliques de mouse.

- Necessita de uma palavra mais precisa para explicar o que quer dizer? Você pode usar o Dicionário de Sinônimos para procurar sinônimos de uma palavra selecionada e o serviço de pesquisa para acessar materiais de referência especializados e recursos online.

- Se você aplicar estilos de cabeçalho a um documento, poderá usar a estrutura de tópicos para reorganizá-lo.

- Você pode encontrar cada ocorrência de uma palavra ou frase e substituí-la por outra.

- Você pode contar com a AutoCorreção para corrigir erros ortográficos comuns. Corrija outros erros ortográficos e gramaticais individualmente, à medida que você digitar ou verificando o documento inteiro de uma só vez.

- Antes de distribuir um documento eletrônico, você pode remover todas as informações que não deseja que as pessoas vejam.

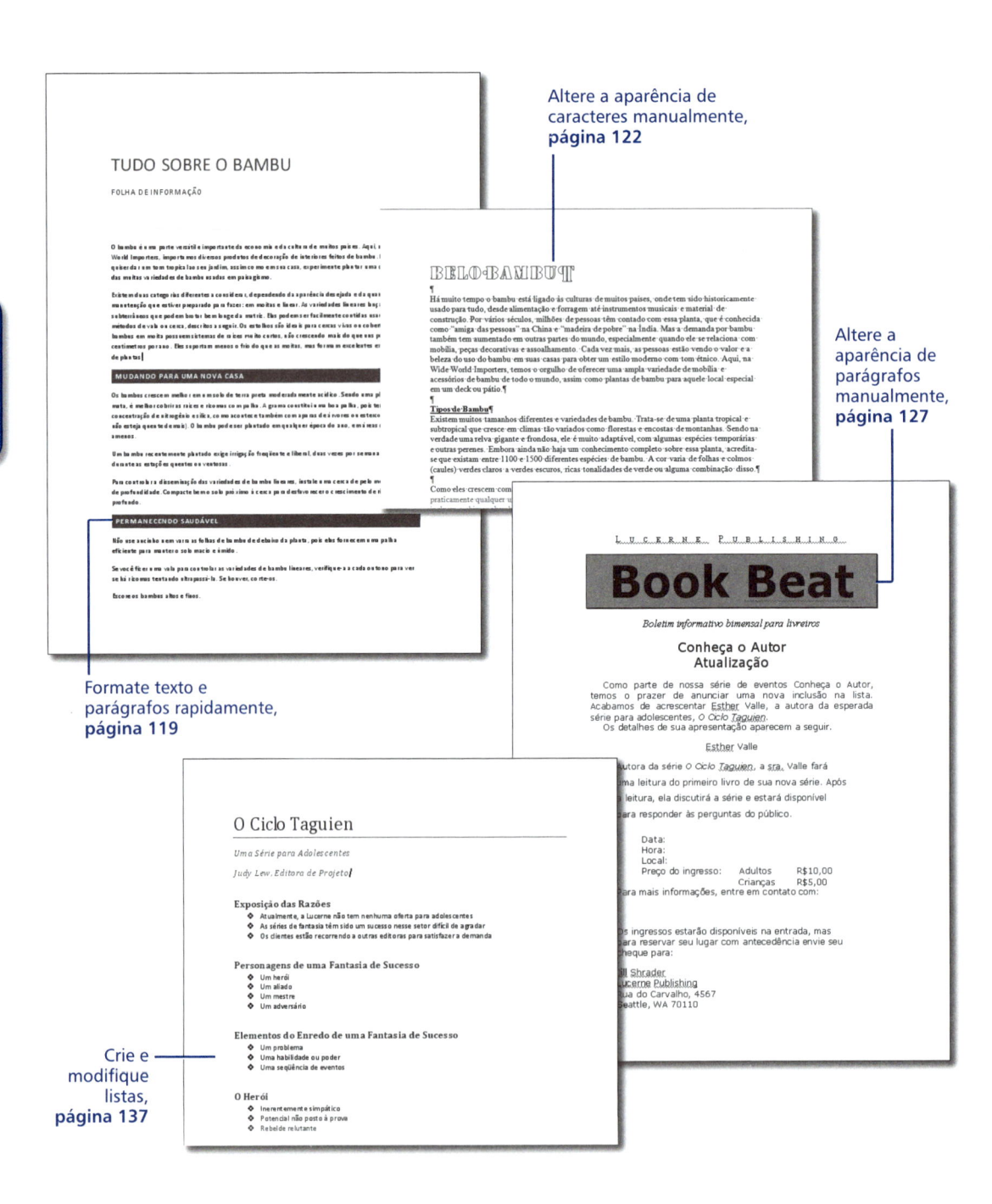

Altere a aparência de caracteres manualmente, **página 122**

Altere a aparência de parágrafos manualmente, **página 127**

Formate texto e parágrafos rapidamente, **página 119**

Crie e modifique listas, **página 137**

Visão Rápida do Capítulo 3

Capítulo 3
Alterando a aparência do texto

Neste capítulo, você vai aprender a:

- Formatar texto e parágrafos rapidamente.
- Alterar a aparência de caracteres manualmente.
- Alterar a aparência de parágrafos manualmente.
- Criar e modificar listas.

A aparência de seus documentos ajuda a transmitir sua mensagem. O Microsoft Office Word 2007 pode ajudá-lo a desenvolver documentos de aparência profissional, com um aspecto apropriado para seu conteúdo. Você pode formatar seu texto facilmente, de modo que os pontos importantes se sobressaiam e seus argumentos sejam fáceis de entender.

Neste capítulo, você vai testar os Estilos Rápidos e, então, vai alterar a aparência de palavras individuais. Em seguida, você vai fazer recuos de parágrafos, alterar o alinhamento e o espaçamento de parágrafo, configurar paradas de tabulação, modificar espaçamento entre linhas e adicionar bordas e sombreado. Finalmente, você vai criar e formatar listas com marcadores e listas numeradas.

Consulte também Você precisa de uma recapitulação rápida sobre os tópicos deste capítulo? Veja as entradas da Consulta rápida nas páginas 35–61.

Importante Antes de usar os arquivos de exercícios deste capítulo, você precisa instalá-los do CD que acompanha o livro para um local padrão. Consulte "Utilizando o CD-ROM deste livro", na página xxi, para obter mais informações.

Solução de problemas As figuras e as instruções relacionadas ao sistema operacional deste livro refletem a interface do usuário do Windows Vista. Se seu computador estiver executando o Microsoft Windows XP e você enfrentar dificuldades para seguir as instruções, consulte a seção "Informações para os leitores que usam o Windows XP", no início deste livro.

Formatando texto e parágrafos rapidamente

O Word 2007 inclui vários recursos novos, assim como aprimoramentos nos recursos já existentes, que facilitam o processo de formatação de conteúdo. Por exemplo, os botões para alterar o tamanho da fonte, a cor e outros atributos de caractere foram reunidos no grupo Fonte da guia Início, para que todos estejam facilmente acessíveis. Além disso, muitos botões de formatação comuns estão disponíveis na Minibarra de ferramentas, que aparece quando você aponta para o texto selecionado.

Consulte também Para obter informações sobre alteração de atributos de caractere, consulte a seção "Alterando a aparência de caracteres manualmente", mais adiante neste capítulo.

Entretanto, você não precisa aplicar um atributo por vez. Você pode alterar vários atributos de uma vez facilmente, com alguns cliques no botão do mouse, usando *Estilos Rápidos*. Essa poderosa ferramenta esta disponível no grupo Estilo da guia Início. Os Estilos Rápidos são galerias compostas do seguinte:

- *Estilos de parágrafo*. Você pode usar esses estilos para aplicar uma aparência consistente em diferentes tipos de parágrafos, como cabeçalhos, corpo do texto, legendas, citações e parágrafos de lista.

- *Estilos de caractere*. Você pode usar esses estilos para alterar a aparência de palavras selecionadas.

Todos os Estilos Rápidos de uma galeria em particular são coordenados entre si, proporcionando uma aparência limpa, consistente e profissional aos seus documentos. Você pode alternar de um conjunto de estilos para outro selecionando nas galerias de Estilos Rápidos nomes como Tradicional, Distintivo, Moderno e Elegante. Para ajudá-lo a escolher o estilo desejado, você pode apontar para o nome do conjunto a fim de obter uma visualização dinâmica de como seu documento ficará com um conjunto específico de Estilos Rápidos aplicado. Após ter aplicado um conjunto de Estilos Rápidos, você pode alterar facilmente a aparência do documento inteiro, selecionando um conjunto de Estilos Rápidos diferente na lista Alterar Estilos.

Neste exercício, você vai fazer experiências com Estilos Rápidos.

> **USE** o documento *01_QuickFormatting*. Esse arquivo de exercício está localizado na subpasta *Chapter03*, sob *SBS_Word2007*.
>
> **NÃO ESQUEÇA DE** iniciar o Word antes de começar este exercício.
>
> **ABRA** o documento *01_QuickFormatting*.

1. Com o ponto de inserção no início do documento, na guia **Início**, no grupo **Estilo**, mova o ponteiro do mouse sobre cada miniatura na linha exibida da galeria **Estilos Rápidos**.

    A formatação do título muda para mostrar uma visualização dinâmica de como o título ficará se você clicar no estilo para o qual está apontando. Você não precisa aplicar a formatação para ver seu efeito.

2. Sem fazer uma seleção, clique na seta **Para baixo**, à direita da galeria.

    > **Dica** Essa seta tem uma Dica de tela dinâmica que, no momento, indica *Linha 1 de 5*.

    A próxima linha da galeria Estilos Rápidos fica visível.

3. Mova o ponteiro do mouse sobre cada miniatura dessa linha da galeria **Estilos Rápidos**.

4. No grupo **Estilo**, clique no botão **Mais**.

    O Word exibe a galeria Estilos Rápidos inteira. O estilo aplicado ao parágrafo que contém o ponto de inserção é circundado por uma borda.

Para baixo

Mais

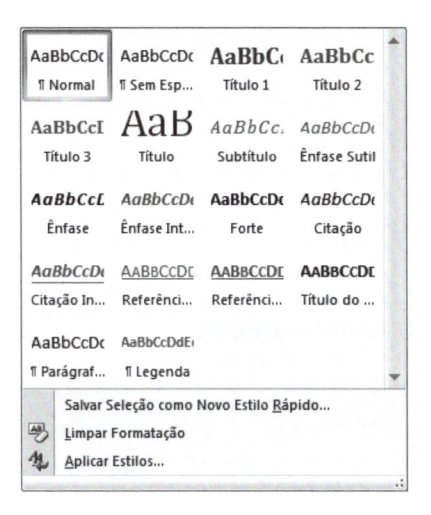

5. Na galeria, clique na miniatura **Título** para aplicar esse estilo no parágrafo que contém o ponto de inserção.
6. Clique em qualquer parte do cabeçalho **Folha de Informação** e, em seguida, no grupo **Estilo**, clique na miniatura **Subtítulo**.

> **Solução de problemas** Se você selecionar texto e depois aplicar um estilo de parágrafo, apenas o texto selecionado assumirá a formatação do estilo. Você pode simplesmente clicar outra vez no parágrafo e reaplicar o estilo.

7. Clique em qualquer parte do cabeçalho **Mudando para uma Nova Casa** e, em seguida, no grupo **Estilo**, clique na seta **Para cima** e clique na miniatura **Título 1**.
8. Aplique o estilo **Título 1** nos cabeçalhos **Permanecendo Saudável** e **Mantendo os Insetos Afastados**.
9. Aplique o estilo **Título 3** nos títulos **Ácaros** e **Insetos Pálidos**.
10. No grupo **Estilo**, clique no botão **Alterar Estilos**, clique em **Conjunto de Estilos** e, em seguida, aponte para cada nome de conjunto por sua vez, observando o efeito no documento.
11. Quando você terminar de explorar, clique em **Moderno**.

    A formatação do documento muda e os cabeçalhos e o texto assumem a aparência atribuída a esse conjunto de estilos.

> **FECHE** o documento *01_QuickFormatting* sem salvar suas alterações.

Alterando a aparência de caracteres manualmente

Quando você digita texto em um documento, ele é exibido em uma fonte específica. Cada *fonte* consiste em 256 caracteres alfabéticos, números e símbolos que compartilham um design comum. Por padrão, a fonte usada para texto em um novo documento do Word é Calibri, mas você pode alterar a fonte a qualquer momento. As fontes disponíveis variam de um computador para outro, dependendo dos programas instalados. As fontes comuns incluem Arial, Verdana e Times New Roman.

Você pode variar a aparência de uma fonte alterando os seguintes *atributos*:

- Quase toda fonte vem em uma variedade de *tamanhos*, os quais são medidos em *pontos*, da parte superior de letras que têm partes projetadas para cima (haste ascendente), como *h*, até a parte inferior de letras que têm partes projetadas para baixo (hastes descendentes), como *p*. Um ponto vale aproximadamente 1/72 polegadas.
- Quase toda fonte vem em uma variedade de *estilos*. Os mais comuns são regular (ou normal), itálico, negrito e negrito itálico.
- As fontes podem ser aprimoradas pela aplicação de *efeitos*, como sublinhado, letras maiúsculas pequenas (versaletes) ou sombras.
- Uma paleta de *cores de fonte* está disponível e você também pode especificar cores personalizadas.
- Você pode alterar o *espaçamento de caractere*, separando caracteres ou espremendo-os.

Após ter selecionado uma fonte apropriada para um documento, você pode usar esses atributos para obter efeitos diferentes. Embora alguns atributos possam cancelar uns aos outros, normalmente eles são acumulativos. Por exemplo, você poderia usar uma fonte em negrito em tamanhos variados e diversos tons de verde para fazer diferentes níveis de cabeçalho se destacarem em um boletim informativo. Coletivamente, a fonte e seus atributos são chamados de *formatação de caractere*.

Neste exercício, você vai formatar o texto de um documento alterando sua fonte, seu estilo de fonte, tamanho, cor e espaçamento de caractere.

> **USE** o documento *02_Characters*. Esse arquivo de exercício está localizado na subpasta *Chapter03*, sob *SBS_Word2007*.
>
> **ABRA** o documento *02_Characters*.

1. No cabeçalho *Belo Bambu*, clique em qualquer parte da palavra **Belo**.
2. Na guia **Início**, no grupo **Fonte**, clique no botão **Sublinhado**.

   > **Dica** Se você clicar na seta de Sublinhado, poderá escolher um estilo na galeria Sublinhado. Você também pode alterar a cor do sublinhado.

   Agora, a palavra que contém o ponto de inserção está sublinhada. Note que você não teve que selecionar a palavra inteira.

3. No mesmo cabeçalho, clique em qualquer parte da palavra **Bambu** e, em seguida, na **Barra de Ferramentas de Acesso Rápido**, clique no botão **Repetir**.

   O último comando de formatação é repetido. Novamente, embora você não tenha selecionado a palavra inteira, agora ela está sublinhada.

4. Na área de seleção, clique na área adjacente a *Belo Bambu* para selecionar o cabeçalho inteiro.

O Word exibe uma Minibarra de ferramentas de botões que você pode usar para alterar a aparência da seleção rapidamente.

5. Na **Minibarra de ferramentas**, clique no botão **Negrito**.

Agora o cabeçalho está em negrito. Os botões ativos na Minibarra de ferramentas e no grupo Fonte da guia Início indicam os atributos que você aplicou na seleção.

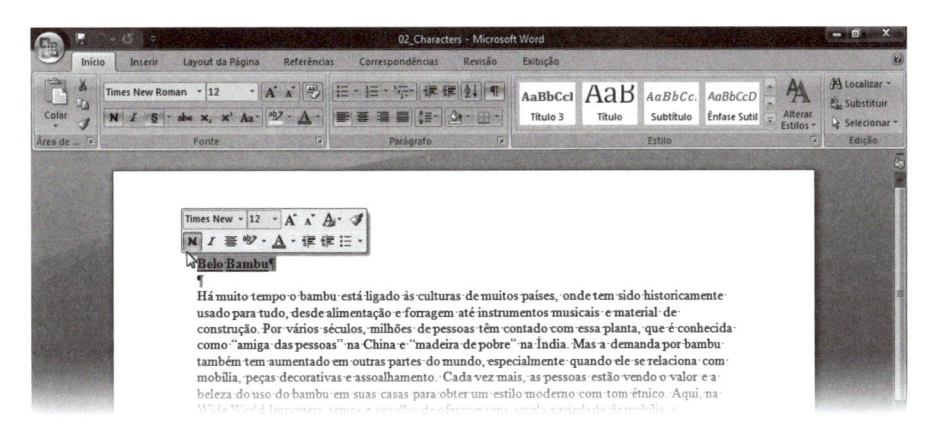

Consulte também Para obter informações sobre o uso de formatação de caracteres, consulte o quadro intitulado "Mais informações sobre formatação de caixa e caractere", mais adiante neste capítulo.

6. Na **Minibarra de ferramentas**, clique no botão **Formatar Pincel** e, em seguida, clique na área de seleção adjacente ao cabeçalho *Tipos de Bambu*.

O Word "pinta" a formatação de *Belo Bambu* em *Tipos de Bambu*.

> **Dica** O botão Formatar Pincel também está disponível no grupo Área de Transferência da guia Início.

7. Selecione **Belo Bambu** e, na guia **Início**, no grupo **Fonte**, clique na seta de **Fonte**, role pela lista de fontes disponíveis e, em seguida, clique em **Stencil**.

> **Solução de problemas** Se Stencil não estiver disponível, selecione qualquer fonte densa que chame sua atenção.

Agora, o cabeçalho no início do documento aparece na nova fonte.

8. No grupo **Fonte**, clique na seta de **Tamanho da Fonte** e, na lista, clique em **26**.

O tamanho do texto do cabeçalho aumenta para 26 pontos.

> **Dica** Você pode aumentar ou diminuir o tamanho da fonte em incrementos estabelecidos, clicando nos botões Aumentar Fonte e Reduzir Fonte do grupo Fonte ou clicando nos mesmos botões na Minibarra de ferramentas que aparece quando você seleciona texto.

Iniciador de Caixa de Diálogo

9. Clique no Iniciador da Caixa de Diálogo **Fonte**.

   A caixa de diálogo Fonte abre.

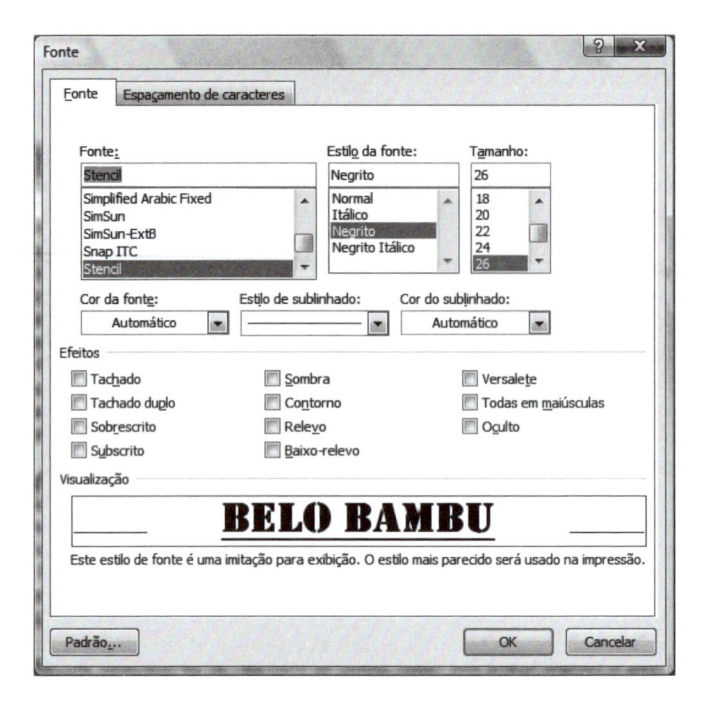

10. Clique na seta de **Estilo de sublinhado** e, em seguida, na lista, clique em **(nenhum)**.
11. Sob **Efeitos**, marque a caixa de seleção **Contorno**.
12. Clique na guia **Espaçamento de caracteres**.

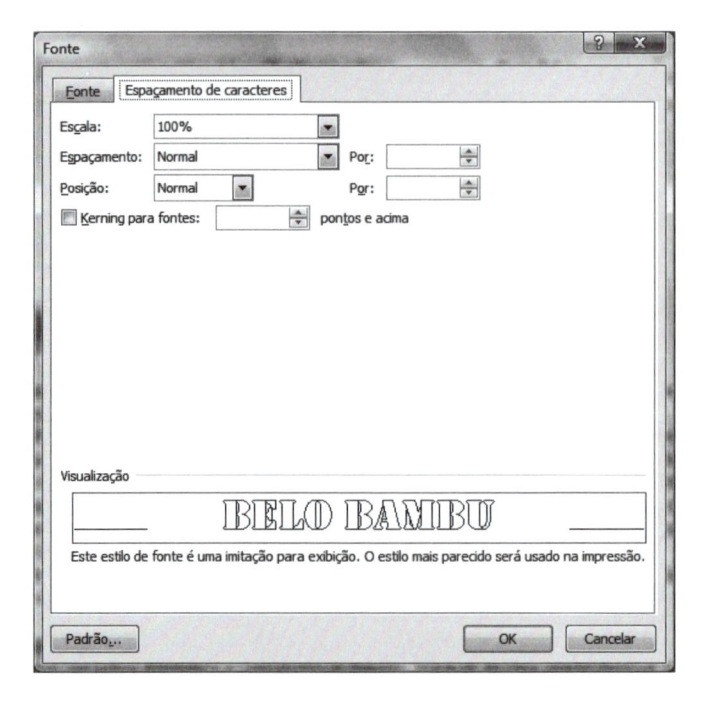

13. Clique na seta de **Espaçamento** e, na lista, clique em **Expandido**.
14. À direita, clique na seta para cima de **Por** até que o espaçamento seja expandido por **2 pt** (pontos) e, em seguida, clique em **OK**.

    O texto selecionado aparece com um efeito de contorno e com o espaçamento entre os caracteres expandido por 2 pontos.

15. Na guia **Início**, no grupo **Fonte**, clique no botão **Limpar Formatação**.

    A formatação do texto selecionado é removida.

16. Na **Barra de Ferramentas de Acesso Rápido**, clique no botão **Desfazer**.

    A formatação do texto selecionado é restaurada.

17. Na última frase do segundo parágrafo, selecione as palavras **verdes claros**.
18. Na guia **Início**, no grupo **Fonte**, clique na seta de **Cor da Fonte** e, em seguida, sob **Cores Padrão** na paleta, clique na caixa verde-claro.

    Agora, as palavras selecionadas estão em verde-claro. (Para ver a cor, limpe a seleção, clicando em uma área em branco do documento.)

> **Dica** Se você quiser aplicar a cor atual do botão Cor da Fonte, simplesmente clique no botão (e não na seta).

19. Na mesma frase, selecione **escuros, ricas tonalidades de verde**, clique na seta de **Cor da Fonte** e, em seguida, abaixo da paleta, clique em **Mais Cores**.

    A caixa de diálogo Cores abre.

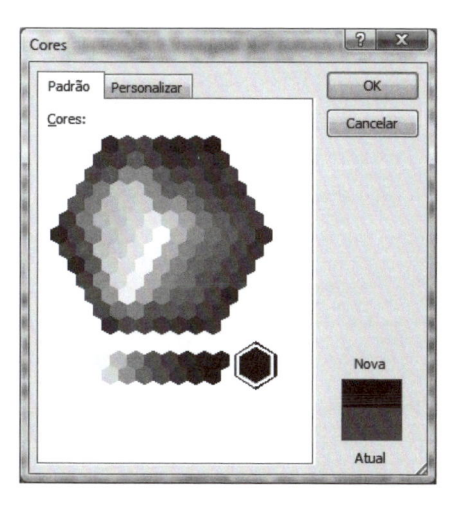

20. Na roda **Cores** da guia **Padrão**, clique em um dos tons verde-escuros à esquerda e, em seguida, clique em **OK**.

    Agora a seleção está em verde-escuro.

21. Selecione o trecho **suporta o ambiente** na segunda frase do último parágrafo. Em seguida, no grupo **Fonte**, clique na seta **Cor do Realce do Texto** e, sob **Cores Recentes** na paleta, clique na caixa verde.

    Essa é a mesma cor verde que você selecionou no passo 20. Depois que você seleciona uma cor personalizada em uma paleta, ela fica disponível em todas as paletas. Agora, a frase realçada se destaca do restante do texto.

> **Dica** Se você clicar no botão Cor do Realce do Texto sem primeiro fazer uma seleção, o ponteiro do mouse se tornará um marca-texto que pode ser arrastado pelo texto. Clique novamente no botão Cor do Realce do Texto ou pressione Esc para desativar o marca-texto.

22. No parágrafo que começa com *Como eles crescem com facilidade*, selecione o nome da espécie de bambu **chimonobambusa marmorea**. Em seguida, mantenha a tecla [Ctrl] pressionada, enquanto seleciona **indocalamus tessellatus, pleioblastus chino vaginatus, bambusa glaucophylla** e **otatea acuminata aztectorum**.
23. Clique no Iniciador da Caixa de Diálogo **Fonte**.
24. Na caixa de diálogo **Fonte**, clique na guia **Fonte** e, sob **Efeitos**, marque a caixa de seleção **Versalete**. Em seguida, clique em **OK**.

    Agora, as letras minúsculas nos nomes de espécie aparecem em versalete, tornando-os fáceis de encontrar no texto.
25. Clique em qualquer parte no primeiro nome de espécie. Em seguida, na guia **Início**, no grupo **Edição**, clique no botão **Selecionar** e clique em **Selecionar texto com formatação semelhante**.

    Todos os nomes de espécie que foram formatados em versalete são selecionados.
26. No grupo **Fonte**, clique no botão **Negrito** e, em seguida, clique fora da seleção.

    Agora, os nomes de espécie estão em versalete e em negrito.

FECHE o documento *02_Characters* sem salvar suas alterações.

> ### Mais informações sobre formatação de caixa e caractere
>
> A maneira como você usa formatação de caixa e caractere em um documento influencia no impacto visual provocado em seus leitores. Usada sabiamente, a formatação de caixa e caractere pode fazer um documento simples ter aparência atraente e profissional, mas o uso excessivo pode fazê-lo parecer mal-acabado e depreciar a mensagem. Por exemplo, usar fontes demais no mesmo documento é símbolo de inexperiência; portanto, não use mais de duas ou três.
>
> Lembre-se de que as letras minúsculas tendem a recuar; portanto, usar todas as letras maiúsculas (caixa alta) pode ser útil para títulos e cabeçalhos ou para certos tipos de ênfase. Entretanto, grandes blocos de letras maiúsculas cansam a vista.
>
> De onde vieram os termos caixa alta e caixa baixa? Até o advento dos computadores, caracteres individuais eram montados para formar as palavras que apareceriam em uma página impressa. Os caracteres eram armazenados em ordem alfabética em caixas, com as letras maiúsculas na caixa superior (alta) e as letras minúsculas na caixa inferior (baixa).

> **Dica** Se você quiser ver um resumo da formatação aplicada a uma seleção, pode exibir o painel Inspetor de Estilo clicando no Iniciador da Caixa de Diálogo Estilos e, depois, clicando no botão Inspetor de Estilo (o botão do meio na parte inferior do painel de tarefas Estilos). Então, você pode clicar em qualquer parte do documento para ver um resumo da formatação da palavra que contém o ponto de inserção. Para ver detalhes sobre a formatação, você pode clicar no botão Revelar formatação, na parte inferior do painel Inspetor de Estilo, para abrir o painel de tarefas Revelar formatação.

Alterando a aparência de parágrafos manualmente

Como você sabe, um *parágrafo* é criado por meio da digitação de texto, seguida do pressionamento da tecla Enter. Um parágrafo pode ser uma única palavra, uma única frase ou várias frases. Você pode alterar a aparência de um parágrafo mudando seu alinhamento, seu espaçamento entre linhas e o espaço antes e depois dele. Você também pode colocar bordas em torno dele e sombrear seu plano de fundo. Coletivamente, as configurações usadas para variar a aparência de um parágrafo são chamadas de *formatação de parágrafo*.

No Word, você não define a largura dos parágrafos e o comprimento das páginas definindo a área ocupada pelo texto; em vez disso, você define o tamanho do espaço em branco – as *margens* esquerda, direita, superior e inferior – em torno do texto. Você usa o botão Margens no grupo Configurar Página da guia Layout da Página para definir essas margens, ou para o documento inteiro ou para seções do documento.

Consulte também Para obter informações sobre a configuração de margens, consulte a seção "Visualizando e imprimindo um documento" no Capítulo 1, "Explorando o Word 2007". Para obter informações sobre seções, consulte a seção "Controlando o que aparece em cada página", no Capítulo 4, "Alterando a aparência de um documento".

Embora as margens esquerda e direita sejam configuradas para um documento inteiro ou para uma seção, você pode variar a posição do texto entre as margens. A maneira mais fácil de fazer isso é movendo os controles na régua horizontal. Você pode recuar parágrafos a partir das margens esquerda e direita, assim como especificar onde começa a primeira linha de um parágrafo e onde começam a segunda linha e as linhas subseqüentes.

A configuração de um recuo à direita indica onde todas as linhas de um parágrafo devem terminar, mas, às vezes, você pode querer especificar apenas onde uma linha deve terminar. Por exemplo, talvez você queira quebrar um título após uma palavra em particular, para fazê-lo aparecer ajustado na página. Você pode finalizar uma linha individual inserindo uma *quebra automática de texto* ou uma *quebra de linha*. Após posicionar o ponto de inserção no local onde deseja que a quebra ocorra, você clica no botão Quebras do grupo Configurar Página da guia Layout da Página e, em seguida, clica em Quebra Automática de Texto. O Word indica a quebra de linha com uma seta curvada. A inserção de uma quebra de linha não inicia um novo parágrafo; portanto, quando você aplica formatação de parágrafo em uma linha de texto que termina com uma quebra de linha, a formatação é aplicada ao parágrafo inteiro e não apenas nessa linha.

> **Dica** Você também pode pressionar Shift+Enter para inserir uma quebra de linha.

Você pode alinhar linhas de texto em diferentes locais da página usando *paradas de tabulação*. O modo mais fácil de configurar paradas de tabulação é usando a régua horizontal. Por padrão, o Word configura paradas de tabulação alinhadas à esquerda a cada 1,27 cm, conforme indicado pelas marcas cinza abaixo dessa régua. Para configurar uma parada de tabulação personalizada, clique no botão Tabulação, localizado na extremidade esquerda da régua, até que o tipo de parada de tabulação desejada apareça. Você dispõe das seguintes opções:

- **Esquerdo**. Alinha a extremidade esquerda do texto com a parada.
- **Centralizado**. Alinha o centro do texto com a parada.
- **Direito**. Alinha a extremidade direita do texto com a parada.
- **Decimal**. Alinha a vírgula decimal no texto com a parada.
- **Barra**. Desenha uma barra vertical alinhada com a parada abaixo do parágrafo que contém o ponto de inserção.

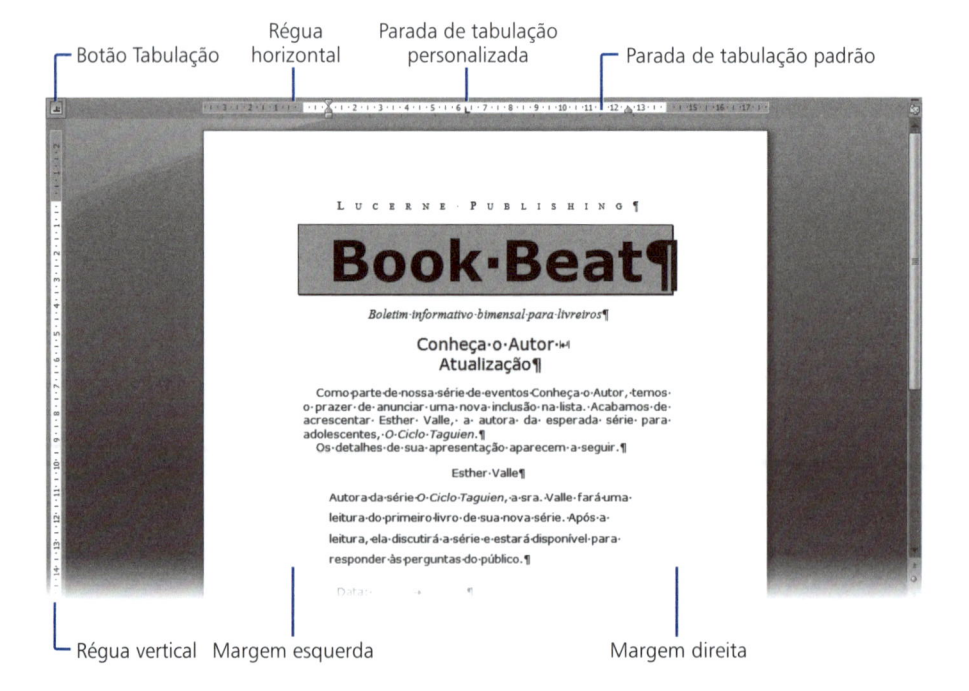

Após selecionar o tipo de parada de tabulação, você simplesmente clica na régua, no local onde deseja a parada de tabulação. Então, o Word remove todas as paradas de tabulação padrão à esquerda daquela que você configurou. Para alterar a posição de uma parada de tabulação personalizada existente, a arraste para a esquerda ou para a direita na régua. Para excluir uma parada de tabulação personalizada, a arraste para fora da régua.

Para mover o texto que está à direita do ponto de inserção para a próxima parada de tabulação, pressione a tecla Tab. Então, o texto é alinhado na parada de tabulação, de acordo com seu tipo. Por exemplo, se você configurar uma parada de tabulação centralizada, pressionar Tab moverá o texto de modo que seu centro fique alinhado com a parada de tabulação.

> **Dica** Quando você quiser ajustar perfeitamente a posição das paradas de tabulação, clique no Iniciador da Caixa de Diálogo Parágrafo na guia Início ou na guia Layout da Página. Na caixa de diálogo Parágrafo, clique no botão Tabulação para exibir a caixa de diálogo Tabulação. Você também pode abrir essa caixa de diálogo se quiser usar *preenchimentos da tabulação* – marcas visíveis, como pontos ou traços, conectando o texto que está antes da tabulação com o texto que está depois dela. Os preenchimentos da tabulação são úteis, por exemplo, em um sumário para direcionar os olhos do texto para o número da página.

Além das paradas de tabulação, a régua horizontal também apresenta *marcadores de recuo*, que são usados para controlar onde cada linha de texto começa e termina. Você usa esses marcadores para recuar texto a partir da margem esquerda ou direita, como segue:

- **Recuo da primeira linha**. Inicia a primeira linha de texto de um parágrafo nesse marcador.
- **Recuo deslocado**. Inicia a segunda linha de texto e as linhas subseqüentes de um parágrafo nesse marcador.
- **Recuo à esquerda**. Recua o texto nesse marcador.
- **Recuo à direita**. Quebra o texto quando ele atinge esse marcador.

Você também pode determinar o posicionamento de um parágrafo entre as margens esquerda e direita alterando seu alinhamento. Você pode clicar nos botões do grupo Parágrafo da guia Início para alinhar parágrafos, como segue:

- **Alinhar Texto à Esquerda**. Alinha cada linha do parágrafo na margem esquerda, com uma borda direita irregular.
- **Alinhar Texto à Direita**. Alinha cada linha do parágrafo na margem direita, com uma borda esquerda irregular.
- **Centralizar**. Alinha o centro de cada linha do parágrafo entre as margens esquerda e direita, com as bordas esquerda e direita irregulares.
- **Justificar**. Alinha cada linha entre as margens, criando bordas esquerda e direita iguais.

> **Dica** Para digitar um parágrafo centralizado, você não precisa digitá-lo e depois formatá-lo como centralizado. Você pode usar o recurso *Clicar e digitar* para criar texto alinhado apropriadamente. Mova o ponteiro do mouse até o centro de uma área em branco da página e, quando o formato do ponteiro do mouse mudar para um I-beam com texto centralizado vinculado, clique duas vezes para criar um ponto de inserção pronto para inserir o texto centralizado. Analogamente, você pode clicar duas vezes na borda esquerda da página para inserir texto alinhado à esquerda e na borda direita para inserir texto alinhado à direita

Para tornar óbvio onde um parágrafo termina e outro começa, você pode adicionar espaço entre eles, ajustando as configurações de Espaçamento Depois e Espaçamento Antes no grupo Parágrafo da guia Layout da Página. Você pode ajustar o espaçamento entre as linhas em um parágrafo clicando no botão Espaçamento entre linhas do grupo Parágrafo da guia Início.

Quando você quiser fazer vários ajustes no alinhamento, no recuo e no espaçamento de parágrafos selecionados, às vezes é mais rápido usar a caixa de diálogo Parágrafo do que clicar nos botões e arrastar marcadores. Clique no Iniciador da Caixa de Diálogo Parágrafo na guia Início ou na guia Layout da Página para abrir a caixa de diálogo Parágrafo.

Para destacar um parágrafo, você pode colocar uma borda em torno dele ou sombrear seu plano de fundo. Se quiser, pode fazer as duas coisas.

> **Dica** A formatação do parágrafo é armazenada em sua marca de parágrafo. Se você excluir a marca de parágrafo, tornando-o assim parte do parágrafo seguinte, seu texto assumirá a formatação desse parágrafo. Se você posicionar o ponto de inserção em qualquer parte do parágrafo e pressionar Enter para criar outro, o novo parágrafo assumirá a formatação do parágrafo existente.

Neste exercício, você vai mudar o alinhamento e o recuo do texto, inserir e modificar paradas de tabulação, modificar espaçamento de parágrafo e entre linhas, e adicionar bordas e sombreado em torno de parágrafos para alterar sua aparência.

> **USE** o documento *03_Paragraphs*. Esse arquivo de exercício está localizado na subpasta *Chapter03*, sob *SBS_Word2007*.
>
> **NÃO ESQUEÇA DE** ativar a exibição de caracteres não imprimíveis para este exercício. Além disso, exiba as réguas.
>
> **ABRA** o documento *03_Paragraphs*.

1. No canto inferior direito da janela do documento, clique duas vezes no botão **Reduzir** para configurar a porcentagem de zoom como 80%.

   Agora, você pode ver todo o texto do documento.

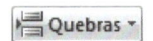

2. Na quarta linha do documento, clique à esquerda de *Atualização* e, na guia **Layout da Página**, no grupo **Configurar Página**, clique no botão **Quebras** e, em seguida, clique em **Quebra Automática de Texto**.

   O Word insere um caractere de quebra de linha e move a parte do parágrafo que vem após esse caractere para a próxima linha.

   Consulte também Para obter informações sobre quebras de página e de seção, consulte a seção "Controlando o que aparece em cada página", no Capítulo 4, "Alterando a aparência de um documento". Para obter informações sobre quebras de coluna, consulte a seção "Apresentando informações em colunas", no Capítulo 5, "Apresentando informações em colunas e tabelas".

3. Selecione as quatro primeiras linhas do documento e, em seguida, na guia **Início**, no grupo **Parágrafo**, clique no botão **Centralizar**.

   Agora as linhas estão centralizadas entre as margens. Note que, mesmo você não tendo selecionado a quinta linha, ela também está centralizada, pois faz parte do parágrafo *Conheça o Autor*.

Quebra de linha da quebra automática de texto

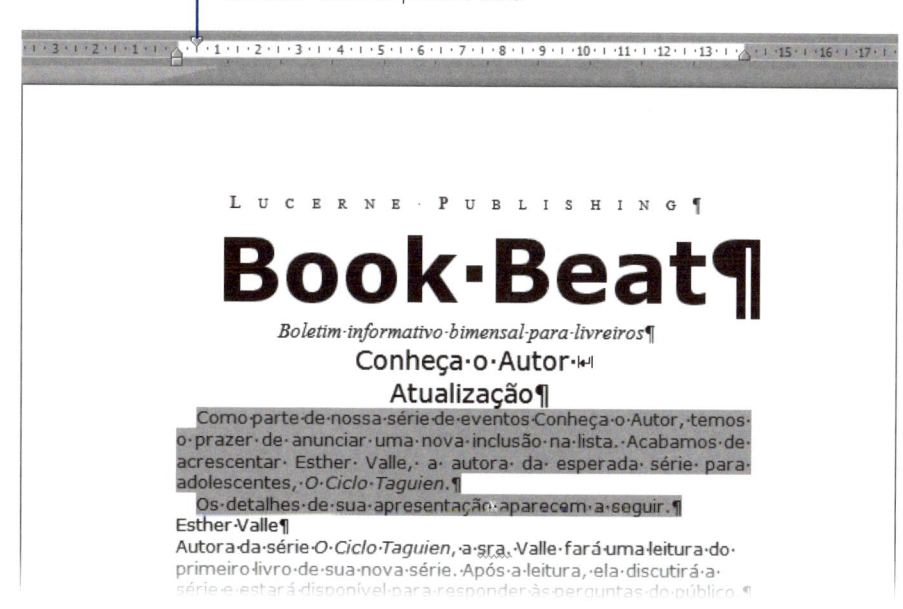

 Justificar

4. Selecione os dois parágrafos seguintes e, em seguida, no grupo **Parágrafo**, clique no botão **Justificar**.

Agora, as bordas do primeiro parágrafo fluem pelas margens esquerda e direita. O segundo parágrafo não muda, pois tem menos de uma linha de comprimento.

Recuo da primeira linha

5. Com os dois parágrafos ainda selecionados, na régua horizontal, arraste o marcador **Recuo da primeira linha** para a marca de 0,5 cm.

Agora, a primeira linha de cada parágrafo está recuada 0,5 cm a partir da margem esquerda.

Marcador Recuo da primeira linha

6. Clique em qualquer parte do parágrafo *Esther Valle* e, em seguida, no grupo **Parágrafo**, clique no botão **Centralizar**.

> **Dica** Ao aplicar formatação de parágrafo, você não precisa selecionar o parágrafo inteiro.

Recuo à esquerda

7. Selecione todos os parágrafos abaixo de *Esther Valle* e, em seguida, na régua horizontal, arraste o marcador **Recuo à esquerda** para a marca de 1 cm.

   Os marcadores Recuo da primeira linha e Recuo deslocado se movem com o marcador Recuo à esquerda e todos os parágrafos selecionados agora estão recuados 1 cm a partir da margem esquerda.

Recuo à direita

8. Arraste o marcador **Recuo à direita** para a marca de 12,5 cm.

   Agora os parágrafos também estão recuados a partir da margem direita.

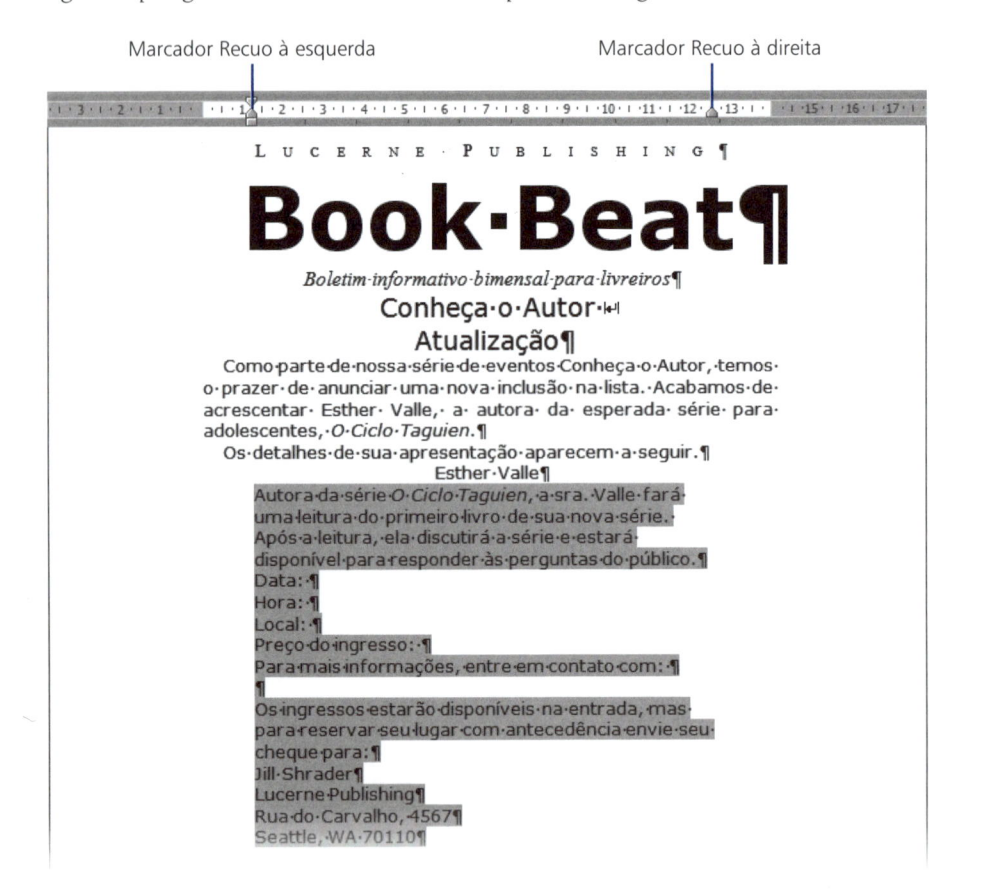

Marcador Recuo à esquerda   Marcador Recuo à direita

> **Dica** Recuos de margem à esquerda e à direita são freqüentemente usados para chamar a atenção para parágrafos especiais, como citações.

Aumentar recuo

9. Selecione os parágrafos **Data:**, **Hora:**, **Local:** e **Preço do ingresso:** e, em seguida, no grupo **Parágrafo**, clique no botão **Aumentar recuo**.

   Esses quatro parágrafos agora estão recuados na marca de 1,27 cm.

Esquerdo

10. Sem alterar a seleção, certifique-se de que o botão **Esquerdo** na junção das réguas horizontal e vertical esteja ativo e, em seguida, clique na régua, na marca de 6,25 cm, para configurar uma parada de tabulação esquerda.

11. Clique na extremidade direita do parágrafo *Data:* para posicionar o ponto de inserção antes da marca de parágrafo e, em seguida, pressione a tecla [Tab].

    O Word alinhará à esquerda qualquer texto que você digitar após o caractere de tabulação na nova parada de tabulação.

12. Pressione a tecla [↓] e, em seguida, pressione [Tab].

13. Repita o passo 12 para os parágrafos *Local* e *Preço do ingresso*.

    Agora, todos os quatro parágrafos têm tabulações alinhadas com a parada de tabulação na marca de 6,25 cm.

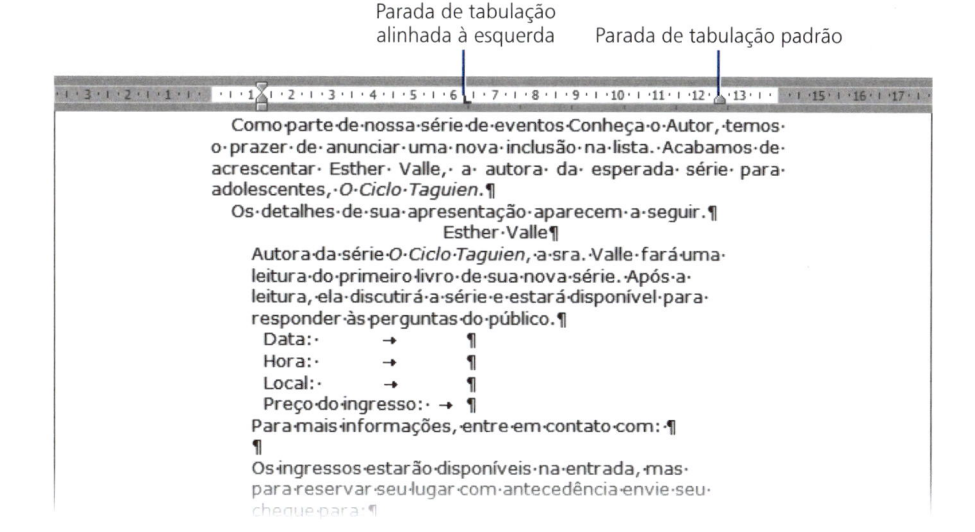

Parada de tabulação alinhada à esquerda   Parada de tabulação padrão

```
Como parte de nossa série de eventos Conheça o Autor, temos
o prazer de anunciar uma nova inclusão na lista. Acabamos de
acrescentar Esther Valle, a autora da esperada série para
adolescentes, O Ciclo Taguien.¶
    Os detalhes de sua apresentação aparecem a seguir.¶
                    Esther Valle¶
    Autora da série O Ciclo Taguien, a sra. Valle fará uma
    leitura do primeiro livro de sua nova série. Após a
    leitura, ela discutirá a série e estará disponível para
    responder às perguntas do público.¶
        Data:        →        ¶
        Hora:        →        ¶
        Local:       →        ¶
        Preço do ingresso: → ¶
    Para mais informações, entre em contato com: ¶
    ¶
    Os ingressos estarão disponíveis na entrada, mas
    para reservar seu lugar com antecedência envie seu
    cheque para: ¶
```

14. Sem mover o ponto de inserção, digite **Adultos** e, em seguida, pressione [Tab].

Tabulação

15. Clique no botão **Tabulação** três vezes para ativar uma tabulação decimal e, em seguida, clique na marca de 10 cm na régua horizontal.

16. Digite **R$10,00**, pressione [Enter], pressione [Tab], digite **Crianças**, pressione [Tab] novamente e, em seguida, digite **R$5,00**.

    O novo parágrafo assume a mesma formatação do parágrafo *Preço do ingresso* e os valores em reais são alinhados em suas vírgulas decimais.

Parada de tabulação alinhado na vírgula decimal

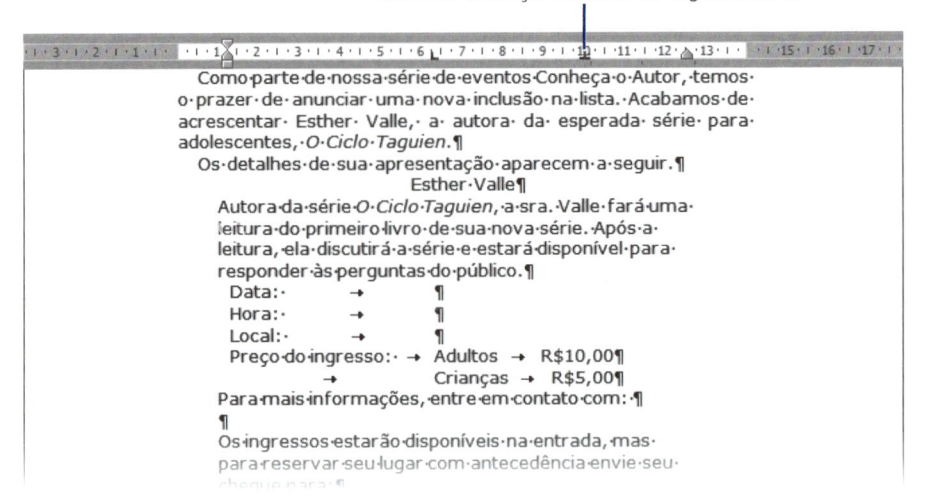

```
Como parte de nossa série de eventos Conheça o Autor, temos
o prazer de anunciar uma nova inclusão na lista. Acabamos de
acrescentar Esther Valle, a autora da esperada série para
adolescentes, O Ciclo Taguien.¶
    Os detalhes de sua apresentação aparecem a seguir.¶
                    Esther Valle¶
    Autora da série O Ciclo Taguien, a sra. Valle fará uma
    leitura do primeiro livro de sua nova série. Após a
    leitura, ela discutirá a série e estará disponível para
    responder às perguntas do público.¶
        Data:·       →       ¶
        Hora:·       →       ¶
        Local:·      →       ¶
        Preço do ingresso:·  →   Adultos  →   R$10,00¶
                        →        Crianças →   R$5,00¶
    Para mais informações, entre em contato com:·¶
    ¶
    Os ingressos estarão disponíveis na entrada, mas
    para reservar seu lugar com antecedência envie seu
```

17. Arraste em qualquer parte dos dois parágrafos com valores em reais e, em seguida, na régua horizontal, arraste a parada de tabulação decimal da marca de 10 cm para a marca de 9,5 cm.

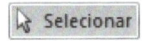

18. Na guia **Início**, no grupo **Edição**, clique no botão **Selecionar** e clique em **Selecionar Tudo**.

19. Na guia **Layout da Página**, no grupo **Parágrafo**, altere a configuração de **Espaçamento Depois** para **12 pt**.

    O Word insere 12 pontos de espaço após cada parágrafo no documento.

20. Clique em qualquer parte do parágrafo que começa com *Como parte de* e, em seguida, na guia **Início**, no grupo **Parágrafo**, clique no botão **Espaçamento entre linhas** e, em seguida, clique em **Remover Espaço Depois de Parágrafo**.

21. Selecione os parágrafos **Data:**, **Hora:**, **Local:** e **Preço do ingresso:** e, em seguida, repita o passo 20.

22. Selecione os parágrafos **Jill Shrader, Lucerne Publishing** e **Rua do Carvalho, 4567** e, em seguida, repita o passo 20.

23. Clique em qualquer parte do parágrafo que começa com *Autora da série*, clique novamente no botão **Espaçamento entre linhas** e, em seguida, clique em **1,5**.

    Você ajustou o parágrafo e o espaçamento entre linhas do documento.

24. Clique no parágrafo *Book Beat*. Em seguida, na guia **Início**, no grupo **Parágrafo**, clique na seta de **Bordas** e, na parte inferior da lista, clique em **Bordas e Sombreamento**.

    A caixa de diálogo Bordas e sombreamento abre.

Capítulo 3 ● Alterando a aparência do texto **135**

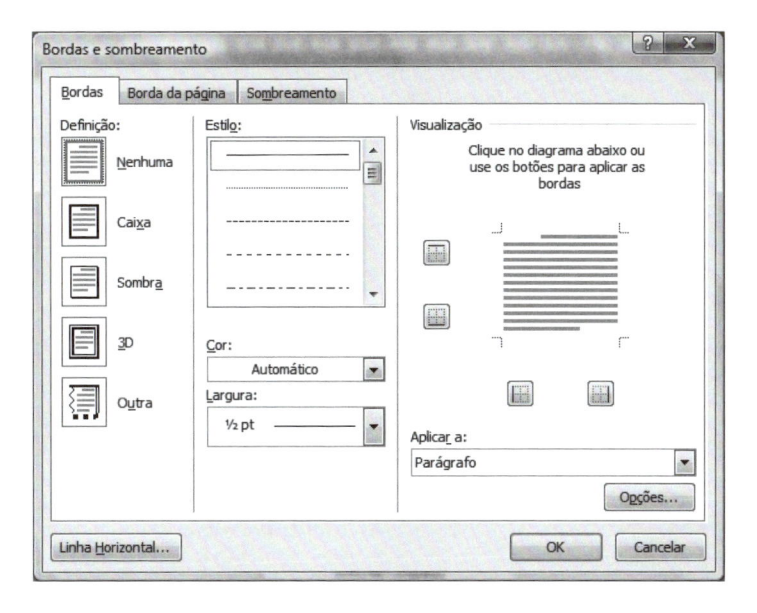

25. Sob **Definição**, clique no ícone **Sombra** para selecionar esse estilo de borda.

> **Dica** Você pode alterar as configurações das caixas Estilo, Cor e Largura para criar o tipo de borda que deseja. Se você quiser que apenas um, dois ou três lados dos parágrafos selecionados tenham borda, clique nos botões que circundam a imagem na área Visualização.

26. Clique na guia **Sombreamento**.

Você pode usar as opções dessa guia para formatar o plano de fundo do parágrafo selecionado.

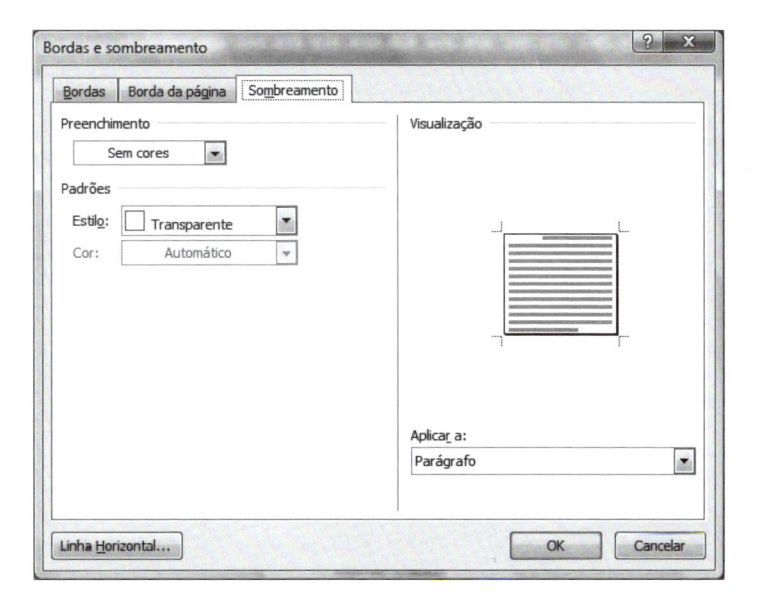

27. Clique na seta de **Preenchimento** e, sob **Cores do Tema**, clique na segunda caixa roxa mais clara (**Roxo, Ênfase 4, Mais Claro 60%**). Em seguida, clique em **OK** para fechar a caixa de diálogo **Bordas e sombreamento**.

Uma borda com uma sombra circunda o texto e a cor de fundo é roxo-clara.

NÃO ESQUEÇA DE alterar a porcentagem de Zoom de volta para 100%, antes de passar para o próximo exercício e, se quiser, desative as réguas.

FECHE o documento *03_Paragraphs* sem salvar suas alterações.

Localizando e substituindo uma formatação

Além de procurar palavras e frases, você pode usar a caixa de diálogo Localizar e substituir para procurar um formato específico e substituí-lo por um formato diferente.

Para procurar um formato específico e substituí-lo por um formato diferente:

1. Na guia **Início**, no grupo **Edição**, clique no botão **Substituir**.

    A caixa de diálogo Localizar e substituir abre, exibindo a guia Substituir.

2. Clique em **Mais** para expandir a caixa de diálogo, clique em **Formatar** e, em seguida, clique em **Fonte** ou em **Parágrafo**.

    A caixa de diálogo Localizar fonte ou Localizar parágrafo abre. (Você também pode clicar em Estilo para procurar estilos de parágrafo ou estilos de caractere.)

3. Na caixa de diálogo, clique no formato que você deseja encontrar e, em seguida, clique em **OK**.

4. Clique na caixa de texto **Substituir por**, clique em **Formato**, clique em **Fonte** ou **Parágrafo**, clique no formato que você deseja substituir pelo formato de Localizar e, em seguida, clique em **OK**.

5. Clique em **Localizar Próxima** para procurar a primeira ocorrência do formato e, em seguida, clique em **Substituir** para substituir essa única instância ou em **Substituir Tudo** para substituir todas as instâncias.

Criando e modificando listas

Quando você apresenta uma lista de itens em um documento, normalmente coloca cada item em sua própria linha, em vez de colocar os itens em um parágrafo. Quando a ordem dos itens não for importante – por exemplo, para uma lista de itens necessários para executar uma tarefa – use uma lista com marcadores. Quando a ordem for importante – por exemplo, para os passos em um procedimento – use uma lista numerada.

Com o Word, você inicia uma lista com marcadores ou numerada como segue:

- Para criar uma lista com marcadores, digite * (um asterisco) no início de um parágrafo e, em seguida, pressione a Barra de Espaços ou a tecla Tab.

- Para criar uma lista numerada, digite 1. (o numeral 1 seguido de um ponto) no início de um parágrafo e, em seguida, pressione a Barra de Espaços ou a tecla Tab.

Em qualquer caso, em seguida você digita o primeiro item da lista e pressiona Enter. O Word inicia o novo parágrafo com um marcador ou com 2 seguido de um ponto e formata o primeiro e o segundo parágrafos como uma lista numerada. Digitar itens e pressionar Enter adiciona itens com marcadores ou numerados subseqüentes. Para finalizar a lista, pressione Enter duas vezes ou pressione Enter e, em seguida, Backspace.

> **Solução de problemas** Se você quiser iniciar um parágrafo com um asterisco ou com um número, mas não quiser que o parágrafo seja formatado como uma lista com marcadores ou numerada, clique no botão Opções de AutoCorreção que aparece depois que o Word altera a formatação e, em seguida, clique na opção Desfazer.

Após criar uma lista, você pode modificá-la, formatá-la e personalizá-la como segue:

- Você pode mover itens em uma lista, inserir novos itens ou excluir itens indesejados. Se a lista é numerada, o Word atualiza os números automaticamente.

- Você pode classificar os itens de uma lista com marcadores em ordem ascendente ou descendente, clicando no botão Classificar, no grupo Parágrafo da guia Início.

- Para uma lista com marcadores, você pode alterar o símbolo do marcador clicando na seta de Marcadores no grupo Parágrafo e fazendo uma seleção na Biblioteca de Marcadores. Você também pode definir um marcador personalizado clicando na seta de Marcadores e, em seguida, clicando em Definir Novo Marcador.

- Para uma lista numerada, você pode alterar o estilo do número clicando na seta de Numeração do grupo Parágrafo e fazendo uma seleção na Biblioteca de Numeração. Você também pode definir um estilo personalizado clicando na seta de Numeração e, em seguida, clicando em Definir Novo Formato de Número.

- Você pode criar uma lista com marcadores, uma lista numerada ou uma estrutura de tópicos de vários níveis clicando no botão Lista de Vários Níveis no grupo Parágrafo, selecionando um estilo na Biblioteca de Listas e, em seguida, digitando a lista. Pressione Enter para criar um novo item no mesmo nível, a tecla Tab para descer um nível e a tecla Backspace para subir um nível.

> **Consulte também** Para obter informações sobre outra maneira de criar uma estrutura de tópicos, consulte a seção "Reorganizando a estrutura de tópicos de um documento", no Capítulo 2, "Editando e revisando texto em documentos".

● Você pode modificar o recuo da lista arrastando os marcadores de recuo na régua horizontal. As listas são configuradas com a primeira linha "recuada para a esquerda" em relação às outras linhas e você pode alterar o recuo global da lista e o relacionamento da primeira linha com as outras linhas.

Neste exercício, você vai criar uma lista com marcadores e uma lista numerada e, depois, modificar as listas de várias maneiras. Você também vai criar uma lista de vários níveis com letras, em vez de números.

> **USE** o documento *04_Lists*. Esse arquivo de exercício está localizado na subpasta *Chapter03*, sob *SBS_Word2007*.
>
> **ABRA** o documento *04_Lists*.

Marcadores

1. Selecione os três parágrafos sob *Exposição das Razões* e, em seguida, na guia **Início**, no grupo **Parágrafo**, clique no botão **Marcadores**.

   Os parágrafos selecionados são formatados como uma lista com marcadores.

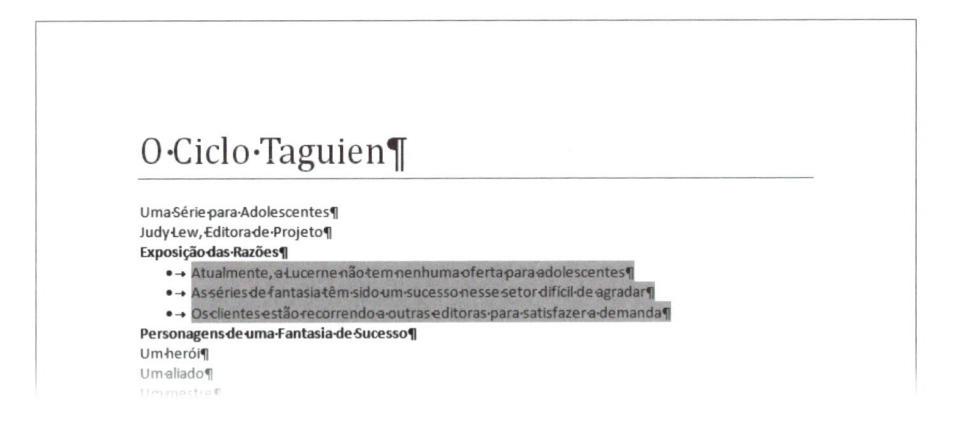

2. Com os três parágrafos ainda selecionados, no grupo **Parágrafo**, clique na seta de **Marcadores**.

   A Biblioteca de Marcadores aparece.

3. Na galeria, clique no marcador composto de quatro losangos.

   O caractere de marcador na lista selecionada muda.

4. Selecione os quatro parágrafos sob *Personagens de uma Fantasia de Sucesso* e, em seguida, no grupo **Parágrafo**, clique no botão **Marcadores**.

   A nova lista tem o caractere de marcador que você selecionou para a lista anterior. Esse caractere será o padrão até que você o altere.

5. Selecione os parágrafos sob cada um dos cabeçalhos em negrito e, em seguida, no grupo **Parágrafo**, clique no botão **Marcadores**.

6. Role para a parte inferior da página, selecione os quatro parágrafos sob *A Seqüência de Eventos* e, em seguida, no grupo **Parágrafo**, na **Biblioteca de Marcadores**, clique em **Nenhum**.

   Os parágrafos com marcadores voltam a ser parágrafos normais.

7. Com os parágrafos ainda selecionados, na guia **Início**, no grupo **Parágrafo**, clique no botão **Numeração**.

   Os parágrafos selecionados são formatados como uma lista numerada.

```
            ❖→ Pode·ser·homem·ou·mulher¶
            ❖→ Pode·ser·feio·ou·bonito¶
            ❖→ É·sábio,·mas·pode·ter·alguns·defeitos¶
            ❖→ Usa·os·poderes·para·o·bem¶
O·Adversário¶
            ❖→ Tem·a·mesma·forma·que·o·mestre¶
            ❖→ Pode·ser·jovem·ou·velho¶
            ❖→ Pode·ser·homem·ou·mulher¶
            ❖→ Pode·ser·feio·ou·bonito¶
            ❖→ É·esperto,·mas·tem·sérios·defeitos¶
            ❖→ Usa·os·poderes·para·o·mal¶
O·Problema¶
¶
A·Habilidade·ou·Poder¶
A·Seqüência·de·Eventos¶
        1.→ A·Expedição¶
        2.→ A·Batalha¶
        3.→ O·Desvio¶
        4.→ O·Clímax¶
¶
```

8. No grupo **Parágrafo**, clique na seta de **Numeração**.

   A Biblioteca de Numeração aparece.

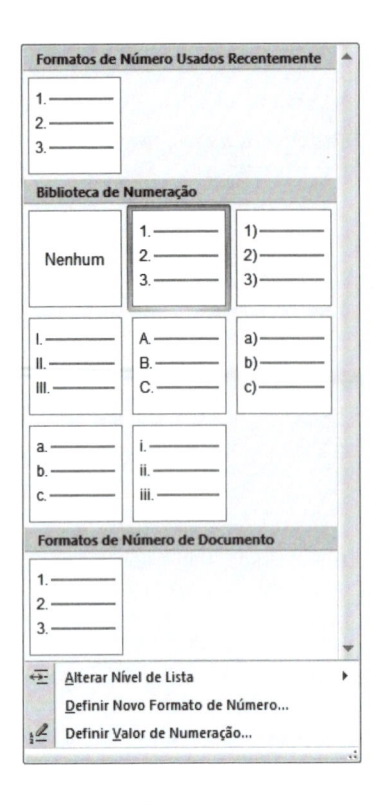

9. Na galeria, clique na caixa **A. B. C.**.

   Os números mudam para letras maiúsculas.

10. Com os parágrafos numerados ainda selecionados, no grupo **Parágrafo**, clique no botão **Diminuir recuo**.

    A lista numerada se move para a margem esquerda.

11. No grupo **Parágrafo**, clique no botão **Aumentar recuo** para mover a lista de volta para seu recuo original.

    > **Dica** Você também pode ajustar o nível de recuo de uma lista com marcadores selecionando seus parágrafos e, na régua horizontal, arrastando o marcador Recuo à esquerda para a esquerda ou para a direita. Os marcadores Recuo da primeira linha e Recuo deslocado se movem com o marcador Recuo à esquerda. Você pode mover apenas o marcador Recuo deslocado para ajustar o espaço entre os marcadores e seu texto.

12. Role o documento até que você possa ver a lista com marcadores sob *O Herói*, selecione os três parágrafos com marcadores e, em seguida, na guia **Início**, no grupo **Parágrafo**, clique no botão **Classificar**.

    A caixa de diálogo Classificar Texto abre.

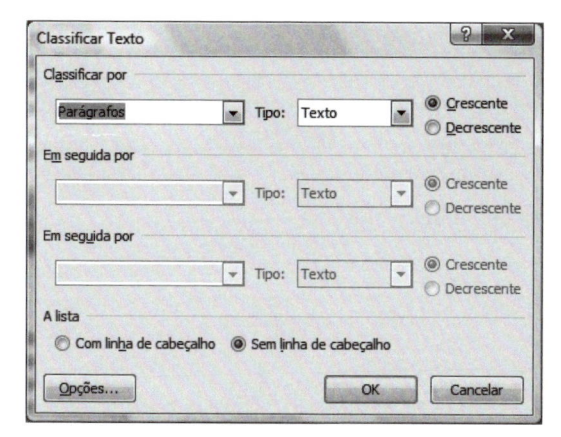

13. Com a opção **Crescente** selecionada, clique em **OK**.

    A ordem dos itens com marcadores muda para alfabética crescente.

14. Clique no parágrafo em branco sob *O Aliado* e, em seguida, na guia **Início**, no grupo **Parágrafo**, clique no botão **Lista de Vários Níveis**.

    Lista de Vários Níveis

    A Biblioteca de Listas aparece.

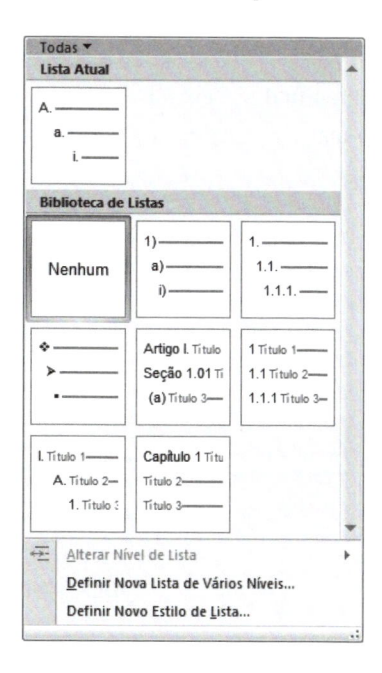

15. Na galeria, clique na miniatura sob **Lista atual**.

    O primeiro item da nova lista numerada terá uma letra maiúscula como seu estilo de numeração.

16. Digite **Não precisa ser humano**, pressione `Enter`, digite **É uma força estabilizadora**, pressione `Enter` e, em seguida, pressione `Tab`.

    O novo item é recuado no próximo nível e recebe um estilo de número diferente.

17. Digite **Uma voz de consciência**, pressione `Enter`, digite **Não é uma pessoa que só diz "sim"**, pressione `Enter` e, em seguida, pressione `Shift`+`Tab`.

18. Digite **Personifica a lealdade**.

    O Word cuida de toda a formatação da lista de vários níveis.

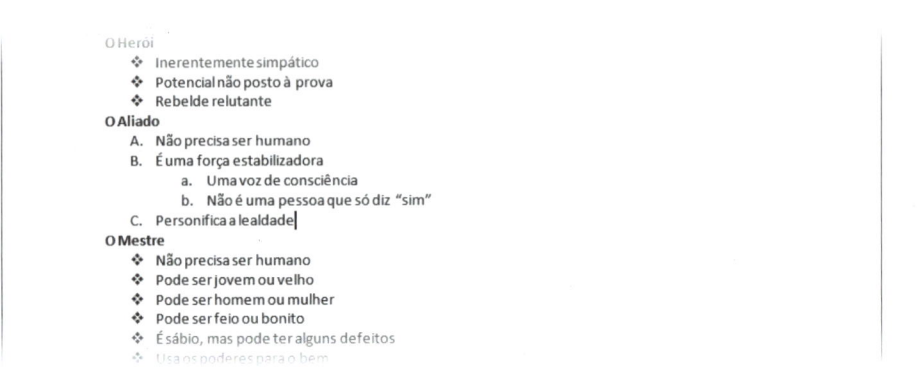

    O Herói
    ❖ Inerentemente simpático
    ❖ Potencial não posto à prova
    ❖ Rebelde relutante
    O Aliado
    　A. Não precisa ser humano
    　B. É uma força estabilizadora
    　　a. Uma voz de consciência
    　　b. Não é uma pessoa que só diz "sim"
    　C. Personifica a lealdade
    O Mestre
    ❖ Não precisa ser humano
    ❖ Pode ser jovem ou velho
    ❖ Pode ser homem ou mulher
    ❖ Pode ser feio ou bonito
    ❖ É sábio, mas pode ter alguns defeitos
    ❖ Usa os poderes para o bem

19. Sob *O Problema*, clique à esquerda da marca de parágrafo em branco, digite ***** (um asterisco), pressione `Tab`, digite **Uma escolha difícil** e, em seguida, pressione `Enter`.

    O Word converte o asterisco em um marcador e formata o parágrafo seguinte como um item com marcador.

    ❖→Tem a mesma forma que o mestre¶
    ❖→Pode ser jovem ou velho¶
    ❖→Pode ser homem ou mulher¶
    ❖→Pode ser feio ou bonito¶
    ❖→É esperto, mas tem sérios defeitos¶
    ❖→Usa os poderes para o mal¶
    O Problema¶
    　•→ Uma escolha difícil¶
    　•→ |¶
    A Habilidade ou Poder¶
    A Seqüência de Eventos¶

20. Digite **Uma injustiça**, pressione `Enter` e, em seguida, digite **Uma busca**.

> **FECHE** o documento *04_Lists* sem salvar suas alterações.

> ### Formatando texto enquanto você digita
>
> Os recursos de formatação de lista do Word são apenas um exemplo da capacidade do programa de intuir como você deseja formatar um elemento com base no que digita. Você pode aprender mais sobre essas e outras opções de formatação automática explorando a caixa de diálogo AutoCorreção. Para abrir essa caixa de diálogo, clique no Botão Microsoft Office, clique em Opções do Word, clique em Revisão de Texto no painel da esquerda da janela Opções do Word e, em seguida, clique em Opções de AutoCorreção no painel da direita.
>
> Na guia AutoFormatação ao digitar, você pode ver as opções que o Word implementa por padrão, incluindo listas com marcadores e numeradas. Você pode marcar e desmarcar opções para controlar o comportamento da formatação automática do Word.
>
> Uma opção interessante é Linhas de borda. Quando essa caixa de seleção é marcada, você pode digitar três hífens (-) consecutivos e pressionar Enter para fazer o Word desenhar uma linha simples na página. Ou então, você pode digitar três sinais de igualdade (=) consecutivos e pressionar Enter para fazer o Word desenhar uma linha dupla.

Pontos principais

- Os Estilos Rápidos são uma maneira excelente de aplicar combinações de formatação para dar aos seus documentos uma aparência profissional.
- Você pode formatar caracteres com um número quase ilimitado de combinações de fonte, tamanho, estilo e efeito – mas para obter os melhores resultados, resista à tentação de usar várias combinações.
- Você pode mudar a aparência dos parágrafos variando seu recuo, espaçamento e alinhamento, e configurando paradas de tabulação. Use essas opções de formatação sabiamente para criar documentos com aparência harmoniosa e ordenada.
- As listas com marcadores e numeradas são uma maneira excelente de apresentar informações em um formato fácil de ler e de entender. Se os estilos de lista com marcadores e numerada não fornecerem o que é necessário, você pode definir seus próprios estilos.

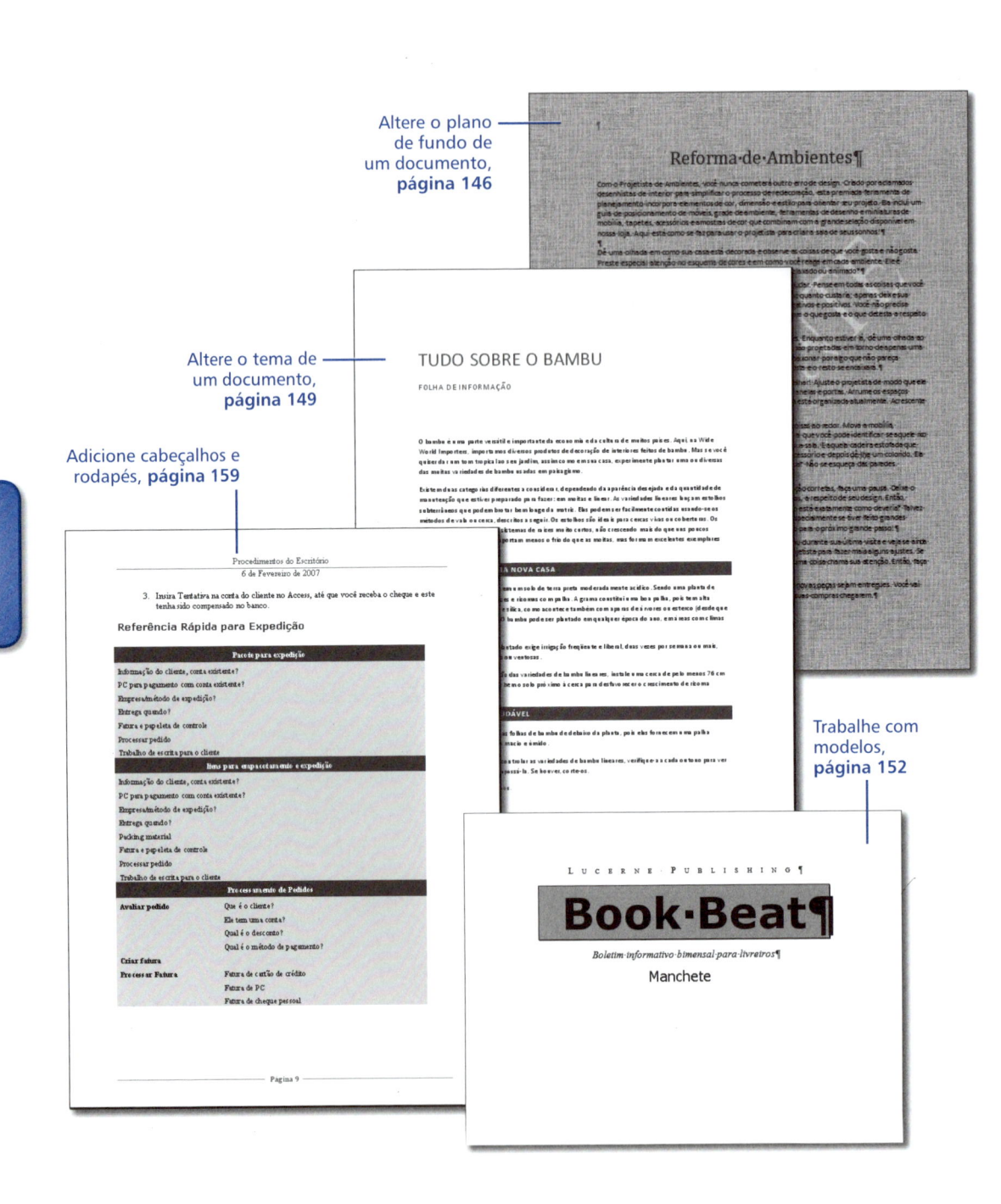

Altere o plano de fundo de um documento, **página 146**

Altere o tema de um documento, **página 149**

Adicione cabeçalhos e rodapés, **página 159**

Trabalhe com modelos, **página 152**

Visão Rápida do Capítulo 4

Capítulo 4
Alterando a aparência de um documento

Neste capítulo, você vai aprender a:

- Alterar o plano de fundo de um documento.
- Alterar o tema de um documento.
- Trabalhar com modelos.
- Adicionar cabeçalhos e rodapés.
- Controlar o que aparece em cada página.

O Microsoft Office Word 2007 vem com ferramentas de formatação que você pode usar para dar uma aparência consistente e refinada a um documento. Você pode, por exemplo, especificar um plano de fundo para suas páginas e um tema para seus principais elementos. Você também pode controlar a apresentação de um documento usando um dos modelos comerciais ou pessoais predefinidos que vem instalados com o Word ou estão disponíveis para download no site do Microsoft Office Online. Ainda, é possível criar seus próprios modelos e usá-los como base para novos documentos.

O Word proporciona a você o controle do leiaute das páginas de um documento que serão impressas. Por exemplo, se você quiser que as mesmas informações sejam repetidas em cada página, pode configurar as informações em cabeçalhos e rodapés. Você pode controlar o modo como o texto do documento aparece em cada página, especificando quebras de página e de seção.

Neste capítulo, você vai aplicar um padrão e uma cor de plano de fundo e, em seguida, vai adicionar uma marca d'água de texto. Você vai aplicar um tema em um documento existente, alterar as cores e as fontes, e salvar um tema personalizado. Você vai usar um modelo predefinido do Word para criar um documento, modificá-lo e, em seguida, salvá-lo como um novo modelo. Você também vai criar um modelo personalizado. Finalmente, você vai adicionar cabeçalhos e rodapés em um documento e vai aprender a usar quebras de página e de seção para manter as informações juntas em unidades lógicas.

Consulte também Você precisa de uma recapitulação rápida sobre os tópicos deste capítulo? Veja as entradas da Consulta rápida nas páginas 35–61.

Importante Antes de usar os arquivos de exercícios deste capítulo, você precisa instalá-los do CD que acompanha o livro para um local padrão. Consulte "Utilizando o CD-ROM deste livro", na página xxi, para obter mais informações.

Alterando o plano de fundo de um documento

Você pode fazer seu documento se destacar adicionando uma cor ou um padrão de plano de fundo, seja seu documento um texto que vai ser impresso, visto em um computador ou publicado na Internet e visto em um navegador da Web.

Consulte também Para obter informações sobre a criação de documentos para a Web, consulte "Criando e modificando um documento da Web", no Capítulo 11, "Criando documentos para uso fora do Word".

Pode haver ocasiões em que você queira que as palavras ou um elemento gráfico apareçam atrás do texto de um documento impresso ou online. Por exemplo, talvez você queira que a palavra *CONFIDENCIAL* apareça de forma tênue atrás do texto em um contrato ou que uma figura apareça, da mesma forma, atrás do texto em uma informação à imprensa. Essas imagens de plano de fundo tênues são chamadas de ***marcas d'água***. As marcas d'água são visíveis em um documento, mas como elas são tênues, não interferem na capacidade dos leitores de verem o texto principal do documento.

As cores, padrões e marcas d'água de plano de fundo são aplicados por meio de cliques em botões no grupo Plano de Fundo da Página da guia Layout da Página.

Neste exercício, você vai aplicar uma cor e um padrão de plano de fundo e, em seguida, vai adicionar uma marca d'água de texto.

> **USE** o documento *01_Background*. Esse arquivo de exercício está localizado na subpasta *Chapter04*, sob *SBS_Word2007*.
>
> **NÃO ESQUEÇA DE** iniciar o Word antes de começar este exercício.
>
> **ABRA** o documento *01_Background*.

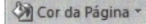

1. Na guia **Layout da Página**, no grupo **Plano de Fundo da Página**, clique no botão **Cor da Página** e, em seguida, sob **Cores do Tema**, clique na segunda caixa verde mais clara (**Verde oliva, Ênfase 3, Mais Claro 60%**).

    O plano de fundo do documento muda para a cor selecionada.

2. No grupo **Plano de Fundo da Página**, clique no botão **Cor da Página** e, em seguida, clique em **Efeitos de preenchimento**.

    A caixa de diálogo Efeitos de preenchimento abre.

3. Clique na guia **Textura**.

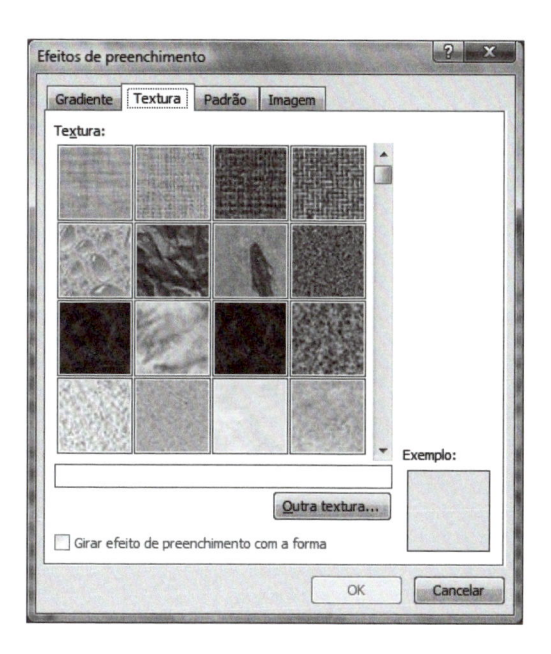

4. Clique no efeito da segunda coluna da primeira linha e, em seguida, clique em **OK**.

   O plano de fundo muda para exibir o efeito, em vez da cor.

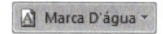

5. Na guia **Layout da Página**, no grupo **Plano de Fundo da Página**, clique no botão **Marca D'água**.

   A galeria de marcas d'água abre.

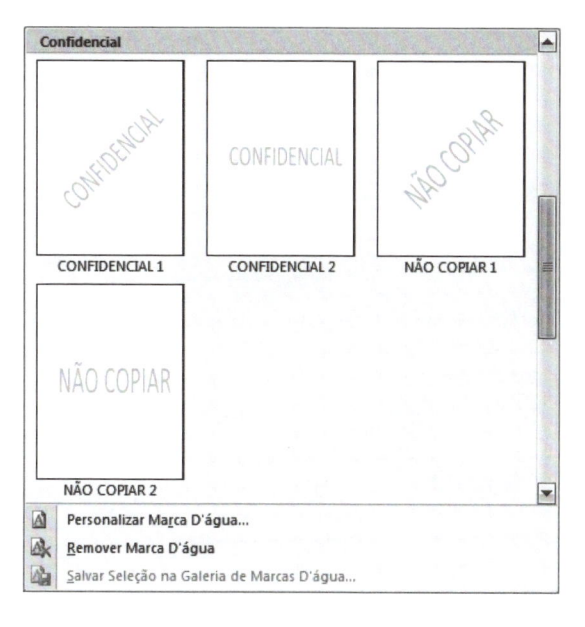

6. Role para a parte inferior da galeria, observando as opções disponíveis.

   Clicar em qualquer uma dessas opções inserirá a marca d'água especificada, na cor azul claro, em cada página do documento atual.

7. Abaixo da galeria, clique em **Personalizar Marca D'água**.

   A caixa de diálogo Marca d'água impressa abre. Note que você pode inserir uma imagem ou um texto como marca d'água.

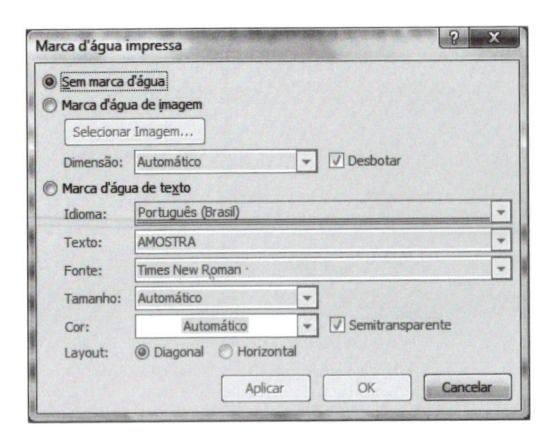

8. Selecione a opção **Marca d'água de texto**, clique na seta de **Texto**, role para baixo na lista e, em seguida, clique em **URGENTE**.
9. Clique na seta de **Cor** e, sob **Cores do Tema**, clique na caixa branca.
10. Com a caixa de seleção **Semitransparente** e a opção **Diagonal** selecionadas, clique em **OK**.

    O texto especificado é inserido diagonalmente na página.

11. Na extremidade direita da barra de status, clique no botão **Zoom**. Em seguida, na caixa de diálogo **Zoom**, clique em Página Inteira e clique em **OK**.

    O documento exibe a textura e a marca d'água que você especificou.

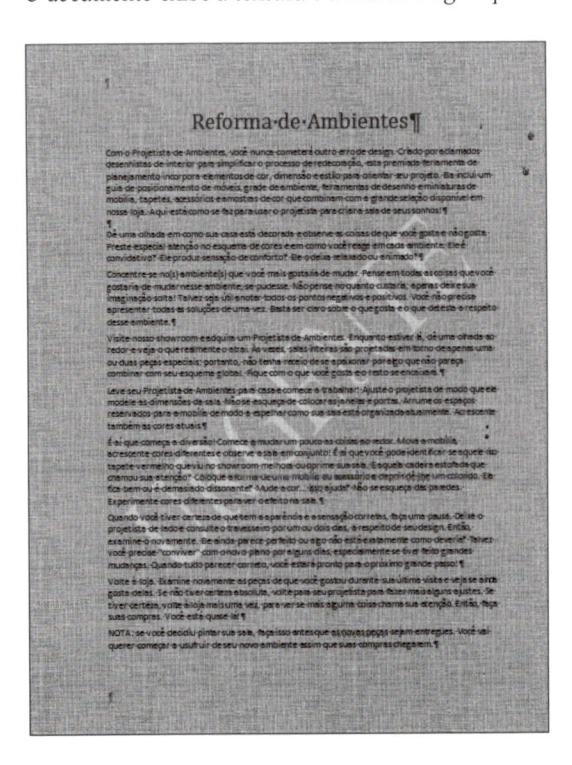

Zoom

> **FECHE** o documento *01_Background* sem salvar suas alterações.

Usando uma imagem como marca d'água

Quando você quiser aprimorar as páginas de seu documento sem tirar a atenção do texto principal, pode inserir uma marca d'água de imagem.

Para adicionar uma marca d'água de imagem em cada página de um documento, siga estes passos:

1. Na guia **Layout da Página**, no grupo **Plano de Fundo da Página**, clique no botão **Marca D'água** e, em seguida, clique em **Personalizar Marca D'água**.
2. Na caixa de diálogo **Marca d'água impressa**, selecione a opção **Marca d'água de imagem** e, em seguida, clique em **Selecionar Imagem**.
3. Na caixa de diálogo **Inserir Imagem**, navegue até a pasta onde está armazenada a imagem que você deseja usar e clique duas vezes no nome da imagem.
4. Clique na seta de **Dimensão** e escolha o tamanho com que você deseja que a imagem de marca d'água apareça no documento.
5. Para obter uma imagem mais vibrante, desmarque a caixa de seleção **Desbotar**.
6. Clique em **OK**.

A imagem é inserida como uma marca d'água com o tamanho que você especificou.

Alterando o tema de um documento

Você pode melhorar a aparência de um documento aplicando um dos temas predefinidos do Word. Um *tema* é uma combinação de cores, fontes e efeitos que imprimem certa sensação ou tom. Por exemplo, o tema Fluxo usa uma paleta de tons azuis e verdes, as fontes Calabri e Constantia, e efeitos suavizados.

Você aplica um tema no documento inteiro clicando no botão Temas do grupo Temas na guia Layout da Página e, em seguida, fazendo uma seleção na galeria de temas. Se você gostar das cores de um tema e das fontes de outro, pode misturar e combinar elementos de tema. Primeiro, encontre o tema que mais se assemelhe à aparência desejada e, em seguida, no grupo Temas, altere as cores, clicando no botão Cores do Tema, ou as fontes, clicando no botão Fontes do Tema.

Se você criar uma combinação de cores e fontes que gostaria de usar em outros documentos, pode salvar a combinação como um novo tema. Salvando o tema na pasta *Document Themes* padrão, você torna o tema disponível na galeria Temas. Entretanto, você não precisa armazenar os temas personalizados na pasta *Document Themes*; você pode armazená-los em qualquer lugar em seu disco rígido, em uma mídia removível ou em um local de rede. Para usar um tema armazenado em um local diferente, você pode clicar no botão Temas e, em seguida, clicar em Procurar Temas na parte inferior da galeria. Localize o tema desejado na caixa de diálogo Escolher Tema ou Documento com Tema e, em seguida, clique em Abrir para aplicar esse tema no documento atual.

> **Dica** Clique em Mais Temas no Microsoft Office Online, na parte inferior da galeria Temas, para exibir a página Templates do site do Microsoft Office Online, onde você pode encontrar mais informações sobre temas e fazer o download de temas e modelos criados por outras pessoas.

Neste exercício, você vai aplicar um tema em um documento existente e, depois, vai alterar as cores e as fontes. Então, você vai salvar o tema personalizado.

USE o documento *02_Theme*. Esse arquivo de exercício está localizado na subpasta *Chapter04*, sob *SBS_Word2007*.

ABRA o documento *02_Theme*.

1. Na guia **Layout da Página**, no grupo **Temas**, clique no botão **Temas**.

   A galeria de temas abre.

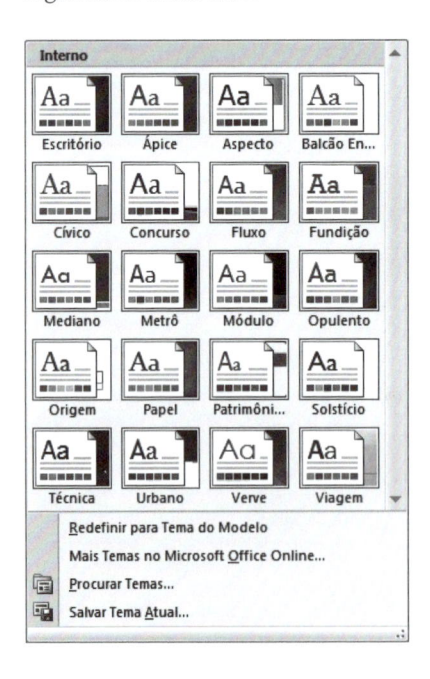

2. Passe o mouse sobre cada miniatura para exibir uma visualização dinâmica do tema.

3. Na galeria **Temas**, clique em **Aspecto**.

   As cores e fontes mudam para aquelas definidas para o tema selecionado.

4. No grupo **Temas**, clique no botão **Cores do Tema**.

   A galeria de cores do tema abre. As cores atualmente selecionadas têm uma borda em torno delas.

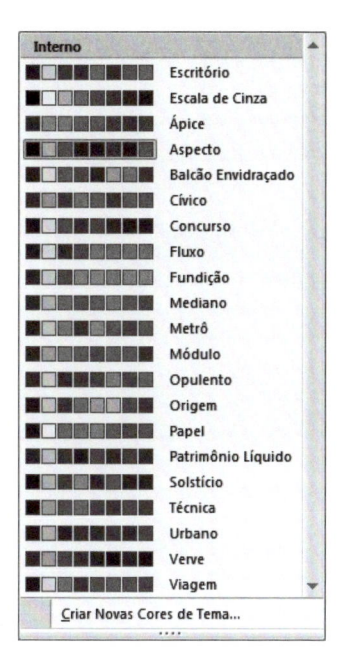

Capítulo 4 • Alterando a aparência de um documento **151**

5. Exiba uma visualização dinâmica de qualquer conjunto de cores que o interesse e, em seguida, na galeria, clique em **Opulento**.

   As cores Opulento substituem as cores Aspecto, mas nada mais muda no documento.

6. No grupo **Temas**, clique no botão **Fontes do Tema**.

   A galeria de fontes do tema abre. As fontes atualmente selecionadas são destacadas. Cada opção interna inclui um conjunto de duas fontes – a primeira é usada para cabeçalhos e a segunda para texto.

Fontes do Tema

7. Exiba uma visualização dinâmica de qualquer conjunto de fontes que o interesse e, em seguida, na galeria, clique em **Ápice**.

    As fontes Ápice substituem as fontes Aspecto, mas as cores permanecem as mesmas.

8. No grupo **Temas**, clique no botão **Temas** e, em seguida, abaixo da galeria, clique em **Salvar Tema Atual**.

    A caixa de diálogo Salvar Tema Atual abre, exibindo a pasta *Document Themes* na barra de endereços. Essa caixa de diálogo é semelhante à caixa de diálogo Salvar como. A pasta *Document Themes* é o local padrão para salvar os novos temas que você cria.

9. Na caixa **Nome do arquivo**, substitua o nome sugerido por **Meu Tema** e, em seguida, clique em **Salvar**.

10. No grupo **Temas**, clique no botão **Temas** para exibir a galeria.

    Seu novo tema aparece na parte superior da galeria, sob Personalizar. Agora, você pode aplicar esse tema em qualquer documento.

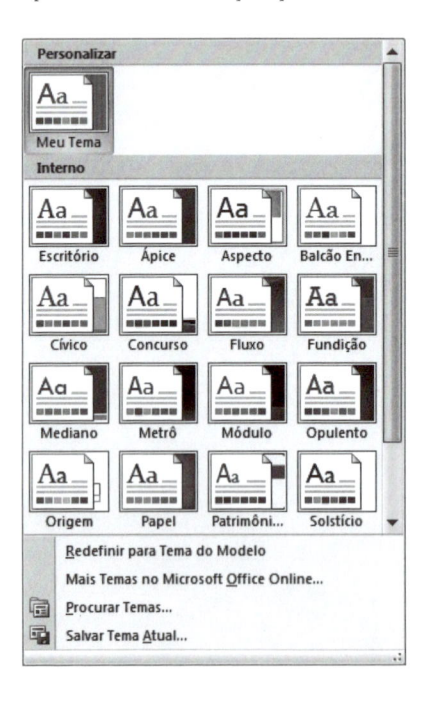

11. Pressione [Esc] para fechar a galeria sem fazer nenhuma seleção.

FECHE o documento *02_Theme* sem salvar suas alterações.

Trabalhando com modelos

Quando você quer criar rapidamente um documento eficaz e visualmente atraente, um dos métodos mais eficientes é aprimorar o design feito por outras pessoas. Com o Word 2007, você tem acesso a muitos modelos prontos, projetados profissionalmente. Um *modelo* é um arquivo que armazena estilos de texto, caractere e parágrafo, formatação de página e elementos como figuras para uso como padrão na criação de outros documentos.

A não ser que você especifique de outra forma, todos os documentos novos são baseados no modelo de documento Normal, que define alguns estilos bem simples, como estilos de parágrafo para parágrafos de texto normais, um título e diferentes níveis de cabeçalhos; e alguns estilos de caractere que mudam a aparência do texto selecionado. Os estilos do modelo Normal aparecem na galeria Estilo da guia Início quando você cria um novo documento em branco. Se você criar um documento baseado em um modelo diferente, os estilos definidos nesse modelo aparecerão na galeria Estilo e você poderá aplicá-los para formatar rapidamente o texto do documento.

> **Dica** Os modelos são armazenados com a extensão de nome de arquivo .dotx.

Consulte também Para obter mais informações sobre a aplicação de estilos, consulte "Formatando texto e parágrafos rapidamente", no Capítulo 3, "Alterando a aparência do texto".

Além do modelo de documento Normal, o Word vem com diversos modelos para diferentes tipos de documentos. Para criar um documento baseado em um desses modelos, exiba a janela Novo Documento. Em seguida, no painel da esquerda, sob Modelos, clique em Modelos Instalados e, na lista que aparece no painel central, clique no modelo desejado.

Se nenhum dos modelos atender às suas necessidades, você pode procurar modelos no site Microsoft Office Online. Para criar um documento baseado em um desses modelos, exiba a janela Novo Documento. Em seguida, no painel da esquerda, sob Microsoft Office Online, clique em uma categoria (como Panfletos ou Boletins Informativos) e, na lista que aparece no painel central, clique primeiro na subcategoria e, depois, no modelo desejado.

Modelos como o Normal contêm apenas informações de formatação, as quais, além dos estilos, podem incluir planos de fundo, temas, etc. Esses tipos de modelos definem a aparência do documento e você adiciona seu próprio conteúdo. Os modelos também podem incluir conteúdo que você personaliza para os objetivos específicos. Por exemplo, se você basear um novo documento em um modelo de formulário do Microsoft Office Online, o texto do formulário já estará pronto e bastará personalizá-lo para sua organização.

Às vezes, um documento baseado em um modelo do Word exibe espaços reservados formatados, circundados por colchetes – por exemplo, *[Nome da Empresa]*. Você substitui um espaço reservado por seu próprio texto clicando nele e, em seguida, digitando o texto substituto. Se você não precisar de um espaço reservado, basta excluí-lo. Após ter digitado todo o texto necessário para o documento, você o salva.

As alterações que você tiver feito afetarão o documento, mas não o modelo no qual ele é baseado, o qual permanece disponível para criar outros documentos.

Além de usar os modelos do Word ou do site Microsoft Office Online, você pode criar seus próprios modelos. Se você cria rotineiramente o mesmo tipo de documento, como um relatório financeiro mensal, pode criar e formatar o documento uma vez e salvá-lo como um modelo, no qual pode basear as futuras versões desse tipo de documento. Você pode salvar seu novo modelo com texto, o que é útil se cria muitos documentos com apenas pequenas variações. Ou você pode excluir o texto para que um documento baseado nele seja aberto como um novo documento em branco, com os estilos já definidos e prontos para serem aplicados no conteúdo que for digitado.

> **Dica** Se a designação *(Modo de Compatibilidade)* aparecer na barra de título quando você criar um documento baseado em um modelo, isso indica que o modelo foi criado em uma versão anterior do Word. Normalmente, isso não será um problema, mas lembre-se de que, às vezes, a compatibilidade pode ter um impacto na funcionalidade.

Para economizar ainda mais tempo, você pode criar um documento baseado em um dos modelos do Word, modificá-lo – por exemplo, adicionando seu próprio nome e endereço – e, então, salvar o documento como um novo modelo, com um nome diferente. Na próxima vez que for necessário criar esse tipo de documento, você poderá usar sua versão modificada do modelo, em vez daquele fornecido pelo Word.

Neste exercício, você vai criar um novo modelo baseado em um modelo predefinido do Word e, em seguida, vai criar um novo documento baseado no modelo personalizado. Você também vai converter um documento em um modelo e vai modificar o modelo criando um novo estilo. Finalmente, você vai criar um documento baseado no modelo e aplicar o novo estilo.

> **USE** o documento *03_Template*. Esse arquivo de exercício está localizado na subpasta *Chapter04*, sob *SBS_Word2007*.
>
> **NÃO ESQUEÇA DE** fechar todos os documentos abertos antes de iniciar este exercício.

Botão Office

1. Clique no **Botão Microsoft Office**, clique em **Novo** e, em seguida, sob **Modelos**, na janela **Novo Documento**, clique em **Modelos Instalados**.

   O painel central da janela Novo Documento exibe miniaturas dos modelos instalados.

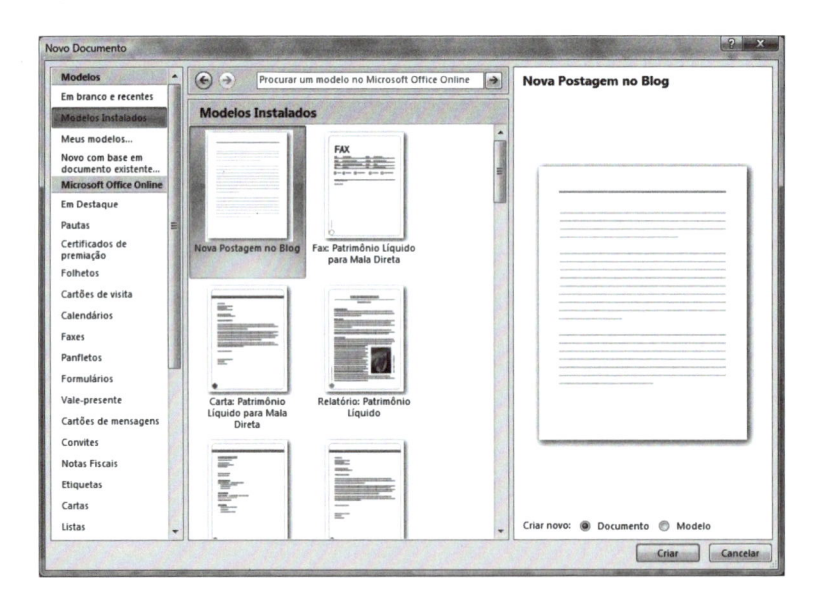

2. No painel central, role pela lista **Modelos Instalados** e clique duas vezes no modelo **Fax: Balcão Envidraçado**.

   O Word abre um novo documento de folha de rosto de fax baseado no modelo selecionado, com espaços reservados para o texto que você precisa fornecer.

Capítulo 4 ● Alterando a aparência de um documento **155**

```
[Escolha a data]

PARA: [DIGITE O NOME DO DESTINATÁRIO]
FAX: [Digite o número de fax do destinatário]
TELEFONE: [Digite o telefone do destinatário]

DE: João Tortello
FAX: [Digite o número de fax do remetente]
TELEFONE: [Digite o telefone do remetente]

PÁGINAS: [Digite o número de páginas]
RE: [Digite texto]
CC: [Digite texto]
COMENTÁRIOS:
[Digite os comentários]
```
FAX [Digite nome da empresa do remetente] [Digite endereço da em

3. No lado direito da página, clique no espaço reservado **[nome da empresa]** e digite **Lucerne Publishing**.
4. Clique no espaço reservado **[endereço]**, digite **Rua do Carvalho, 4567, Seattle, WA 70110**.
5. Role a página, clique no espaço reservado **[número do telefone]**, digite **(505) 555-0145** e, em seguida, clique fora do espaço reservado.
6. Sob **João Tortello**, clique no espaço reservado **[número do fax]** e, em seguida, digite **(505) 555-0146**.
7. Clique no espaço reservado **[número do telefone]** e, em seguida, digite **(505) 555-0145**.
8. No lado direito da página, clique em **Lucerne Publishing**, arraste o cursor por cima da palavra para selecioná-la e, em seguida, na guia **Início**, no grupo **Estilo**, clique no estilo **Forte**.
9. Cada um por sua vez, selecione o endereço e o número do telefone e aplique o estilo **Ênfase**.
10. Clique no **Botão Microsoft Office** e, em seguida, clique em **Salvar como**.

    A caixa de diálogo Salvar como abre.
11. Na caixa **Nome do arquivo**, digite **Meu Modelo de Fax**.
12. Clique na seta de **Tipo** e, em seguida, na lista, clique em **Modelo do Word**.

> **Dica** Se você quiser que os usuários que têm versões mais antigas do Word possam usar o modelo, clique em Modelo do Word 97-2003.

13. No **Painel de Navegação**, clique em **Modelos**.

    O Word exibe sua pasta *Modelos*.

    > **Solução de problemas** O Word espera que os modelos estejam armazenados em sua pasta *Modelos* padrão. Se você não armazenar nessa pasta os modelos que criar, o Word não os exibirá em sua lista Meus Modelos.

    Consulte também Para obter informações sobre a alteração de locais de arquivo padrão, consulte "Alterando opções padrão do programa", no Capítulo 12, "Personalizando o Word".

14. Clique em **Salvar** e, em seguida, feche o modelo.

15. Exiba a janela **Novo documento** e, sob **Modelos**, clique em **Meus modelos**.

    A caixa de diálogo Novo(a) abre.

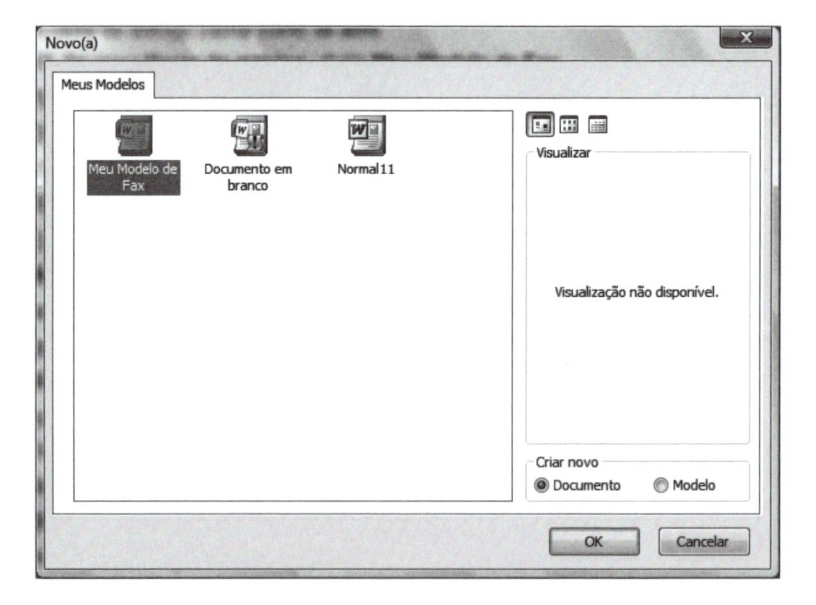

16. Na guia **Meus Modelos**, verifique se **Meu Modelo de Fax** está realçado e, em seguida, com a opção **Documento** selecionada sob **Criar novo**, clique em **OK**.

    O Word abre um novo documento baseado no modelo de capa de fax da Lucerne Publishing. O nome na linha De é o nome de sua conta de usuário do Windows.

17. Personalize a página da folha de rosto de fax como quiser, salve-a na pasta *Chapter04* com o nome **Meu Fax** e, em seguida, feche o documento.

    > **Solução de problemas** Não esqueça de navegar até a pasta *Documents\MSP\SBS_Word2007\Chapter04* antes de clicar em Salvar.

18. Clique no **Botão Microsoft Office**, clique em **Abrir** e, em seguida, abra o documento *03_Template* da subpasta *Chapter04*.

19. Exiba a caixa de diálogo **Salvar como** e, na caixa **Nome do arquivo**, digite Meu Boletim. Mude a configuração de **Tipo** para **Modelo do Word**, mude o local de salvamento para a pasta **Modelos** e, em seguida, clique em **Salvar**.

    O Word salva o documento como um modelo.

20. Clique em qualquer parte do cabeçalho *Conheça o Autor Atualização* e, em seguida, na guia **Início**, no grupo **Estilo**, clique no botão **Mais** e, abaixo da galeria, clique em **Salvar Seleção como Novo Estilo Rápido**.

    A caixa de diálogo Criar Novo Estilo a Partir da Formatação abre. Note que o estilo na caixa Visualização do estilo de parágrafo reflete a formatação do parágrafo que contém o ponto de inserção.

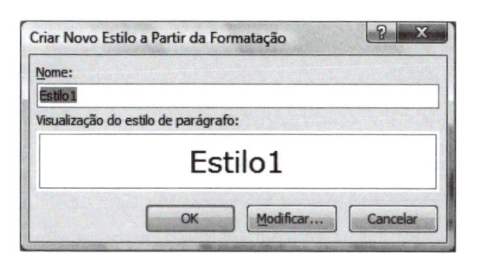

21. Na caixa **Nome**, substitua **Estilo1** por Manchete e clique em **Modificar**.

    A caixa de diálogo se expande para exibir opções de modificação do novo estilo.

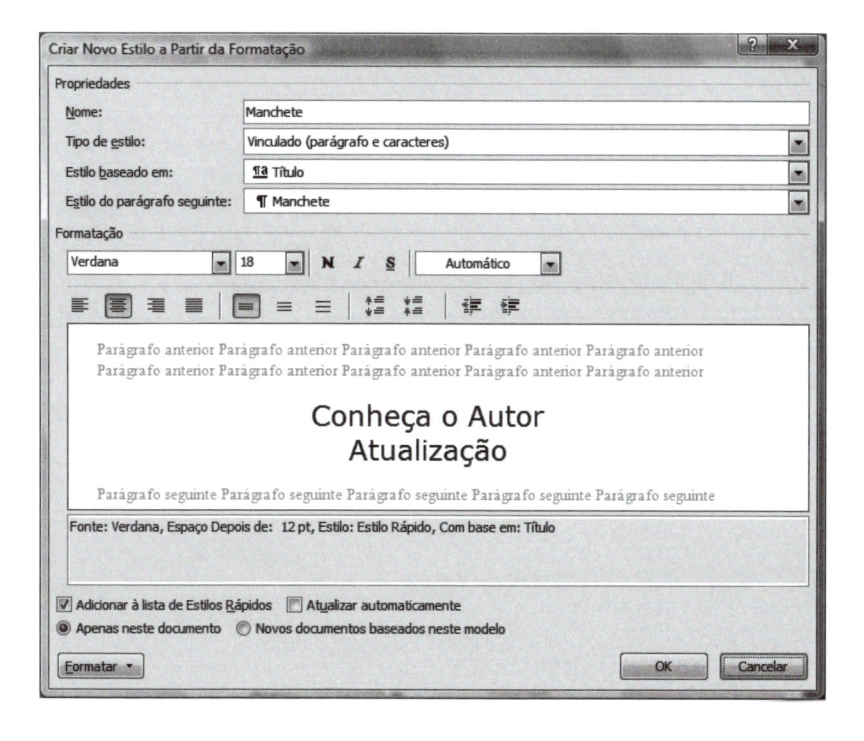

22. Na parte inferior da caixa de diálogo expandida, selecione a opção **Novos documentos baseados neste modelo** e, em seguida, clique em **OK**.
23. De volta ao modelo, substitua **Conheça o Autor Atualização** por **Manchete** e, em seguida, selecione todo o texto abaixo do parágrafo da manchete e pressione [Backspace].
24. Na **Barra de Ferramentas de Acesso Rápido**, clique no botão **Salvar** e, em seguida, feche o modelo.

Salvar

25. Exiba a janela **Novo Documento**, clique em **Meus modelos** e, na caixa de diálogo **Novo(a)**, crie um novo documento baseado no modelo **Meu Boletim**.

   O Word abre um novo documento com o título e a manchete do modelo já no lugar. Primeiro, personalize a manchete.

26. Selecione a palavra **Manchete** e digite **Autora de Fantasia Inicia Turnê de Livro**.

   Você pode então adicionar o texto do boletim informativo, abaixo da manchete.

   LUCERNE · PUBLISHING ¶

   Book·Beat¶

   Boletim informativo bimensal para livreiros¶
   Autora de Fantasia Inicia Turnê de Livro

FECHE o documento sem salvar suas alterações.

Dica Se você quiser alterar um modelo existente, abra o modelo exibindo a caixa de diálogo Abrir, configure o tipo de arquivo como Modelos do Word, navegue até sua pasta *Modelos* e clique duas vezes no modelo.

Aplicando um modelo diferente em um documento existente

Uma maneira rápida e fácil de mudar a aparência de um documento existente é aplicar um novo modelo a ele. Para que isso funcione tranqüilamente, o novo modelo deve usar os mesmos nomes de estilo de parágrafo e caractere que o modelo existente. Por exemplo, se o modelo existente usa o nome Título 1 para cabeçalhos de nível superior, o novo modelo também deve usar o nome Título 1. Se os nomes de estilo não combinarem, você ainda poderá aplicar um novo modelo em um documento e, então, usar o painel de tarefas Estilos para encontrar todas as instâncias de cada estilo e substituí-las por um dos estilos correspondentes do novo modelo.

Para aplicar um novo modelo em um documento aberto:

1. Clique no **Botão Microsoft Office**, clique em **Opções do Word** e, no painel da esquerda, clique em **Suplementos**.
2. Na parte inferior do painel da direita, clique na seta de **Gerenciar** e, na lista, clique em **Modelos**. Em seguida, clique em **Ir**.

   A caixa de diálogo Modelos e Suplementos abre.
3. Sob **Modelo de documento**, clique em **Anexar**.

   A caixa de diálogo Anexar modelo abre.
4. Localize e clique duas vezes no modelo que você deseja anexar.
5. Na caixa de diálogo **Modelos e Suplementos**, marque a caixa de seleção **Atualizar estilos automaticamente** e, em seguida, clique em **OK**.

   O novo modelo é anexado e os estilos usados no documento mudam para refletir suas definições no novo modelo.

Para substituir todas as instâncias de um estilo por outro estilo:

1. Na guia **Início**, no grupo **Estilo**, clique no Iniciador da Caixa de Diálogo **Estilos**.
2. Na lista **Estilos**, aponte para um estilo que você queira substituir, clique na seta que aparece e, em seguida, clique em **Selecionar todas as instâncias**.

   O Word seleciona todo o texto no qual esse estilo foi aplicado.
3. Na lista **Estilos**, clique no estilo que você deseja aplicar.
4. Repita os passos 2 e 3 para cada estilo que precise ser substituído.

Adicionando cabeçalhos e rodapés

Você pode exibir números de página e outras informações em cada página de seu documento criando *cabeçalhos* e *rodapés* – regiões na parte superior e inferior de uma página que podem ser criadas e formatadas independentemente. Você pode ter um cabeçalho e um rodapé diferente na primeira página de um documento e pode ter diferentes cabeçalhos e rodapés nas páginas ímpares e pares.

> **Dica** Se seu documento contém quebras de seção, cada seção sucessiva herda os cabeçalhos e rodapés da seção anterior, a não ser que o vínculo entre as duas seções seja quebrado. Então, você poderá criar um cabeçalho e um rodapé diferentes para a seção atual. Para obter informações sobre seções, consulte "Controlando o que aparece em cada página", mais adiante neste capítulo.

Quando cria um cabeçalho ou rodapé, você pode selecionar o estilo desejado em uma galeria. O Word aplica o estilo especificado no documento, indica as áreas de cabeçalho e rodapé exibindo bordas tracejadas e exibe uma guia Design contextual na Faixa de Opções. Você pode digitar informações nas áreas de cabeçalho e rodapé da mesma maneira como digita texto normal. Você pode usar os botões da guia Design para inserir e formatar itens, como números de página, e mudar de um cabeçalho ou rodapé para outro.

Neste exercício, você vai adicionar um cabeçalho e um rodapé em um documento. Então, você vai criar um cabeçalho e um rodapé diferentes para a primeira página.

> **USE** o documento *04_Header*. Esse arquivo de exercício está localizado na subpasta *Chapter04*, sob *SBS_Word2007*.
>
> **ABRA** o documento *04_Header*.

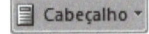

1. Com o ponto de inserção no início do documento, na guia **Inserir**, no grupo **Cabeçalho e Rodapé**, clique no botão **Cabeçalho**.

   A galeria de cabeçalhos abre.

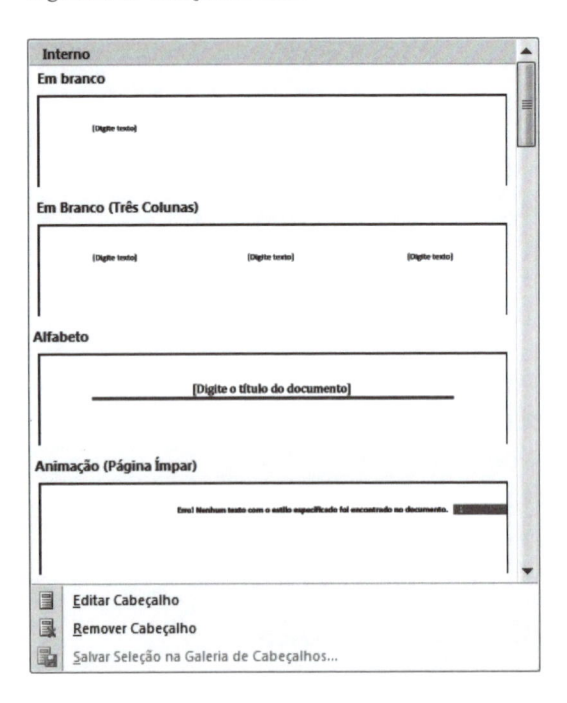

2. Role pela galeria, observando a variedade de cabeçalhos disponíveis e, em seguida, clique em **Animação (Página Par)**.

   O Word exibe uma guia contextual de ferramentas de cabeçalho e rodapé, chamada *Design*, na Faixa de Opções. Isso obscurece o texto do documento, destaca a área de cabeçalho na parte superior da primeira página e adiciona a formatação definida para esse cabeçalho no documento.

3. Na guia **Design**, no grupo **Opções**, clique na caixa de seleção **Primeira Página Diferente**.

   O Word substitui a área de cabeçalho por uma área chamada *Cabeçalho da primeira página*.

4. Na guia **Design**, no grupo **Navegação**, clique no botão **Próxima Seção**.

   O Word vai para a página 2 do documento, que ainda tem o cabeçalho original.

5. No cabeçalho, clique no espaço reservado **[Digite o título do documento]** e, em seguida, digite *O Ciclo Taguien*.

   > **Dica** Enquanto o cabeçalho ou rodapé está ativo, você pode editar e formatar seu conteúdo exatamente como faria com um texto normal.

6. Na guia **Design**, no grupo **Navegação**, clique no botão **Ir para Rodapé**.

   O Word exibe a área de rodapé, na parte inferior da página.

7. No grupo **Cabeçalho e Rodapé**, clique no botão **Rodapé** e, em seguida, na galeria **Rodapé**, clique em **Animação (Página Par)**.

   Como o número da página e o nome do documento estão incluídos no cabeçalho, apenas a data deve aparecer no rodapé.

8. Clique no espaço reservado **Escolha a data**, clique na seta à direita e, em seguida, no navegador de datas, clique na data de hoje.

   O Word insere a data atual no rodapé da página 2.

9. No grupo **Navegação**, clique no botão **Seção Anterior**.

   Embora tenha especificado que a página 1 devia ser diferente, você quer que o rodapé com a data apareça nessa página.

10. No grupo **Cabeçalho e Rodapé**, clique no botão **Rodapé** e, em seguida, clique em **Animação (Página Par)** na galeria.

    Agora a data aparece na página 1.

11. Na guia **Design**, no grupo **Fechar**, clique no botão **Fechar Cabeçalho e Rodapé**.

12. Na extremidade direita da barra de status, clique no botão **Zoom**. Na caixa de diálogo **Zoom**, clique em **Página inteira** e, em seguida, clique em **OK** para exibir o cabeçalho e o rodapé simultaneamente.

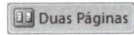

13. Na guia **Exibição**, no grupo **Zoom**, clique no botão **Duas Páginas** para exibir os cabeçalhos e rodapés nas duas páginas.

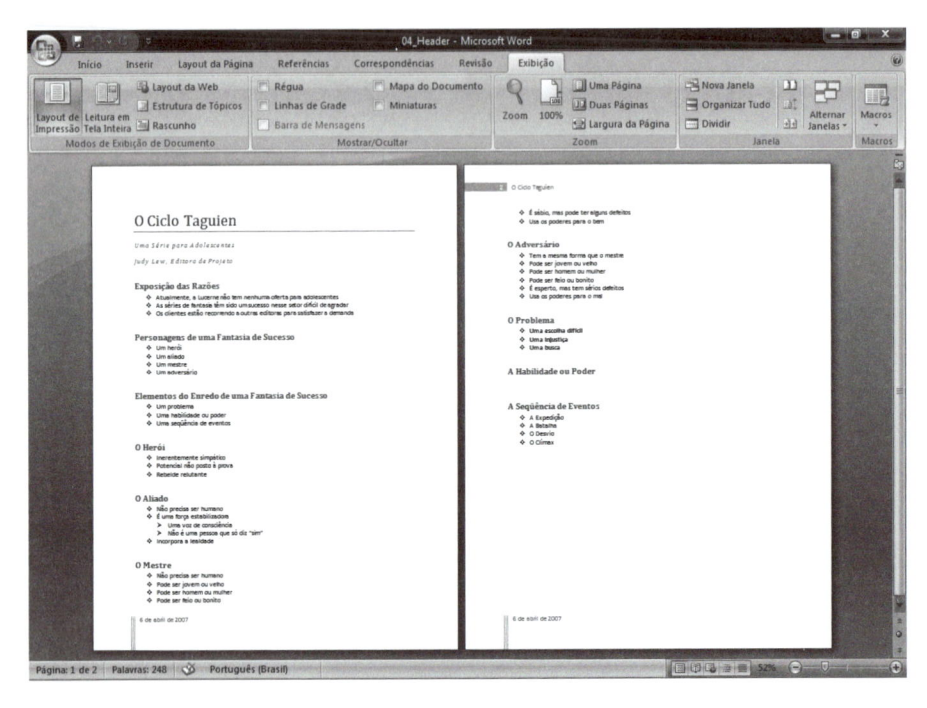

FECHE o documento *04_Header* sem salvar suas alterações.

Controlando o que aparece em cada página

Quando você adiciona mais conteúdo do que cabe dentro das margens superior e inferior do documento, o Word cria uma nova página, inserindo uma quebra de página temporária. Uma *quebra de página temporária* produz páginas separadas no modo de exibição Layout de Impressão e é exibida como uma linha pontilhada no modo de exibição Rascunho.

Se você quiser controlar as quebras de páginas, pode inserir uma quebra de página manual de três maneiras:

- Clique em Quebra de Página no grupo Páginas da guia Inserir.
- Clique em Quebras no grupo Configurar Página da guia Layout da Página e, em seguida, clique em Página.
- Pressione Ctrl+Enter.

Uma *quebra de página manual* produz páginas separadas no modo de exibição Layout de Impressão e aparece como uma linha pontilhada com as palavras *Quebra de página* no meio, no modo de exibição Rascunho.

> ### Inserindo e formatando números de página
>
> Se a única informação que você quer que apareça em um cabeçalho ou rodapé é o número da página, pode inseri-lo clicando no botão Número de Página no grupo Cabeçalho e Rodapé da guia Inserir. Na galeria Número de Página, você pode selecionar um número de página que é posicionado no início ou no fim da página e alinhado de várias maneiras, com formatação que varia de simples a completamente extravagante. Você também pode posicionar o número de página na margem ao lado da página.
>
> Se você quiser alterar o estilo dos números de página existentes, clique novamente no botão Número de Página e faça uma seleção diferente nas opções Início da Página, Fim da Página ou Margens da Página.
>
> Se você quiser usar um esquema de numeração que não seja numerais arábicos, numerar as páginas por capítulo ou controlar o número inicial, pode fazer isso seguindo estes passos:
>
> 1. Na guia **Inserir**, no grupo **Cabeçalho e Rodapé**, clique no botão **Número de Página** e, em seguida, clique em **Formatar Números de Página**.
>
>   A caixa de diálogo Formatar número de página abre.
>
> 2. Clique na seta **Formato do número** e, em seguida, na lista, clique no formato de número desejado.
>
> 3. Selecione as outras opções que você quiser aplicar e, em seguida, clique em **OK**.

> **Dica** À medida que você edita o texto de um documento, o Word muda o local das quebras de página temporárias, mas não das quebras de página manuais que possam ter sido inseridas.

Você pode controlar se as quebras de página deixam viúvas e órfãs – linhas individuais que aparecem em uma página diferente de seus parágrafos. *Viúva* é a última linha de um parágrafo no início de uma página e *órfã* é a primeira linha de um parágrafo no fim de uma página. Essas linhas únicas de texto podem tornar um documento difícil de ler; portanto, por padrão, o Word especifica um mínimo de duas linhas. Você pode alterar as seguintes opções na guia Quebra de linha e de página da caixa de diálogo Parágrafo exibida quando você clica no Iniciador da Caixa de Diálogo Parágrafo:

- **Controle de linhas órfãs/viúvas**. Essa opção controla se o Word vai quebrar uma página com a última linha de um parágrafo sozinha no início de uma página ou a primeira linha de um parágrafo sozinha no final de uma página. Essa opção é desativada por padrão para todos os documentos novos.

- **Manter com o próximo**. Essa opção controla se o Word vai quebrar uma página entre o parágrafo selecionado e o parágrafo seguinte.

- **Manter linhas juntas**. Essa opção controla se o Word vai quebrar uma página dentro de um parágrafo.

- **Quebrar página antes**. Essa opção controla se o Word vai quebrar uma página antes do parágrafo selecionado.

> **Dica** Você pode aplicar as opções da caixa de diálogo Parágrafo em parágrafos individuais ou pode incorporá-las nos estilos que definir para elementos de documento, como os cabeçalhos. Para obter mais informações sobre estilos, consulte "Trabalhando com modelos", anteriormente neste capítulo.

Além das quebras de página, você pode inserir quebras de seção em seus documentos. Uma *quebra de seção* identifica uma parte do documento na qual você pode aplicar configurações de página, como orientação ou margens, que são diferentes daquelas do restante do documento. Por exemplo, talvez você queira virar de lado uma tabela grande.

Você insere uma quebra de seção clicando em Quebras no grupo Configurar Página da guia Layout da Página. Os seguintes tipos de quebras de seção estão disponíveis:

- **Próxima Página**. Inicia a seção seguinte na próxima página.
- **Contínuo**. Cria uma nova seção sem afetar as quebras de página.
- **Página Par**. Inicia a seção seguinte na próxima página de numeração par.
- **Página Ímpar**. Inicia a seção seguinte na próxima página de numeração ímpar.

Uma quebra de seção não aparece no modo de exibição Layout de Impressão, a não ser que os caracteres não imprimíveis estejam ativados, no caso em que ela aparece como uma linha pontilhada dupla, da marca de parágrafo anterior até a margem. No modo de exibição Rascunho, uma quebra de seção aparece como uma linha pontilhada dupla em toda a extensão da página. Nos dois casos, as palavras *Quebra de Seção* e o tipo de quebra de seção aparecem no meio da linha.

> **Dica** Para remover uma quebra de página ou de seção, clique à esquerda da quebra e pressione a tecla Del.

Neste exercício, você vai inserir quebras de página e de seção e garantir que as páginas quebrem em locais lógicos.

> **USE** o documento *05_ControllingPage*. Esse arquivo de exercício está localizado na subpasta *Chapter04*, sob *SBS_Word2007*.
>
> **ABRA** o documento *05_ControllingPage*.

1. Role pelo documento, observando todas as quebras de página inoportunas, como uma seção ou lista que começa no fim de uma página.
2. Na guia **Início**, no grupo **Editar**, clique no botão **Selecionar** e, em seguida, clique em **Selecionar Tudo**.
3. Clique no Iniciador da Caixa de Diálogo **Parágrafo** e, em seguida, na caixa de diálogo **Parágrafo**, clique na guia **Quebras de linha e de página**.

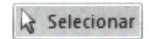

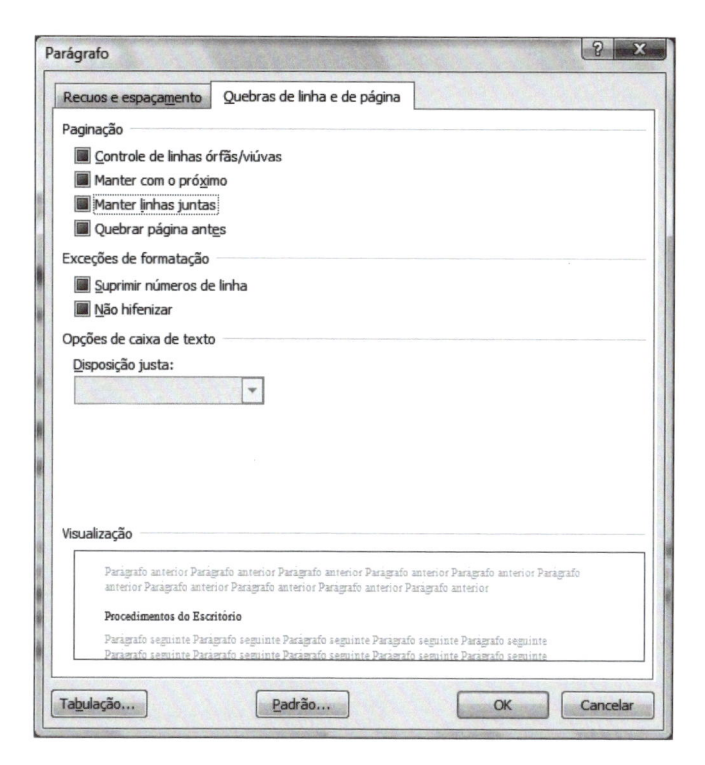

Capítulo 4 • Alterando a aparência de um documento **165**

4. Marque as caixas de seleção **Controle de linhas órfãs/viúvas** e **Manter linhas juntas**.
5. Desmarque todas as outras caixas de seleção clicando nelas duas vezes e, em seguida, clique em **OK**.

    Essas configurações garantem que todas as linhas de texto em cada parágrafo apareçam na mesma página.

6. Role o documento e clique à esquerda do cabeçalho *Recursos*. 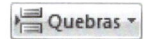
7. Na guia **Inserir**, no grupo **Páginas**, clique no botão **Quebra de Página**.

    O Word quebra a página e move o cabeçalho *Recursos* e o texto seguinte para a próxima página.

8. Role para baixo no documento, selecione o cabeçalho **Para usar o sistema de intercomunicação do escritório** e os dois passos seguintes e, em seguida, na guia **Início**, clique no Iniciador da Caixa de Diálogo **Parágrafo**.
9. Na guia **Quebras de linha e de página** da caixa de diálogo **Parágrafo**, marque a caixa de seleção **Manter com o próximo** e, em seguida, clique em **OK**.

    O Word move o procedimento para a próxima página.

10. Clique à esquerda do cabeçalho *Referência Rápida para Expedição*, próximo ao final do documento.

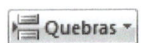

11. Na guia **Layout da Página**, no grupo **Configurar Página**, clique no botão **Quebras** e, em seguida, sob **Quebras de Seção**, clique em **Próxima Página**.

    Uma linha pontilhada dupla, com as palavras *Quebra de Seção (Próxima Página)*, aparece na página, antes da quebra de seção.

12. Clique em qualquer parte do cabeçalho da seção recentemente definida e, na guia **Layout da Página**, no grupo **Configurar Página**, clique no botão **Margens**. Em seguida, na galeria **Margens**, clique em **Larga**.

    O texto da nova seção se move para a direita, entre as margens que são mais largas do que o restante do documento.

13. Na guia **Inserir**, no grupo **Cabeçalho e Rodapé**, clique no botão **Cabeçalho** e, em seguida, clique em **Editar Cabeçalho**.

    Como as opções Vincular ao Anterior e Primeira Página Diferente estão ativadas, o cabeçalho da primeira página da nova seção é o mesmo da primeira página do documento.

14. Na guia **Design**, no grupo **Opções**, desmarque a caixa de seleção **Primeira Página Diferente**.

    Agora, a opção Vincular ao Anterior faz o texto de cabeçalho das páginas 2 a 9 do documento ser repetido para esta seção.

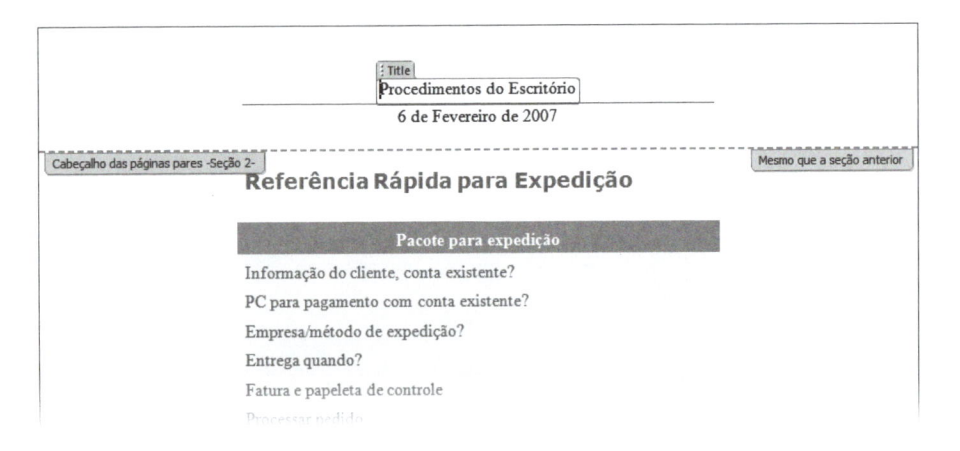

FECHE o documento *05_ControllingPage* sem salvar suas alterações.

Pontos principais

- Uma cor ou padrão de plano de fundo pode aprimorar um documento, mas tome cuidado para que isso não sobrecarregue o texto. O mesmo vale para marcas d'água de texto ou imagem.
- Um mesmo documento pode ter uma aparência e um tom muito diferente, dependendo do tema aplicado a ele. Cores, fontes e efeitos podem ser combinados para criar exatamente a aparência que você deseja.
- Elimine o trabalho de criar documentos sofisticados usando um dos modelos predefinidos do Word como ponto de partida. Você também pode criar seus próprios modelos.
- Cabeçalhos e rodapés fornecem informações úteis e dão um toque profissional a qualquer documento que tenha mais de uma página.
- Você pode controlar quais elementos devem se manter juntos em uma página e pode dividir um documento em seções, cada uma com suas próprias margens e formatação.

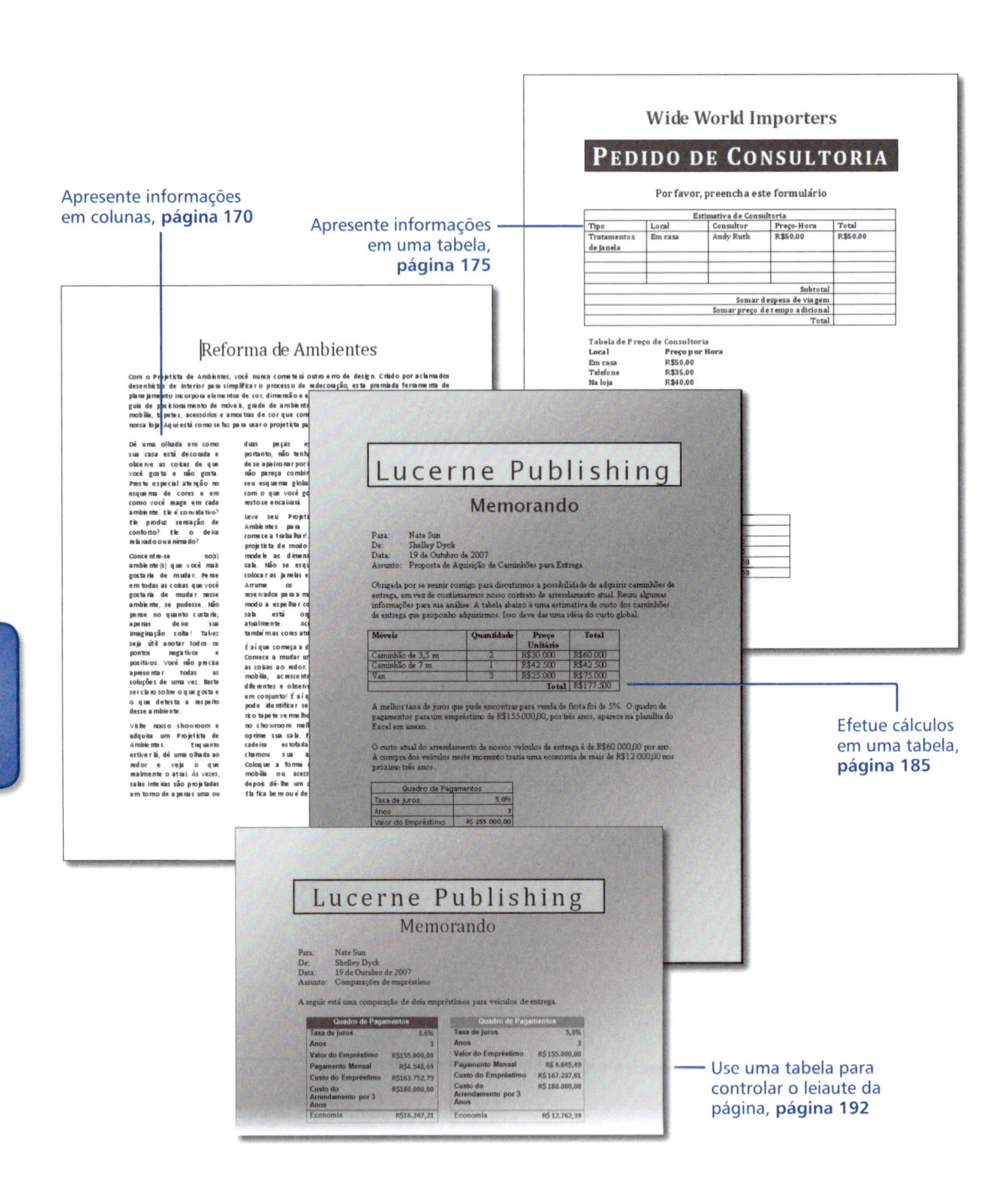

Apresente informações em colunas, **página 170**

Apresente informações em uma tabela, **página 175**

Efetue cálculos em uma tabela, **página 185**

Use uma tabela para controlar o leiaute da página, **página 192**

Visão Rápida do Capítulo 5

Capítulo 5
Apresentando informações em colunas e tabelas

Neste capítulo, você vai aprender a:
- Apresentar informações em colunas.
- Criar uma lista tabular.
- Apresentar informações em uma tabela.
- Formatar informações de tabela.
- Efetuar cálculos em uma tabela.
- Usar uma tabela para controlar o leiaute da página.

Ao criar um documento no Word, você poderá achar útil organizar certas informações em colunas ou tabelas. Dispor o texto em colunas é uma prática comum em boletins informativos, panfletos e folhetos. Depois que você especifica o número de colunas, o Word move automaticamente o texto de uma coluna para a seguinte. Você também pode mover manualmente o texto de uma coluna para a outra.

Em geral, é mais eficiente apresentar dados numéricos em uma tabela do que explicá-los em um parágrafo de texto. As tabelas tornam os dados mais fáceis de ler e entender. Pequenos volumes de dados podem ser exibidos em colunas simples, separadas por paradas de tabulação à esquerda, à direita, centralizadas ou decimais, para criar uma lista tabular. Volumes maiores ou dados mais complexos são melhor apresentados em uma tabela do Word que inclua uma estrutura de linhas e colunas, freqüentemente com cabeçalhos de linha e coluna.

Uma tabela do Word é útil não somente para apresentar dados, mas também para fornecer a estrutura para leiautes de documento complexos. Por exemplo, você pode configurar uma tabela com duas colunas e duas linhas para apresentar um conjunto de quatro parágrafos, quatro listas com marcadores ou quatro tabelas, em um formato no qual eles podem ser facilmente comparados.

Neste capítulo, você vai criar e modificar colunas de texto, criar uma lista tabular simples, criar tabelas desde o início e a partir de texto existente, formatar uma tabela de várias maneiras e efetuar cálculos dentro de uma tabela. Você vai copiar e colar dados de planilha, vincular a dados de planilha e criar um objeto do Excel. Finalmente, você vai criar uma tabela para exibir duas outras tabelas lado a lado.

Consulte também Você precisa de uma recapitulação rápida sobre os tópicos deste capítulo? Veja as entradas da Consulta rápida nas páginas 35–61.

Importante Antes de usar os arquivos de exercícios deste capítulo, você precisa instalá-los do CD que acompanha o livro para um local padrão. Consulte "Utilizando o CD-ROM deste livro", na página xxi, para obter mais informações.

> **Solução de problemas** As figuras e as instruções relacionadas ao sistema operacional deste livro refletem a interface do usuário do Windows Vista. Se seu computador estiver executando o Microsoft Windows XP e você enfrentar dificuldades para seguir as instruções, consulte a seção "Informações para os leitores que usam o Windows XP", no início deste livro.

Apresentando informações em colunas

Por padrão, o Word exibe texto em uma única **coluna**, mas você pode usar duas, três ou mais colunas para criar leiautes como os usados em jornais e revistas. Quando você formata texto para que *flua* em colunas, o texto preenche a primeira coluna e, então, passa para o início da coluna seguinte. Você pode inserir uma **quebra de coluna** para ir à próxima coluna antes que a coluna atual esteja cheia.

O Word fornece várias opções padrão para dividir texto em colunas. Você pode escolher uma, duas ou três colunas iguais ou dois outros formatos de duas colunas: um com uma coluna estreita à esquerda e o outro com uma coluna estreita à direita. Independentemente de como configura as colunas inicialmente, você pode alterar o leiaute ou a largura das colunas a qualquer momento.

Você formata o texto em colunas da mesma maneira como faria com qualquer texto. Se você *justificar* as colunas para obter uma aparência mais organizada, é recomendável hifenizar o texto para garantir que não haja grandes lacunas entre as palavras.

Neste exercício, você vai dividir parte de um documento em três colunas. Então, você vai justificar as colunas, alterar o espaçamento de coluna, colocar hífens no texto e recuar alguns parágrafos. Você também vai quebrar uma coluna em um local específico, em vez de permitir que o texto flua naturalmente de uma coluna para a seguinte.

> **USE** o documento *01_Columns*. Esse arquivo de exercício está localizado na subpasta *Chapter05*, sob *SBS_Word2007*.
>
> **NÃO ESQUEÇA DE** iniciar o Word e exibir as réguas e os caracteres não imprimíveis antes de iniciar este exercício.
>
> **ABRA** o documento *01_Columns*.

1. Clique à esquerda do parágrafo que começa com *Dê uma olhada* (não clique na área de seleção). Em seguida, role até o fim do documento, mantenha a tecla [Shift] pressionada e clique à direita do ponto final após *cartões de crédito*.

    O Word seleciona o texto do parágrafo *Dê uma olhada* até o fim do documento.

    > **Dica** Se você quiser formatar um documento inteiro com o mesmo número de colunas, simplesmente clique em qualquer parte do documento – não é preciso selecionar o texto.

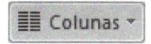

2. Na guia **Layout da Página**, no grupo **Configurar Página**, clique no botão **Colunas** e, em seguida, clique em **Três**.

3. Pressione Ctrl+Home para ir ao início do documento.

   O Word inseriu uma quebra de seção acima da seleção e formatou o texto após a quebra de seção em três colunas.

   Consulte também   Para obter informações sobre seções, consulte "Controlando o que aparece em cada página", no Capítulo 4, "Alterando a aparência de um documento".

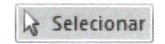

4. Na guia **Início**, no grupo **Edição**, clique no botão **Selecionar** e, em seguida, clique em **Selecionar Tudo**.

5. No grupo **Parágrafo**, clique no botão **Justificar**.

   O espaçamento do texto dentro dos parágrafos muda de modo que a borda direita do parágrafo fique reta.

6. Pressione Ctrl+Home para anular a seleção do texto e ir para o início do documento e, em seguida, no grupo **Parágrafo**, clique no botão **Centralizar** para centralizar o título.

7. Na extremidade direita da barra de status, clique no botão **Zoom**. Em seguida, na caixa de diálogo **Zoom**, clique em **75%** e clique em **OK**.

   Agora, você pode ver cerca de dois-terços da primeira página do documento.

8. Clique em qualquer parte da primeira coluna.

   Na régua horizontal, o Word indica as margens das colunas.

9. Na guia **Layout da Página**, no grupo **Configurar Página**, clique no botão **Colunas** e, em seguida, clique em **Mais Colunas**.

   A caixa de diálogo Colunas abre. Como a caixa de seleção Colunas com larguras iguais está marcada, você pode ajustar a largura e o espaçamento apenas da primeira coluna.

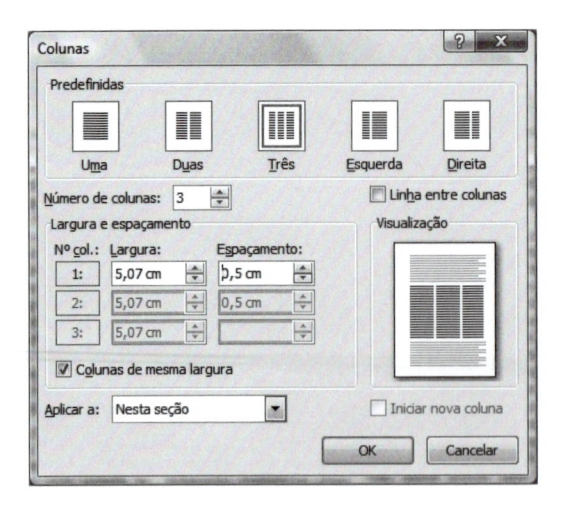

10. Sob **Largura e espaçamento**, na coluna **Espaçamento**, clique na seta para baixo até que a configuração seja **0,5 cm**.

    O Word muda a medida na caixa que está abaixo e amplia todas as colunas para refletir a nova configuração.

11. Clique em **OK**.

    O Word reorganiza as colunas para que caibam em suas novas margens.

12. Clique imediatamente à esquerda de *Dê uma olhada*. Em seguida, no grupo **Configurar Página**, clique no botão **Hifenização** e clique em **Automático**.

    O Word coloca hífens no texto do documento, o que preenche algumas das lacunas grandes entre as palavras.

13. Clique em qualquer parte no parágrafo *NOTA*, na terceira coluna.

14. Na régua horizontal, na terceira coluna, arraste o marcador **Recuo deslocado** 0,5 cm (duas marcas) para a direita.

    Agora, todas as linhas no parágrafo *NOTA*, exceto a primeira, estão recuadas, ressaltando a nota dos parágrafos que estão acima e abaixo dela.

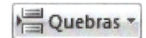

15. Clique imediatamente à esquerda de *Leve seu Projetista de Ambientes para casa*, na parte inferior da primeira coluna na página 1. Em seguida, no grupo **Configurar Página**, clique no botão **Quebras** e clique em **Coluna**.

    O texto que vem após a quebra de coluna vai para o início da segunda coluna.

16. Clique imediatamente à esquerda de *Se você não tiver certeza*, na parte inferior da terceira coluna na página 1 e, em seguida, na **Barra de Ferramentas de Acesso Rápido**, clique no botão **Repetir inserção** para inserir outra quebra de coluna.

    O texto que vem após a quebra de coluna vai para o início da primeira coluna na página 2.

> **FECHE** o documento *01_Columns* sem salvar suas alterações.

Criando uma lista tabular

Se você tem um volume relativamente pequeno de dados para apresentar em uma tabela, pode exibi-los em uma *lista tabular*, a qual organiza o texto em colunas simples, separadas por paradas de tabulação à esquerda, à direita, centralizadas ou decimais.

Consulte também Para obter mais informações sobre a configuração de paradas de tabulação, consulte "Alterando a aparência de parágrafos manualmente", no Capítulo 3, "Alterando a aparência do texto".

Ao inserir texto em uma lista tabular, as pessoas têm a tendência de pressionar a tecla Tab várias vezes para alinhar as colunas da lista. Se você fizer isso, não terá controle sobre a largura das colunas. Para ajustar precisamente as colunas, você precisa configurar paradas de tabulação personalizadas, em vez de utilizar as paradas padrão. Quando você quer configurar uma lista tabular, deve pressionar Tab apenas uma vez entre os itens que deseja que apareçam em colunas separadas. Então, você pode aplicar a formatação necessária e configurar as tabulações, da esquerda para a direita, para que possa ver como tudo se alinha.

> **Dica** Além das tabulações à esquerda, à direita, centralizadas e decimais, você pode configurar uma barra. Esse tipo de tabulação não alinha o texto como os outros; em vez disso, ele adiciona uma linha vertical nos parágrafos selecionados. Essa barra pode ser usada para distinguir melhor as colunas em uma lista tabular.

Neste exercício, você vai criar uma lista tabular. Primeiro, você vai digitar texto separado por tabulações e, em seguida, vai formatar o texto e configurar paradas de tabulação personalizadas.

> **USE** o documento *02_TabularList*. Esse arquivo de exercício está localizado na subpasta *Chapter05*, sob *SBS_Word2007*.
>
> **NÃO ESQUEÇA DE** exibir as réguas e caracteres não imprimíveis antes de iniciar este exercício.
>
> **ABRA** o documento *02_TabularList*.

1. Role para o final do documento, clique à esquerda da marca de parágrafo no final de *A Habilidade ou Poder* e pressione Enter.
2. Digite **Próprio**, pressione Tab, digite **Outras Pessoas**, pressione Tab, digite **Natureza** e, em seguida, pressione Enter.
3. Adicione mais três linhas na lista, digitando o texto a seguir. Pressione Tab uma vez entre cada item em uma linha e pressione Enter no final de cada linha, exceto a última.

   Transformação Tab *Vida/morte* Tab *Clima*

   Viagem no tempo Tab *Telepatia* Tab *Oceanos*

   Visível/invisível Tab *Controle mental* Tab *Animais*

   Os caracteres de tabulação empurram os itens para a próxima parada de tabulação padrão, mas como alguns itens são mais longos do que outros, eles não ficam alinhados.

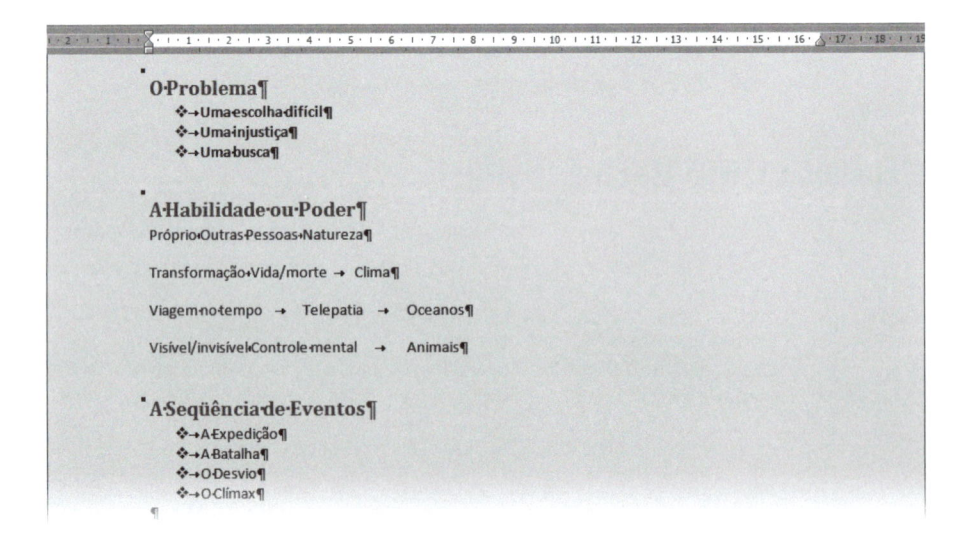

   Consulte também Para obter informações sobre paradas de tabulação, consulte "Alterando a aparência de parágrafos manualmente", no Capítulo 3, "Alterando a aparência do texto".

4. Selecione a primeira linha da lista tabular e, em seguida, na **Minibarra de Ferramentas** que aparece, clique no botão **Negrito**.

   > **Solução de problemas** Se a Minibarra de Ferramentas não aparecer, clique no botão Negrito do grupo Fonte na guia Início.

Capítulo 5 ● Apresentando informações em colunas e tabelas **175**

Aumentar recuo

5. Selecione as quatro linhas da lista tabular e, em seguida, na **Minibarra de Ferramentas**, clique no botão **Aumentar recuo**.

6. Com as linhas ainda selecionadas, na guia **Layout da Página**, no grupo **Parágrafo**, sob **Espaçamento**, altere a configuração de **Espaçamento Depois** para **0 pt**.

Esquerdo

7. Sem alterar a seleção, verifique se o botão **Tab** na junção das réguas horizontal e vertical mostra uma parada de tabulação Esquerdo (um L) e, em seguida, clique na marca de 5 cm na régua horizontal.

   O Word exibe uma parada de tabulação Esquerdo na régua e os itens da segunda coluna de todas as linhas selecionadas ficam alinhados à esquerda nessa posição.

8. Clique no botão **Tab** duas vezes.

   O ícone no botão muda para uma parada de tabulação Direito (um L invertido), indicando que clicar na régua agora configurará uma tabulação alinhada à direita.

9. Clique na régua horizontal, na marca de 10 cm.

   O Word exibe uma parada de tabulação Direito na régua e os itens da terceira coluna das linhas selecionadas se alinham à direita nessa posição.

10. Na guia Início, no grupo Parágrafo, clique no botão Mostrar/ocultar ¶ para ocultar os caracteres não imprimíveis. Em seguida, clique fora da lista tabular para ver os resultados.

    A lista tabular parece uma tabela simples.

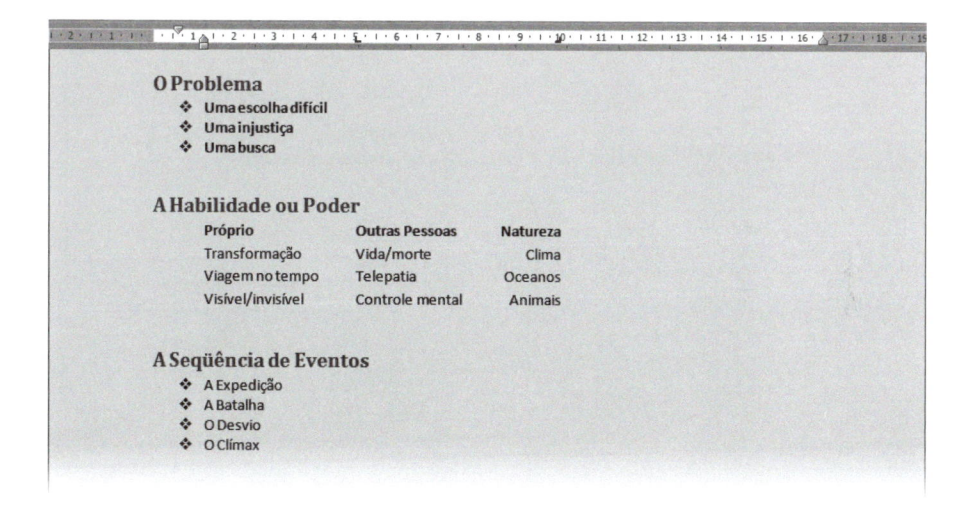

FECHE o documento *02_TabularList* sem salvar suas alterações.

Apresentando informações em uma tabela

Para criar uma tabela do Word, basta clicar no botão Tabela e selecionar, em uma grade, o número de linhas e colunas desejadas. Então, você pode inserir texto, números e elementos gráficos nas *células* da tabela, que são caixas nas interseções de uma linha e uma coluna. A qualquer momento, você pode alterar o tamanho da tabela, inserir e excluir colunas, linhas e células; e formatar entradas individuais ou a tabela inteira. Você pode classificar as informações em uma ordem lógica e efetuar cálculos com os números de uma coluna ou linha.

Clicar no botão Tabela cria uma tabela com o número de colunas e linhas que você seleciona na grade, com todas as células de tamanho igual. Você pode clicar em Inserir Tabela, abaixo da grade, para abrir a caixa de diálogo Inserir tabela, onde pode especificar o número de linhas e colunas, assim como seus tamanhos. Você também pode criar uma tabela desenhando células do tamanho que desejar. Se o texto que você quer que apareça em uma tabela já existe no documento, pode converter o texto em uma tabela.

Consulte também Para obter informações sobre o desenho de tabelas, consulte "Usando uma tabela para controlar o leiaute da página", posteriormente neste capítulo.

Uma nova tabela aparece no documento como um conjunto de células em branco, circundadas por *linhas de grade*. Cada célula tem um marcador de fim de célula e cada linha tem um marcador de fim de linha. Quando o ponteiro do mouse está sobre a tabela, esta tem uma alça de movimentação em seu canto superior esquerdo e uma alça de dimensionamento em seu canto inferior direito. Enquanto o ponto de inserção está na tabela, o Word exibe duas guias contextuais de Ferramentas de Tabela: Design e Layout.

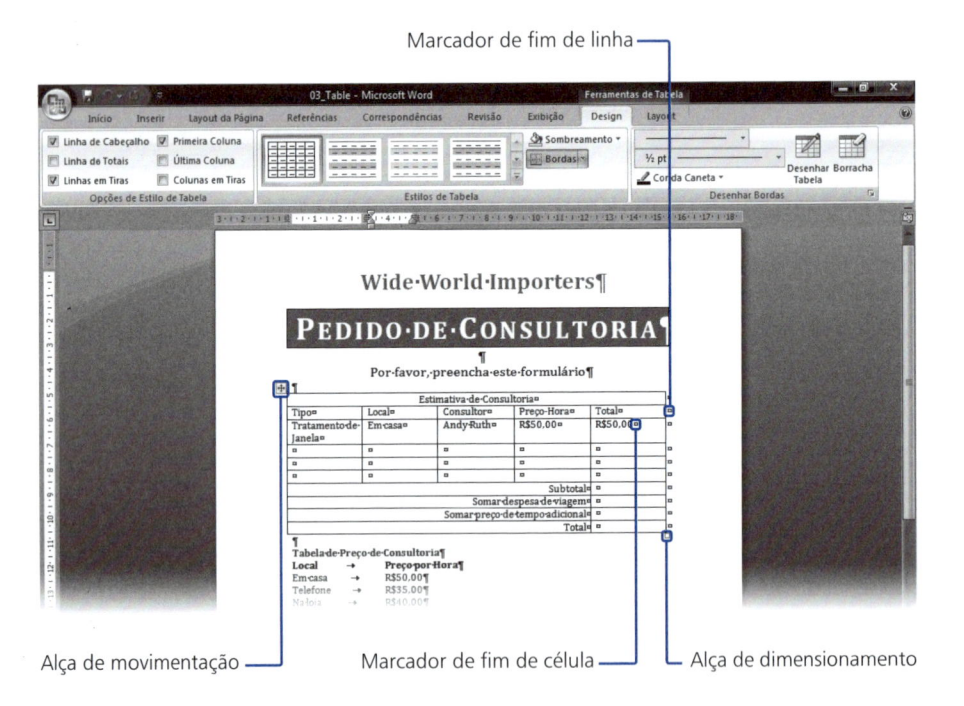

> **Dica** Você não pode ver a alça de movimentação e a alça de dimensionamento no modo de exibição de rascunho.

Após criar uma tabela, você pode digitar texto ou números nas células e pressionar a tecla Tab para mover o ponto de inserção de uma célula para outra. Pressionar Tab quando o ponto de inserção está na última célula da última linha adiciona uma nova linha no final da tabela. Além da tecla Tab, você pode usar as teclas de direção para posicionar o ponto de inserção ou pode simplesmente clicar em qualquer célula.

Você pode modificar a estrutura de uma tabela a qualquer momento. Para alterar a estrutura, é preciso selecionar a tabela inteira ou linhas ou colunas específicas, usando os seguintes métodos:

- **Selecionar uma tabela**. Clique em qualquer parte da tabela. Em seguida, na guia contextual Layout, no grupo Tabela, clique no botão Selecionar e clique em Selecionar Tabela.
- **Selecionar uma coluna**. Aponte para a borda superior da coluna. Quando o ponteiro do mouse mudar para uma seta negra apontando para baixo, clique uma vez.
- **Selecionar uma linha**. Aponte para a borda esquerda da linha. Quando o ponteiro do mouse mudar para uma seta branca apontando para a direita, clique uma vez.
- **Selecionar uma célula**. Clique três vezes na célula ou clique em sua borda esquerda.
- **Selecionar várias células**. Clique na primeira célula, mantenha a tecla Shift pressionada e pressione as setas de direção para selecionar células adjacentes em uma coluna ou linha.

Os métodos básicos para manipular tabelas são os seguintes:

- **Inserir uma linha ou coluna**. Clique em qualquer parte de uma linha ou coluna adjacente ao local onde você deseja fazer a inserção. Em seguida, na guia Layout, no grupo Linhas e Colunas, clique no botão Inserir Acima, Inserir Abaixo, Inserir à Esquerda ou Inserir à Direita. Selecionar mais de uma linha ou coluna, antes de clicar em um botão Inserir, insere esse número de linhas ou colunas na tabela.

> **Dica** Você pode inserir células clicando no Iniciador da Caixa de Diálogo Linhas e Colunas e especificando na caixa de diálogo Inserir células como as células adjacentes devem ser movidas para acomodar as novas células.

- **Excluir uma linha ou coluna**. Clique em qualquer parte da linha ou coluna e, no grupo Linhas e Colunas, clique no botão Excluir. Em seguida, clique em Excluir Células, Excluir Colunas, Excluir Linhas ou Excluir Tabela.
- **Dimensionar uma tabela inteira**. Arraste a alça de dimensionamento.
- **Dimensionar uma única coluna ou linha**. Arraste a borda direita de uma coluna para a esquerda ou para a direita. Arraste a borda inferior de uma linha para cima ou para baixo.
- **Mesclar células**. Crie células que transponham colunas selecionando as células que você deseja mesclar e clicando no botão Mesclar Células no grupo Mesclar da guia Layout. Por exemplo, para centralizar um título na primeira linha de uma tabela, você pode criar uma única célula mesclada que se estenda pela largura da tabela.
- **Dividir células**. Divida uma célula mesclada em suas células componentes, clicando em Dividir Células no grupo Mesclar da guia Layout.
- **Mover uma tabela**. Aponte para a tabela e, em seguida, arraste a alça de movimentação que aparece em seu canto superior esquerdo para um novo local. Ou use os botões Recortar e Colar no grupo Área de transferência da guia Início para mover a tabela.
- **Ordenar informações**. Use o botão Classificar no grupo Dados da guia Layout para classificar as linhas em ordem crescente ou decrescente pelos dados de qualquer coluna. Por exemplo, você pode classificar uma tabela que tenha os cabeçalhos de coluna Nome, Endereço, Código Postal e Número do Telefone, em qualquer uma dessas colunas, para organizar as informações em ordem alfabética ou numérica.

Neste exercício, você vai trabalhar com duas tabelas. Primeiro, você vai criar uma tabela, digitar texto, alinhar o texto nas células, adicionar linhas e mesclar células. Depois, você vai criar uma segunda tabela convertendo o texto existente, dimensionar uma coluna e dimensionar a tabela inteira.

USE o documento *03_Table*. Esse arquivo de exercício está localizado na subpasta *Chapter05*, sob *SBS_Word2007*.

ABRA o documento *03_Table*.

1. Clique na segunda linha em branco abaixo de *Por favor, preencha este formulário*.
2. Na guia **Inserir**, no grupo **Tabelas**, clique no botão **Tabela**, aponte para a célula superior esquerda e mova o ponteiro do mouse por cinco colunas e cinco linhas.

   O Word destaca as células à medida que você arrasta o cursor sobre elas e cria uma tabela temporária no documento para mostrar como ficará a seleção.

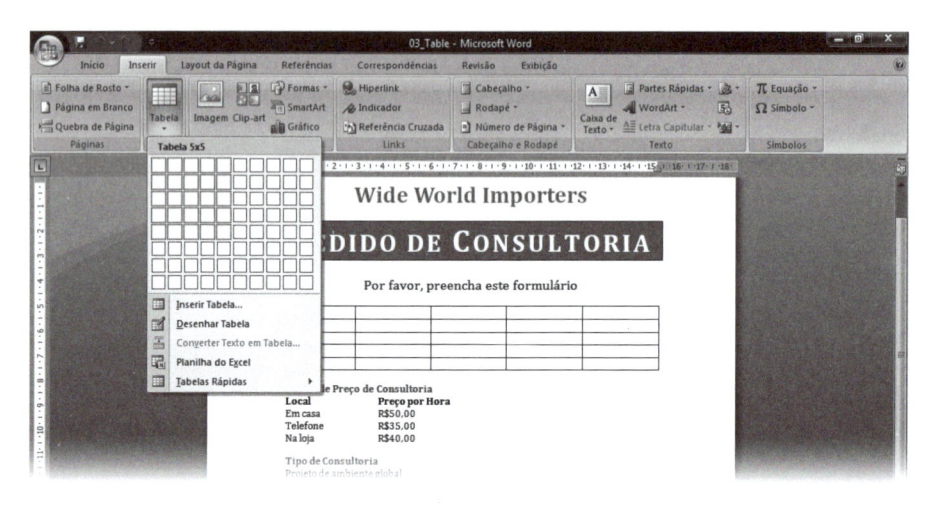

3. Clique na célula inferior direita da seleção.

   O Word cria uma tabela em branco com cinco colunas e cinco linhas. O ponto de inserção está localizado na primeira célula. Como a tabela está ativa, o Word exibe as guias contextuais de Ferramentas de Tabela Design e Layout.

4. Na área de seleção, aponte para a primeira linha e, em seguida, clique para selecionar a linha.
5. Na guia contextual **Layout**, no grupo **Mesclar**, clique no botão **Mesclar Células**.

   O Word agrupa as cinco células da primeira linha em uma única célula.

6. Com a célula mesclada selecionada, no grupo **Alinhamento**, clique no botão **Centralizar**.

   O marcador de fim de célula se move para o centro da célula mesclada para indicar que tudo que você digitar lá será centralizado.

7. Digite **Estimativa de Consultoria**.

   Agora a tabela tem um título.

> **Wide World Importers**
> **PEDIDO DE CONSULTORIA**
>
> Por favor, preencha este formulário
>
> | Estimativa de Consultoria | | | | | |
> |---|---|---|---|---|---|
> | | | | | | |
> | | | | | | |
> | | | | | | |
> | | | | | | |
>
> Tabela de Preço de Consultoria
> Local → Preço por Hora
> Em casa → R$50,00
> Telefone → R$35,00

8. Clique na primeira célula da segunda linha, digite **Tipo** e pressione Tab.
9. Digite **Local, Consultor, Preço-Hora** e **Total**, pressionando Tab após cada entrada.

   Agora a tabela tem uma linha de cabeçalhos de coluna. Pressionar Tab após o cabeçalho *Total* move o ponto de inserção para a primeira célula da terceira linha.

10. Digite **Tratamentos de Janela, Em casa, Andy Ruth, R$50,00** e **R$50,00**, pressionando Tab após cada entrada.

    Você inseriu uma linha de dados completa.

> **Wide World Importers**
> **PEDIDO DE CONSULTORIA**
>
> Por favor, preencha este formulário
>
> | Estimativa de Consultoria | | | | |
> |---|---|---|---|---|
> | Tipo | Local | Consultor | Preço-Hora | Total |
> | Tratamento de Janela | Em casa | Andy Ruth | R$50,00 | R$50,00 |
> | | | | | |
> | | | | | |
>
> Tabela de Preço de Consultoria
> Local → Preço por Hora
> Em casa → R$50,00
> Telefone → R$35,00

11. Selecione as duas últimas linhas e, em seguida, na guia **Layout**, no grupo **Linhas e Colunas**, clique no botão **Inserir Abaixo**.

    O Word adiciona duas novas linhas e as seleciona.

12. Na última linha, clique na primeira célula, mantenha a tecla Shift pressionada e, em seguida, pressione a tecla → quatro vezes para selecionar as quatro primeiras células da linha.

Centralizar à Direita

13. No grupo **Mesclar**, clique no botão **Mesclar Células**.

    O Word agrupa as células selecionadas em uma única célula.

14. No grupo **Alinhamento**, clique no botão **Centralizar à Direita**.

15. Digite **Subtotal** e, em seguida, pressione [Tab] duas vezes.

    O Word adiciona uma nova linha com a mesma estrutura no final da tabela.

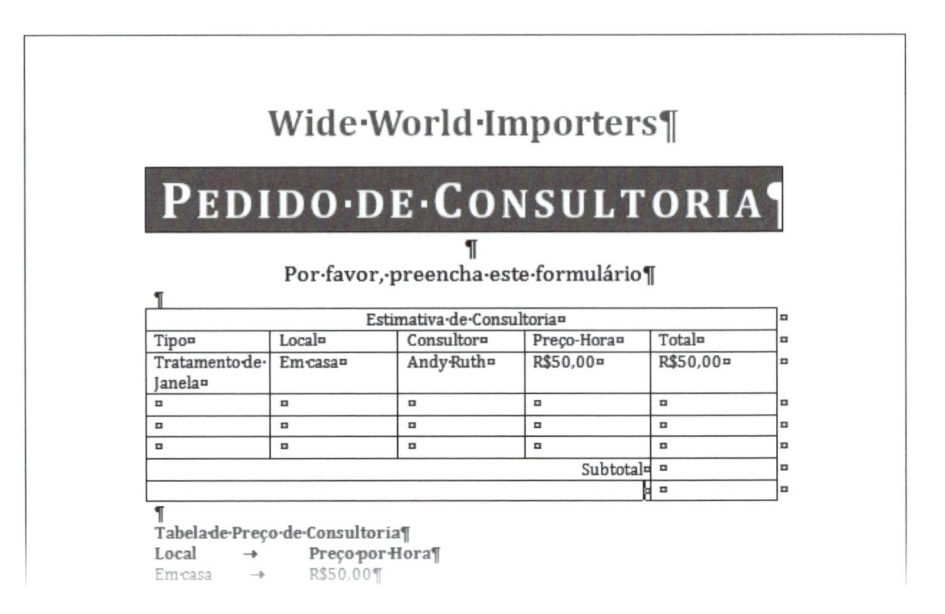

16. Digite **Somar despesa de viagem**, pressione [Tab] duas vezes para adicionar uma nova linha e, em seguida, digite **Somar preço de tempo adicional**.

17. Pressione [Tab] duas vezes para adicionar uma nova linha e, em seguida, digite **Total**.

18. Role até o final do documento e selecione as linhas da lista tabular que começam com *Distância* e terminam com *R$20,00*.

19. Na guia **Inserir**, no grupo **Tabelas**, clique no botão **Tabela** e, em seguida, clique em **Converter Texto em Tabela**.

    A caixa de diálogo Converter texto em tabela abre.

> **Dica** Para converter uma tabela em texto, selecione a tabela e, em seguida, clique no botão Converter em Texto no grupo Dados da guia Layout.

20. Verifique se a caixa **Número de colunas** mostra **2** e, em seguida, clique em **OK**.

    O texto selecionado aparece em uma tabela com duas colunas e seis linhas.

21. Clique em qualquer parte da tabela para liberar a seleção e aponte para a borda direita da tabela. Quando o ponteiro do mouse mudar para duas setas opostas, clique duas vezes na borda da direita.

    O Word ajusta a largura da coluna da direita para que ela tenha largura exatamente suficiente para conter sua linha de texto mais longa.

22. Aponte para a tabela Despesa de Viagem à Casa.

    O Word exibe a alça de movimentação no canto superior esquerdo e a alça de dimensionamento no canto inferior direito.

23. Arraste a alça de dimensionamento para a direita, soltando o botão do mouse quando a borda direita da tabela ficar aproximadamente alinhada com a marca de 10 cm na régua horizontal.

> **FECHE** o documento *03_Table* sem salvar suas alterações.

Outras opções de leiaute

Você pode controlar muitos aspectos de uma tabela clicando em Propriedades no grupo Tabela da guia Layout, para exibir a caixa de diálogo Propriedades da tabela. Então, você pode configurar as seguintes opções:

- Na guia Tabela, você pode especificar a largura preferencial da tabela inteira, assim como o modo como ela interage com o texto ao redor.
- Na guia Linha, você pode especificar a altura de cada linha, se uma linha pode ser quebrada entre páginas e se uma linha de cabeçalhos de coluna deve ser repetida no início de cada página.

(continua)

> **Dica** A opção Repetir como linha de cabeçalho só estará disponível se o ponto de inserção estiver na linha superior da tabela.

- Na guia Coluna, você pode configurar a largura de cada coluna.
- Na guia Célula, você pode configurar a largura preferencial das células e o alinhamento vertical do texto dentro delas.

> **Dica** Você também pode controlar a largura das células selecionadas usando os botões do grupo Tamanho da Célula na guia contextual Layout.

- Você pode controlar as margens das células (o quanto o texto fica próximo à borda da célula) clicando no botão Opções da guia Tabela ou da guia Célula.

> **Dica** Você também pode controlar as margens clicando no botão Margens da Célula no grupo Alinhamento da guia contextual Layout.

Se a primeira linha de sua tabela tiver vários cabeçalhos longos que tornem difícil encaixar a tabela em uma página, você pode dispor os cabeçalhos lateralmente. Basta selecionar a linha de cabeçalho e clicar no botão Direção do Texto no grupo Alinhamento da guia Layout.

Formatando informações de tabela

Formatar uma tabela para apresentar melhor seus dados é um processo de tentativa e erro. Com o Word 2007, você pode começar rapidamente criando uma *tabela rápida*, uma tabela previamente formatada, com dados de amostra que você pode personalizar. Então, você pode aplicar um dos *estilos de tabela* disponíveis na guia contextual Design, os quais incluem uma variedade de bordas, cores e outros atributos que dão à tabela uma aparência profissional.

Para personalizar a aparência de uma tabela rápida ou uma tabela criada a partir do zero, você pode usar os botões das guias contextuais Design e Layout. Você também pode usar os botões do grupo Parágrafo na guia Início para alterar o alinhamento e o espaçamento. Você pode formatar o texto usando os botões do grupo Fonte, exatamente como formataria qualquer texto em um documento do Word. Você também pode aplicar formatação de caractere da galeria Estilos.

Neste exercício, você vai criar uma tabela rápida e aplicar um estilo a ela. Depois, você vai alterar alguns dos atributos de texto e modificar as bordas e o sombreado em várias células. Não há arquivos para este exercício.

> **NÃO ESQUEÇA DE** exibir os caracteres não imprimíveis antes de iniciar este exercício.
> **ABRA** um novo documento em branco.

1. Com nível de zoom em 100%, na guia **Inserir**, no grupo **Tabelas**, clique no botão **Tabela** e, em seguida, aponte para **Tabelas Rápidas**.

    A galeria Tabelas Rápidas abre.

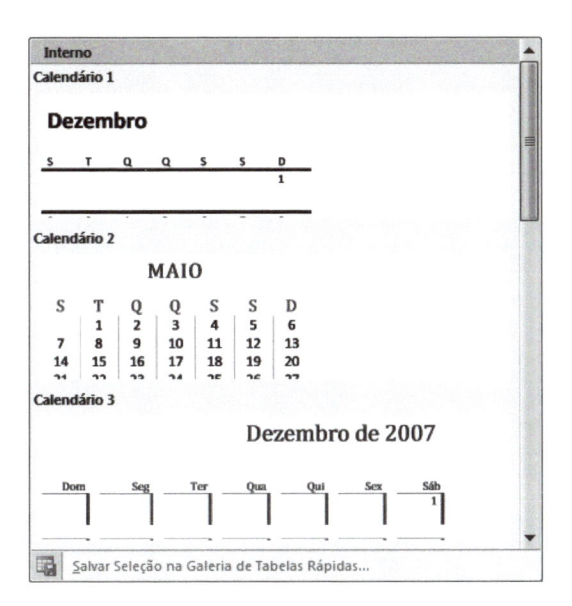

Capítulo 5 • Apresentando informações em colunas e tabelas **183**

2. Role pela galeria, observando os tipos de tabelas disponíveis e, em seguida, clique em **Matriz**.

   O Word insere a tabela selecionada e exibe a guia contextual Design. Note que os dados da tabela incluem cabeçalhos na parte superior e na coluna da esquerda. Algumas células estão em branco e, obviamente, têm menos importância do que as células que contêm números. A tabela não inclui dados de resumo, como totais.

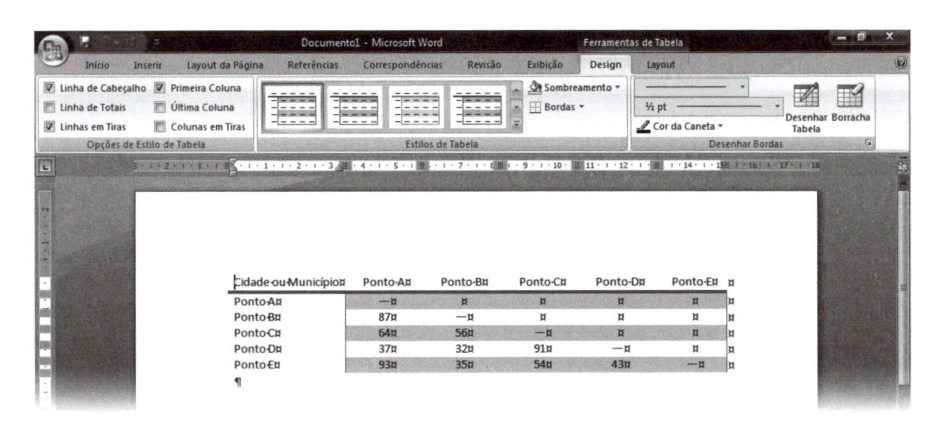

3. Na guia **Design**, no grupo **Opções de Estilo da Tabela**, desmarque a caixa de seleção **Linhas em Tiras**.

4. No grupo **Estilos de Tabela**, aponte para cada estilo por sua vez para ver sua visualização dinâmica e, em seguida, clique no botão **Mais** para exibir a galeria Estilos de Tabela.

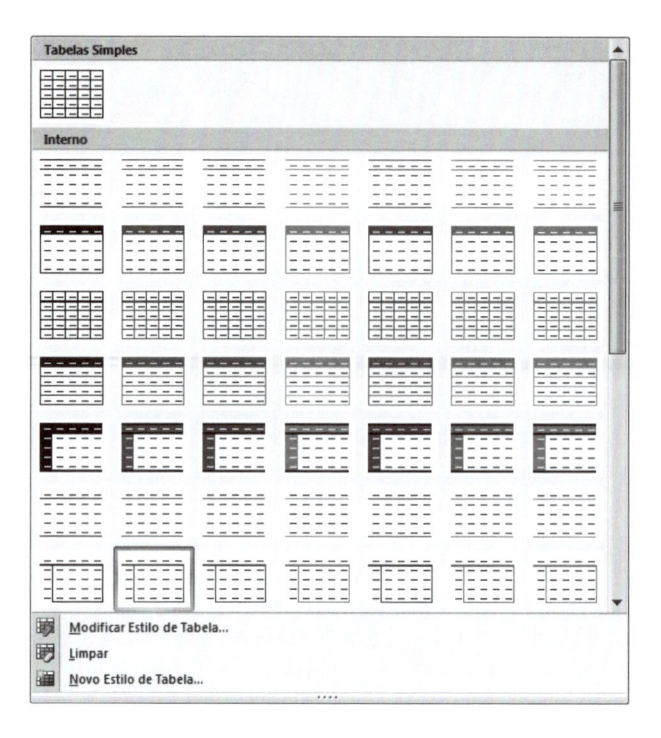

5. Explore todos os estilos da galeria. Quando terminar, clique na miniatura **Sombreamento Médio 2 – Ênfase 2**.

   Você precisa modificar esse estilo um pouquinho, mas ele é um bom ponto de partida.

6. Selecione todas as células em branco, arrastando o cursor sobre elas. Em seguida, no grupo **Estilos de Tabela**, clique na seta **Bordas** e, na lista, clique em **Todas as bordas**.

7. Selecione todas as células da última linha (*Ponto E*), clicando à sua esquerda e, no grupo **Estilos de Tabela**, na lista **Bordas**, clique em **Bordas e Sombreamento**.

   A caixa de diálogo Bordas e sombreamento abre, exibindo as bordas aplicadas nas células selecionadas. As bordas cinza grossas na área Visualização indicam que diferentes bordas estão aplicadas a diferentes células na seleção.

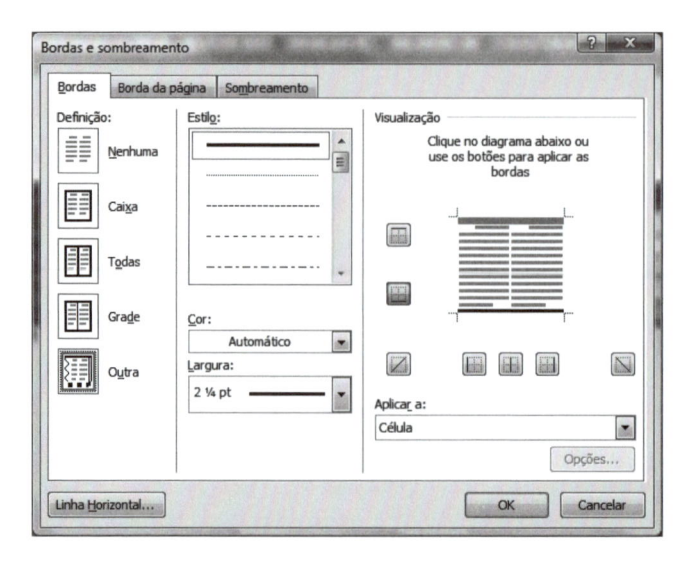

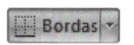

Capítulo 5 ● Apresentando informações em colunas e tabelas   **185**

8. Na área **Visualização**, clique na borda inferior do diagrama duas vezes para remover todas as bordas inferiores.
9. Clique na seta de **Cor** e, em seguida, sob **Cores do Tema**, clique na caixa preta (**Preto, Texto 1**).
10. Clique na seta **Largura** e, em seguida, na lista, clique em **2 1/4 pt**.
11. Na área **Visualização**, clique na borda inferior do diagrama e, em seguida, clique em **OK**.

   Agora, a tabela tem a mesma borda nas partes superior e inferior.

12. Selecione as células vazias na linha *Ponto A*. No grupo **Estilos de Tabela**, clique na seta **Sombreamento** e, em seguida, sob **Cores do Tema**, clique na caixa vinho mais clara (**Vermelho, Ênfase 2, Mais Claro 80%**).
13. Repita o passo 12 para todas as células em branco restantes da tabela.

B
Negrito

14. Selecione o traço da célula que está na junção da coluna *Ponto A* com a linha *Ponto A*, mantenha a tecla Ctrl pressionada e selecione os outros quatro traços.
15. Na **Minibarra de Ferramentas**, clique na seta de **Cor da Fonte** e, em seguida, sob **Cores Padrão** na paleta, clique na caixa vermelha brilhante.

> **Solução de problemas** Se a Minibarra de Ferramentas não aparecer, clique na seta Cor da Fonte no grupo Fonte da guia Início.

¶
Mostrar/ocultar

16. Clique fora da tabela para liberar a seleção e, em seguida, no grupo **Parágrafo**, clique no botão **Mostrar/ocultar ¶** para ocultar os caracteres não imprimíveis.

   Agora você pode ver se a tabela exibe bem os seus dados.

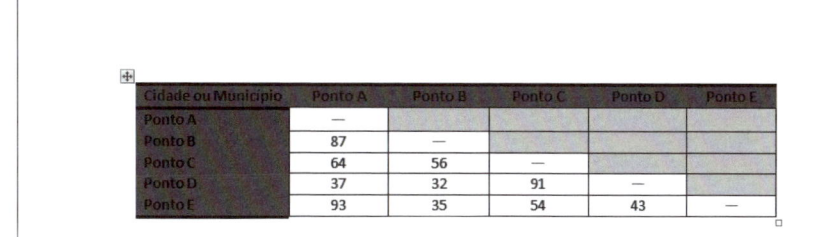

Cidade ou Município	Ponto A	Ponto B	Ponto C	Ponto D	Ponto E
Ponto A	—				
Ponto B	87	—			
Ponto C	64	56	—		
Ponto D	37	32	91	—	
Ponto E	93	35	54	43	—

> **FECHE** o documento sem salvar suas alterações.

Efetuando cálculos em uma tabela

Quando quiser efetuar um cálculo sobre números em uma tabela do Word, você pode criar uma *fórmula* que utilize uma função matemática interna. Você constrói uma fórmula usando as ferramentas da caixa de diálogo Fórmula, que você pode acessar clicando em Fórmula no grupo Dados da guia contextual Layout. Uma fórmula consiste em um sinal de igual (=), seguido por um nome de função (como SUM), seguido de parênteses contendo a localização das células nas quais você deseja efetuar o cálculo. Por exemplo, a fórmula =SUM(LEFT) totaliza as células à esquerda da célula que contém a fórmula.

Para usar uma função que não seja SUM na caixa de diálogo Fórmula, clique na função desejada na lista Colar função. Você pode usar funções para efetuar vários cálculos, incluindo tirar a média (AVERAGE) de um conjunto de valores, contar (COUNT) o número de valores em uma coluna ou linha, ou encontrar o valor máximo (MAX) ou mínimo (MIN) em uma série de células.

> ### Criando estilos de tabela
>
> Se nenhum dos estilos de tabela predefinidos atender às suas necessidades, você pode criar seus próprios estilos de tabelas de maneira muito parecida com o modo que cria estilos para texto normal.
>
> Para criar um estilo de tabela:
>
> 1. Na guia **Design**, no grupo **Estilos de Tabela**, clique no botão **Mais** e, em seguida, clique em **Novo Estilo de Tabela**.
>
>   A caixa de diálogo Criar Novo Estilo a Partir da Formatação abre.
>
> 2. Na caixa **Nome**, digite um nome para o novo estilo.
>
> 3. Clique na seta de **Aplicar formatação a** e, na lista, selecione o elemento da tabela para o qual você está criando o novo estilo.
>
> 4. Selecione as opções de formatação desejadas, até que a tabela mostrada na área de visualização esteja da maneira que você quer.
>
> 5. Se você quiser que o estilo esteja disponível para tabelas em outros documentos baseados nesse modelo, selecione essa opção e, em seguida, clique em **OK**.
>
> Para aplicar um estilo de tabela personalizado:
>
> 1. Selecione o elemento da tabela no qual você deseja aplicar o novo estilo.
>
> 2. Na guia **Design**, no grupo **Estilos de Tabela**, clique no botão **Mais** e, sob **Personalizado**, clique na miniatura de seu estilo personalizado.

Embora as fórmulas normalmente se refiram às células acima ou à esquerda da célula ativa, você também pode usar o conteúdo de células especificadas ou valores constantes nas fórmulas. Para usar o conteúdo de uma célula, você digita o ***endereço da célula*** nos parênteses após o nome da função. O endereço da célula é uma combinação da letra da coluna e do número da linha – por exemplo, A1 é a célula que está na interseção da primeira coluna e da primeira linha. Uma série de células em uma linha pode ser endereçada como um intervalo, consistindo na primeira célula e na última célula, separadas por dois-pontos, como A1:D1. Por exemplo, a fórmula =SUM(A1:D1) totaliza os valores da linha 1, das colunas A a D. Uma série de células em uma coluna pode ser endereçada da mesma maneira. Por exemplo, a fórmula =SUM(A1:A4) totaliza os valores da coluna A, das linhas 1 a 4.

Quando as funções não atendem suas necessidades, você pode inserir uma planilha do Microsoft Office Excel em um documento do Word. Parte do sistema Microsoft Office, o Excel inclui funções sofisticadas para efetuar cálculos matemáticos, de contabilidade e estatísticos. Por exemplo, você pode usar uma planilha do Excel para calcular pagamentos de empréstimo com diversas taxas de juro. Você pode inserir dados de planilha do Excel em um documento do Word das seguintes maneiras:

- **Copiando e colando**. Você pode abrir o Excel, inserir os dados e as fórmulas e, em seguida, copiar e colar os dados como uma tabela em um documento do Word. Os dados são colados como texto normal, com as fórmulas convertidas em seus resultados.

- **Vinculando**. Enquanto cola dados de planilha do Excel em um documento do Word, você pode vincular a versão do documento à planilha original. Então, você pode clicar duas vezes no objeto vinculado, no documento, para abrir a planilha de origem no Excel para edição. Após editar e salvar a planilha, você pode voltar ao documento, clicar no objeto vinculado com o botão direito do mouse e, em seguida, clicar em Atualizar vínculo para exibir a versão editada dos dados.

- **Incorporando**. Você pode criar uma planilha do Excel diretamente em um documento do Word clicando no botão Tabela no grupo Tabelas da guia Inserir e, em seguida, clicando em Planilha do Excel. A planilha é criada como um objeto com cabeçalhos de linha e coluna do Excel, e as guias e grupos do Excel substituem os do Word para que você possa inserir dados e manipulá-los usando o Excel.

> **Dica** Se você alterar um valor em uma tabela do Word, deverá recalcular as fórmulas manualmente. Se você alterar um valor em uma planilha do Excel, as fórmulas serão recalculadas automaticamente.

Neste exercício, você vai efetuar alguns cálculos em uma tabela do Word. Em seguida, vai copiar e colar dados de planilha, vincular os mesmos dados e inseri-los em um objeto do Excel para que possa ver as três diferentes maneiras de trabalhar com dados do Excel.

> **USE** o documento *05_Calculations* e a pasta de trabalho *05_LoanData*. Esses arquivos de exercício estão localizados na pasta *Chapter05*, sob *SBS_Word2007*.
>
> **ABRA** a pasta de trabalho *05_LoanData* no Excel e, em seguida, abra o documento *05_Calculations* no Word.

1. Salve o arquivo na pasta *Chapter05* com o nome **Meus Cálculos**. 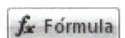
2. Na tabela exibida no documento, clique na célula abaixo do cabeçalho de coluna *Total* e, na guia contextual **Layout**, no grupo **Dados**, clique no botão **Fórmula**.

   A caixa de diálogo Fórmula abre.

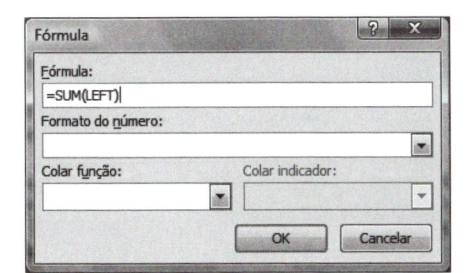

3. Selecione o conteúdo da caixa Fórmula e, em seguida, digite **=C2*B2**.
4. Clique na seta **Formato do número** e, na lista, clique em **R$#.##0,00;(R$#.##0,00)**.
5. Na caixa **Formato do número**, exclua **,00** das partes positiva e negativa do formato e, em seguida, clique em **OK**.

   Você disse ao Word para multiplicar o primeiro valor em reais sob *Preço Unitário* pela quantidade na mesma linha e para exibir o resultado como um valor inteiro, em reais. O Word insere o resultado, R$60.000, na célula que contém a fórmula.

Memorando

Para: Nate Sun
De: Shelley Dyck
Data: 19 de Outubro de 2007
Assunto: Proposta de Aquisição de Caminhão de Entrega

Obrigado por se reunir comigo para discutirmos a possibilidade de adquirirmos caminhões de entrega, em vez de continuarmos nosso acordo de arrendamento atual. Reuni algumas informações para sua análise. A tabela abaixo é uma estimativa de custo dos caminhões de entrega que proponho adquirirmos. Ela deve dar uma idéia do custo global.

Mobília	Quantidade	Preço Unitário	Total
Caminhão de 3,5 m	2	R$30.000	R$60.000
Caminhão de 7 m	1	R$45.000	
Van	2	R$25.000	
		Total	

A melhor taxa de juros que pude encontrar para venda de frota é de 5%. O quadro de pagamentos para um empréstimo de R$155.000,00, por três anos, está mostrado na planilha do Excel em anexo.

6. Repita os passos 2 a 5 para as duas células seguintes sob *Total*, ajustando os endereços de célula apropriadamente.

7. Na célula **B4**, mude **2** para **3**, clique com o botão direito do mouse na fórmula da célula **D4** e, em seguida, clique em **Atualizar campo**.

   O Word recalcula a fórmula e insere o novo resultado, R$75.000, na célula.

8. Altere o **Preço Unitário** de **Caminhão de 7 m** para **R$42.500** e, em seguida, atualize o total correspondente.

9. Clique na célula **D5** e, no grupo **Dados**, clique no botão **Fórmula**.

10. Com **=SUM(ABOVE)** na caixa **Fórmula**, configure o **Formato do número** para valores inteiros em reais (seguindo o método dos passos 3 e 4) e, em seguida, clique em **OK**.

    Você disse para o Word somar os valores na coluna *Total*. O Word insere o resultado, R$177.500, na célula que contém a fórmula.

Memorando

Para: Nate Sun
De: Shelley Dyck
Data: 19 de Outubro de 2007
Assunto: Proposta de Aquisição de Caminhão de Entrega

Obrigado por se reunir comigo para discutirmos a possibilidade de adquirirmos caminhões de entrega, em vez de continuarmos nosso acordo de arrendamento atual. Reuni algumas informações para sua análise. A tabela abaixo é uma estimativa de custo dos caminhões de entrega que proponho adquirirmos. Ela deve dar uma idéia do custo global.

Mobília	Quantidade	Preço Unitário	Total
Caminhão de 3,5 m	2	R$30.000	R$60.000
Caminhão de 7 m	1	R$42.500	R$42.500
Van	3	R$25.000	R$75.000
		Total	R$177.500

11. Pressione Ctrl+End para ir até o final do documento e, na barra de tarefas do Windows, clique no botão **Microsoft Excel**.

> **Solução de problemas** Se a barra de tarefas do Windows estiver oculta, aponte para a parte inferior da tela a fim de que a barra de tarefas apareça, e, assim, você possa clicar no botão Microsoft Excel.

12. Em **Plan1** na pasta de trabalho *05_LoanData*, selecione as células **A1:B8**, arrastando o cursor sobre elas. Em seguida, na guia **Início**, no grupo **Área de Transferência**, clique no botão **Copiar**.

    Os dados da planilha são copiados na Área de Transferência. De lá, eles podem ser colados em qualquer programa do Microsoft Office.

13. Exiba novamente o documento *Meus Cálculos*. Em seguida, na guia **Início**, no grupo **Área de Transferência**, clique no botão **Colar**.

    O Word cola uma cópia dos dados da planilha como uma tabela no documento.

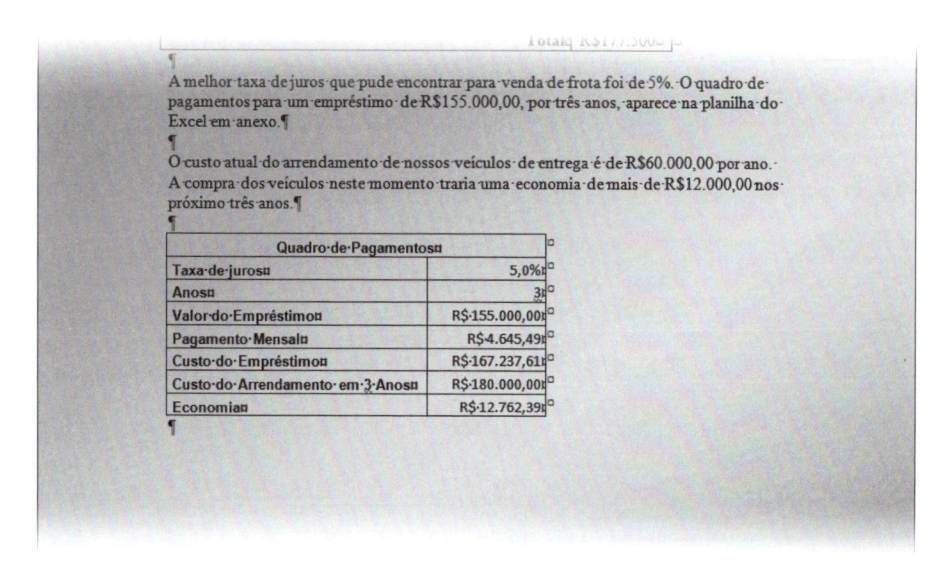

14. Pressione Enter e, em seguida, no grupo **Área de Transferência**, clique na seta de **Colar** e clique em **Colar Especial**.

    A caixa de diálogo Colar especial abre.

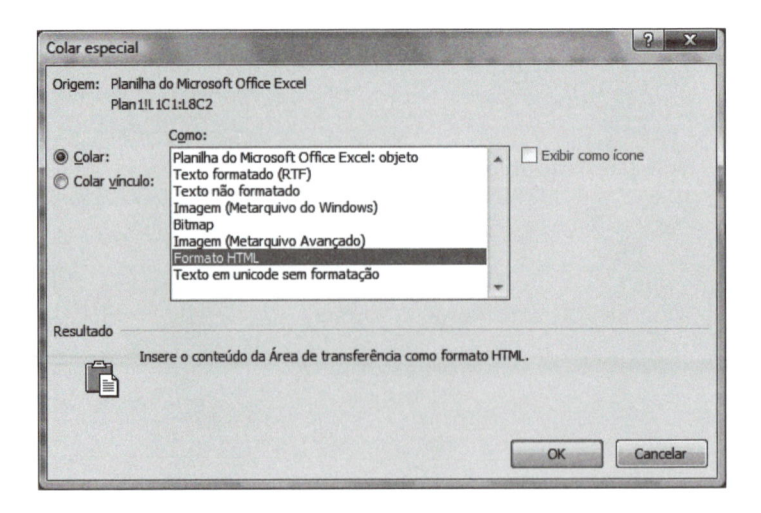

15. Na lista **Como**, clique em **Planilha do Microsoft Office Excel: objeto**, selecione a opção **Colar vínculo** e, em seguida, clique em **OK**.

O Word cola uma segunda cópia dos dados da planilha como uma tabela vinculada em uma nova página.

16. Clique duas vezes na nova tabela.

A planilha vinculada abre no Excel.

17. Clique na célula **B2**, digite **6** e, em seguida, pressione [Enter].

> **Solução de problemas**   Se alguém já tiver trabalhado neste exercício usando os arquivos do seu computador, talvez 6,0% já apareça na célula B2. Nesse caso, altere o valor para 5,0%.

O Excel recalcula as fórmulas na planilha para refletir a nova taxa de juros.

18. Salve e feche a pasta de trabalho, e encerre o Excel.

19. No Word, clique com o botão direito do mouse na tabela vinculada e, em seguida, clique em **Atualizar vínculo**.

O Word atualiza a tabela para refletir a alteração que você fez nos dados da planilha.

20. Pressione [Ctrl]+[End] para ir até o final do documento, pressione [Enter] duas vezes para adicionar algum espaço e, em seguida, salve o documento.

21. Na guia **Inserir**, no grupo **Tabelas**, clique no botão **Tabela** e, em seguida, clique em **Planilha do Excel**.

O Word insere um objeto do Excel no documento.

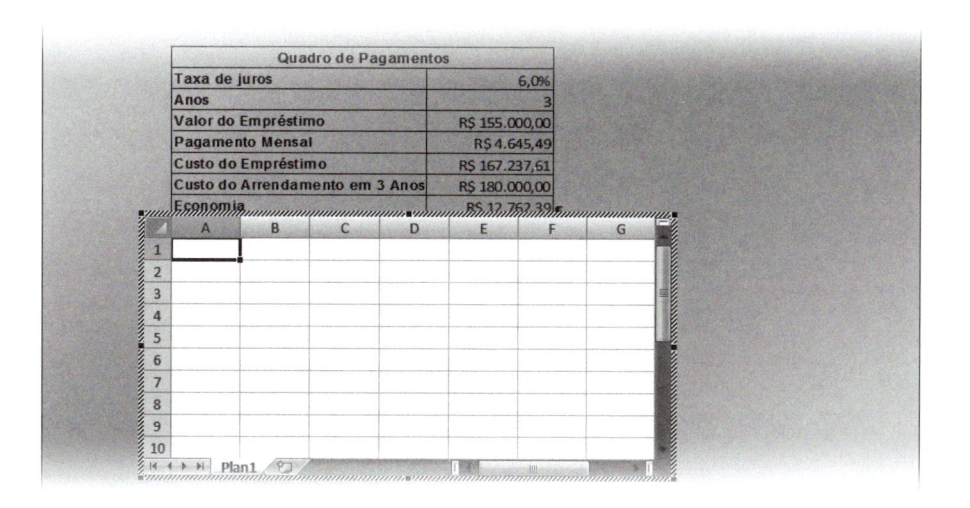

Quadro de Pagamentos	
Taxa de juros	6,0%
Anos	3
Valor do Empréstimo	R$ 155.000,00
Pagamento Mensal	R$ 4.645,49
Custo do Empréstimo	R$ 167.237,61
Custo do Arrendamento em 3 Anos	R$ 180.000,00
Economia	R$ 12.762,39

22. Na linha **1**, digite **Juros**, pressione Tab e, em seguida, digite **5%**.
23. Digite o seguinte nas linhas **2**, **3** e **4**:

    2 **Anos** Tab **3**

    3 **Valor** Tab **R$ 155.000,00**

    4 **Pagamento** Tab

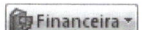

24. Com a célula **B4** ativa, na guia **Fórmulas**, no grupo **Biblioteca de Funções**, clique no botão **Financeira**, role pela lista e, em seguida, clique em **PGTO**.

    O Excel insere =PGTO() na célula B4 e depois abre a caixa de diálogo Argumentos da função para que você possa inserir as informações necessárias para calcular o pagamento mensal de um empréstimo de R$155.000,00 a uma taxa de juros de 5% por três anos.

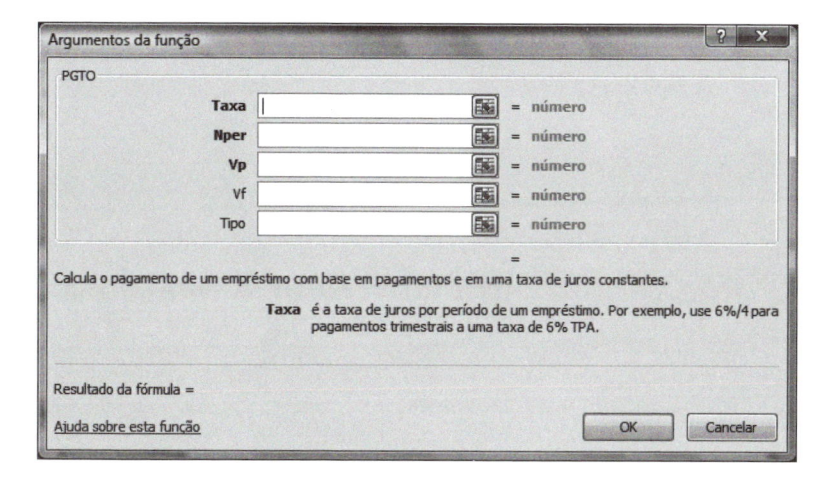

25. Na caixa **Taxa**, digite **B1/12** (a taxa anual por mês), na caixa **Nper**, digite **B2*12** (o número de anos expressos como meses) e, na caixa **Vp**, digite **B3**. Em seguida, clique em **OK**.

    O Excel calcula a fórmula e insere o resultado, R$4.645,49, expresso como um valor negativo, pois é dinheiro que você está desembolsando.

    > **Dica** Para expressar o pagamento como um valor positivo, você pode inserir um sinal de menos entre o sinal de igual e PGTO na fórmula.

26. Arraste a alça preta no canto inferior direito do objeto do Excel para cima e para a esquerda, até que a moldura do objeto tenha apenas o tamanho suficiente para incluir as células que contêm os dados. Em seguida, clique em uma área em branco da página para desativar o objeto.

    O objeto aparece na página como uma tabela, com bordas quase invisíveis em torno de suas células.

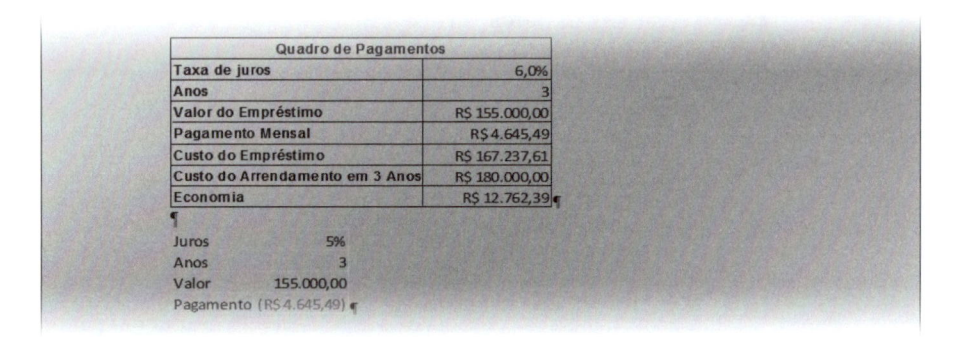

Quadro de Pagamentos	
Taxa de juros	6,0%
Anos	3
Valor do Empréstimo	R$ 155.000,00
Pagamento Mensal	R$ 4.645,49
Custo do Empréstimo	R$ 167.237,61
Custo do Arrendamento em 3 Anos	R$ 180.000,00
Economia	R$ 12.762,39

    Juros   5%
    Anos   3
    Valor   155.000,00
    Pagamento (R$ 4.645,49)

27. Clique duas vezes no objeto para ativá-lo no Excel novamente, altere a entrada da célula **B1** para **7%**, pressione `Enter` e, em seguida, clique em uma área em branco da página.

    As fórmulas do objeto atualizaram o pagamento mensal para refletir a alteração.

> **FECHE** o documento *Meus Cálculos* sem salvar suas alterações.

Usando uma tabela para controlar o leiaute da página

A maioria das pessoas está acostumada a pensar em uma tabela como uma maneira de exibir dados em um formato rápido e fácil de entender. Mas as tabelas também podem servir para organizar suas páginas de maneiras criativas. Por exemplo, suponha que você queira exibir duas tabelas, uma ao lado da outra. A maneira mais simples de fazer isso é primeiro criar uma tabela com um linha alta e duas colunas largas, sem linhas de grade. Depois, você pode inserir uma tabela na primeira célula e a outra na segunda célula. Essas ***tabelas aninhadas*** aparecerão organizadas lado a lado.

Memorando

Para: Nate Sun
De: Shelley Dyck
Data: 19 de Outubro de 2007
Assunto: Comparações de empréstimo

A seguir está uma comparação de dois empréstimos para veículos de entrega.

Quadro de Pagamentos	
Taxa de juros	3.6%
Anos	3
Valor do Empréstimo	R$155.000,00
Pagamento Mensal	R$4.548,69
Custo do Empréstimo	R$163.752,79
Custo do Arrendamento por 3 Anos	R$180.000,00
Economia	R$16.247,21

Quadro de Pagamentos	
Taxa de juros	5,0%
Anos	3
Valor do Empréstimo	R$ 155.000,00
Pagamento Mensal	R$ 4.645,49
Custo do Empréstimo	R$ 167.237,91
Custo do Arrendamento por 3 Anos	R$ 180.000,00
Economia	R$ 12.762,39

Decidindo como inserir dados do Excel

Para decidir como inserir dados do Excel em um documento do Word, você precisa entender como os programas do sistema Microsoft Office integram dados de fontes externas. Entender isso permitirá que você decida como vai usar as informações criadas em qualquer outro programa do Office e não apenas no Excel.

Se você não precisa manter uma conexão com a planilha Excel de origem e os dados são simples o bastante para serem editados no Word, copie-os e cole-os.

Se você precisa manter uma conexão com a planilha Excel de origem ou se precisa manipular os dados no Excel após incorporá-los no documento do Word, use a tecnologia de vinculação e incorporação da Microsoft para inserir um **objeto** (um arquivo ou parte de um arquivo) criado no Excel em um documento criado no Word. Às vezes, o objeto é chamado de **arquivo de origem** e o documento no qual você está inserindo as informações é chamado de **arquivo de destino**. A diferença entre vinculação e incorporação é o tipo de conexão mantida entre os arquivos de origem e de destino, como segue:

- Um **objeto vinculado** é exibido no arquivo de destino, mas seus dados são armazenados no arquivo de origem. Se quiser alterar os dados, você faz isso no arquivo de origem. Em seguida, quando você abrir o arquivo de destino, o objeto vinculado será atualizado para refletir a alteração.

- Um **objeto incorporado** é exibido no arquivo de destino e seus dados são armazenados lá. Se quiser atualizar os dados, faça isso no arquivo de destino usando o programa de origem.

Escolher entre vincular ou incorporar um objeto depende de você precisar que as informações no arquivo de destino sejam sempre iguais às informações do arquivo de origem. Se precisar, é melhor vincular o objeto, para que não seja necessário atualizar os dados manualmente em dois lugares.

Assim como nas tabelas normais, você pode criar uma tabela aninhada desde o início, formatar informações existentes ou inserir dados do Excel. Você também pode formatar uma tabela aninhada manualmente ou usar um dos estilos de tabela prontos do Word.

> **Dica** As tabelas podem ser usadas para organizar uma mistura de elementos, como texto, tabelas, gráficos e diagramas. Para obter mais informações, consulte o livro *Advanced Documents Inside Out* (Microsoft Press, 2007).

Ao criar uma tabela para conter outros elementos, é recomendável usar o recurso de desenho de tabela do Word. Se você clicar em Desenhar Tabela, abaixo da grade exibida quando clica no botão Tabela, o ponteiro do mouse mudará para um lápis, com o qual você pode desenhar células na página. Você pode configurar a tabela recipiente visualmente, sem ter de se importunar com caixas de diálogo e dimensões precisas, enquanto está projetando o leiaute. Em seguida, depois que tudo estiver configurado da maneira desejada, você pode usar a caixa de diálogo Propriedades da tabela para definir precisamente as especificações da tabela.

Neste exercício, você vai desenhar uma tabela para conter duas outras tabelas. Então, você vai inserir e formatar as tabelas aninhadas.

> **USE** a pasta de trabalho *06_Loan* e os documentos *06_Memo* e *06_TableAsLayout*. Esses arquivos de exercícios estão localizados na pasta *Chapter05*, sob *SBS_Word2007*.
>
> **NÃO ESQUEÇA DE** exibir os caracteres não imprimíveis antes de iniciar este exercício.
>
> **ABRA** a pasta de trabalho *06_Loan* no Excel e, em seguida, abra o documento *06_Memo* e o documento *06_TableAsLayout* no Word.

1. Antes de começar, salve uma cópia do documento *06_TableAsLayout* na subpasta *Chapter05*, como **Minhas Tabelas Aninhadas**.

   > **Solução de problemas** As operações que você executa neste exercício utilizam muitos recursos de seu computador. Você vai ter resultados melhores se salvar o documento *Minhas Tabelas Aninhadas* regularmente.

2. No documento *Minhas Tabelas Aninhadas*, na guia **Inserir**, no grupo **Tabelas**, clique no botão **Tabela** e, em seguida, clique em **Desenhar Tabela**.

   O ponteiro do mouse torna-se um lápis.

3. Aponte abaixo da última marca de parágrafo no documento e arraste na horizontal e para baixo para criar uma célula com cerca de 7,5 cm de largura por 4 cm de altura.

   > **Dica** A posição do lápis é marcada com guias nas réguas horizontal e vertical. Você pode usar essas guias para ajudá-lo a desenhar células de dimensões específicas.

4. Aponte para o canto superior direito da célula (não é necessário ser preciso) e arraste para criar outra célula com cerca do mesmo tamanho da primeira.

   Quando você solta o botão do mouse, o Word junta as duas células para criar a estrutura de uma tabela.

Lucerne Publishing
Memorando

Para: Nate Sun
De: Shelley Dyck
Data: 19 de Outubro de 2007
Assunto: Comparações de empréstimo

A seguir está uma comparação de dois empréstimos para veículos de entrega.

5. Na guia **Exibição**, no grupo **Janela**, clique no botão **Alternar Janelas** e, em seguida, clique em *06_Memo*.
6. Role até o final da página, clique em qualquer parte da tabela *Quadro de Pagamentos* e, na guia **Layout**, no grupo **Tabela**, clique em **Selecionar** e, em seguida, clique em **Selecionar Tabela**.
7. Na guia **Início**, no grupo **Área de Transferência**, clique no botão **Copiar**. 
8. Troque para o documento *Minhas Tabelas Aninhadas*, clique com o botão direito do mouse na primeira célula da tabela e, em seguida, clique em **Colar como tabela aninhada**.

    O Word insere a tabela que você copiou na célula e ajusta o tamanho da tabela recipiente de acordo com o tamanho da tabela aninhada.

9. Na barra de tarefas do Windows, clique no botão **Microsoft Excel** para ativar Plan1 da pasta de trabalho *06_Loan*, selecione as células **A1:B8** e, em seguida, na guia **Início**, no grupo **Área de Transferência**, clique no botão **Copiar**. 
10. Volte para o documento *Minhas Tabelas Aninhadas*, clique na segunda célula da tabela e, em seguida, na guia **Início**, no grupo **Área de Transferência**, clique no botão **Colar**.

    O Word insere os dados da planilha como uma tabela aninhada na célula.

> **Solução de problemas** Se a tabela colada não aparecer na tabela recipiente, minimize a janela de documento e depois a maximize.

11. Mova o ponteiro do mouse para a área de seleção adjacente à tabela recipiente e, em seguida, clique para selecionar suas duas células.

Bordas

12. Na guia **Início**, no grupo **Parágrafo**, clique na seta **Bordas** e, em seguida, na lista, clique em **Sem borda**.

    O Word remove as bordas das células recipientes.

13. Clique em qualquer parte da tabela da esquerda e, na guia contextual **Design**, no grupo **Opções de Estilo de Tabela**, marque as caixas de seleção **Linha de Cabeçalho** e **Linha de Totais** e desmarque todas as outras caixas de seleção.

14. No grupo **Estilos de Tabela**, exiba a galeria **Estilos de Tabela** e clique na miniatura de um estilo de tabela que você queira aplicar na tabela aninhada.

    Usamos Lista Clara – Ênfase 4.

15. Repita os passos 13 e 14 para formatar a tabela da direita, talvez usando um estilo de tabela semelhante, com uma cor diferente.

    Usamos Lista Clara – Ênfase 6.

16. Desative os caracteres não imprimíveis para ver os resultados.

    Agora, as tabelas aninhadas aparecem como no início deste tópico.

> **FECHE** o documento *Minhas Tabelas Aninhadas*, salvando suas alterações. Em seguida, feche o documento *06_Memo* e, se você não for ler agora o próximo capítulo, encerre o Word. Finalmente, feche a pasta de trabalho *06_Loan* sem salvar as alterações e encerre o Excel.

Pontos principais

- Para variar o leiaute de um documento, você pode dividir o texto em colunas.
- Se seus dados são simples, você pode criar a aparência de uma tabela usando tabulações para configurar os dados como uma lista tabular.
- O Word vem com tabela rápidas, que você pode usar como ponto de partida para criar formatos de tabela profissionais e fáceis de ler.
- Se você já tiver criado uma tabela, pode formatá-la rapidamente aplicando um estilo de tabela. Você pode aprimorar o estilo aplicando atributos de texto, bordas e sombreamento.
- É fácil construir fórmulas que efetuam cálculos simples no Word. Para cálculos mais complexos, você pode criar uma planilha do Excel e, então, inserir os dados da planilha como uma tabela no documento do Word.
- As tabelas são ferramentas excelentes para organizar diferentes tipos de informações na página. Usando tabelas de maneiras criativas, você pode dispor as informações em organizações não lineares para uma fácil comparação ou análise.

Insira e modifique imagens, **página 200**

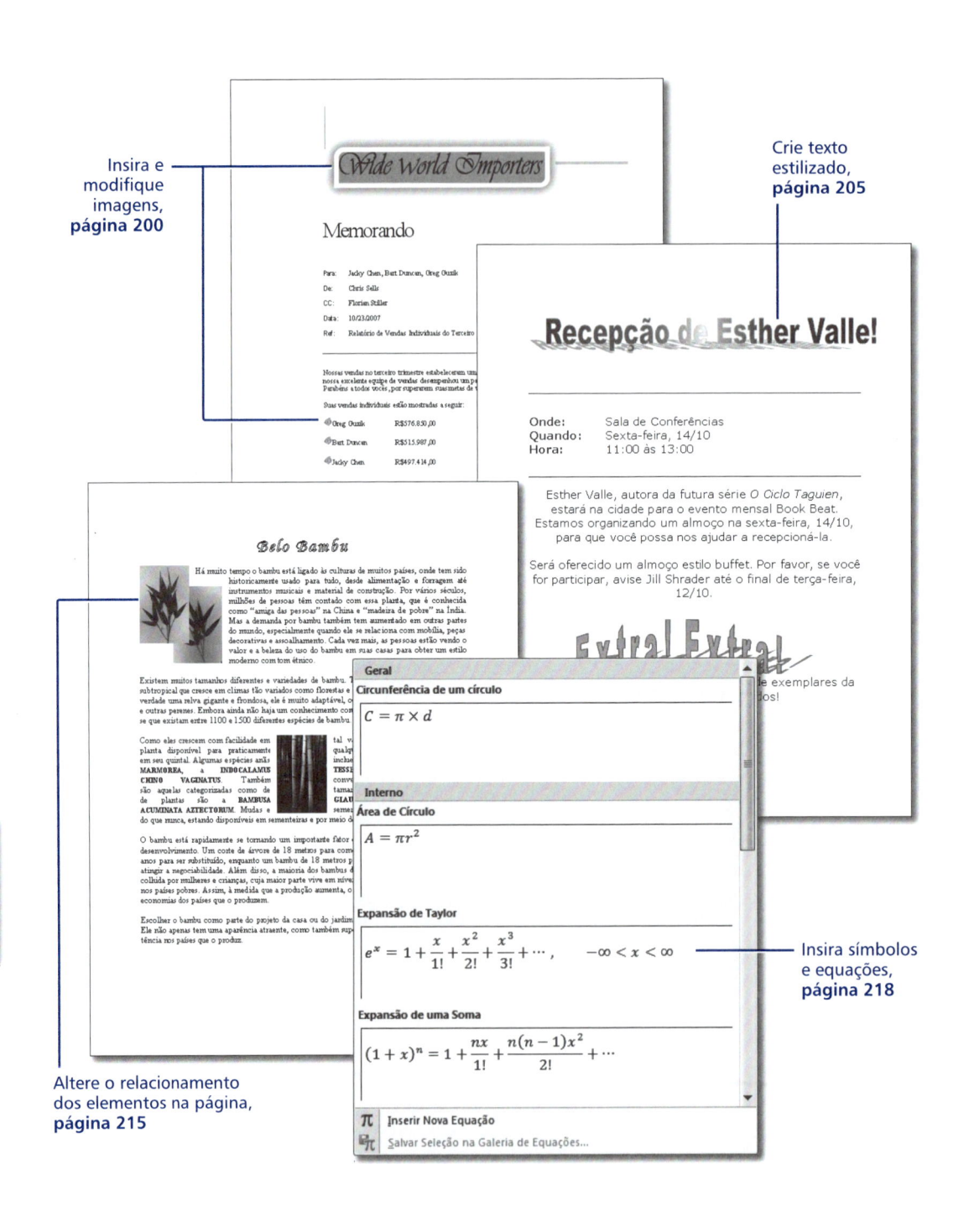

Crie texto estilizado, **página 205**

Altere o relacionamento dos elementos na página, **página 215**

Insira símbolos e equações, **página 218**

Visão Rápida do Capítulo 6

Capítulo 6

Trabalhando com elementos gráficos, símbolos e equações

Neste capítulo, você vai aprender a:
- Inserir e modificar imagens.
- Criar texto estilizado.
- Desenhar e modificar formas.
- Alterar o relacionamento dos elementos na página.
- Inserir símbolos e equações.

Alguns documentos contêm informações simples que não exigem mais do que palavras. Outros precisam da adição de elementos gráficos para reforçar seus conceitos ou torná-los mais chamativos ou visualmente atraentes.

Os *elementos gráficos* incluem uma ampla variedade de imagens, entre elas figuras e objetos de desenho. As *imagens* são elementos gráficos criados fora do Word – uma fotografia escaneada, clip-art ou um arquivo criado em um computador com um programa gráfico. *Objetos de desenho* são elementos gráficos criados dentro do Word – uma forma, um diagrama, uma linha ou texto de WordArt. Você pode usar os botões da guia Inserir para inserir imagens e desenhar diferentes tipos de objetos. Independentemente da origem do elemento gráfico, você pode alterar sua posição e o modo como ele se relaciona com outros elementos na página.

Assim como os outros elementos gráficos, símbolos podem adicionar informações visuais ou tornar um documento interessante. Entretanto, eles são diferentes dos outros elementos gráficos, pois são caracteres associados a uma fonte em particular. As equações não são elementos gráficos – são fórmulas matemáticas precisamente representadas; contudo, são semelhantes aos elementos gráficos no sentido de poderem ser exibidas com o texto ao redor ou em seus próprios espaços, com texto acima e abaixo delas.

Neste capítulo, você vai inserir e modificar imagens, criar objetos de WordArt e desenhar formas para criar uma imagem simples. Você vai modificar a quebra automática de texto, a posição e a ordem de empilhamento das imagens em um documento. Por fim, você também vai inserir um símbolo e construir uma equação simples.

Consulte também Você precisa de uma recapitulação rápida sobre os tópicos deste capítulo? Veja as entradas da Consulta rápida nas páginas 35–61.

Importante Antes de usar os arquivos de exercícios deste capítulo, você precisa instalá-los do CD que acompanha o livro para um local padrão. Consulte "Utilizando o CD-ROM deste livro", na página xxi, para obter mais informações.

> **Solução de problemas** As figuras e as instruções relacionadas ao sistema operacional deste livro refletem a interface do usuário do Windows Vista. Se seu computador estiver executando o Microsoft Windows XP e você enfrentar dificuldades para seguir as instruções, consulte a seção "Informações para os leitores que usam o Windows XP", no início deste livro.

Inserindo e modificando imagens

Você pode inserir fotografias escaneadas ou imagens criadas em praticamente qualquer programa em um documento do Word. Dois botões no grupo Ilustrações da guia Inserir podem ser usados para especificar a origem da imagem, como segue:

- **Imagem**. Clique neste botão para inserir uma imagem de um arquivo. Se uma câmera digital estiver conectada ao seu computador, você também poderá inserir uma imagem diretamente da câmera.

- **Clip-art**. Clique neste botão para inserir uma das centenas de imagens de clip-art que acompanham o Word, como fotos e desenhos de pessoas, lugares e coisas.

    Consulte também Para obter mais informações sobre organização de clip-art, consulte o quadro intitulado "Organizando clipes", posteriormente neste capítulo.

Após inserir uma imagem em um documento, você pode modificá-la usando os botões da guia contextual Formatar, que é exibida somente quando uma imagem ou objeto de desenho é selecionado. Por exemplo, você pode usar os botões do grupo Ajustar para alterar o brilho e o contraste da imagem, recolori-la e compactá-la para reduzir o tamanho do documento que a contém. O grupo Estilos de Imagem oferece uma ampla variedade de estilos que você pode aplicar a uma imagem para mudar sua forma e sua orientação, assim como adicionar bordas e efeitos de imagem. O grupo Organizar possui botões para mover e agrupar imagens na página. Finalmente, você pode usar os botões do grupo Tamanho para cortar e redimensionar imagens.

Neste exercício, você vai inserir e modificar uma imagem. Depois, você vai inserir, dimensionar, mover e copiar uma imagem de clip-art.

> **USE** o documento *01_Picture* e o elemento gráfico *01_Logo*. Esses arquivos de exercícios estão localizados na subpasta *Chapter06* sob *SBS_Word2007*.
>
> **NÃO ESQUEÇA DE** iniciar o Word e exibir as réguas e os caracteres não imprimíveis antes de iniciar este exercício.
>
> **ABRA** o documento *01_Picture*.

1. Com o ponto de inserção no início da página, na guia **Inserir**, no grupo **Ilustrações**, clique no botão **Imagem**.

    A caixa de diálogo Inserir imagem abre, exibindo o conteúdo de sua pasta *Imagens*.

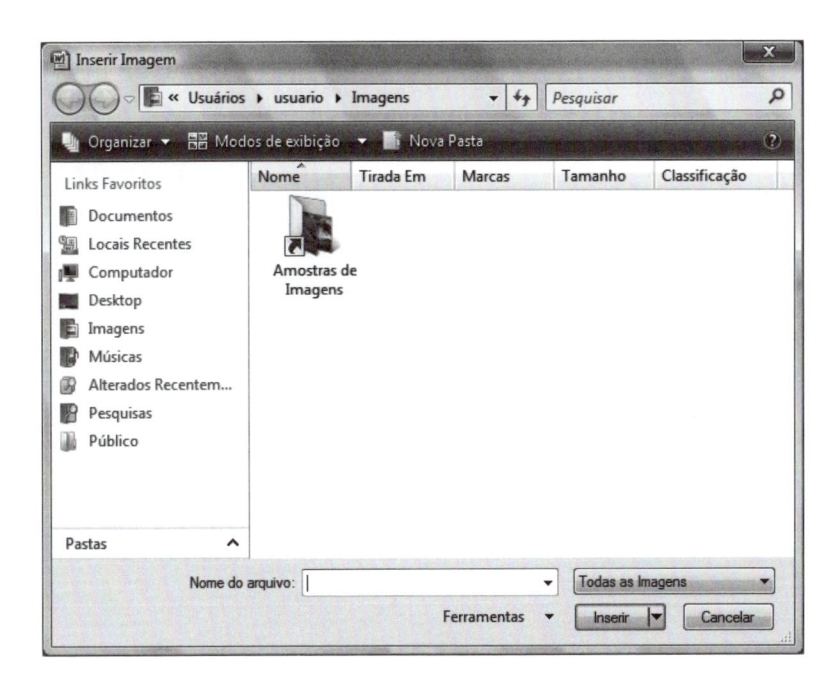

Capítulo 6 • Trabalhando com elementos gráficos, símbolos e equações   **201**

2. No painel **Links Favoritos**, clique em **Documentos**. Em seguida, clique duas vezes em **MSP**, clique duas vezes em **SBS_Word2007**, clique duas vezes em **Chapter06** e clique duas vezes em *01_Logo*.

   O Word insere a imagem no ponto de inserção e exibe a guia contextual Formatar na Faixa de Opções.

3. No canto inferior direito do elemento gráfico, aponte para a alça (o círculo) e, quando ela mudar para uma seta dupla, clique e arraste para cima e para a esquerda, até que a moldura da sombra do elemento gráfico esteja aproximadamente na marca de 11,5 cm na régua horizontal.

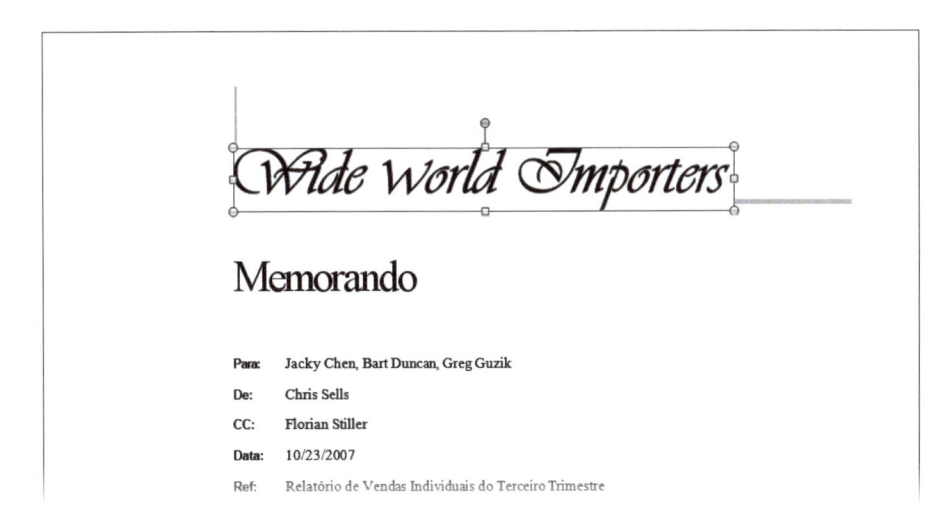

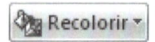

4. Na guia contextual **Formatar**, no grupo **Ajustar**, clique no botão **Recolorir**.
5. Na galeria **Recolorir**, sob **Variações de Tom Claro**, clique na segunda miniatura (**Cor de ênfase 1 - Tom Claro**).

   A cor da imagem muda.
6. No grupo **Ajustar**, clique no botão **Brilho**.
7. Na galeria **Brilho**, aponte para cada opção para visualizar seu efeito e, em seguida, clique em **+10%**.
8. No grupo **Ajustar**, clique no botão **Contraste** e, em seguida, na galeria **Contraste**, clique em **-30%**.

> **Dica** Você pode ajustar o brilho e o contraste de uma imagem clicando em Opções de Correção de Imagem na parte inferior da galeria Brilho ou da galeria Contraste. A caixa de diálogo Formatar Imagem abre, com a página Imagem ativa. Arraste o controle deslizante ou altere a porcentagem clicando na seta para cima ou para baixo. Se você quiser restaurar a imagem original, mas não se lembrar de quais alterações fez, clique em Redefinir imagem para descartar todas as alterações feitas.

9. Na guia **Formatar**, no grupo **Estilos de Imagem**, clique no botão **Mais**.

   A galeria Estilos de Imagem abre.

10. Na galeria, aponte para cada miniatura por vez para ver seus efeitos. Em seguida, clique na quarta miniatura da terceira linha (**Canto Diagonal Arredondado, Branco**) e clique fora do elemento gráfico.

    Agora, o logotipo tem uma perspectiva tridimensional.

Capítulo 6 • Trabalhando com elementos gráficos, símbolos e equações **203**

11. Role para baixo no documento até ver a lista tabular e clique no final do parágrafo *Greg Guzik*.
12. Na guia **Inserir**, no grupo **Ilustrações**, clique no botão **Clip-art**.
13. No painel de tarefas **Clip-art**, selecione a entrada atual na caixa **Procurar por** (ou clique na caixa, se não houver uma entrada), digite **símbolos** e clique em **Ir**.

> **Solução de problemas** Se aparecer uma mensagem perguntando se você deseja procurar um clip-art disponível no Microsoft Office Online, clique em Não.

O painel de tarefas exibe elementos gráficos representando símbolos comuns.

Fechar

14. No painel de tarefas, clique no cifrão estilizado **($)** para inseri-lo no documento e, em seguida, clique no botão **Fechar** do painel de tarefas.

    A imagem inserida é selecionada no documento, conforme indicado pelas alças circulares em torno de sua moldura.

15. Aponte para a alça inferior direita da imagem e, quando o ponteiro mudar para uma seta dupla, arraste para cima e para a esquerda, até que a imagem tenha aproximadamente 0,5 cm quadrados.

> **Dica** Você também pode alterar o tamanho de uma imagem ou de uma imagem de clip-art ajustando as configurações de Altura da Forma e Largura da Forma no grupo Tamanho da guia Formatar.

16. Aponte para a imagem do cifrão e, quando o ponteiro mudar para uma seta de quatro pontas, arraste a imagem para o início do parágrafo *Greg Guzik*.

17. Se a imagem não estiver mais selecionada, clique nela para selecioná-la.

> **Solução de problemas** Se você tiver problemas para selecionar a imagem, pressione a tecla Esc e, em seguida, tente outra vez.

18. Aponte para a imagem, mantenha o botão do mouse pressionado, mantenha a tecla [Ctrl] pressionada e arraste uma cópia da imagem para a esquerda de *Bart Duncan*, soltando primeiro o botão do mouse e depois a tecla [Ctrl].

    Uma cópia do elemento gráfico é inserida na frente de *Bart Duncan*.

> **Dica** Se você soltar a tecla Ctrl primeiro, o Word moverá a imagem do segundo parágrafo para o terceiro, em vez de fazer uma cópia.

19. Repita o passo 18 para arrastar uma cópia para a esquerda de *Jacky Chen*.

    As imagens que precedem cada parágrafo se parecem com marcadores.

> **FECHE** o documento *01_Picture* sem salvar suas alterações.

> ### Organizando clipes
>
> Para tornar figuras de clip-art, imagens, sons e clipes de filme disponíveis, independentemente de onde estejam armazenados, use o ***Microsoft Media Gallery*** para organizá-los em coleções. Você pode organizar clipes do Microsoft Office, da Web ou de outras fontes em coleções existentes ou em novas coleções.
>
> Para experimentar o Media Gallery, siga estes passos:
>
> 1. Exiba o painel de tarefas **Clip-art** e, na parte inferior do painel, clique em **Organizar clipes**.
>
>   A janela Favoritos - Microsoft Media Gallery abre.
>
> 2. Na **Lista de coleções**, sob **Minhas coleções**, clique em **Favoritos**.
>
> 3. No menu **Arquivo** da janela, aponte para **Adicionar clipes ao Media Gallery** e, em seguida, clique em **Por minha conta**.
>
>   A caixa de diálogo Favoritos - Adicionar clipes ao Media Gallery abre.
>
> 4. Navegue para a pasta onde está armazenado o arquivo que você deseja adicionar na coleção Favoritos, clique no nome do arquivo e, em seguida, clique em **Adicionar**.
>
>   Para colocar imagens em uma coleção diferente, clique em Adicionar a na caixa de diálogo Adicionar clipes ao Media Gallery. Em seguida, na caixa de diálogo Importar para a coleção, selecione a coleção e clique em **OK**. (Você pode clicar em Novo na caixa de diálogo Importar para a coleção, para criar uma nova coleção.)
>
> 5. Aponte para a miniatura do arquivo que você acabou de adicionar, clique na seta que aparece e, em seguida, clique em **Editar palavras-chave**.
>
>   A caixa de diálogo Palavras-chave abre.
>
> 6. Na caixa **Palavras-chave**, digite a palavra (ou palavras) que você deseja associar a esse arquivo e, em seguida, clique em **Adicionar**.
>
>   A palavra-chave é adicionada na lista Palavras-chave do clipe atual.
>
> 7. Clique em **OK** para fechar a caixa de diálogo **Editar palavras-chave** e, em seguida, feche a janela Microsoft Media Gallery.
>
>   Agora, você pode procurar o arquivo por essa palavra-chave no painel de tarefas Clip-art.
>
> Para excluir um clipe do Media Gallery, na janela Microsoft Media Gallery, clique na seta do clipe, clique em Excluir do Media Gallery e, em seguida, clique em OK para confirmar a exclusão.

Criando texto estilizado

Quando você quiser criar um título mais estilizado do que um que possa criar aplicando atributos de fonte, use o ***WordArt***. O texto de WordArt pode girar, ficar maior de uma extremidade à outra ou no meio, assumir uma forma tridimensional e mudar de cor de uma letra para outra.

Para inserir texto de WordArt, clique no botão WordArt no grupo Texto da guia Inserir e clique em um estilo na galeria de WordArt. Em seguida, na caixa de diálogo Editar texto da WordArt, insira o texto. Você pode ajustar a fonte, o tamanho e o estilo da fonte. Clicar em OK insere o objeto de WordArt no documento, no ponto de inserção.

> **Dica** Você também pode selecionar texto já existente, antes de clicar no botão WordArt, para converter esse em um objeto de WordArt.

Selecionar um objeto de WordArt exibe a guia contextual Formatar, a qual você pode usar para editar e formatar um objeto de WordArt de acordo com suas necessidades. A partir da guia Formatar, você pode adicionar efeitos especiais, como sombras e efeitos em 3-D, posicionar o objeto de WordArt na página, mudar a cor de preenchimento e alterar o espaçamento, o alinhamento e a orientação do texto.

Neste exercício, você vai inserir um novo objeto de WordArt. Em seguida, você vai transformar texto existente em um objeto de WordArt e modificar o objeto para que tenha a aparência que desejar.

> **USE** o documento *02_WordArt*. Esse arquivo de exercício está localizado na subpasta *Chapter06* sob *SBS_Word2007*.
>
> **NÃO ESQUEÇA DE** exibir os caracteres não imprimíveis antes de iniciar este exercício.
>
> **ABRA** o documento *02_WordArt*.

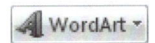

1. Pressione a tecla ⬇ duas vezes para mover o ponto de inserção para o terceiro parágrafo em branco do documento.

2. Na guia **Inserir**, no grupo **Texto**, clique no botão **WordArt**.

   A galeria de WordArt abre, exibindo uma lista de estilos.

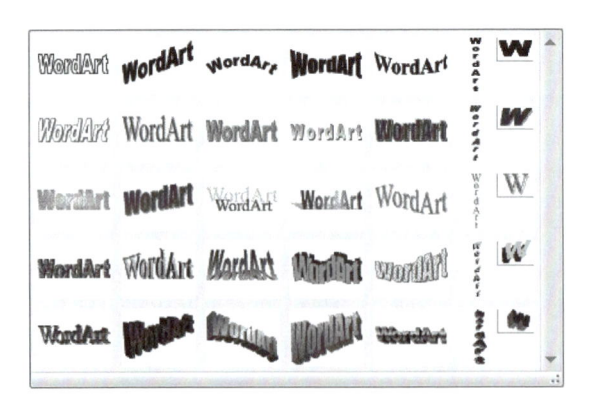

3. Clique na quarta miniatura da terceira linha (**Estilo de WordArt 16**).

   A caixa de diálogo Editar texto da WordArt abre, exibindo as palavras *Seu texto aqui* como um espaço reservado.

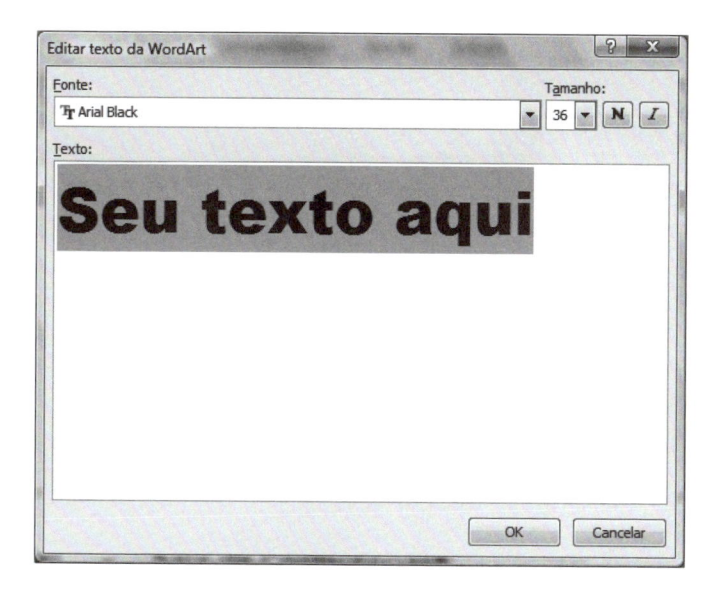

4. Na caixa **Texto**, digite **Recepção de Esther Valle!**.
5. Clique na seta de **Tamanho** e, na lista, clique em **44**. Em seguida, clique em **OK**.

    O texto é inserido como um objeto no ponto de inserção e a guia contextual Formatar aparece na Faixa de Opções.

6. Role para baixo no documento e selecione as palavras **Extra! Extra!**.
7. Na guia **Inserir**, no grupo **Texto**, clique no botão **WordArt** e, em seguida, clique na terceira miniatura da quarta linha da galeria (**Estilo de WordArt 21**).
8. Na caixa de diálogo **Editar texto da WordArt**, clique em **OK**.

    O texto selecionado é convertido em um objeto de WordArt e a guia contextual Formatar aparece na Faixa de Opções.

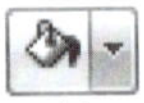

Preenchimento da Forma

9. Clique no objeto de WordArt e, na guia **Formatar**, no grupo **Estilos de WordArt**, clique na seta de **Preenchimento da Forma**.

10. Sob **Cores Padrão** na paleta, clique na caixa **Laranja**.

    A cor do objeto de WordArt muda para laranja. Note que, agora, a cor do botão Preenchimento da Forma é laranja.

Espaçamento

11. No grupo **Texto**, clique no botão **Espaçamento** e, em seguida, clique em **Muito afastado**.

    O espaçamento entre as letras aumenta.

Contorno da Forma

12. No grupo **Estilos de WordArt**, clique na seta de **Contorno da Forma** e, em seguida, sob **Cores Padrão** na paleta, clique na caixa **Vermelha**.

    Agora, as letras estão contornadas com a cor vermelha.

13. Aponte para a alça central direita do objeto de WordArt e, quando o ponteiro mudar para uma seta dupla, arraste para a direita por quatro ou cinco centímetros para alongar a moldura do objeto.

    Quando você solta o botão do mouse, o objeto alongado se prende ao centro horizontal da página.

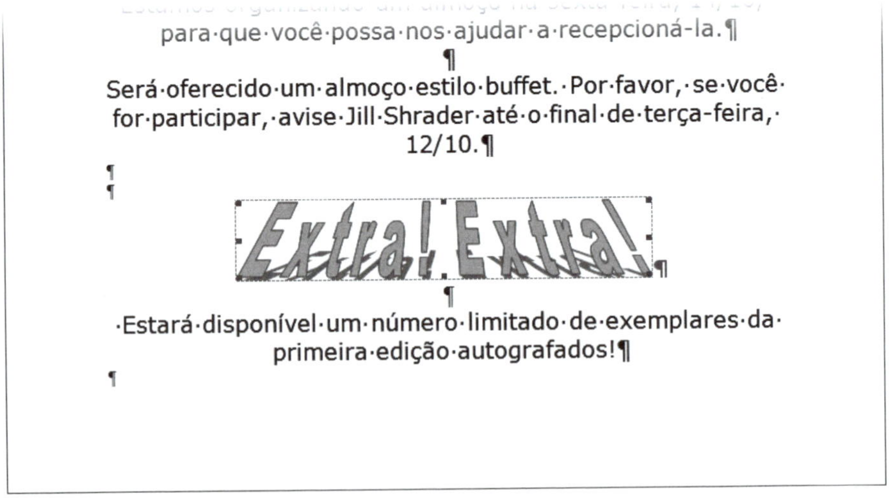

Alterar Forma da WordArt

14. No grupo **Estilos de WordArt**, clique no botão **Alterar Forma da WordArt**.

    A galeria Alterar forma abre.

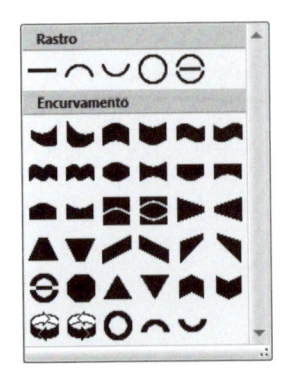

15. Na galeria, clique na primeira miniatura da terceira linha (**Inflar parte superior**).

    A forma da WordArt muda para um arco.

16. Arraste a alça central superior para cima, para ampliar a curva.

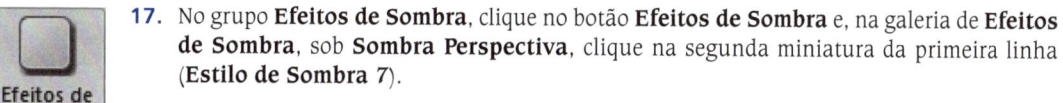

17. No grupo **Efeitos de Sombra**, clique no botão **Efeitos de Sombra** e, na galeria de **Efeitos de Sombra**, sob **Sombra Perspectiva**, clique na segunda miniatura da primeira linha (**Estilo de Sombra 7**).

    O novo efeito de sombra é aplicado às letras.

18. Na guia **Formatar**, no grupo **Efeitos 3D**, clique no botão **Efeitos 3D**.

> **Solução de problemas** Se aparecer um botão Efeitos 3D, mas não um grupo, clique no botão para exibir o grupo e, em seguida, clique no botão Efeitos 3D do grupo para abrir a galeria.

19. Na galeria de **Efeitos 3D**, aponte para cada miniatura por sua vez, para observar seus efeitos.

20. Pressione a tecla [Esc] para fechar a galeria sem fazer nenhuma seleção e, em seguida, se necessário, clique em [Esc] novamente, para fechar o grupo Efeitos 3D.

21. Desative os caracteres não imprimíveis e, em seguida, clique fora do objeto de WordArt para ver os resultados.

FECHE o documento *02_WordArt* sem salvar suas alterações.

> ### Formatando a primeira letra de um parágrafo
>
> Muitos livros, revistas e relatórios iniciam o primeiro parágrafo de uma seção ou de um capítulo usando uma letra maiúscula decorativa ampliada. Esse efeito, chamado de *letra capitular* ou simplesmente *capitular*, pode ser uma maneira fácil de dar a um documento uma aparência profissional.
>
> Para aplicar uma capitular, siga estes passos:
>
> 1. Clique em qualquer parte de um parágrafo de texto e, em seguida, na guia **Inserir**, no grupo **Texto**, clique no botão **Letra Capitular**.
>
>   A galeria de Letra Capitular abre, fornecendo dois estilos básicos de letras capitulares: Capitular, que desloca parte do texto do parágrafo, e Na margem, que prende a capitular na margem adjacente ao texto do parágrafo. Em qualquer caso, a capitular tem a altura de três linhas de texto e usa a mesma fonte do restante do parágrafo.
>
> 2. Aponte para cada miniatura para exibir sua visualização dinâmica e, em seguida, clique na que você quiser.
>
>   O Word converte a primeira letra do parágrafo em um elemento gráfico. Se você selecionou Capitular, ele coloca o texto à direita do elemento gráfico.
>
> Para ver mais opções, clique em Opções de Letra Capitular na parte inferior da galeria Letra Capitular, para abrir a caixa de diálogo Letra Capitular. Lá, você pode escolher uma fonte diferente do restante do parágrafo para a capitular e fazer ajustes na sua altura e na distância do texto.

Desenhando e modificando formas

Se você quiser melhorar a apresentação visual de um documento, mas não quer usar uma imagem ou clip-art, pode desenhar uma forma, também chamada de *objeto de desenho*. As formas podem ser simples, como linhas, círculos ou quadrados, ou mais complexas, como estrelas, corações e setas.

Para desenhar uma forma diretamente na página (a configuração padrão do Word), clique no botão Formas no grupo Ilustrações da guia Inserir, clique na forma desejada na galeria de Formas e, em seguida, escolha uma das opções a seguir:

- Clique no documento onde deseja colocar um objeto de desenho do tamanho e da forma padrões.
- Arraste o ponteiro pela página para criar um objeto de desenho do tamanho e da forma que desejar.

Se você quiser reunir um grupo de formas para criar um desenho, talvez queira desenhar as formas em uma tela de desenho, em vez de desenhá-las diretamente na página. A tela de desenho mantém as partes do desenho juntas, ajuda a posicionar o desenho e fornece um limite do tipo moldura entre seu desenho e o texto na página. Para abrir uma tela de desenho, clique em Nova Tela de Desenho na parte inferior da galeria Formas. Então, desenhe formas na tela. A qualquer momento, você pode dimensionar e mover a tela de desenho e os objetos que ela contém como uma unidade.

> **Dica** Se você preferir sempre usar a tela de desenho ao criar objetos de desenho, clique no Botão Microsoft Office, clique em Opções do Word e clique em Avançado. Em seguida, sob Opções de Edição, marque a caixa de seleção Criar telas de desenho automaticamente ao inserir AutoFormas e clique em OK.

> **Dica** Para fazer uma tela de desenho se destacar na página, você pode colocar uma borda em torno dela e sombreá-la. Use as ferramentas da guia contextual Formatar para dimensioná-la e posicioná-la precisamente e para especificar como o texto deve circundá-la.

Quando você termina de desenhar uma forma, ela é selecionada automaticamente. Você também pode selecionar a forma clicando nela. Enquanto a forma está selecionada, você pode movê-la e dimensioná-la, e pode modificá-la usando os botões da guia contextual Formatar. Os atributos que você pode alterar incluem:

- A cor de preenchimento dentro do objeto
- A cor, a espessura e o estilo da borda em torno do objeto
- O efeito de sombra atrás do objeto
- O aspecto tridimensional ou a perspectiva a partir da qual você está observando o objeto
- O ângulo de rotação ou a orientação do objeto
- O alinhamento do objeto em relação à página
- A maneira como o texto contorna o objeto
- A ordem do objeto em uma pilha de objetos
- O tamanho do objeto

Você também pode alterar o tamanho e a forma de um objeto arrastando suas alças. Você pode reposicioná-lo arrastando-o ou pressionando as teclas de direção em seu teclado, para mover o objeto em pequenos incrementos.

> **Dica** Se você alterar os atributos de uma forma – por exemplo, sua cor de preenchimento e a espessura da borda – e quiser que todas as formas que desenhar de agora em diante nesse documento tenham esses atributos, clique com o botão direito do mouse na forma e, em seguida, clique em Definir padrões de AutoForma.

Se você quiser mover ou dimensionar mais de um elemento gráfico relacionado, pode garantir que eles mantenham suas posições relativas aos outros ***agrupando-os***. Assim, eles se comportarão como um único objeto. Para quebrar o vínculo, você pode desagrupar os objetos.

Neste exercício, você vai desenhar e manipular formas em uma tela de desenho e, então, vai dimensionar e posicionar a tela.

> **USE** o documento *03_Shapes*. Esse arquivo de exercício está localizado na subpasta *Chapter06* sob SBS_Word2007.
> **NÃO ESQUEÇA DE** exibir as réguas antes de iniciar este exercício.
> **ABRA** o documento *03_Shapes*.

1. Pressione Ctrl+End para posicionar o ponto de inserção no final do documento.
2. Na guia **Inserir**, no grupo **Ilustrações**, clique no botão **Formas** e, em seguida, na parte inferior da galeria de **Formas**, clique em **Nova Tela de Desenho**.

   O Word adiciona uma página no documento, insere uma tela de desenho e exibe a guia contextual Formatar na Faixa de Opções.

Oval

3. Na guia contextual **Formatar**, no grupo **Inserir Formas**, clique no botão **Elipse** e, em seguida, mova a posição do ponteiro para o canto superior esquerdo da tela de desenho.

4. Mantenha a tecla [Shift] pressionada e, em seguida, arraste para baixo e para a direita, para desenhar um círculo de cerca de 4 cm de diâmetro.

> **Dica** Para desenhar uma forma com altura e largura iguais, como um quadrado ou círculo, mantenha a tecla Shift pressionada enquanto desenha e, em seguida, solte o botão do mouse antes de soltar a tecla Shift.

Quando você terminar o desenho, o círculo estará selecionado, conforme indicado pelas alças em torno dele.

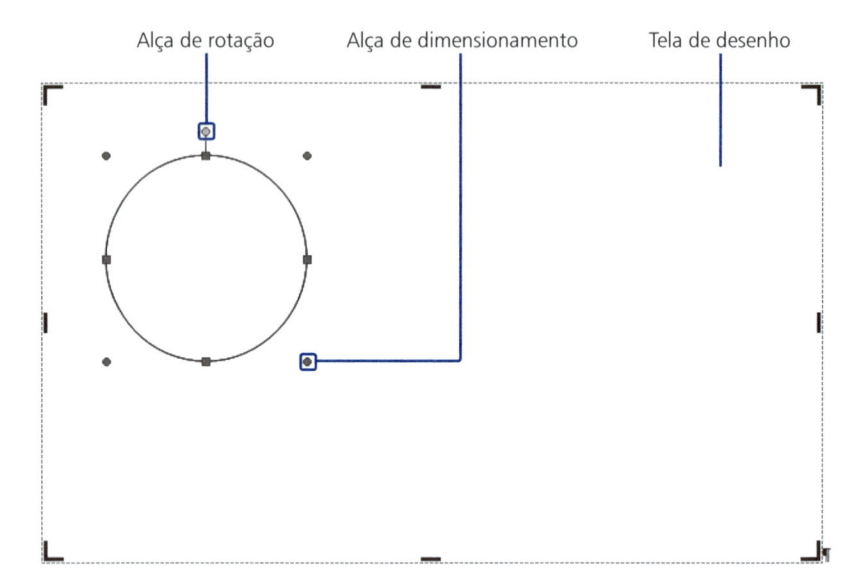

Alça de rotação   Alça de dimensionamento   Tela de desenho

5. Mantenha a tecla [Ctrl] pressionada e arraste o contorno sombreado do círculo para o centro superior da tela de desenho. Certifique-se de soltar o botão do mouse antes de soltar a tecla [Ctrl].

   O Word cria uma cópia do círculo no local onde você solta o botão do mouse.

6. Crie uma cópia do segundo círculo no canto superior direito da tela de desenho.

Preenchimento da Forma

7. Clique no círculo da esquerda. Em seguida, na guia **Formatar**, no grupo **Estilos de Forma**, clique na seta **Preenchimento da Forma** e, sob **Cores Padrão** na paleta, clique na caixa **Amarela**.

8. Clique no círculo do meio e repita o passo 7 para preenchê-lo com a cor **Verde-claro**.

9. Clique no círculo da direita e repita o passo 7 para preenchê-lo com a cor **Roxa**.

   Agora, todos os círculos estão preenchidos com cor, de modo que se parecem com balões.

Curva

10. No grupo **Inserir Formas**, clique no quarto botão da terceira linha (**Curva**).

11. Aponte para a parte inferior do balão da esquerda, arraste para baixo e para a esquerda por cerca de 2 cm, clique na tela, arraste para baixo e para a direita por cerca de 2 cm e, em seguida, clique duas vezes na tela.

    Uma linha curva semelhante a um barbante aparece abaixo do balão da esquerda.

12. Mantenha a tecla [Ctrl] pressionada, aponte para a linha curva e arraste uma cópia dela para a parte inferior do balão do meio. Em seguida, arraste outra linha curva para a parte inferior do balão da direita.

    Agora, todos os balões têm barbantes e o da direita ainda está selecionado.

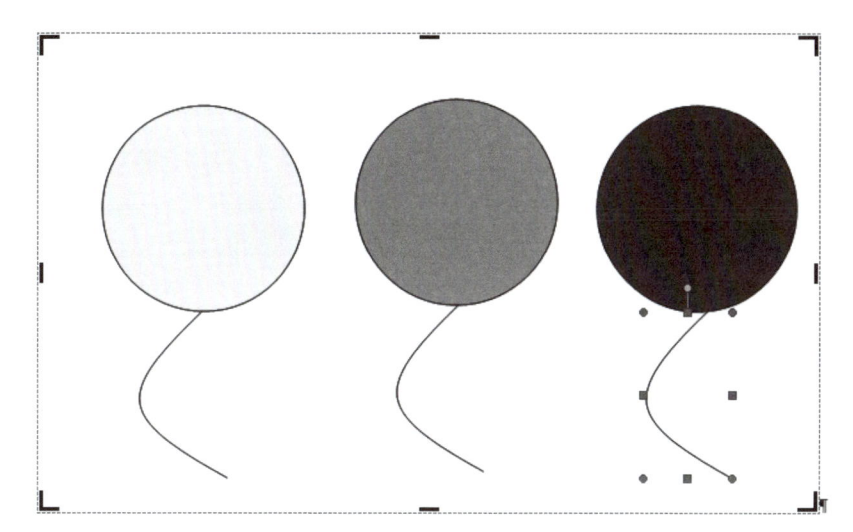

13. Mantenha a tecla [Ctrl] pressionada e clique no balão roxo.

    O balão e seu barbante são selecionados.

14. No grupo **Organizar**, clique no botão **Agrupar** e, em seguida, clique em **Agrupar**.

    Agora, um conjunto de alças aparece em torno do balão e seu barbante, indicando que as duas formas estão agrupadas como um único objeto.

15. No grupo **Organizar**, clique no botão **Girar** e, em seguida, clique em **Inverter horizontalmente**.

    Agora, o balão e seu barbante estão rebatidos.

16. Pressione a tecla [↑] cinco vezes.

    Agora, o balão e seu barbante estão posicionados ligeiramente mais altos do que os outros dois balões na tela de desenho.

17. Clique em uma área em branco da tela de desenho para liberar a seleção.

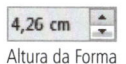

18. No grupo **Tamanho**, clique na seta para baixo de **Altura da Forma** até que a altura da tela de desenho seja de **5 cm**.

    O Word move a tela de desenho para a parte inferior da primeira página do documento, onde ela cabe agora. Os balões foram reduzidos proporcionalmente com a tela.

19. No grupo **Organizar**, clique no botão **Quebra Automática de Texto** e, em seguida, clique em **Em frente ao texto**.

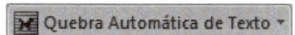

    Agora, você pode mover a tela de desenho independentemente do texto ao redor dela.

    Consulte também   Para obter mais informações sobre quebra automática de texto, consulte "Alterando o relacionamento dos elementos na página", mais adiante neste capítulo.

20. No grupo **Organizar**, clique no botão **Posição**.

    A galeria Posição abre.

21. Na galeria, clique na segunda miniatura da terceira linha (**Posição na Parte Inferior Central com Quebra Automática de Texto Quadrada**).

    A tela de desenho se move com os objetos que contém para o centro da página, abaixo do último parágrafo do documento.

22. Clique fora da tela de desenho.

    Se os caracteres não imprimíveis estiverem ativados, talvez você queira desativá-los para ter uma visão melhor dos resultados.

FECHE o documento *03_Shapes* sem salvar suas alterações.

Alterando o relacionamento dos elementos na página

Quando você insere um objeto como uma imagem em um documento, ele desloca o texto que está no local para abrir espaço. Você pode mudar o modo como o texto contorna objetos e o relacionamento de objetos sobrepostos usando os botões do grupo Organizar da guia contextual Formatar.

Quando você escolhe qualquer opção de quebra automática de texto que não seja Atrás do texto ou Alinhado com o Texto, pode especificar que uma imagem seja posicionada de duas maneiras:

- **De forma absoluta**. Essa opção posiciona a imagem a uma distância que você configura a partir de uma margem, página, parágrafo ou linha.
- **De forma relativa**. Esse tipo de posicionamento é determinado pelo relacionamento da imagem com uma margem ou página.

Depois que você posiciona uma imagem, a adição de texto pode modificar a organização do texto e dos elementos gráficos que estão na página. Você pode especificar se uma imagem deve permanecer fixa em sua posição na página ou se deve se mover com seu texto relacionado. Você também pode especificar se a imagem pode sobrepor texto.

Quando elementos gráficos se sobrepõem, eles ficam ***empilhados***. A ordem de empilhamento (qual elemento gráfico aparece em cima) é determinada inicialmente pela ordem na qual você inseriu os elementos gráficos. Você pode alterar a ordem selecionando um elemento gráfico e clicando no botão Trazer para a Frente ou Enviar para Trás do grupo Organizar, para mover o elemento gráfico para o início ou para o final da pilha. Se você clicar em uma das setas do botão e depois clicar em Avançar ou Recuar, o elemento gráfico se moverá para a frente ou para trás na pilha, uma posição por vez.

Neste exercício, você vai modificar a disposição do texto, a posição e a ordem de empilhamento das imagens que já foram inseridas em um documento.

> **USE** o documento *04_Relationships*. Esse arquivo de exercício está localizado na subpasta *Chapter06* sob *SBS_Word2007*.
>
> **NÃO ESQUEÇA DE** exibir os caracteres não imprimíveis antes de iniciar este exercício.
>
> **ABRA** o documento *04_Relationships*.

1. Role para a parte inferior da primeira página e arraste a imagem de bosque de bambu para cima, até o início da palavra *TESSELLATUS*, no meio do parágrafo que começa com *Como eles crescem com facilidade*.

   A imagem fica posicionada onde você a soltou e o texto em redor é movido para dar espaço.

2. Na guia contextual **Formatar**, no grupo **Organizar**, clique no botão **Quebra Automática de Texto** e, em seguida, clique em **Mais Opções de Layout**.

   A caixa de diálogo Layout Avançado abre, com a opção Alinhado selecionada.

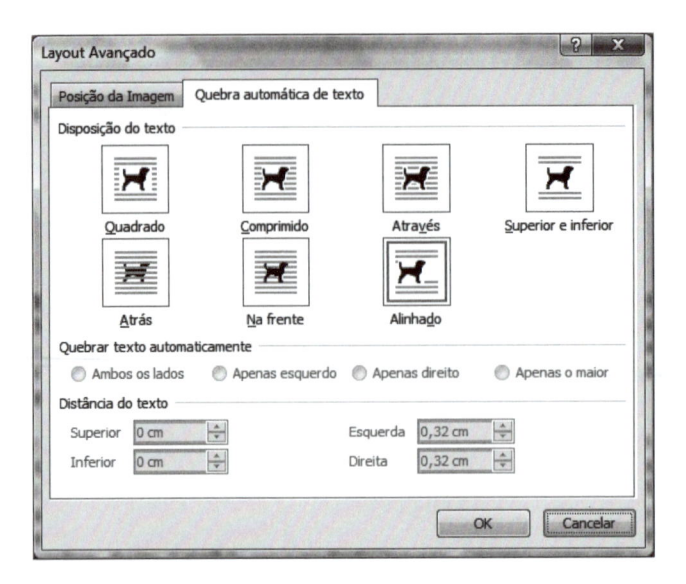

3. Clique no estilo de quebra automática **Quadrado** e, na área **Quebrar texto automaticamente**, selecione a opção **Ambos os lados**. Em seguida, clique na guia **Posição da Imagem**.

As opções dessa guia controlam a localização da imagem na página e se ela se move quando você faz alterações no texto.

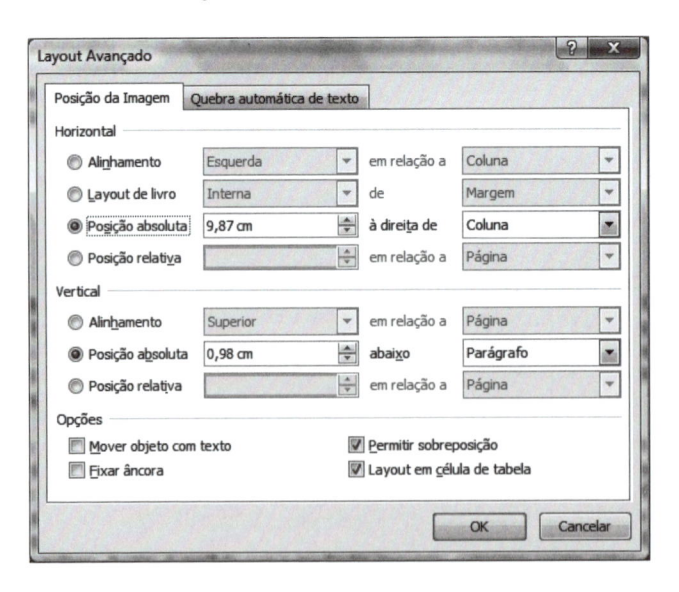

4. Sob **Horizontal**, selecione a opção **Alinhamento**, clique na seta de **Alinhamento** e, em seguida, clique em **Centralizada**. Em seguida, sob **Vertical**, altere a configuração de **Posição absoluta** para **0 cm**.

5. Clique em **OK**.

   A imagem é reposicionada de modo a ficar alinhada com a parte superior e central do parágrafo, com o texto do parágrafo quebrado automaticamente nos dois lados.

6. Clique à esquerda da palavra *Como*, no início do parágrafo, e pressione [Enter].

   A imagem se move com o parágrafo.

7. Na **Barra de Ferramentas de Acesso Rápido**, clique no botão **Desfazer** para remover o parágrafo em branco extra.

   Desfazer

8. Role até a próxima página e altere o estilo de quebra automática de texto das duas imagens dessa página, de **Alinhado com o texto** para **Comprimido**.

   O relacionamento das imagens com o texto é quebrado e, como agora elas estão basicamente flutuando sobre o texto, ambas se movem para a primeira página.

9. Role até o início do documento e arraste a imagem selecionada para baixo e para a direita, soltando o botão do mouse enquanto as imagens ainda estiverem sobrepostas.

10. No grupo **Organizar**, clique no botão **Quebra Automática de Texto** e, em seguida, clique em **Mais Opções de Layout**.

11. Na caixa de diálogo **Layout Avançado**, na guia **Quebra Automática de Texto**, sob **Quebrar texto automaticamente**, selecione a opção **Apenas direito** e, em seguida, clique em **OK**.

12. Na guia **Formatar**, no grupo **Organizar**, clique no botão **Enviar para Trás**.

    Enviar para Trás

    A imagem inferior fica atrás da imagem superior.

13. Mantenha a tecla [Shift] pressionada e clique na imagem superior para adicioná-la na seleção. Em seguida, pressione a tecla [↓] para empurrar as imagens para baixo, até que o texto fique bem alinhado à direita das imagens.

14. Clique em uma área em branco da página para liberar a seleção.

> **FECHE** o documento *04_Relationships* sem salvar suas alterações.

Inserindo símbolos e equações

Alguns documentos exigem caracteres não encontrados em um teclado padrão. Esses caracteres podem incluir os símbolos de direitos de cópia (©) ou de marca registrada (®), símbolos de moeda corrente (como € ou £), letras gregas ou letras acentuadas. Ou talvez você queira adicionar setas (como ↗ ou ↖) ou ícones gráficos (como ☎ ou ✈). O Word contém um enorme conjunto de símbolos que podem ser inseridos facilmente em qualquer documento.

> **Dica** Você pode inserir alguns símbolos comuns digitando uma combinação de teclado. Por exemplo, se você digitar dois traços consecutivos, seguidos de uma palavra e um espaço, o Word transformará os dois traços em um travessão de aparência profissional – como este. Para usar esses recursos, clique no Botão Microsoft Office, clique em Opções do Word e, no painel Revisão de Texto, clique em Opções de AutoCorreção. Na guia AutoCorreção da caixa de diálogo AutoCorreção, certifique-se de que a caixa de seleção Substituir texto ao digitar esteja marcada e marque as caixas de seleção que desejar na guia AutoFormatação ao digitar.

Você pode inserir símbolos matemáticos, como π (pi) ou Σ (sigma ou somatório), da mesma maneira que insere qualquer outro símbolo. Mas você também pode criar equações matemáticas inteiras em um documento. Com poucos cliques, você pode escrever equações em um documento, incluindo a Fórmula Quadrática, o Teorema Binomial e o Teorema de Pitágoras. Se você precisar de uma equação diferente das predefinidas do Word, pode construir suas próprias equações usando uma biblioteca de símbolos matemáticos.

Os botões para inserir símbolos e equações estão no grupo Símbolos da guia Inserir:

- Clicar no botão Símbolo exibe a galeria Símbolo com os símbolos usados comumente. A partir dessa galeria, você também pode abrir a caixa de diálogo Símbolo, onde pode selecionar centenas de símbolos e caracteres especiais, em uma variedade de fontes.

Capítulo 6 ● Trabalhando com elementos gráficos, símbolos e equações **219**

- Clicar na seta Equação exibe a galeria Equação com equações comumente usadas em que você pode clicar para inserir em seu documento.
- Clicar no botão Equação insere uma área em branco no documento, onde você pode digitar uma equação, e também adiciona a guia contextual Design na Faixa de Opções. Essa guia dá acesso a símbolos matemáticos, estruturas como frações e radicais e à caixa de diálogo Opções de Equação. Após construir sua equação, você pode adicioná-la na galeria Equação para que ela esteja disponível na próxima vez que for necessária.

Uma equação aparece como um campo no documento. Ela é semelhante a um elemento gráfico, pois você pode escolher se deseja exibi-la embutida no texto ou em seu próprio espaço, com o texto disposto ao redor dela.

Neste exercício, você vai inserir um ícone gráfico em um documento e, em seguida, construir uma equação simples e adicioná-la na galeria Equação.

> **USE** o documento *05_Symbols*. Esse arquivo de exercício está localizado na subpasta *Chapter06* sob *SBS_Word2007*.
> **ABRA** o documento *05_Symbols*.

Ω Símbolo ▾

1. Com o ponto de inserção à esquerda do título do documento, na guia **Inserir**, no grupo **Símbolos**, clique no botão **Símbolo** e, em seguida, clique em **Mais Símbolos**.

   A caixa de diálogo Símbolo abre.

2. Na guia **Símbolos** da caixa de diálogo, clique na seta **Fonte** e, em seguida, na lista, clique em **Webdings**.

3. Na lista de símbolos, clique no sétimo ícone da terceira linha (a casa), clique em **Inserir** e, em seguida, clique em **Fechar**.

   O Word insere o ícone da casa no ponto de inserção.

4. Pressione [End] e, no grupo **Símbolos**, clique no botão **Símbolo**.

   A galeria Símbolo abre, com o ícone que você acabou de inserir no início.

5. Clique no ícone da casa.

   Agora, o ícone da casa aparece nas duas extremidades do título.

6. Exiba os caracteres não imprimíveis, role o documento e, em seguida, no segundo passo da lista numerada, clique entre os dois espaços à esquerda da palavra *onde* na terceira linha.

7. Na guia **Inserir**, no grupo **Símbolos**, clique no botão **Equação**.

   O Construtor de Equação insere uma área onde você pode digitar a equação e a guia contextual Design é adicionada na Faixa de Opções.

8. Digite **C** e, em seguida, na guia contextual **Design**, no grupo **Símbolos**, clique no botão **Igual a**.

9. No grupo **Símbolos**, clique no botão **Mais**.

   A galeria Matemática Básica abre.

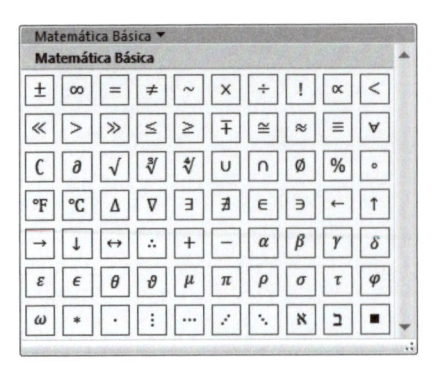

Capítulo 6 ● Trabalhando com elementos gráficos, símbolos e equações **221**

π

10. Na galeria **Matemática Básica**, clique no sexto símbolo da sexta linha (**π**).

    Note que a linha que contém o símbolo pi agora está visível no grupo Símbolos.

11. No grupo **Símbolos**, clique na seta para cima até ver o início da galeria, clique no botão **Sinal de Multiplicação** e, em seguida, digite **d**.

    À medida que você adiciona a equação, o Construtor de Equação ajusta o espaçamento e a formatação da fórmula.

12. Clique fora da equação para visualizá-la.

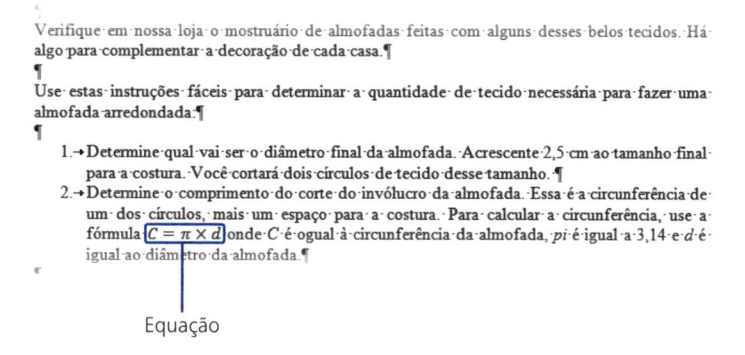

    Verifique em nossa loja o mostruário de almofadas feitas com alguns desses belos tecidos. Há algo para complementar a decoração de cada casa.

    Use estas instruções fáceis para determinar a quantidade de tecido necessária para fazer uma almofada arredondada:

    1. Determine qual vai ser o diâmetro final da almofada. Acrescente 2,5 cm ao tamanho final para a costura. Você cortará dois círculos de tecido desse tamanho.
    2. Determine o comprimento do corte do invólucro da almofada. Essa é a circunferência de um dos círculos, mais um espaço para a costura. Para calcular a circunferência, use a fórmula $C = \pi \times d$ onde C é ogual à circunferência da almofada, *pi* é igual a 3,14 e *d* é igual ao diâmetro da almofada.

    Equação

13. Clique na equação, clique na seta que aparece à direita e, em seguida, clique em **Salvar como Nova Equação**.

    A caixa de diálogo Criar Novo Bloco de Construção abre.

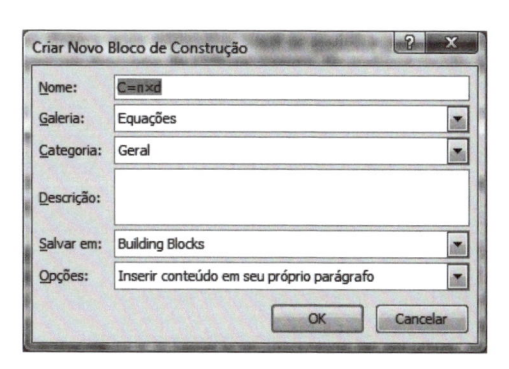

    Criar Novo Bloco de Construção
    Nome: C=π×d
    Galeria: Equações
    Categoria: Geral
    Descrição:
    Salvar em: Building Blocks
    Opções: Inserir conteúdo em seu próprio parágrafo

    Consulte também Para obter mais informações sobre blocos de construção, consulte "Inserindo partes de documentos prontas", no Capítulo 8, "Trabalhando com documentos longos".

14. Na caixa **Nome**, digite **Circunferência de um círculo** e clique em **OK**.

15. Pressione a tecla ⬇ para liberar a seleção. Em seguida, na guia **Inserir**, no grupo **Símbolos**, clique na seta **Equação** e role a galeria **Equação**.

    Agora, sua equação personalizada está disponível na galeria Equação.

Geral

Circunferência de um círculo

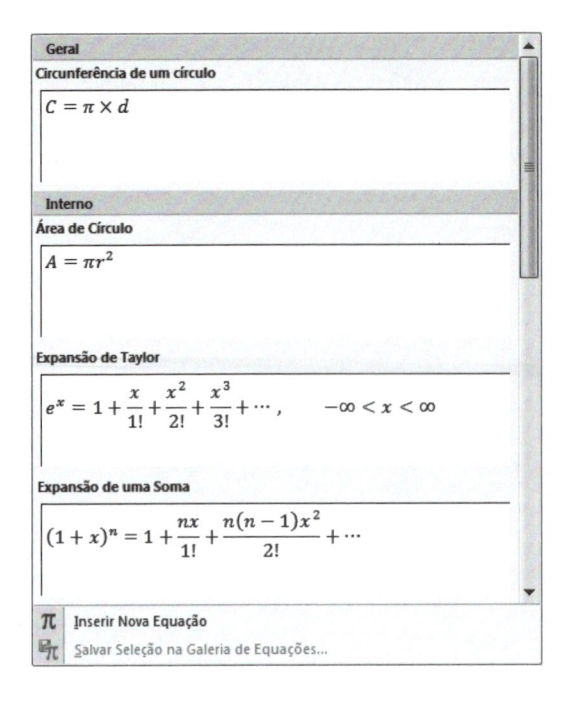

$$C = \pi \times d$$

Interno

Área de Círculo

$$A = \pi r^2$$

Expansão de Taylor

$$e^x = 1 + \frac{x}{1!} + \frac{x^2}{2!} + \frac{x^3}{3!} + \cdots, \quad -\infty < x < \infty$$

Expansão de uma Soma

$$(1+x)^n = 1 + \frac{nx}{1!} + \frac{n(n-1)x^2}{2!} + \cdots$$

π Inserir Nova Equação
Salvar Seleção na Galeria de Equações...

16. Pressione a tecla [Esc] para fechar a galeria sem fazer nenhuma seleção.

17. Clique na equação, clique em sua seta e, em seguida, clique em **Alterar para Destacada**.

O Word insere uma quebra de linha antes e depois da equação e a posiciona no centro da página.

18. Clique na seta da equação, aponte para **Justificação** e, em seguida, clique em **À esquerda**.

19. Clique na seta da equação, clique em **Alterar para Embutida** e, em seguida, clique em uma área em branco do documento.

FECHE o documento *05_Symbols* sem salvar suas alterações e, se você não for ler agora o próximo capítulo, encerre o Word.

Importante Ao fechar o Word, você será perguntado se deseja salvar a adição que fez no modelo Building Blocks. Clique em Não se quiser descartar a equação que adicionou neste exercício.

Pontos principais

- Em um documento do Word, você pode inserir figuras criadas com a maioria dos programas gráficos, assim como fotografias escaneadas e imagens.
- Quando a formatação de caractere não produzir o efeito que você precisa para um documento, crie títulos estilizados para seus documentos usando a WordArt.
- Você pode aprimorar um documento com formas simples. Você também pode agrupar formas em uma tela de desenho para criar imagens simples.
- Você pode posicionar um elemento gráfico em relação ao texto que o rodeia ou a outros objetos do documento.
- A caixa de diálogo Símbolos contém tanto símbolos que você poderia precisar em um documento profissional, como pequenos ícones que melhoram a aparência do documento.
- O Construtor de Equação o ajuda a construir e exibir fórmulas complexas.

Crie e modifique um diagrama,
páginas 226 e 231

Insira e modifique um gráfico,
páginas 235 e 241

Ciclo de Vendas

Pico de venda de todos os canais

	Setembro	Outubro	Novembro	Dezembro	Janeiro
Livrarias	10	17	62	190	100
Online	23	69	102	321	232
Distribuidores		81	267	312	131

Ciclo de Vendas

	Setembro	Outubro	Novembro	Dezembro	Janeiro	Fevereiro	Março
Livrarias	10	17	62	190	100	92	67
Online	23	69	102	321	232	190	175
Distribuidores		81	267	312	131	83	34

Use dados existentes em um gráfico,
página 248

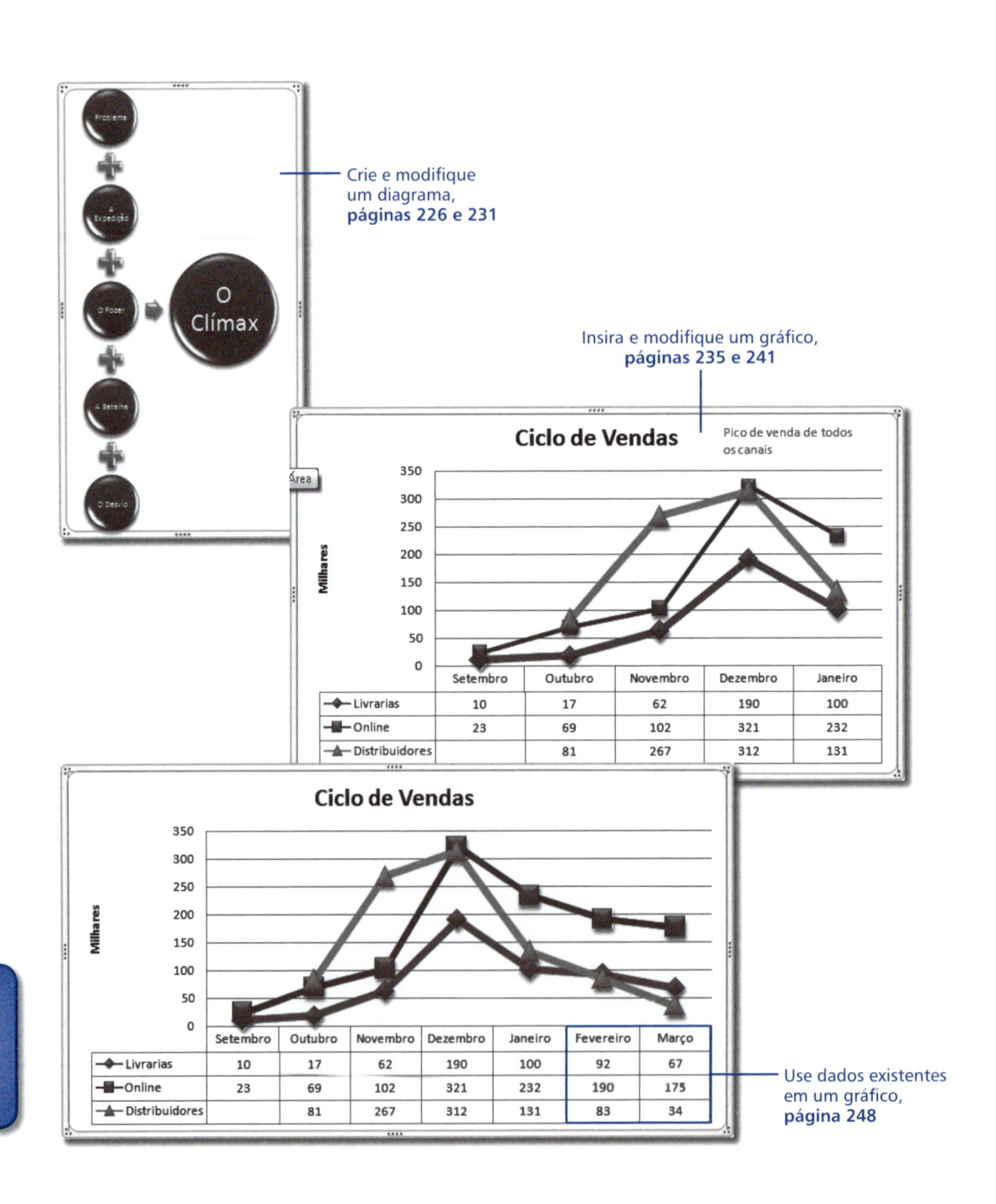

Visão Rápida do Capítulo 7

Capítulo 7
Trabalhando com diagramas e gráficos

Neste capítulo, você vai aprender a:

- Criar um diagrama.
- Modificar um diagrama.
- Inserir um gráfico.
- Modificar um gráfico.
- Usar dados existentes em um gráfico.

Freqüentemente, você vai achar útil representar fatos e valores de um documento com diagramas ou gráficos. Esses objetos gráficos têm os seguintes propósitos:

- *Diagramas*. Representar hierarquias ou processos.
- *Gráficos*. Apresentar informações numéricas visualmente, quando é mais importante para seu leitor entender tendências do que identificar valores precisos.

Neste capítulo, você vai adicionar um diagrama em um documento e especificar a posição do diagrama em relação ao texto e às margens do documento. Você vai adicionar formas no diagrama, editar e adicionar texto, e alterar o leiaute, o estilo visual e o tema de cor. Em seguida, você vai adicionar um gráfico em um documento e modificar sua aparência, alterando seu tipo de gráfico, seu estilo e seu leiaute, assim como a cor de vários elementos. Por fim, você vai criar um gráfico a partir de dados armazenados em uma planilha do Microsoft Office Excel.

Consulte também Você precisa de uma recapitulação rápida sobre os tópicos deste capítulo? Veja as entradas da Consulta rápida nas páginas 35–61.

Importante Antes de usar os arquivos de exercícios deste capítulo, você precisa instalá-los do CD que acompanha o livro para um local padrão. Consulte "Utilizando o CD-ROM deste livro", na página xxi, para obter mais informações.

Solução de problemas As figuras e as instruções relacionadas ao sistema operacional deste livro refletem a interface do usuário do Windows Vista. Se seu computador estiver executando o Microsoft Windows XP e você enfrentar dificuldades para seguir as instruções, consulte a seção "Informações para os leitores que usam o Windows XP", no início deste livro.

Criando um diagrama

Quando você precisar que seu documento ilustre claramente um conceito, como um processo, ciclo, hierarquia ou relacionamento, pode criar um diagrama dinâmico e visualmente atraente, usando *elementos gráficos de SmartArt*, uma nova e poderosa ferramenta disponível no Microsoft Office Word 2007, no Microsoft Office PowerPoint 2007 e no Microsoft Office Outlook 2007. Usando configurações predefinidas, de formatação sofisticada, você pode fazer qualquer um dos diagramas a seguir:

- *Diagramas de lista*. Esses diagramas representam visualmente listas de informações relacionadas ou independentes – por exemplo, uma lista de itens necessários para completar uma tarefa, incluindo suas imagens.

- *Diagramas de processo*. Esses diagramas descrevem visualmente o conjunto ordenado de etapas exigidas para completar uma tarefa – por exemplo, as etapas que você executa para processar um pedido.

- *Diagramas de ciclo*. Esses diagramas representam uma seqüência circular de etapas, tarefas ou eventos; ou o relacionamento de um conjunto de etapas, tarefas ou eventos com um elemento central básico – por exemplo, a importância da introdução dos elementos básicos de uma história para compor um final excitante.

- *Diagramas de hierarquia*. Esses diagramas ilustram a estrutura de uma organização ou entidade – por exemplo, a estrutura da diretoria de uma empresa.

- *Diagramas de relacionamento*. Esses diagramas mostram elementos convergentes, divergentes, sobrepostos, mesclados ou contidos – por exemplo, como usar métodos semelhantes para organizar seu email, seu calendário e seus contatos para melhorar sua produtividade.

- *Diagramas de matriz*. Esses diagramas mostram o relacionamento de componentes com um todo – por exemplo, as equipes de produção em um departamento.

- *Diagramas de pirâmide*. Esses diagramas ilustram relacionamentos proporcionais ou interligados – por exemplo, a quantidade de tempo que deve ser gasto em diferentes fases de um projeto.

As categorias não são mutuamente exclusivas, significando que alguns diagramas aparecem em mais de uma categoria.

Para criar um diagrama, clique no botão SmartArt, no grupo Ilustrações da guia Inserir. Em seguida, selecione o tipo de diagrama que deseja criar e o insira no documento. Adicione texto diretamente no diagrama ou a partir de seu painel de texto.

Neste exercício, você vai adicionar um diagrama em um documento, adicionar texto no diagrama e, em seguida, vai especificar a posição do diagrama em relação ao texto do documento e às margens da página.

> **USE** o documento *01_Diagram*. Esse arquivo de exercício está localizado na subpasta *Chapter07*, sob *SBS_Word2007*.
>
> **NÃO ESQUEÇA DE** iniciar o Word antes de começar este exercício.
>
> **ABRA** o documento *01_Diagram*.

1. Clique no final do terceiro item com marcador sob *Exposição das Razões*, pressione [Enter] e, em seguida, na guia **Inserir**, no grupo **Ilustrações**, clique no botão **SmartArt**.

   A caixa de diálogo Escolher Elemento Gráfico SmartArt abre, exibindo todos os elementos gráficos disponíveis.

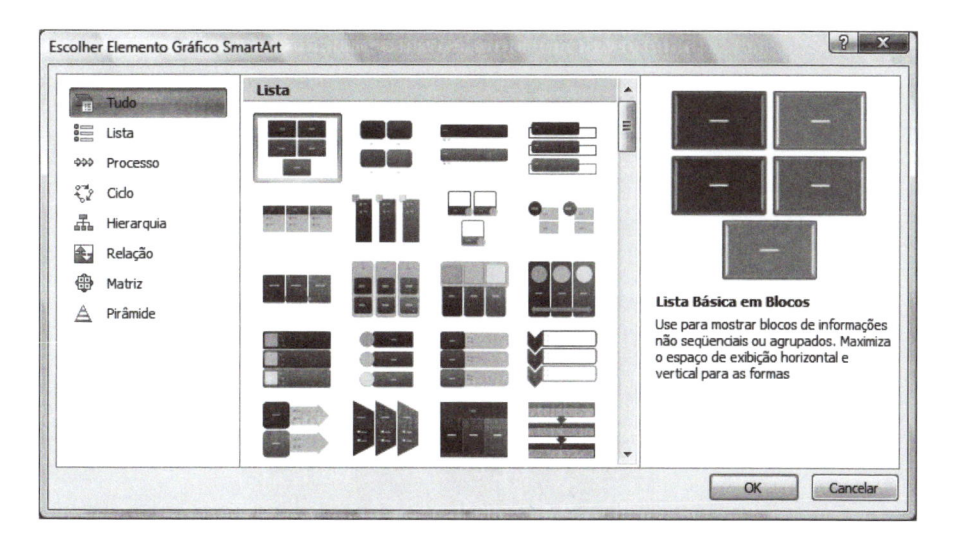

Capítulo 7 • Trabalhando com diagramas e gráficos **227**

2. No painel da esquerda, clique em cada categoria de diagrama por sua vez, para exibir apenas os leiautes disponíveis desse tipo no painel central.

3. No painel da esquerda, clique em **Processo**. Em seguida, no painel central, clique em cada leiaute de diagrama de processo por sua vez, para ver um exemplo, junto com uma descrição do que o diagrama transmite melhor, no painel da direita.

4. Quando você acabar de explorar, clique na primeira miniatura da quarta linha (**Processo Vertical**) e, em seguida, clique em **OK**.

   O diagrama de processo é inserido no ponto de inserção. Espaços reservados para texto aparecem nas formas do diagrama e no painel de texto adjacente, onde são formatados como uma lista com marcadores. As guias contextuais Design e Formatar aparecem na Faixa de Opções.

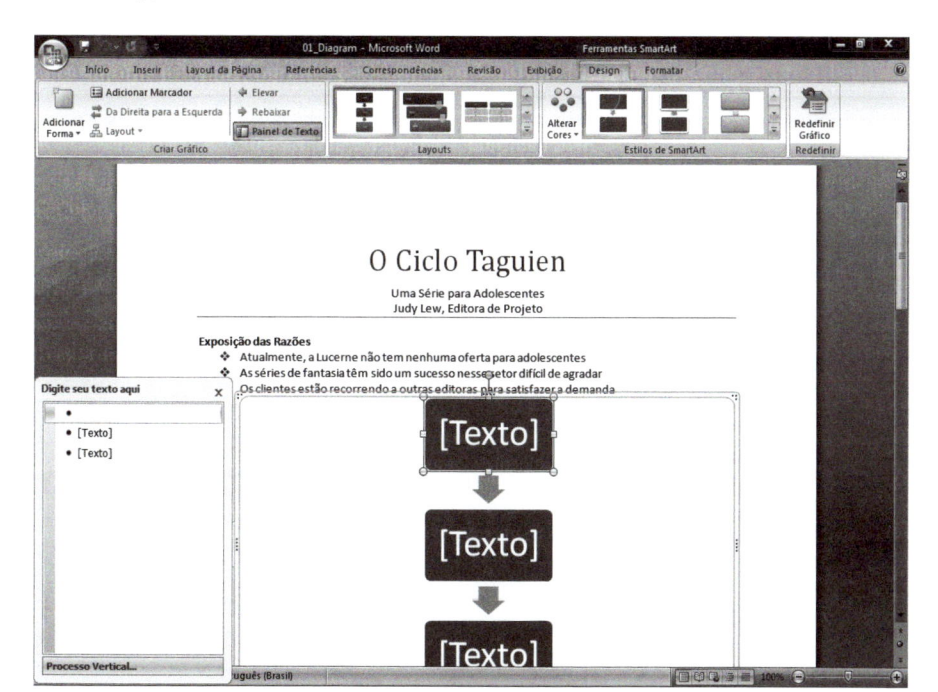

> **Solução de problemas** Se o painel de texto não estiver visível, clique na guia do lado esquerdo da moldura do diagrama. Você também pode exibir o painel de texto clicando no botão Painel de Texto no grupo Criar Gráfico da guia contextual Design.

5. Com o primeiro marcador selecionado no painel de texto, digite **A Expedição** e pressione a tecla ↓ para mover o ponto de inserção para o próximo espaço reservado.

   À medida que você digita no painel de texto, as palavras também aparecem nas formas do diagrama.

6. Repita o passo 5 para os dois espaços reservados restantes, digitando **A Batalha** e **O Desvio**.

7. Com o ponto de inserção no final do terceiro item com marcador no painel de texto, pressione Enter para ampliar a lista com marcadores e adicionar uma nova caixa no gráfico. Em seguida, digite **O Clímax**.

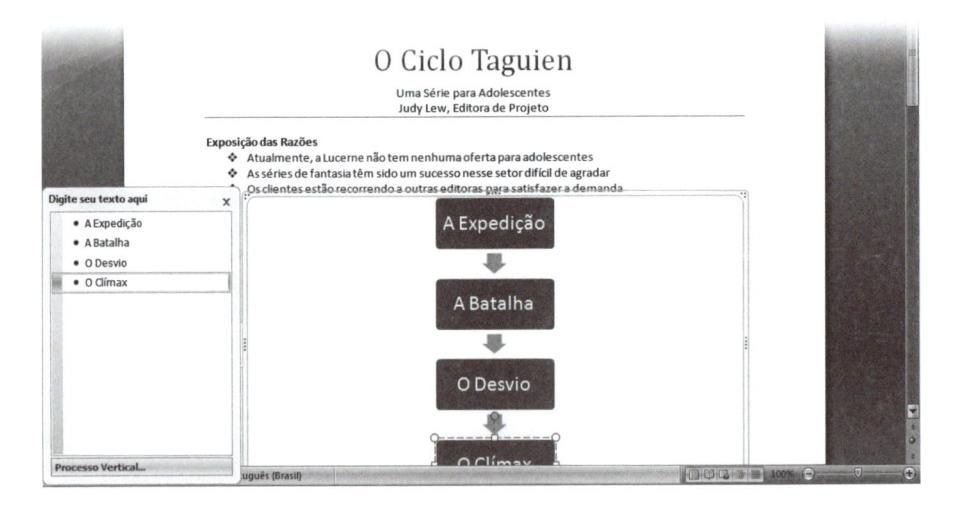

![Diagrama O Ciclo Taguien]

X
Fechar

8. No painel de texto, clique no botão **Fechar**.
9. Arraste a *alça de dimensionamento* central esquerda do painel de diagrama para a direita, até que o painel tenha aproximadamente a mesma largura das formas que estão dentro do diagrama.

> **Solução de problemas** Certifique-se de apontar para o conjunto de pontos (a alça de dimensionamento) na moldura do diagrama e não para uma parte em branco da moldura.

Você pode ignorar o diagrama enquanto arrasta. Quando você solta o botão do mouse, o painel de diagrama se move para a margem esquerda do documento, com o diagrama centralizado dentro dele.

> **Dica** Você pode redimensionar o painel de diagrama com precisão clicando no botão Tamanho da guia contextual Formatar e, em seguida, ajustando a configuração de Altura da Forma ou Largura da Forma.

10. Na guia contextual **Formatar**, no grupo **Organizar**, clique no botão **Quebra Automática de Texto** e, em seguida, na lista, clique em **Mais Opções de Layout**.

[Quebra Automática de Texto ▼]

> **Solução de problemas** Dependendo do tamanho de sua janela e da resolução da tela, talvez você precise clicar no botão Organizar para exibir o grupo Organizar.

A caixa de diálogo Layout Avançado abre, com a guia Quebra automática de texto ativa.

Consulte também Para obter mais informações sobre quebra automática de texto, consulte a seção "Alterando o relacionamento dos elementos na página", no Capítulo 6, "Trabalhando com elementos gráficos, símbolos e equações".

11. Sob **Disposição do texto**, clique em **Comprimido**, e sob **Quebrar texto automaticamente**, selecione a opção **Ambos os lados**.

12. Clique na guia **Posição da Imagem**.

    Nessa guia existem opções para controlar onde o diagrama aparece em relação aos outros elementos do documento.

13. Sob **Horizontal**, selecione a opção **Alinhamento**.

14. Clique na seta de **Alinhamento** e, em seguida, na lista, clique em **Direita**.

15. Clique na seta de **em relação a** e, em seguida, na lista, clique em **Margem**.

16. Sob **Vertical**, com a opção **Posição absoluta** selecionada, clique na seta de **abaixo** e, em seguida, na lista, clique em **Página**.

17. Clique em **OK**. Em seguida, clique em uma área em branco do documento para ver os resultados de suas alterações.

    Em vez de ficar na margem esquerda com texto antes e depois dele, agora o diagrama fica à direita do texto, sem interromper seu fluxo.

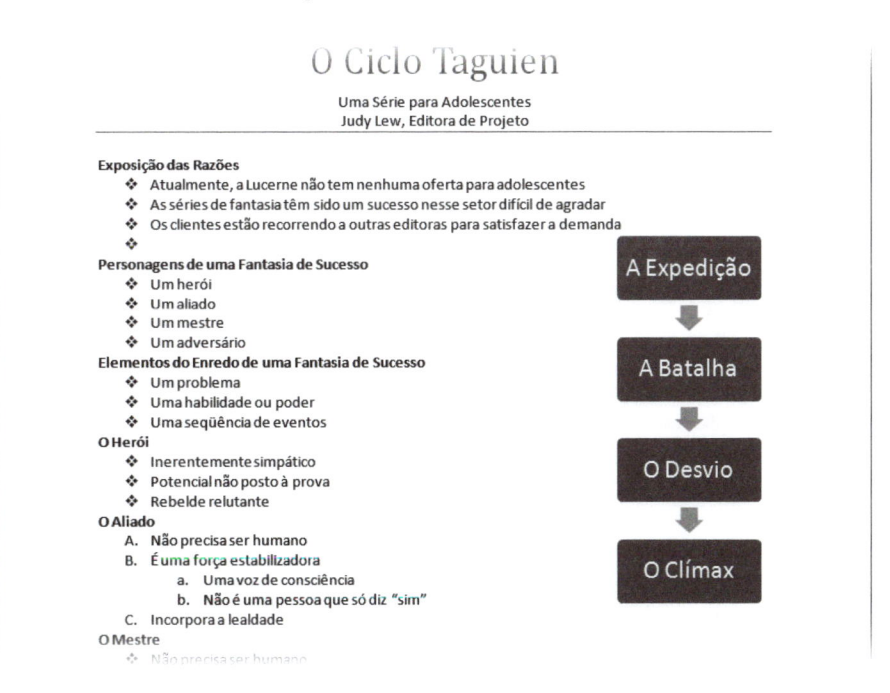

> **FECHE** o documento *01_Diagram* sem salvar suas alterações.

Modificando um diagrama

Após criar um diagrama, você pode adicionar e remover formas e editar seu texto, fazendo alterações no painel de texto. Se você rolar o documento enquanto o painel de texto estiver aberto, o painel permanecerá visível para que você possa copiar texto facilmente do documento para ele, em vez de digitar novamente.

Você também pode personalizar um diagrama usando as opções das guias contextuais Ferramentas de SmartArt. Você pode fazer alterações como as seguintes, usando os botões da guia contextual Design:

- Trocar para outro leiaute do mesmo tipo ou de tipo diferente.

> **Dica** Se você tiver inserido mais texto do que cabe no novo leiaute, o texto não aparecerá, mas será mantido para que você não precise digitá-lo outra vez, caso troque o leiaute novamente.

- Adicionar efeitos de sombreado e tridimensionais em todas as formas de um diagrama.
- Alterar o esquema de cores.
- Adicionar e alterar a hierarquia das formas.

> **Dica** Você pode remover uma forma selecionando-a e depois pressionando a tecla Del. Você também pode reorganizar formas arrastando-as.

Você pode personalizar formas individuais das seguintes maneiras, usando os botões da guia contextual Formatar:

- Alterar uma forma individual – por exemplo, você pode transformar um quadrado em uma estrela para fazê-lo se destacar.
- Aplicar um estilo de forma interno.
- Alterar a cor, o contorno ou o efeito de uma forma.

> **Dica** Você pode usar a visualização dinâmica para exibir os efeitos dessas alterações antes de aplicá-las. Se você aplicar uma alteração e depois decidir que prefere a versão original, pode clicar no botão Redefinir Gráfico no grupo Redefinir da guia Design.

Neste exercício, você vai adicionar formas em um diagrama; adicionar e editar texto; e, em seguida, vai alterar o leiaute do diagrama, seu estilo visual e seu tema de cor, e a forma de um de seus elementos.

> **USE** o documento *02_ModifyingDiagram*. Esse arquivo de exercício está localizado na subpasta *Chapter07*, sob *SBS_Word2007*.
>
> **ABRA** o documento *02_ModifyingDiagram*.

Capítulo 7 • Trabalhando com diagramas e gráficos **231**

1. Clique no diagrama para ativá-lo e, em seguida, clique na guia **Painel de Texto** para abrir o painel de texto.

    Note que o tipo de leiaute usado para o diagrama (Processo Vertical) está descrito na parte inferior do painel de texto.

2. Posicione o ponto de inserção à esquerda de *A Expedição* e pressione [Enter].

    Um espaço reservado em branco é adicionado no início da lista com marcadores e uma nova forma é adicionada na parte superior do diagrama.

3. Pressione a tecla [↑] para ir ao novo marcador, digite **O Problema** e feche o painel de texto.

4. Clique na segunda forma do diagrama (*A Expedição*). Em seguida, na guia contextual **Design**, no grupo **Criar Gráfico**, clique na seta de **Adicionar Forma** e, na lista, clique em **Adicionar Forma Depois**.

    Uma nova forma é adicionada e selecionada.

5. Com a nova forma selecionada, digite **O Poder**.

6. Clique duas vezes na palavra *O* da primeira forma.

    Surge uma caixa em torno da seleção e a Minibarra de ferramentas aparece.

7. Pressione a tecla [Del] e, em seguida, remova as letras iniciais *O* e *A* das formas restantes no diagrama.

    Depois que você remove a palavra da última forma, todas as formas no diagrama tornam-se mais estreitas.

8. Clique em uma área em branco dentro do painel de diagrama para ativar o diagrama como um todo.

    > **Solução de problemas** Se qualquer uma das formas no diagrama estiver circundada por uma linha pontilhada e alças brancas, essa forma está selecionada, em vez de todo o diagrama.

9. Na guia contextual **Design**, no grupo **Layouts**, clique no botão **Mais**.

    A galeria Layouts abre.

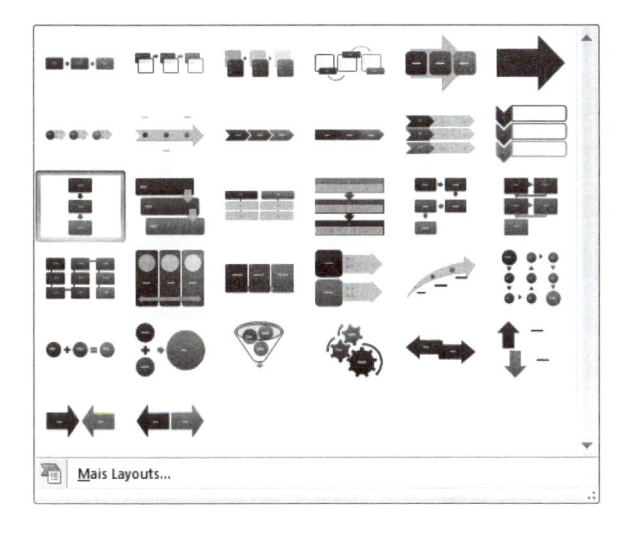

10. Na galeria **Layouts**, aponte para outras opções de diagrama para visualizar o diagrama com esses leiautes.

    Como alterar o leiaute não altera a largura do diagrama, os leiautes horizontais criam um diagrama muito pequeno.

11. Na galeria **Layouts**, clique na segunda miniatura da quinta linha (**Equação Vertical**).

    O diagrama muda para uma série de círculos organizados em uma equação.

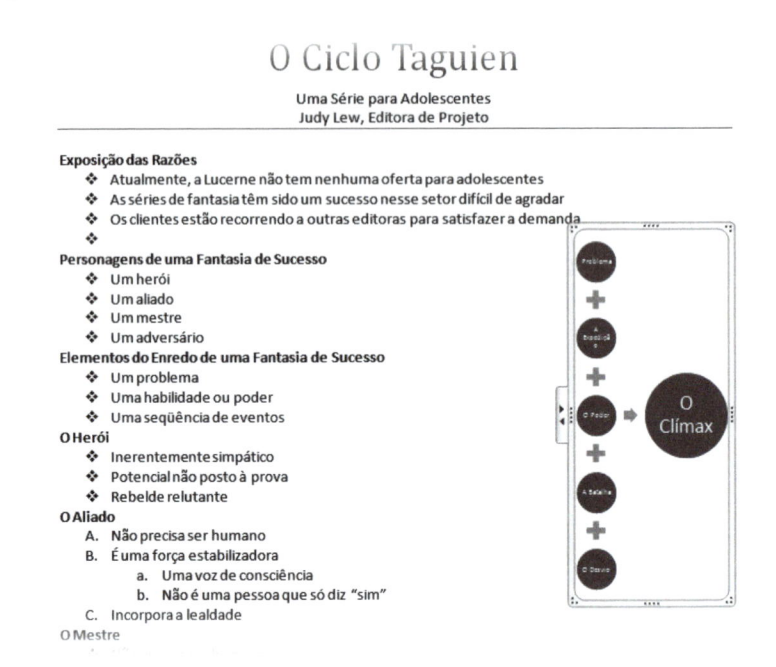

12. Aponte para a moldura do diagrama e, quando o ponteiro do mouse mudar para uma seta de quatro pontas, arraste a moldura para baixo até que sua borda superior esteja alinhada com o terceiro cabeçalho (*Elementos do Enredo de uma Fantasia de Sucesso*).

    > **Solução de problemas** Certifique-se de apontar para uma parte em branco da moldura e não para as alças de dimensionamento (os conjuntos de pontos na moldura do diagrama).

13. Role o documento e, em seguida, arraste a alça de dimensionamento do canto inferior esquerdo da moldura do diagrama para baixo e para a esquerda, até que a moldura seja aproximadamente 2 cm mais larga e 2 cm mais alta do que seu tamanho original.

    Quando você solta o botão do mouse, as formas no diagrama se expandem para preencher a moldura redimensionada.

14. Na guia contextual **Design**, no grupo **Estilos de SmartArt**, clique no botão **Mais**.

    A galeria Estilos de SmartArt abre.

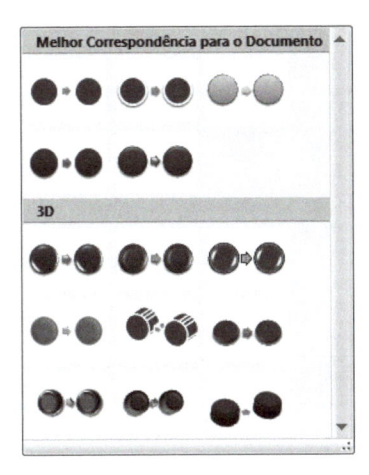

Capítulo 7 • Trabalhando com diagramas e gráficos   **233**

15. Na galeria, aponte para cada estilo, observando as alterações em seu diagrama. Em seguida, sob **3D**, clique na primeira miniatura da primeira linha (**Elegante**).

> **Solução de problemas**   A visualização dinâmica dessa galeria pode ser mais lenta do que a das outras galerias. Basta ser paciente; logo você vai ver os efeitos do estilo em seu diagrama.

O diagrama assume os efeitos do novo estilo.

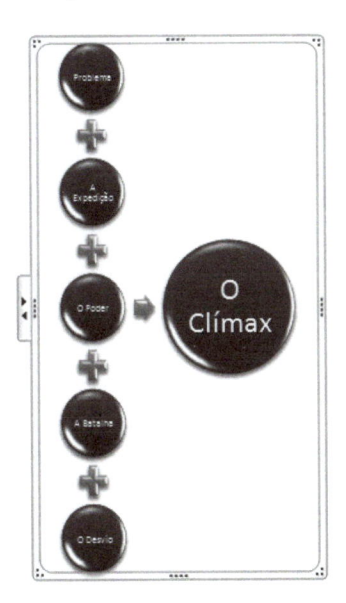

16. No grupo **Estilos de SmartArt**, clique no botão **Alterar Cores**.

A galeria Cores do Tema abre.

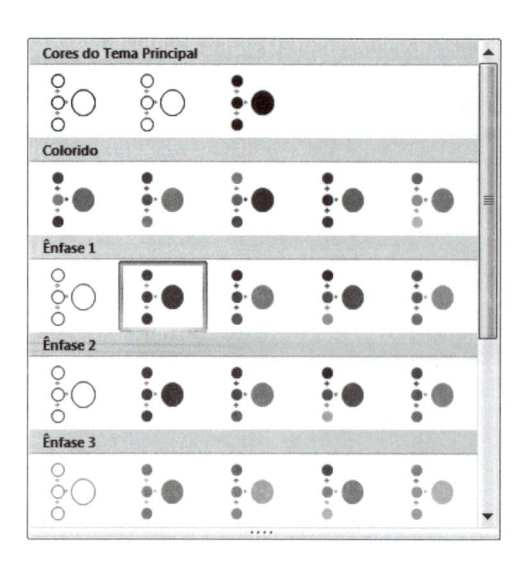

17. Exiba a visualização dinâmica de algumas combinações de cor e, em seguida, sob **Colorido**, clique na primeira miniatura (**Colorido – Cores de Ênfase**).
18. No lado esquerdo do diagrama, clique na forma inferior (*O Desvio*) e, em seguida, na guia contextual **Formatar**, no grupo **Formas**, clique no botão **Alterar Forma**.
19. Sob **Estrelas e Faixas**, clique na sétima forma da segunda linha (**Ondulado**).

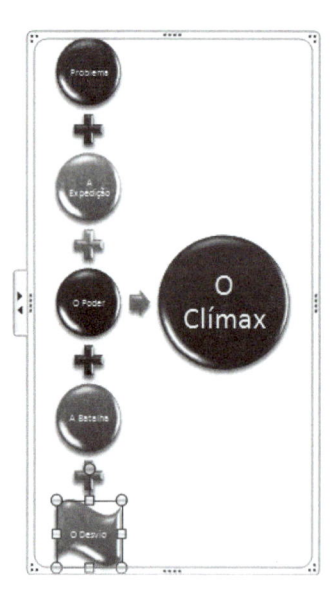

FECHE o documento *02_ModifyingDiagram* sem salvar suas alterações.

Inserindo um gráfico

Quando você adiciona um gráfico em um documento criado no Word 2007, um gráfico de amostra é incorporado ao documento. Os dados usados para traçar o gráfico de amostra são armazenados em uma planilha do Excel 2007 incorporada no arquivo do Word. (Você não precisa manter um arquivo do Excel separado.)

> **Dica** Você não consegue ver gráficos no modo de exibição Rascunho ou Estrutura de Tó-

Para personalizar o gráfico, substitua os dados de amostra na planilha do Excel por seus próprios dados, da mesma maneira como inseriria informações em uma tabela. Como a planilha do Excel está vinculada ao gráfico, quando você altera os valores na planilha, o gráfico também muda.

A planilha do Excel é composta de linhas e colunas de células contendo valores (ou ***pontos de dados***) que compõem uma ***série de dados***. Para inserir dados em uma célula individual – a interseção de uma linha com uma coluna – clique na célula para selecioná-la e comece a digitar. Você pode selecionar uma coluna inteira clicando no ***cabeçalho da coluna*** – a caixa sombreada que contém uma letra no início de cada coluna – e uma linha inteira clicando no ***cabeçalho da linha*** – a caixa sombreada que contém um número à esquerda de cada linha. Você pode selecionar a planilha inteira clicando no botão Selecionar Tudo – a caixa mais escura na junção dos cabeçalhos de coluna e cabeçalhos de linha.

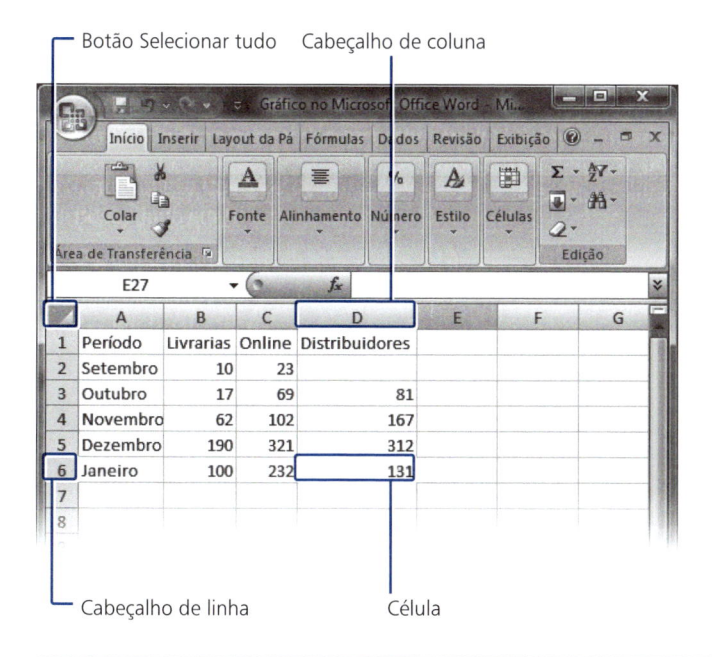

> **Dica** Se você criar um gráfico e, posteriormente, quiser editar seus dados, pode abrir a planilha associada clicando no gráfico e depois clicar no botão Editar Dados, no grupo Dados da guia contextual Design.

Neste exercício, você vai adicionar um gráfico em um documento e depois vai substituir os dados de amostra da planilha por seus próprios dados.

> **Solução de problemas** Se você abrir no Word 2007 um documento criado no Word 2003 e depois adicionar um gráfico nele, o Word usará o Microsoft Graph para criar o gráfico. Essa tecnologia de gráfico do Word 2003 foi mantida para assegurar a compatibilidade com versões anteriores do programa. Os passos deste exercício funcionarão apenas com um documento criado no Word 2007.

> **USE** o documento *03_Chart*. Esse arquivo de exercício está localizado na subpasta *Chapter07*, sob *SBS_Word2007*.
>
> **ABRA** o documento *03_Chart*.

1. Pressione Ctrl+End para colocar o ponto de inserção para o final do documento.
2. Na guia **Inserir**, no grupo **Ilustrações**, clique no botão **Gráfico**.

   A caixa de diálogo Inserir Gráfico abre.

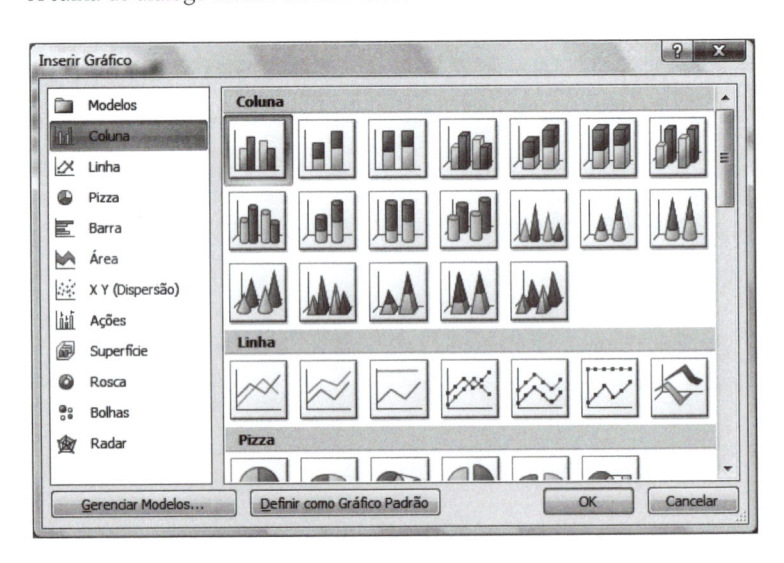

3. Na galeria da direita, sob **Coluna**, clique na quarta miniatura da primeira linha (**Colunas 3D Agrupadas**). Em seguida, clique em **OK**.

   Uma amostra de gráfico de colunas é inserida no documento à esquerda e uma planilha do Excel contendo os dados de amostra do gráfico abre à direita.

Capítulo 7 • Trabalhando com diagramas e gráficos **237**

Selecionar Tudo

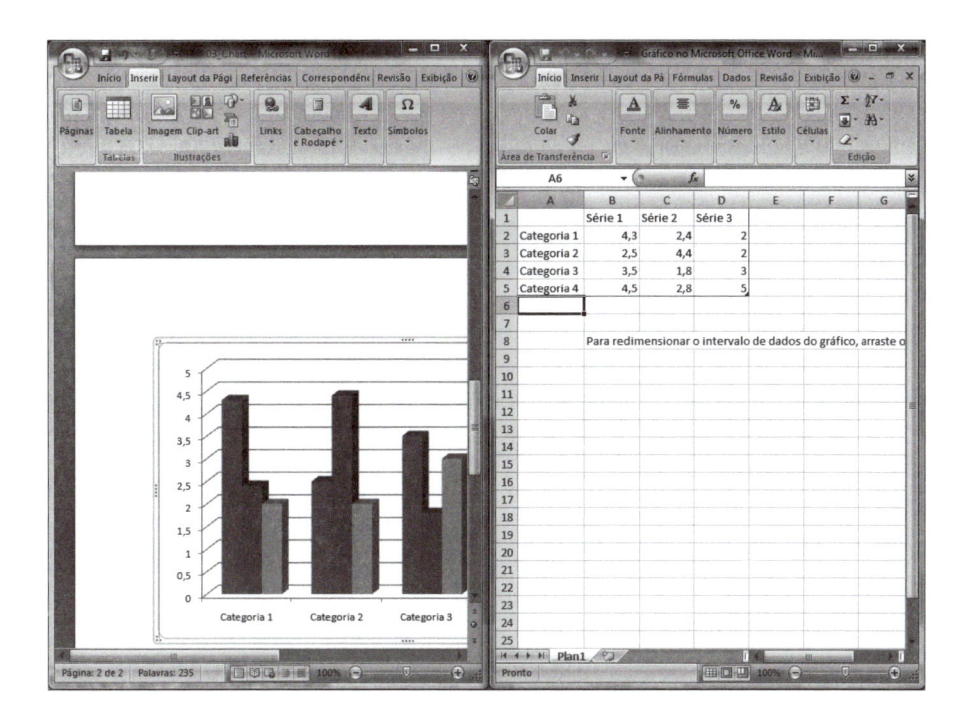

4. Clique no botão **Selecionar Tudo**, no canto superior esquerdo da planilha do Excel, e pressione a tecla [Del].

   Os dados de amostra da planilha são excluídos, deixando uma planilha em branco. As colunas do gráfico de amostra desaparecem no documento, deixando uma área de gráfico em branco.

5. Na primeira célula da linha 1 (célula **A1**), digite **Período** e, em seguida, pressione a tecla [Tab].

> **Dica** Assim como acontece nas tabelas do Word, cada célula da planilha é identificada por um endereço consistindo em sua letra de coluna e número de linha – por exemplo, A2. Um intervalo de células é identificado pelo endereço da célula do canto superior esquerdo e pelo endereço da célula do canto inferior direito, separados por dois-pontos – por exemplo, A2:D5.

O Excel insere o cabeçalho e ativa a próxima célula na mesma linha.

6. Nas células **B1** a **D1**, digite **Livrarias**, **Online** e **Distribuidores**, pressionando [Tab] depois de cada um para ir à próxima célula.

7. Aponte para a borda entre duas colunas quaisquer e, quando o ponteiro do mouse mudar para uma seta de duas pontas, dê um clique duplo.

   O Excel ajusta a largura das colunas de acordo com suas entradas.

8. Nas células **A2** a **C2**, digite **Setembro**, **10** e **23**. (Não há dados em D2.)

> **Dica**   Você pode usar o teclado para mover-se na planilha. Pressione Enter para mover-se para baixo na mesma coluna ou Shift+Enter para mover-se para cima; e pressione Tab para mover-se para a direita na mesma linha ou Shift+Tab para mover-se para a esquerda. Você também pode pressionar as teclas de direção para mover-se para cima, para baixo, para a esquerda ou para a direita, uma célula por vez.

9. Digite os dados a seguir nas células da planilha do Excel:

	A	B	C	D
3	Outubro	17	69	81
4	Novembro	62	102	167
5	Dezembro	190	321	312
6	Janeiro	100	232	131

À medida que você insere os dados, o gráfico muda para refletir o que é digitado. (Rolamos a janela do Word para exibir uma parte maior do gráfico.)

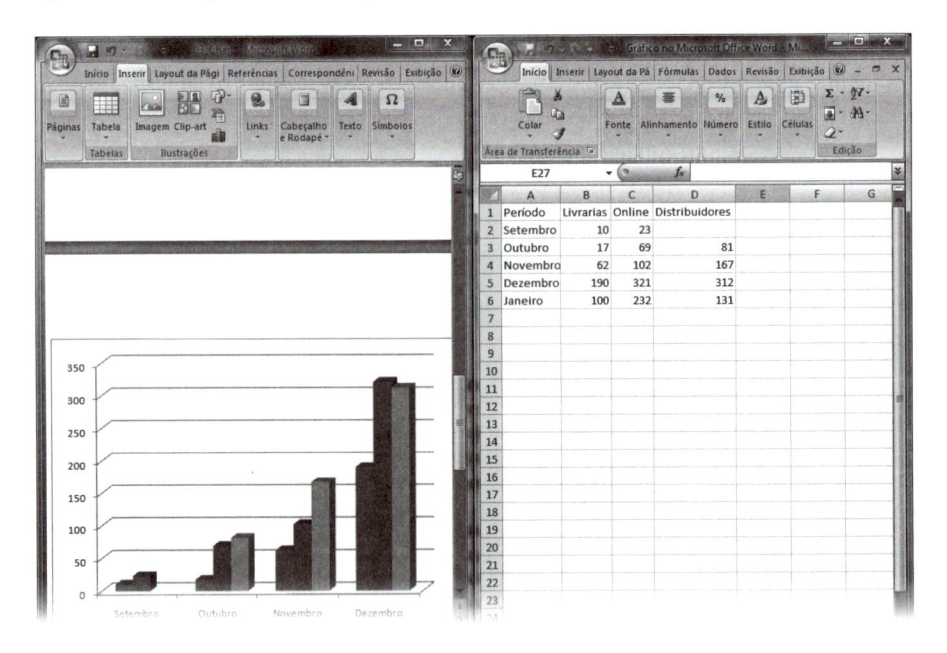

Algo está errado. Você inseriu dados de setembro a janeiro, mas janeiro não aparece. Isso acontece porque o gráfico de amostra original representava apenas as células no intervalo A1:D5 e você inseriu dados em A1:D6. Você precisa especificar o novo intervalo.

10. No documento do Word, clique no gráfico para ativá-lo. Em seguida, na guia contextual **Design**, no grupo **Dados**, clique no botão **Selecionar Dados**.

Na planilha do Excel, o intervalo de dados representados é circundado por uma borda tracejada intermitente e a caixa de diálogo Selecionar Fonte de Dados abre para que você possa fazer os ajustes necessários.

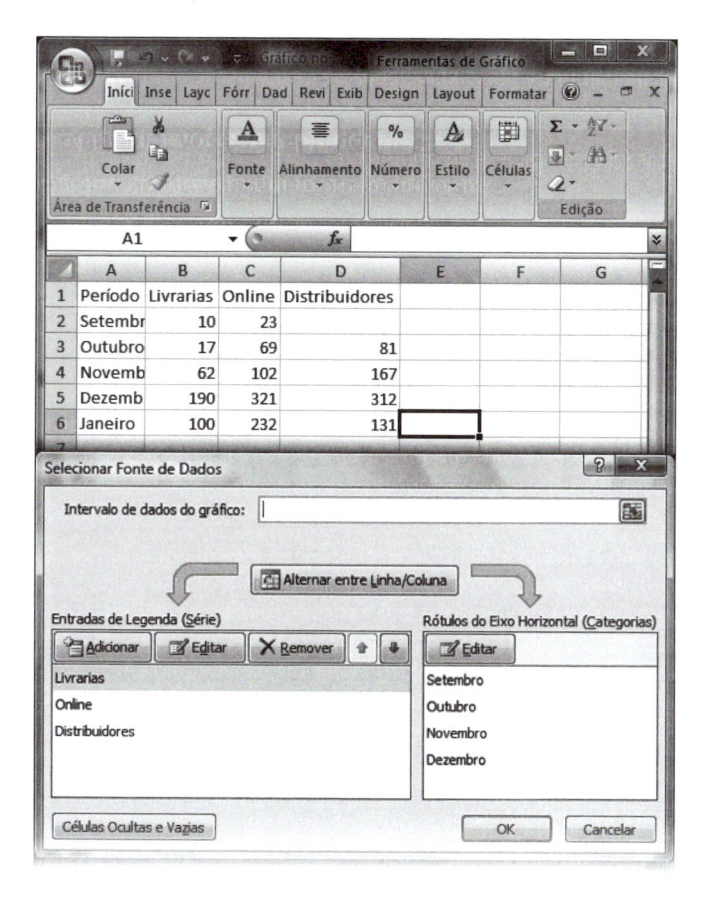

11. Na extremidade direita da caixa **Intervalo de dados do gráfico**, clique no botão **Recolher caixa de diálogo** para recolher a caixa de diálogo **Selecionar Fonte de Dados**.

12. Na planilha do Excel, aponte para célula **A1** e arraste para baixo e para a direita, até a célula **D6**. Em seguida, na caixa de diálogo **Selecionar Fonte de Dados**, clique no botão **Expandir caixa de diálogo**.

Na caixa de diálogo Selecionar Fonte de Dados, a caixa Intervalo de dados do gráfico agora contém o novo intervalo e a lista Rótulos do Eixo Horizontal (Categorias) agora inclui Janeiro.

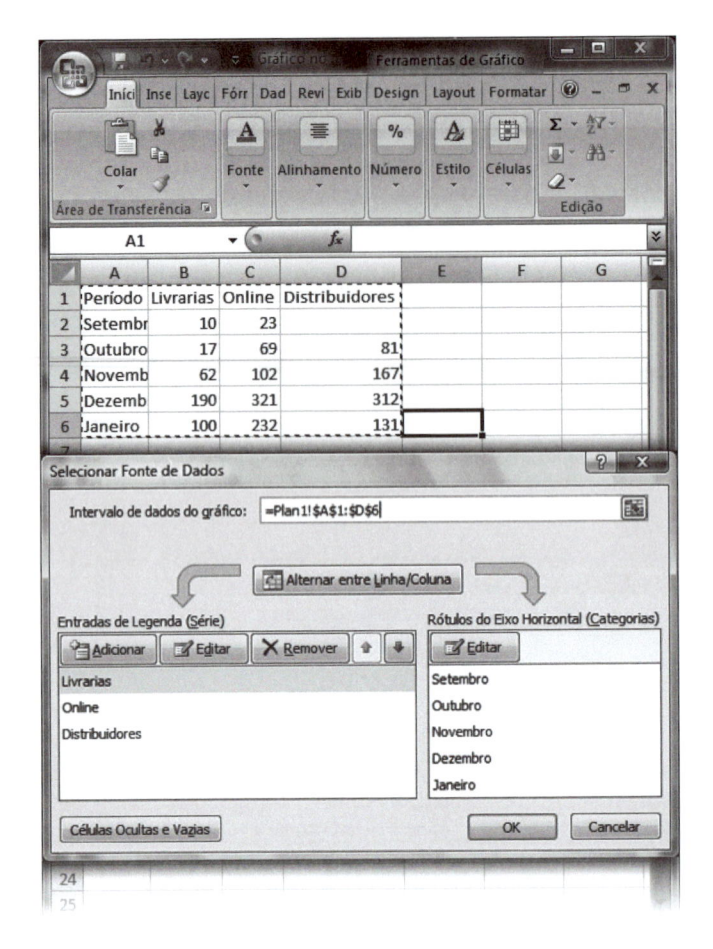

13. Clique em **OK** para fechar a caixa de diálogo e, em seguida, no canto superior direito da janela do Excel, clique no botão **Fechar** para fechar a planilha.

    A janela do Word se expande para preencher a tela. Os dados de janeiro agora aparecem no gráfico. Suponha que você perceba que cometeu um erro ao digitar os dados dos distribuidores.

14. Na guia **Design**, no grupo **Dados**, clique no botão **Editar Dados** para abrir a planilha do Excel.

15. Na planilha do Excel, clique na célula **D4**, digite **267** para alterar os dados, pressione Enter e, em seguida, feche a janela do Excel.

    No gráfico, a coluna Distribuidores de Novembro torna-se mais alta para representar o novo valor.

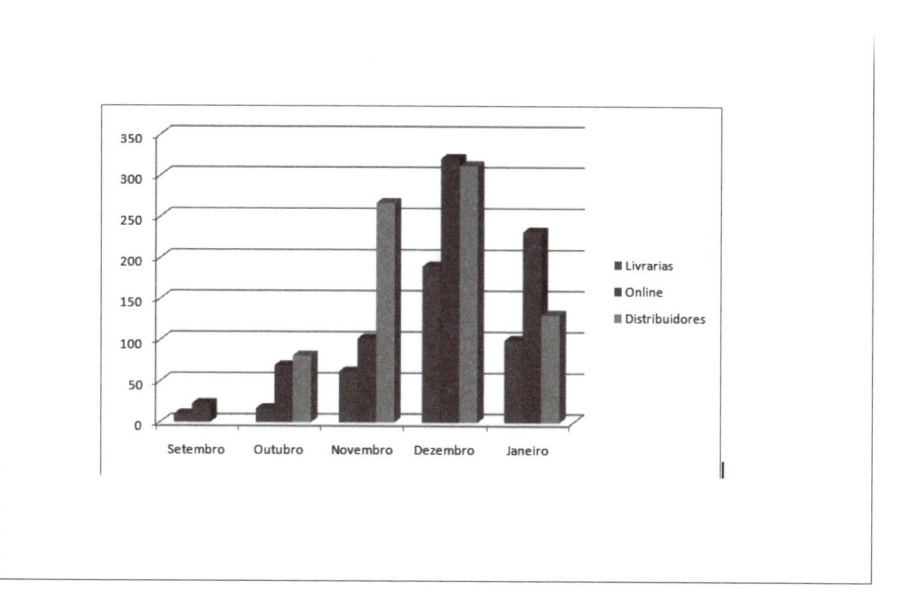

> **FECHE** o documento *03_Chart* sem salvar suas alterações.

Modificando um gráfico

Se você decidir que o gráfico que criou não representa adequadamente as características mais importantes de seus dados, pode mudar o tipo do gráfico a qualquer momento. O Word fornece 11 tipos de gráficos, cada um com variações bi e tridimensionais. Os tipos de gráfico comuns incluem:

- *Gráficos de coluna*. Bons para mostrar como os valores mudam com o passar do tempo.
- *Gráficos de barra*. Bons para mostrar os valores de vários itens em um único ponto no tempo.
- *Gráficos de linha*. Bons para mostrar alterações estranhas nos valores com o passar do tempo.
- *Gráficos de pizza*. Bons para mostrar como as partes se relacionam com o todo.

Tendo optado pelo tipo de gráfico mais apropriado, você pode modificar o gráfico como um todo ou qualquer um de seus elementos, os quais incluem:

- *Área do gráfico*. A área inteira dentro da moldura exibida quando você clica em um gráfico.
- *Área de plotagem*. A área retangular limitada pelos eixos.

- **Eixo x** e **eixo y**. Os dados são representados no eixo x – também chamado de eixo de *categorias* – e no eixo y – também chamado de eixo de *valores*. (Os gráficos tridimensionais têm também o *eixo z*.)
- **Rótulos de marca de escala**. Ao longo de cada eixo existem rótulos que identificam os dados.
- **Marcadores de dados**. Cada ponto de dados em uma série de dados é representado no gráfico por um *marcador de dados*.
- **Legenda**. Essa explicação identifica a série de dados.

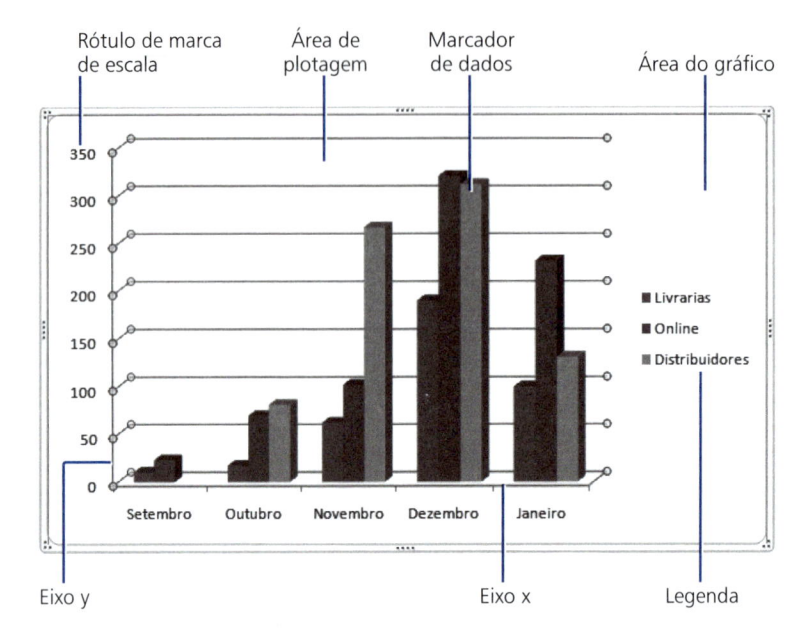

Você pode modificar os elementos usando os botões da guia contextual Layout. Para modificar um elemento específico, primeiro o selecione, clicando nele ou clicando em seu nome na caixa Elementos do Gráfico, no grupo Seleção Atual da guia contextual Formatar. Então, você pode usar os botões da guia contextual Formatar. Se você fizer muitas modificações, talvez queira salvar o gráfico personalizado como um modelo para que possa usá-lo para representar dados semelhantes no futuro, sem ter de repetir todas as alterações.

Neste exercício, você vai modificar a aparência de um gráfico, alterando seu tipo e seu estilo. Você vai alterar a cor da área de plotagem e a cor e o peso de uma série de dados. Então, você vai ocultar as linhas de grade e alterar o leiaute para exibir títulos e uma planilha de dados. Após adicionar uma anotação em uma caixa de texto, você vai salvar o gráfico como um modelo.

USE o documento *04_ModifyingChart*. Esse arquivo de exercício está localizado na subpasta *Chapter07*, sob *SBS_Word2007*.

ABRA a apresentação *04_ModifyingChart*.

1. Role o documento para exibir o gráfico e clique em qualquer parte do gráfico para ativá-lo.

   O Word exibe as guias contextuais Design, Layout e Formatar.

2. Na guia contextual **Design**, no grupo **Tipo**, clique no botão **Alterar Tipo de Gráfico**.

   A caixa de diálogo Alterar Tipo de Gráfico abre.

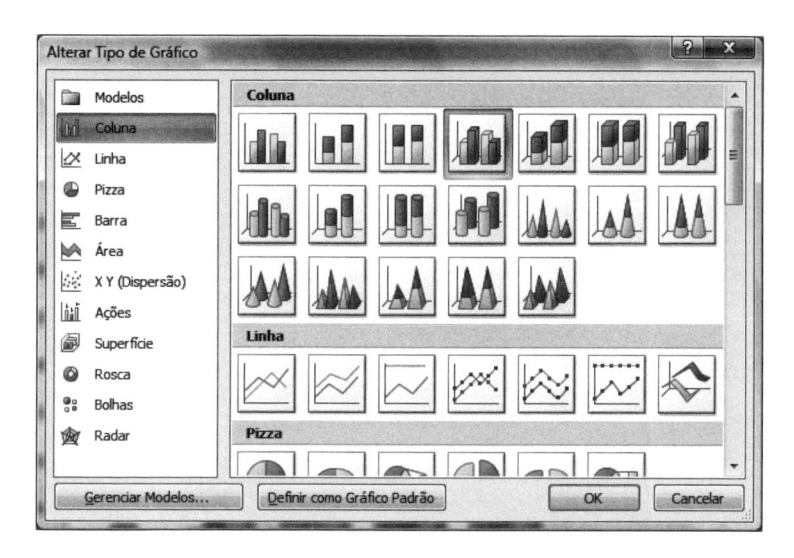

3. À direita na galeria, sob **Linha**, clique duas vezes na quarta miniatura (**Linha com Marcadores**).

   O gráfico de colunas muda para um gráfico de linhas, que representa os dados usando linhas coloridas, em vez de colunas.

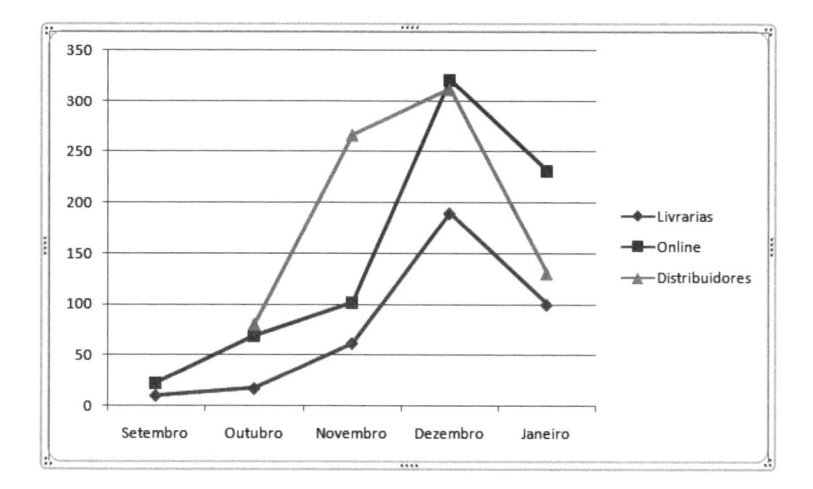

4. Na guia **Design**, no grupo **Estilos de Gráfico**, clique no botão **Mais**.

A galeria **Estilos de Gráfico** abre.

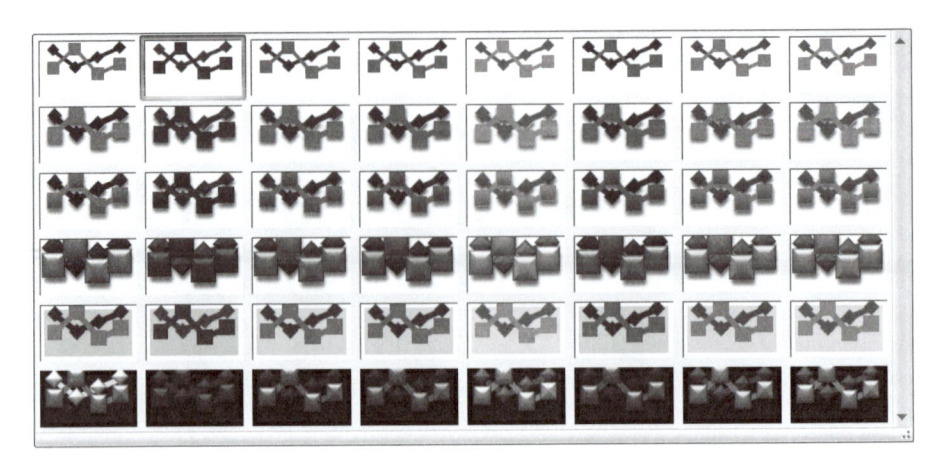

5. Na galeria, clique na segunda miniatura da quarta linha (**Estilo 26**).

Agora as linhas estão mais grossas e os pontos de dados são tridimensionais.

6. Clique na área de plotagem – a área do gráfico que contém os marcadores de dados – para selecioná-la e, em seguida, clique na guia contextual **Formatar**.

A caixa Elementos do Gráfico, no grupo Seleção Atual da guia Formatar, exibe o nome do elemento do gráfico selecionado.

7. Na guia **Formatar**, no grupo **Estilos de Forma**, clique no botão **Preenchimento da Forma** e, em seguida, na lista, clique **Mais Cores de Preenchimento**.

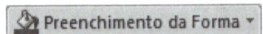

A caixa de diálogo Cores abre.

8. Na guia **Padrão** da caixa de diálogo **Cores**, clique na cor que está à esquerda inferior do centro (o amarelo mais claro) e, em seguida, clique em **OK**.

Agora a área de plotagem está sombreada com amarelo claro para distingui-la do restante do gráfico.

> **Dica** Para alterar vários aspectos da área de plotagem, clique com o botão direito do mouse na área e, em seguida, clique em Formatar Área de Plotagem para abrir a caixa de diálogo Formatar Área de Plotagem. Então, você pode alterar o preenchimento, a borda, a sombra e o formato 3D em apenas um local.

9. No grupo **Seleção Atual**, clique na seta de **Elementos do Gráfico** e, em seguida, na lista, clique em **Série "Online"**.

Pequenos círculos azuis aparecem em torno dos pontos de dados da série selecionada.

10. No grupo **Seleção Atual**, clique no botão **Formatar Seleção**.

A caixa de diálogo Formatar Séries de Dados abre.

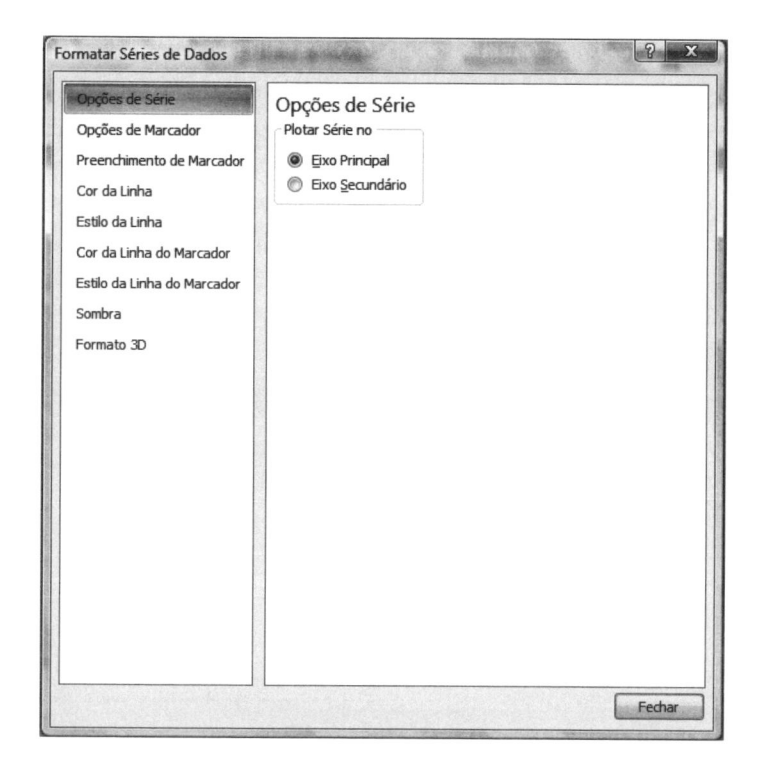

11. No painel da esquerda, clique em **Cor da Linha**. Em seguida, na página **Cor da Linha**, selecione a opção **Linha sólida**, clique no botão **Cor** que aparece e, sob **Cores Padrão**, clique na caixa **Roxa**.

12. No painel da esquerda, clique em **Estilo da Linha**. Em seguida, na página **Estilo da Linha**, na caixa **Largura**, digite ou selecione **3 pt**. Em seguida, clique em **Fechar**.

    Agora, a série de dados Online está representada por uma linha roxa fina.

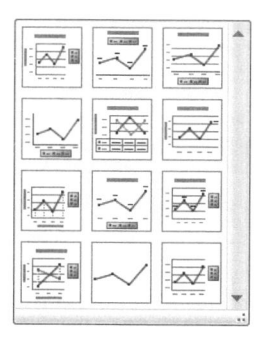

13. Na guia contextual **Layout**, no grupo **Eixos**, clique no botão **Linhas de Grade**, aponte para **Linhas de Grade Horizontais Principais** e, em seguida, clique em **Nenhuma** para remover as linhas de grade horizontais do gráfico.

14. Na guia contextual **Design**, no grupo **Layout de Gráfico**, clique no botão **Mais**.

    A galeria Layouts de Gráfico abre.

15. Na galeria, clique na segunda miniatura da segunda linha (**Layout 5**).

    Agora a legenda aparece abaixo do gráfico com uma planilha de dados, as linhas de grade voltaram a aparecer e espaços reservados para um título do gráfico e um título de eixo foram adicionados na parte superior do gráfico.

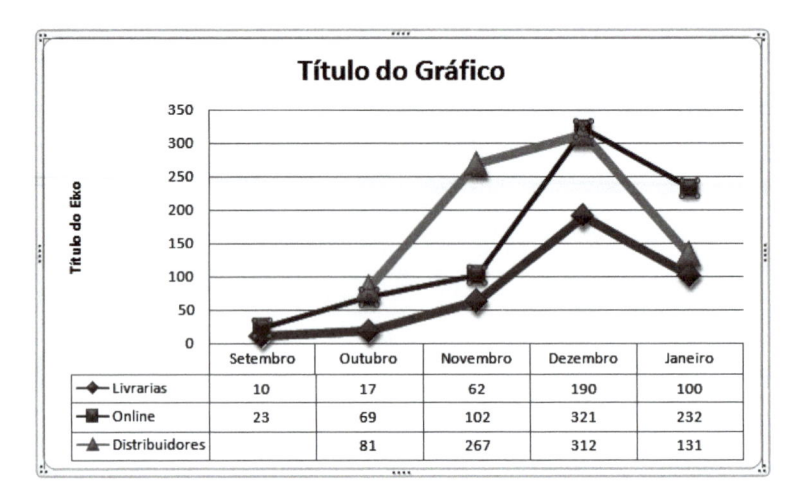

16. No gráfico, substitua o espaço reservado **Título do Gráfico**, na parte superior, por **Ciclo de Vendas** e o espaço reservado **Título do Eixo**, à esquerda, por **Milhares**.

17. Na guia contextual **Layout**, no grupo **Inserir**, clique no botão **Desenhar Caixa de Texto**.

18. No gráfico, aponte para um local acima das vendas de pico de dezembro e, em seguida, arraste diagonalmente para baixo e para a direita, até que a caixa de texto preencha o espaço à direita do título.

19. Digite **Pico de venda de todos os canais**. Em seguida, selecione o texto e, na guia **Início**, no grupo **Fonte**, altere o tamanho para **10** pontos e a cor para **Vermelha**.

20. Clique fora do gráfico para ver os resultados de suas alterações.

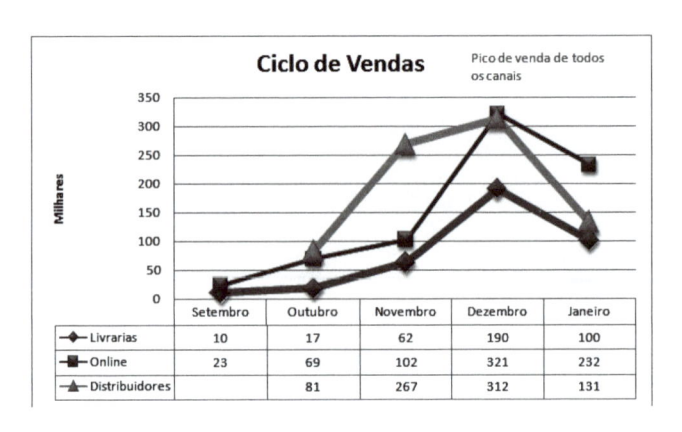

Capítulo 7 ● Trabalhando com diagramas e gráficos **247**

21. Clique na área do gráfico para ativar o gráfico. Em seguida, na guia **Design**, no grupo **Tipo**, clique no botão **Salvar como Modelo**.

    A caixa de diálogo Salvar Modelo de Gráfico abre e exibe o conteúdo de sua pasta *Charts*, que é uma subpasta de sua pasta *Modelos*.

    > **Solução de problemas** Se a pasta *Charts* não aparecer na barra de endereços, navegue até a pasta *AppData\Roaming\Microsoft\Modelos\Charts*, sob seu perfil de usuário.

22. Com a pasta *Charts* exibida na barra de endereços, digite **Meu Gráfico de Vendas** na caixa **Nome do arquivo** e, em seguida, clique em **Salvar**.

23. No grupo **Tipo**, clique no botão **Alterar Tipo de Gráfico** e, em seguida, no painel esquerdo da caixa de diálogo **Alterar Tipo de Gráfico**, clique em **Modelos**.

    A pasta contém um modelo não identificado, com um ícone de gráfico de linhas.

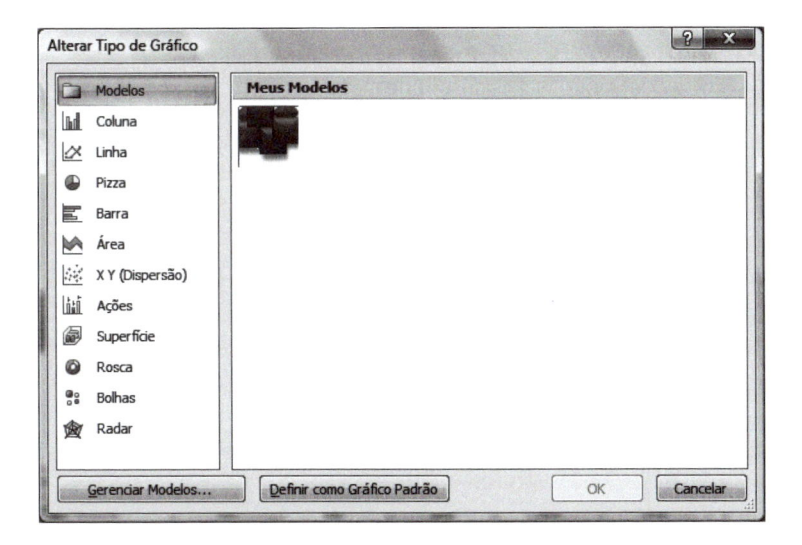

24. Verifique se esse modelo é o que você acabou de salvar, apontando para ele para ver a Dica de Tela e, em seguida, clique em **Cancelar** para fechar a caixa de diálogo.

FECHE o documento *04_ModifyingChart* sem salvar suas alterações.

Usando dados existentes em um gráfico

Se os dados que você deseja representar como um gráfico já existem em um banco de dados do Microsoft Office Access, em uma planilha do Excel ou em uma tabela do Word, não é preciso digitá-los novamente na planilha do gráfico. Você pode copiar os dados de seu programa de origem e colá-los na planilha.

Neste exercício, você vai copiar os dados armazenados em um intervalo de células de uma planilha do Excel na planilha de um gráfico e, depois, vai expandir o intervalo de dados representado para que os novos dados apareçam no gráfico.

> **USE** o documento *05_ExistingData* e a pasta *05_Sales*. Esses arquivos de exercícios estão localizados na subpasta *Chapter07*, sob *SBS_Word2007*.
>
> **ABRA** o documento *05_ExistingData*.

1. Pressione Ctrl+End para ir ao final do documento, clique com o botão direito do mouse no gráfico e, em seguida, clique em **Editar Dados** para abrir a planilha do Excel associada.

2. Na janela do Excel, clique no **Botão Microsoft Office** e, em seguida, clique em **Abrir**. Na caixa de diálogo **Abrir**, navegue até sua pasta *Documentos\MSP\SBS_Word2007\Chapter07* e clique duas vezes na pasta *05_Sales*.

3. Na guia **Exibir** do Excel, no grupo **Janela**, clique no botão **Organizar Tudo**.

4. Na caixa de diálogo **Organizar janelas**, clique na opção **Na horizontal** e clique em **OK**.

   O Excel coloca uma das planilhas abertas sobre a outra, de modo que ambas fiquem visíveis ao mesmo tempo.

5. Role a planilha *05_Sales*, aponte para a célula **A10** e arraste para baixo e para a direita para selecionar o intervalo **A10:D11**.

6. Na guia **Início** do Excel, no grupo **Área de Transferência**, clique no botão **Copiar**.

7. Clique na planilha **Gráfico no Microsoft Office Word** para ativá-la, clique na célula **A7** e, em seguida, na guia **Início** do Excel, no grupo **Área de Transferência**, clique no botão **Colar**.

   Os dados da planilha *05_Sales* são colados na planilha do gráfico.

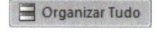

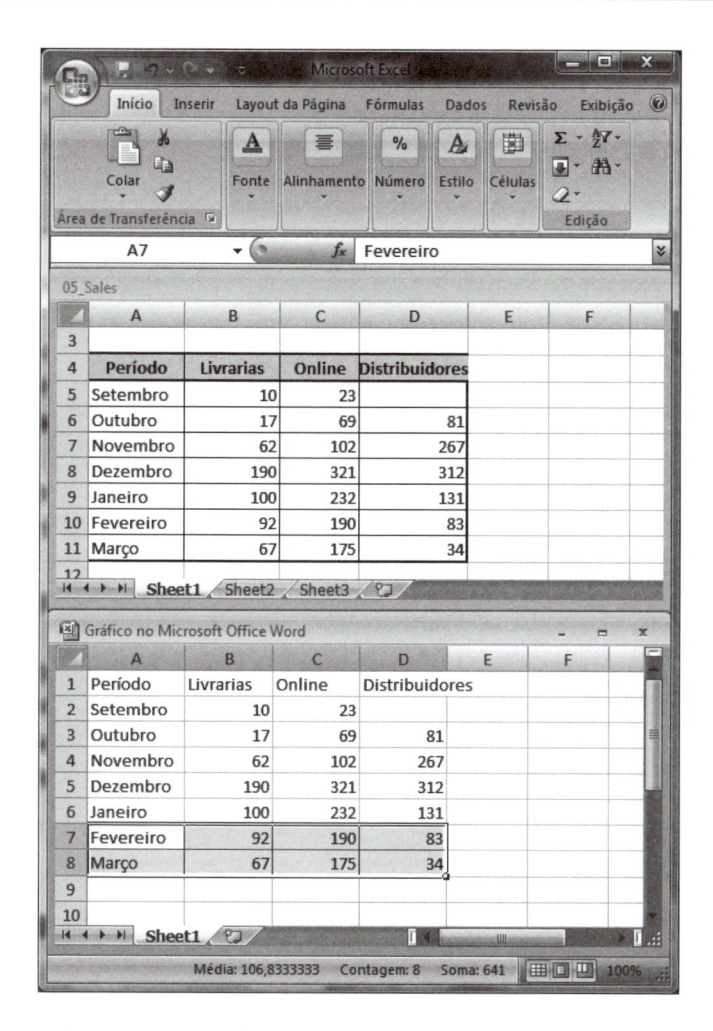

8. Feche a pasta *05_Sales*.

   A janela superior fecha, mas a janela inferior não expande para tomar seu lugar.

9. Clique no botão **Maximizar** da planilha do gráfico.

   Agora, você precisa especificar que os novos dados devem ser incluídos no gráfico.

10. Clique no gráfico do documento para ativá-lo e, em seguida, na guia contextual **Design**, no grupo **Dados**, clique no botão **Selecionar Dados**.

    A caixa de diálogo Selecionar Fonte de Dados abre.

11. Mova a caixa de diálogo de modo que todos os dados da janela do Excel fiquem visíveis.
12. Clique na extremidade direita da caixa **Intervalo de dados do gráfico**, altere o intervalo de célula para =**Sheet1!$A$1:$D$8** e, em seguida, clique em **OK**.
13. Feche a janela do Excel.

    Agora o gráfico contém mais dois meses de dados.

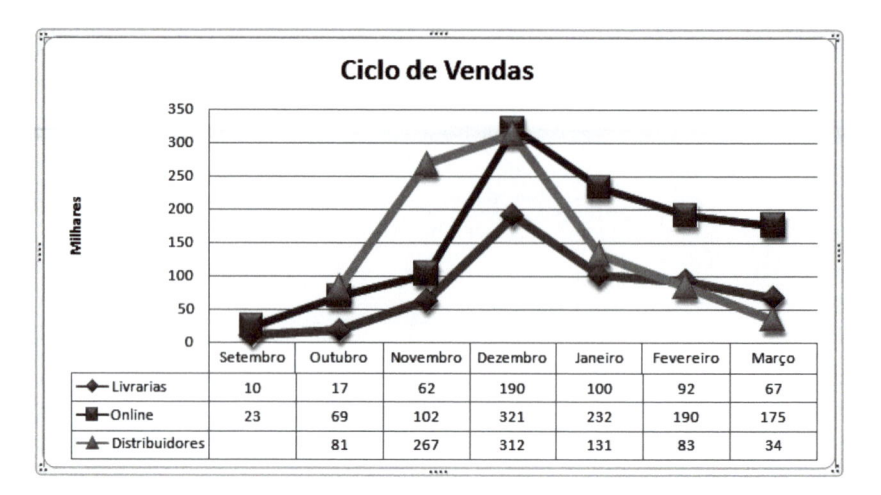

    Ciclo de Vendas

	Setembro	Outubro	Novembro	Dezembro	Janeiro	Fevereiro	Março
Livrarias	10	17	62	190	100	92	67
Online	23	69	102	321	232	190	175
Distribuidores		81	267	312	131	83	34

14. Clique em *Pico de venda de todos os canais*, clique na borda da caixa de texto e, em seguida, pressione Del.
15. No meio da borda direita da moldura, arraste a alça pontilhada para a direita, até que todos os rótulos de mês da planilha de dados apareçam em uma única linha.

> **FECHE** o documento *05_ExistingData* sem salvar suas alterações.

> **Dica** Você também pode importar dados para seu gráfico a partir de um arquivo de texto, de uma página da Web ou de outra fonte externa, como o Microsoft SQL Server. Para importar dados, primeiro ative a planilha do Excel vinculada. Em seguida, na guia Dados do Excel, no grupo Obter Dados Externos, clique no botão de sua origem de dados e navegue até a origem. Para obter mais informações, consulte a Ajuda do Microsoft Office Online.

Pontos principais

- Você pode criar facilmente um diagrama sofisticado para apresentar um processo ou o relacionamento entre elementos hierárquicos.
- Os diagramas são ilustrações dinâmicas que você pode personalizar para produzir precisamente o efeito que está procurando.
- Em geral, um gráfico é a maneira mais eficiente de apresentar dados numéricos com clareza.
- Você pode selecionar o tipo de gráfico e alterar a aparência de seus elementos para que o gráfico represente claramente as informações mais importantes.
- Dados existentes em uma tabela do Word, em uma pasta do Excel, em um banco de dados do Access ou em outra fonte estruturada podem ser facilmente copiados e colados na planilha de um gráfico, eliminando o trabalho de digitação.

Crie e modifique um sumário, **página 260**

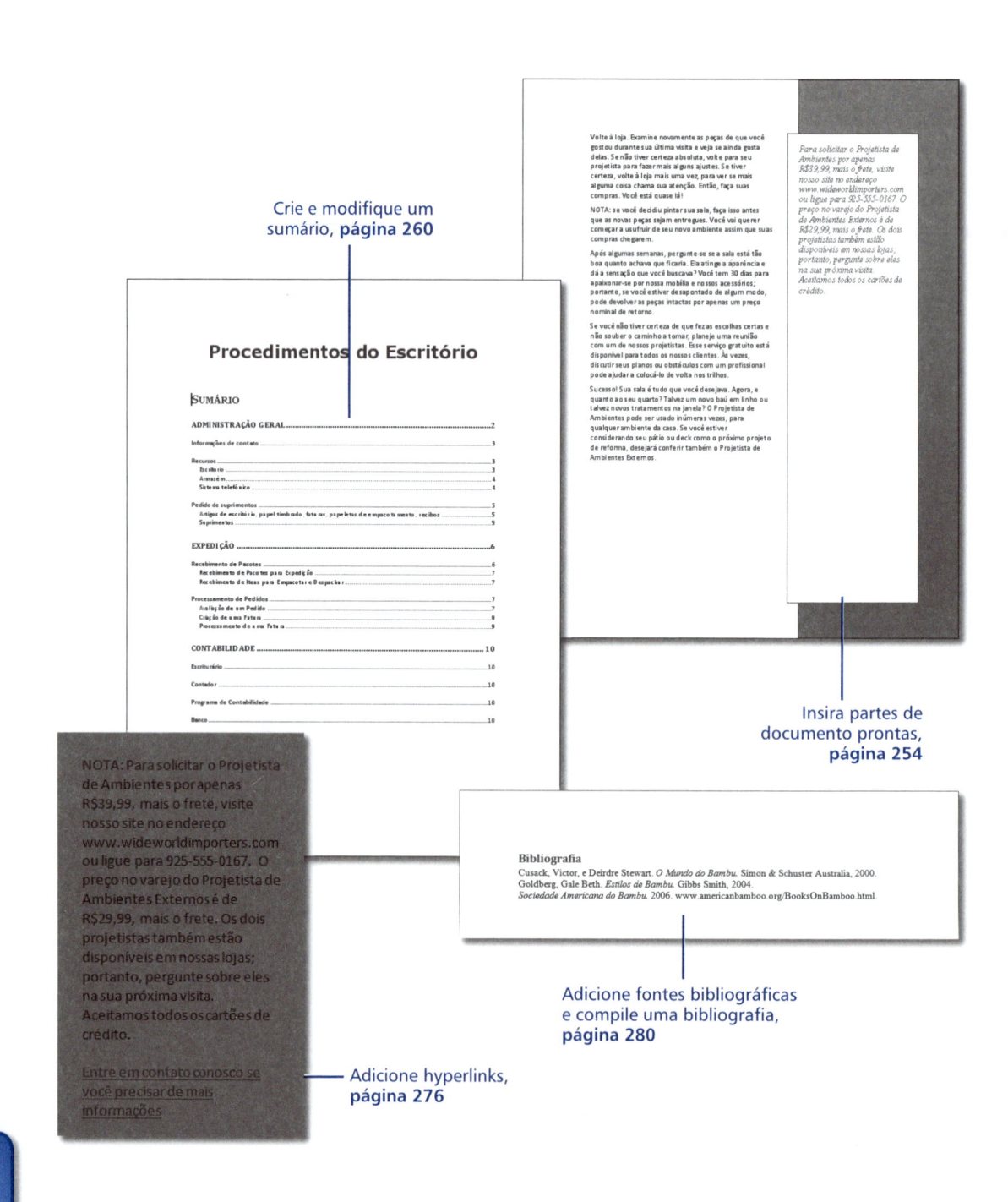

Insira partes de documento prontas, **página 254**

Adicione hyperlinks, **página 276**

Adicione fontes bibliográficas e compile uma bibliografia, **página 280**

Visão Rápida do Capítulo 8

Capítulo 8

Trabalhando com documentos longos

Neste capítulo, você vai aprender a:
- Inserir partes de documento prontas.
- Criar e modificar um sumário.
- Criar e modificar um índice remissivo.
- Adicionar indicadores e referências cruzadas.
- Adicionar hyperlinks.
- Adicionar fontes bibliográficas e compilar uma bibliografia.

Se você cria documentos longos e complexos e quer assegurar que seus leitores encontrarão as informações procuram, pode contar com as seguintes ferramentas do Microsoft Office Word 2007:

- **Blocos de construção**. Você pode destacar informações específicas e aumentar o interesse visual de um documento incorporando nele partes previamente formatadas (como folhas de rosto, citações e barras laterais). Você pode escolher uma variedade de elementos e estilos de formatação, assim como criar seus próprios blocos de construção.

- **Sumário**. Você pode fornecer uma visão geral das informações contidas em um documento e ajudar os leitores a localizar tópicos, compilando um sumário dos cabeçalhos do documento. Dependendo do formato de distribuição pretendido (impresso ou eletrônico), você pode incluir números de página ou hyperlinks em cada cabeçalho.

- **Índice remissivo**. Você pode ajudar os leitores a localizar informações específicas inserindo campos de entrada de índice dentro de um documento e compilando um índice remissivo de palavras-chave e conceitos que levem o leitor aos números de página correspondentes.

- **Indicadores**. Você pode voltar rapidamente a um local específico em um documento inserindo um indicador (também chamado de *âncora*). Você pode ir a um local indicado selecionando-o na caixa de diálogo Indicador; você também pode ajudar os leitores a encontrar informações inserindo hyperlinks ou referências cruzadas em indicadores.

- **Referências cruzadas**. Para ajudar um leitor a ir até um local relacionado em um documento, você pode inserir uma referência cruzada.

- **Hyperlinks**. Para ajudar um leitor a ir para um local no mesmo arquivo, em outro arquivo ou em uma página da Web, você pode adicionar links do texto ou figuras para o local de destino.

- **Fontes de informação e bibliografia**. Você pode creditar informações apropriadamente à sua fonte bibliográfica inserindo citações dentro de um documento; o Word compilará uma bibliografia profissional a partir das citações.

Neste capítulo, você vai inserir vários blocos de construção previamente formatados em um documento e vai salvar um elemento do documento como um bloco de construção personalizado. Após criar e atualizar um sumário e um índice remissivo, você vai fazer experiências com indicadores, referências cruzadas e hyperlinks. Por fim, você vai usar o Gerenciador de Fontes Bibliográficas para inserir informações de fonte bibliográfica, inserir algumas citações e compilar uma bibliografia.

Consulte também Você precisa de uma recapitulação rápida sobre os tópicos deste capítulo? Veja as entradas da Consulta rápida nas páginas 35–61.

> **Importante** Antes de usar os arquivos de exercícios deste capítulo, você precisa instalá-los do CD que acompanha o livro para um local padrão. Consulte "Utilizando o CD-ROM deste livro", na página xxi, para obter mais informações.

> **Solução de problemas** As figuras e as instruções relacionadas ao sistema operacional deste livro refletem a interface do usuário do Windows Vista. Se seu computador estiver executando o Microsoft Windows XP e você enfrentar dificuldades para seguir as instruções, consulte a seção "Informações para os leitores que usam o Windows XP", no início deste livro.

Inserindo partes de documento prontas

Normalmente, documentos longos incluem elementos como uma folha de rosto, cabeçalhos e rodapés, para organizar e identificar informações. Para reforçar conceitos importantes e também para diminuir a monotonia de uma página após outra de texto puro, eles também podem incluir elementos como barras laterais e citações extraídas do texto.

Para simplificar a criação de elementos textuais de aparência profissional, o Word 2007 vem com **blocos de construção**, que estão disponíveis no Organizador de Blocos de Construção.

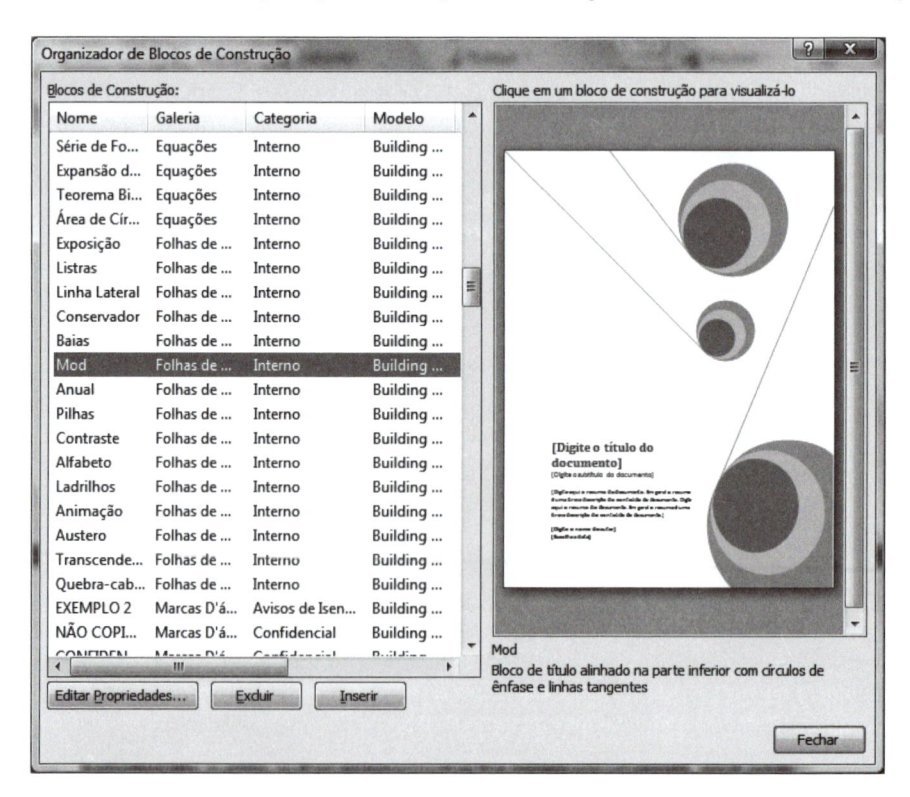

Os nomes dos blocos de construção indicam o tema gráfico do elemento – na maioria dos casos, uma família inteira de blocos de construção está disponível em um tema, incluindo elementos de página como:

- Folhas de rosto
- Cabeçalhos de página
- Rodapés de página
- Números de página
- Citações
- Barras laterais

Outros elementos de página, como bibliografias, tabelas, equações e marcas d'água, não são específicos de um tema.

A coluna Galeria indica o elemento de página criado pelo bloco de construção. Mais informações sobre cada bloco de construção estão disponíveis rolando-se a lista de Blocos de Construção à direita.

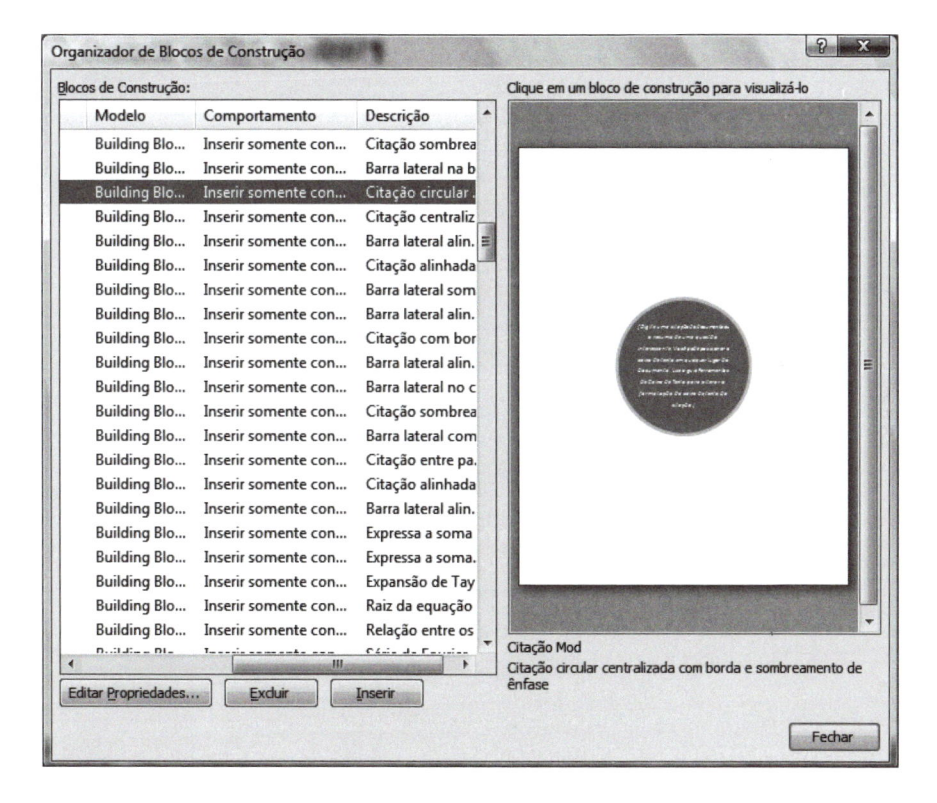

A coluna Comportamento indica se o Word insere o bloco de construção no texto existente, em seu próprio parágrafo ou em sua própria página. A coluna Descrição inclui informações sobre o bloco de construção e, em alguns casos, recomendações de uso.

> **Dica** Você pode exibir o conteúdo inteiro de uma coluna apontando para a borda de cabeçalho de coluna à direita e, então, quando o ponteiro do mouse mudar para uma seta de duas pontas, arrastando para a direita no painel de visualização. (No caso da coluna Descrição, você arrasta em direção ao painel de visualização.)

Alguns blocos de construção também estão disponíveis na Faixa de Opções – por exemplo, você pode adicionar cabeçalhos e rodapés a partir do grupo Cabeçalho e Rodapé da guia Inserir. Se você usa freqüentemente um elemento específico em seus documentos, como uma organização formatada título-subtítulo-autor no início de relatórios, pode defini-lo como um bloco de construção personalizado. Assim, ele ficará disponível no Organizador de Blocos de Construção.

Neste exercício, você vai inserir vários blocos de construção prontos em um documento. Você também vai salvar um elemento do documento como um bloco de construção personalizado.

> **USE** o documento *01_Parts*. Esse arquivo de exercício está localizado na subpasta *Chapter08*, sob *SBS_Word2007*.
>
> **ABRA** o documento *01_Parts*.

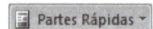

1. Com o ponto de inserção no início do documento, na guia **Inserir**, no grupo **Texto**, clique no botão **Partes Rápidas** e, em seguida, clique em **Organizador de Blocos de Construção**.

   > **Solução de problemas** Se você ou sua empresa tiver disponibilizado blocos de construção personalizados em seu computador, clicar no botão Partes Rápidas os exibe na galeria Partes Rápidas. Se nenhum bloco de construção personalizado estiver disponível, clicar no botão Partes Rápidas exibirá uma lista de comandos relacionados aos blocos de construção.

   O Organizador de Blocos de Construção abre. O painel da esquerda exibe uma lista completa de todos os blocos de construção disponíveis em seu computador; clicar em um bloco de construção no painel da esquerda exibe uma visualização no painel da direita.

   > **Dica** A lista Blocos de Construção que você vê em seu computador inclui entradas de AutoTexto para seu nome de usuário e suas iniciais. Para alterar uma dessas entradas, clique no Botão Microsoft Office, clique em Opções do Word e, em seguida, na página Mais Usados da janela Opções do Word, atualize suas informações e clique em OK.

2. Role pela lista **Blocos de Construção** e visualize alguns dos blocos de construção.

   Note que os elementos de página de mesmo tema são coordenados e que elementos de página com temas diferentes contêm informações semelhantes.

3. Se a coluna **Galeria** da lista **Blocos de Construção** não estiver classificada em ordem alfabética, clique duas vezes no cabeçalho da coluna **Galeria**. Então, na lista de **Folhas de Rosto**, clique na folha de rosto **Listras** e clique em **Inserir**.

   O Word insere a folha de rosto no início do documento, adiciona o título, o nome da empresa e o nome de usuário que estão anexos como propriedades no documento e indica com espaços reservados onde você deve digitar o subtítulo e a data.

Reforma de Ambientes
[Digite o subtítulo do documento]

[Escolha a data]
Wide World Importers
Andy Ruth

4. Clique em qualquer parte do espaço reservado para o subtítulo e digite **Folha de Informação**. Em seguida, clique no espaço reservado para data, clique na seta que aparece e, no calendário, clique na data de hoje (indicada por uma caixa vermelha).

5. Vá para a página **2** (que originalmente era a primeira página do documento) e clique em qualquer parte da página. Em seguida, exiba o **Organizador de Blocos de Construção**, role até a lista de **Caixas de Texto**, clique em **Citação de Listras** e clique em **Inserir**.

O Word insere a caixa de citação no meio do lado direito da página. O texto do espaço reservado na caixa de citação informa como você insere seu próprio texto e formata o bloco.

6. Selecione e copie a última frase do quarto parágrafo (*Fique com o que você gosta...*) e, em seguida, clique na caixa de citação para selecionar o texto do espaço reservado.

7. Na guia **Início**, no grupo **Área de Transferência**, clique na seta de **Colar** e, na lista, clique em **Colar Especial**. Em seguida, na caixa de diálogo **Colar especial**, clique em **Texto não formatado** e clique em **OK**.

   O texto copiado substitui o espaço reservado e, como ele foi colado como texto não formatado, mantém a formatação do texto do espaço reservado. A caixa de citação é redimensionada automaticamente para encaixar seu novo conteúdo.

   > **Dica** Você pode reposicionar a caixa de citação arrastando-a para outro local no documento. Você pode alterar o contorno e as cores de preenchimento usando os comandos do grupo Estilos de Caixa de Texto na guia contextual Formatar.

8. Vá até a página **3** e clique em qualquer parte da página. Em seguida, exiba o **Organizador de Blocos de Construção**, role até a lista de **Caixas de Texto**, clique em **Barra Lateral de Listras** e, em seguida, clique em **Inserir**.

   O Word insere a barra lateral na terça parte direita da página.

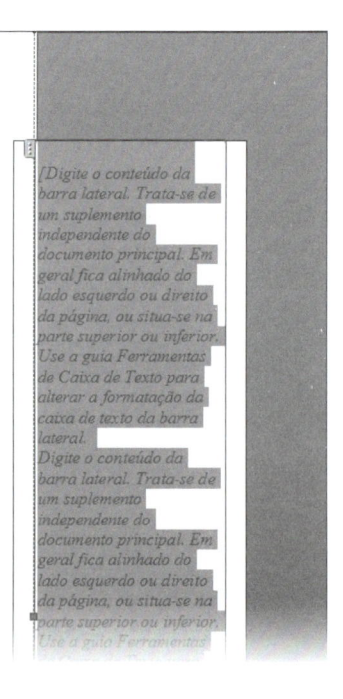

9. Exclua **NOTA:** (incluindo os dois-pontos e o espaço seguinte) do início do último parágrafo do documento, selecione o parágrafo e, em seguida, no grupo **Área de Transferência**, clique no botão **Recortar**.

10. Clique na barra lateral para selecionar o texto do espaço reservado e, em seguida, no grupo **Área de Transferência**, clique na seta de **Colar** e, na lista, clique em **Colar Especial**. Em seguida, na caixa de diálogo **Colar especial**, clique em **Texto não formatado** e clique em **OK**.

    A barra lateral é estreita demais para conter todo o endereço do site; portanto, você precisa alargá-la.

> NOTA: se você decidiu pintar sua sala, faça isso antes que as novas peças sejam entregues. Você vai querer começar a usufruir de seu novo ambiente assim que suas compras chegarem.
>
> Após algumas semanas, pergunte-se se a sala está tão boa quanto achava que ficaria. Ela atinge a aparência e dá a sensação que você buscava? Você tem 30 dias para apaixonar-se por nossa mobília e nossos acessórios; portanto, se você estiver desapontado de algum modo, pode devolver as peças intactas por apenas um preço nominal de retorno.
>
> Se você não tiver certeza de que fez as escolhas certas e não souber o caminho a tomar, planeje uma reunião com um de nossos projetistas. Esse serviço gratuito está disponível para todos os nossos clientes. Às vezes, discutir seus planos ou obstáculos com um profissional pode ajudar a colocá-lo de volta nos trilhos.
>
> Sucesso! Sua sala é tudo que você desejava. Agora, e quanto ao seu quarto? Talvez um novo baú em linho ou talvez novos tratamentos na janela? O Projetista de Ambientes pode ser
>
> *Para solicitar o Projetista de Ambientes por apenas R$39,99, mais o frete, visite nosso site no endereço www.wideworldimporters.com ou ligue para 925-555-0167. O preço no varejo do Projetista de Ambientes Externos é de R$29,99, mais o frete. Os dois projetistas também estão disponíveis em nossas lojas; portanto, pergunte sobre eles na sua próxima visita. Aceitamos todos os cartões de crédito.*

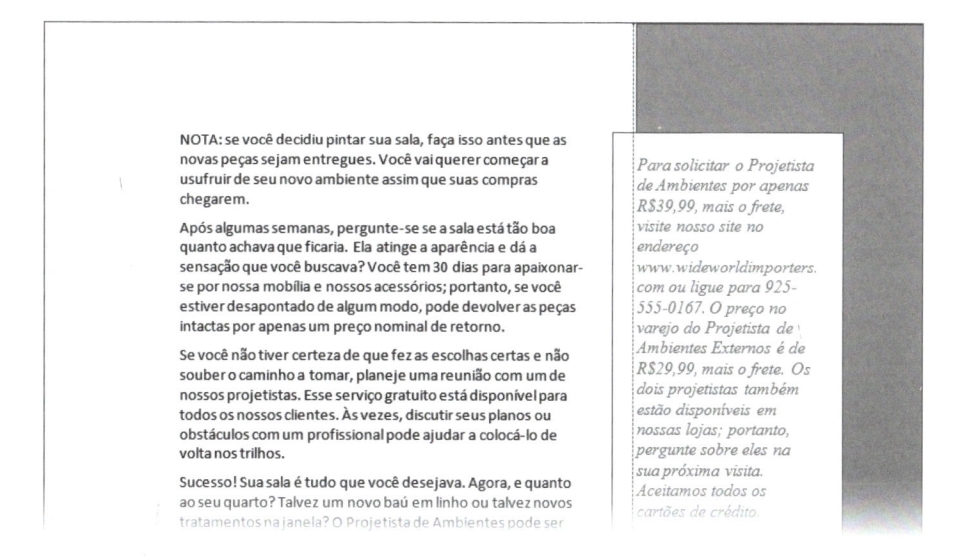

11. Arraste para a esquerda a alça azul que está na borda esquerda do espaço reservado branco da barra lateral, até que ela fique ligeiramente à esquerda da moldura do bloco de texto.

12. Na guia **Inserir**, no grupo **Texto**, clique no botão **Partes Rápidas** e, em seguida, clique em **Salvar Seleção na Galeria de Partes Rápidas**.

> **Solução de problemas** Se você clicar no texto da barra lateral ou em outra parte do documento após redimensionar a barra lateral, ela não estará mais selecionada e o comando Salvar Seleção na Galeria de Partes Rápidas não estará disponível. Se isso acontecer, clique na alça de dimensionamento da barra lateral para selecionar a barra lateral novamente e, em seguida, repita o passo 12.

A caixa de diálogo Criar Novo Bloco de Construção abre.

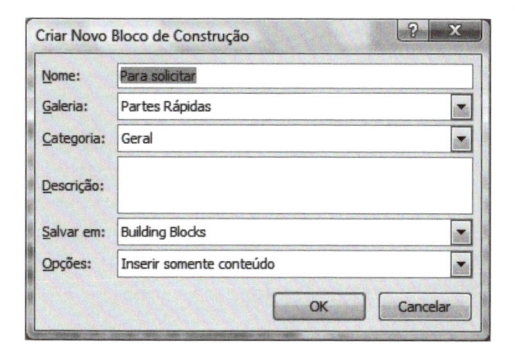

As opções dessa caixa de diálogo correspondem às colunas de informações exibidas no Organizador de Blocos de Construção. Você pode salvar esse bloco de construção no modelo Building Blocks ou no modelo Normal.

13. Substitua o texto da caixa **Nome** por **Barra Lateral de Pedido** e clique em **OK**.

Agora, você pode inserir essa barra lateral personalizada em outros documentos, a partir da galeria Partes Rápidas.

14. No grupo **Texto**, clique no botão **Partes Rápidas**.

    O bloco de construção personalizado Barra Lateral de Pedido aparece na parte superior da galeria Partes Rápidas.

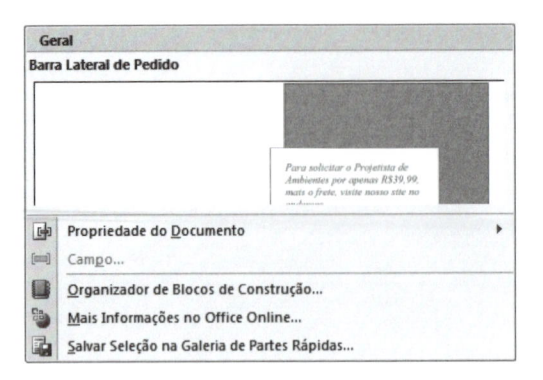

15. Exiba o **Organizador de Blocos de Construção** e clique no cabeçalho da coluna **Categoria** para ordenar a lista **Blocos de Construção** por essa coluna. Em seguida, role até a categoria **Geral**.

    A categoria Geral inclui seu bloco de construção personalizado e as entradas de AutoTexto.

16. Na lista, clique uma vez em **Barra Lateral de Pedido**.

    No painel de visualização, o Word exibe o bloco de construção que você acabou de criar.

> **Dica** Para excluir um bloco de construção de seu computador, selecione-o no Organizador de Blocos de Construção e clique em Excluir.

17. Feche a caixa de diálogo **Organizador de Blocos de Construção**.

> **FECHE** o documento *01_Parts* sem salvar suas alterações.

> **Importante** Quando você encerrar o Word após salvar um bloco de construção personalizado, será perguntado se deseja salvar as alterações no modelo em que armazenou o bloco de construção. Se você quiser que o bloco de construção esteja disponível para documentos futuros, clique em Sim; caso contrário, clique em Não.

Criando e modificando um sumário

Se você criar um documento longo, com cabeçalhos e subcabeçalhos, como um relatório anual ou um catálogo com várias seções, talvez queira adicionar um *sumário* no início do texto para fornecer aos seus leitores uma visão geral do documento e de seu conteúdo e para ajudá-los a consultar seções específicas. Em um documento que será impresso, você pode indicar a página inicial de cada seção com um número de página; se o documento vai ser distribuído eletronicamente, você pode vincular cada cabeçalho e subcabeçalho do sumário à seção do documento, para que os leitores possam pular diretamente para ela com um clique do mouse.

Por padrão, o Word cria um sumário com base nos parágrafos que estão dentro do documento que você formatou com os estilos de cabeçalho padrão (Título 1, Título 2, etc.). (O Word também pode criar um sumário baseado em níveis de estrutura de tópicos ou em campos que você tiver inserido no documento.) Quando você diz ao Word para que crie o sumário, o programa identifica as entradas de sumário e insere o sumário no ponto de inserção como um único campo. A qualquer momento, você pode modificar os elementos nos quais o Word baseia o sumário.

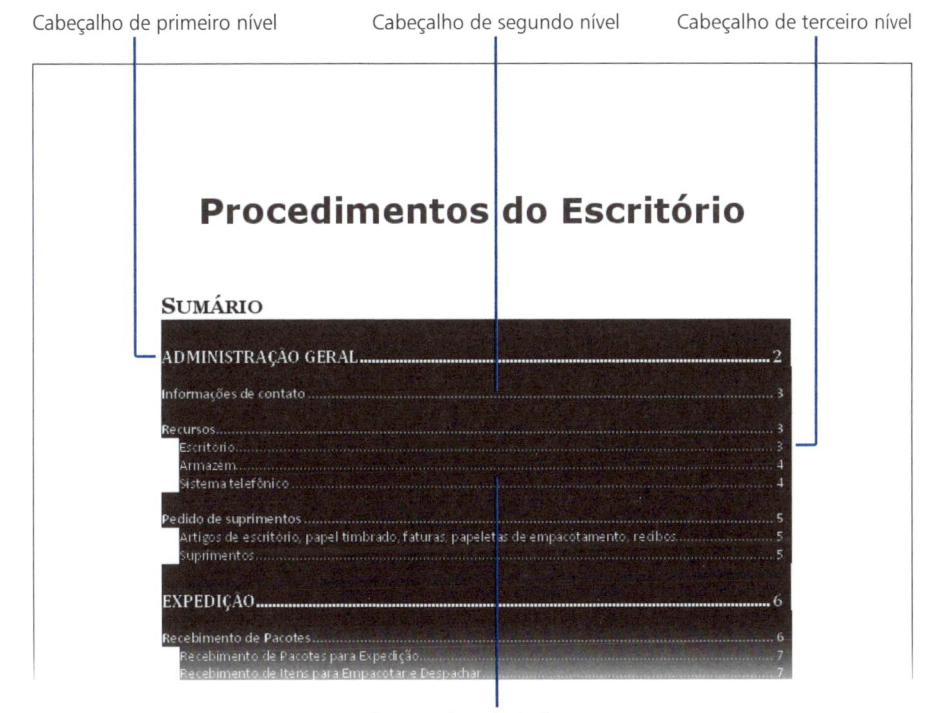

Cabeçalho de primeiro nível   Cabeçalho de segundo nível   Cabeçalho de terceiro nível

Este sombreado indica que o sumário é um único campo

Consulte também Para obter informações sobre a aplicação de estilos, consulte a seção "Trabalhando com modelos", no Capítulo 4, "Alterando a aparência de um documento".

A galeria Sumário (disponível na guia Referências) oferece três opções de sumário padrão:

- **Sumário Automático 1**. Insere um sumário com o cabeçalho Conteúdo.
- **Sumário Automático 2**. Insere um sumário com o cabeçalho Sumário.
- **Sumário Manual**. Insere um sumário com espaços reservados que você substitui manualmente.

A formatação das entradas em um sumário é controlada por nove níveis de estilos de sumário internos (Sumário 1, Sumário 2, etc.). Por padrão, o Word usa os estilos atribuídos no modelo vinculado ao documento. Se você quiser usar um estilo diferente, em vez de clicar em uma das opções padrão na galeria Sumário, pode clicar em Inserir Sumário, abaixo da galeria, para exibir a caixa de diálogo Sumário, onde é possível escolher diversas variações, como Clássico, Sofisticado e Simples.

> **Dica** Se você criar um sumário baseado no modelo do documento, poderá personalizar os estilos de sumário durante o processo de criação. Na guia Referências, no grupo Sumário, clique no botão Sumário e, em seguida, na lista, clique em Inserir Sumário. Na caixa de diálogo Sumário, clique em Modificar. A caixa de diálogo Estilo abre, exibindo os nove estilos de sumário. Você pode modificar a fonte, o parágrafo, as tabulações, a borda e outras formatações desses estilos, da mesma maneira como altera qualquer outro estilo.

Após criar um sumário, você pode formatá-lo manualmente, selecionando texto e depois aplicando formatação ou estilos de caractere ou parágrafo.

Você pode editar o texto de um sumário, mas é muito mais prático clicar no botão Atualizar Sumário e deixar que o Word faça esse trabalho. Você tem a opção de atualizar apenas os números de página ou, se tiver alterado, adicionado ou excluído cabeçalhos, pode atualizar (recriar) o sumário inteiro.

Neste exercício, você vai criar um sumário para um documento, baseado em estilos de cabeçalho. Em seguida, você vai alterar o documento inserindo quebras de página e atualizar o sumário para refletir suas alterações.

> **USE** o documento *02_Contents*. Esse arquivo de exercício está localizado na subpasta *Chapter08*, sob *SBS_Word2007*.
>
> **ABRA** o documento *02_Contents*.

1. Posicione o ponto de inserção à esquerda de *ADMINISTRAÇÃO GERAL* e, na guia **Referências**, no grupo **Sumário**, clique no botão **Sumário**.

2. Na galeria **Sumário**, clique em **Sumário Automático 1**. Em seguida, pressione Ctrl + Home para voltar ao início do documento.

   O Word insere um sumário no ponto de inserção, com estilos predefinidos.

3. No grupo **Sumário**, clique no botão **Sumário** e, em seguida, abaixo da galeria, clique em **Remover Sumário**.

[Quebras] 4. Posicione o ponto de inserção à esquerda de *ADMINISTRAÇÃO GERAL*, digite **Sumário**, pressione a tecla [Enter] e, em seguida, na guia **Inserir**, no grupo **Páginas**, clique no botão **Quebra de Página**.

5. Pressione a tecla [↑] para posicionar o ponto de inserção no parágrafo de quebra de página vazio.

> **Dica** Se você quiser ver esse parágrafo, exiba os caracteres não imprimíveis.

6. Na guia **Referências**, no grupo **Sumário**, clique no botão **Sumário** e, em seguida, abaixo da galeria, clique em **Inserir Sumário**.

   A caixa de diálogo Sumário abre.

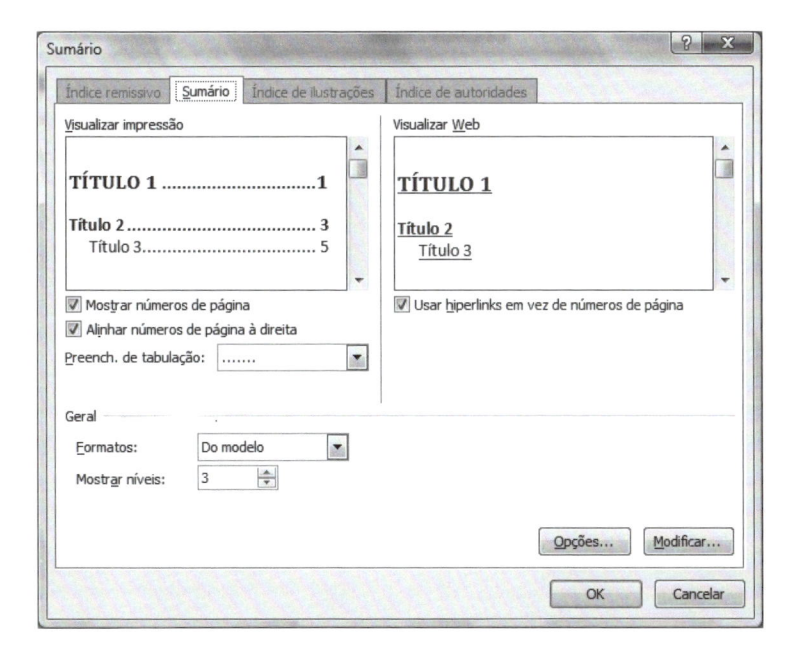

7. Na guia **Sumário**, sob **Geral**, clique na seta de **Formatos** e, em seguida, na lista, clique em **Clássico**.

   Exemplos do formato de sumário Clássico aparecem nas caixas de visualização.

8. Clique na seta de **Preench. de tabulação** e, em seguida, na lista, clique na linha pontilhada.

   A caixa Visualizar impressão muda para exibir preenchimentos de tabulação pontilhados.

9. Clique em **OK** para inserir o sumário e, em seguida, pressione [Ctrl]+[Home] para voltar ao início do documento.

10. Aponte para qualquer entrada no sumário.

    Aparece uma Dica de tela, notificando que você pode manter a tecla Ctrl pressionada e clicar em qualquer entrada do sumário para pular para esse cabeçalho no documento.

11. Clique em qualquer parte do sumário.

    O sumário inteiro é selecionado, pois ele consiste em apenas um campo.

12. Vá até o início da terceira página, clique no início do cabeçalho *Informações de Contato* e, em seguida, pressione `Ctrl`+`Enter` para inserir uma quebra de página.

    Agora o cabeçalho *Informações de Contato* está na página 4.

13. Role para baixo até o cabeçalho *Pedido de Suprimentos* e insira uma quebra de página antes desse cabeçalho.

14. Na guia **Referências**, no grupo **Sumário**, clique no botão **Atualizar Sumário**.

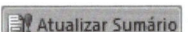

    A caixa de diálogo Atualizar Sumário abre.

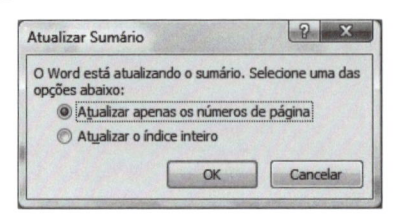

15. Selecione a opção **Atualizar índice inteiro** e clique em **OK**. Em seguida, pressione `Ctrl`+`Home`.

    O Word atualizou o sumário para refletir os novos números de página.

> **FECHE** o documento *02_Contents* sem salvar suas alterações.

Criando outros tipos de índices

Se um documento inclui figuras ou índices com descrições (ou *legendas*), você pode dizer ao Word para que crie um *índice de ilustrações*. Se um documento jurídico contém itens como regulamentos, casos e estatutos identificados como citações jurídicas, você pode dizer ao Word para que crie um *índice de autoridades*. O Word usa as legendas ou citações para criar esses tipos de índices, da mesma maneira que utiliza cabeçalhos para criar um sumário.

Para inserir uma legenda:

1. Posicione o ponto de inserção onde você deseja que a legenda apareça (normalmente, imediatamente após a figura) e, em seguida, na guia **Referências**, no grupo **Legendas**, clique no botão **Inserir Legenda**.

   A caixa de diálogo Legenda abre.

2. Se você quiser mudar o designador mostrado na caixa **Legenda** (o padrão é *Figura*), clique em **Novo Rótulo**, digite a legenda desejada e, em seguida, clique em **OK**.

3. Na caixa **Legenda**, clique à direita do texto e do número padrões, pressione Barra de espaço, digite a legenda e, em seguida, clique em **OK**.

   O Word adiciona a legenda no documento.

(continua)

Para criar um índice de ilustrações:

1. Posicione o ponto de inserção onde você deseja inserir o índice de ilustrações e, em seguida, na guia **Referências**, no grupo **Legendas**, clique em **Inserir Índice de Ilustrações**.

   A caixa de diálogo Índice de ilustrações abre.

2. Se você quiser mudar o tipo de legenda padrão a ser incluído no índice, sob **Geral**, clique na seta de **Nome da legenda** e, em seguida, na lista, clique no tipo de legenda desejado.

3. Se você quiser mudar o formato de índice padrão, clique na seta de **Formatos** e, em seguida, na lista, clique no formato desejado.

4. Selecione as opções adicionais que desejar e, em seguida, clique em **OK**.

   O Word insere o índice no formato especificado, acima do ponto de inserção.

Para inserir uma citação jurídica:

1. Selecione a primeira referência jurídica que você queira marcar com uma citação.

2. Na guia **Referências**, no grupo **Índice de Autoridades**, clique no botão **Marcar Citação**.

   A caixa de diálogo Marcar citação abre.

3. Na caixa **Texto selecionado** e na caixa **Citação curta**, edite a citação para refletir a maneira como você deseja que ela apareça no índice.

4. Se você quiser alterar a categoria, clique na seta de **Categoria** e, em seguida, na lista, clique na categoria que se aplique à citação.

5. Para marcar uma única citação, clique em **Marcar**. Para marcar todas as citações correspondentes à citação selecionada, clique em **Marcar todas**.

Para criar um índice de autoridades:

1. Posicione o ponto de inserção onde você deseja que o índice de autoridades apareça e, em seguida, na guia **Referências**, no grupo **Índice de Autoridades**, clique no botão **Inserir Índice de Autoridades**.

   A caixa de diálogo Índice de Autoridades abre.

2. Na lista **Categoria**, clique na categoria de citações que você deseja que apareça no índice ou clique em **Todos** para incluir todas as categorias.

3. Selecione as opções de formatação para o índice e, em seguida, clique em **OK**.

   O Word insere o índice com o formato especificado, antes do ponto de inserção.

Criando e modificando um índice remissivo

Para ajudar os leitores a encontrar conceitos e termos específicos que talvez não sejam localizados em um sumário, você pode incluir um *índice remissivo* no final de um documento. O Word cria um índice remissivo compilando uma listagem em ordem alfabética, com números de página baseados nos *campos de entrada de índice* que você tiver marcado no documento. Assim como acontece com um sumário, um índice remissivo é inserido no ponto de inserção como um único campo.

> **Dica** Você não precisa criar índices remissivos para documentos que serão distribuídos eletronicamente, pois os leitores podem usar o recurso Localizar ou o Windows Desktop Search para ir diretamente aos termos da pesquisa.

No índice remissivo, uma **entrada** pode pertencer a uma palavra ou frase que aparece em uma única página ou em várias páginas. A entrada pode ter **subentradas** relacionadas. Por exemplo, a entrada principal *expedição* poderia ter abaixo dela as subentradas *suprimentos*, *procedimentos*, e *empacotamento*. Um índice remissivo também poderia incluir **entradas de referência cruzada**, que levam os leitores a entradas relacionadas. Por exemplo, a entrada principal *expedição* poderia ter abaixo dela uma referência cruzada para *armazém*.

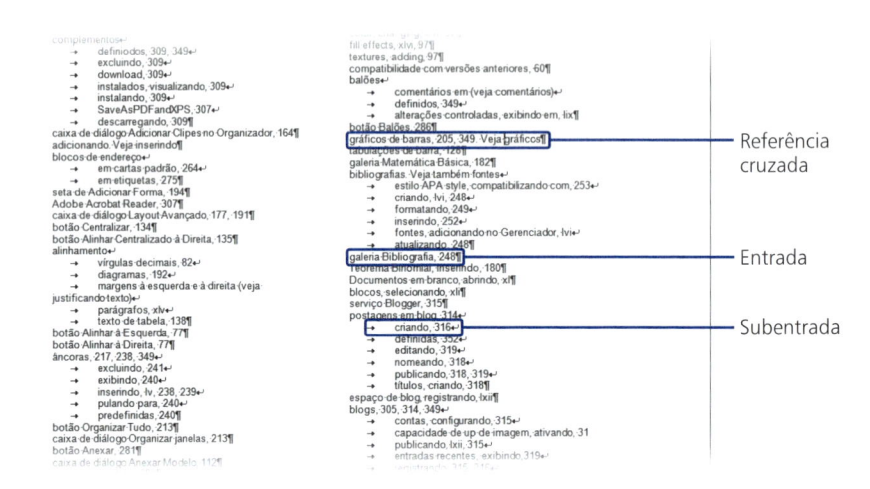

Para inserir um campo de entrada de índice no documento, selecione o texto que deseja marcar e clique em Marcar Entrada no grupo Índice da guia Referências para abrir a caixa de diálogo Marcar entrada de índice remissivo, onde você pode:

- Usar o texto selecionado como está, modificar a entrada e adicionar uma subentrada.

- Formatar a entrada – por exemplo, para fazê-la aparecer em negrito ou itálico no índice remissivo – dando um clique nela com o botão direito do mouse, clicando em Fonte e selecionando as opções desejadas.

- Designar a entrada como uma referência cruzada, uma entrada de uma única página ou uma entrada de um intervalo de páginas.

> **Dica** As referências cruzadas aparecem no índice remissivo no formato
>
> sistema de intercomunicação. *Veja* telefones
>
> Dessa maneira, você pode levar os leitores a termos do índice remissivo nos quais eles podem não pensar ao procurarem informações específicas.

- Especificar a formatação do número de página dessa entrada.

Após ter configurado as opções na caixa de diálogo da maneira desejada, você pode inserir um campo de entrada de índice ao lado do texto selecionado clicando em Marcar, ou ao lado de toda ocorrência do texto selecionado no documento clicando em Marcar todas. A caixa de diálogo Marcar entrada de índice permanece aberta para simplificar o processo de inserção de vários campos de entrada de índice – você não precisa clicar no botão Marcar Entrada para cada entrada nova. Você pode mover a caixa de diálogo para o lado, para que ela não fique na frente do texto com que estiver trabalhando.

> **Dica** Ao construir um índice remissivo, você deve escolher cuidadosamente o texto que marca, pensando nos termos que os leitores provavelmente procurarão. Um leitor poderia procurar informações sobre *telefones celulares* olhando sob *celular*, enquanto outro poderia olhar sob *móvel*, outro sob *fones* e outro sob *telefones*. Um bom índice remissivo incluiria as quatro entradas.

Os campos de entrada de índice são formatados como ocultos; você não pode vê-los, a não ser que clique no botão Mostrar/ocultar ¶ no grupo Parágrafo da guia Início. Quando o campo está visível, ele aparece no documento entre aspas, dentro de um conjunto de chaves, com o designador XE e um sublinhado pontilhado.

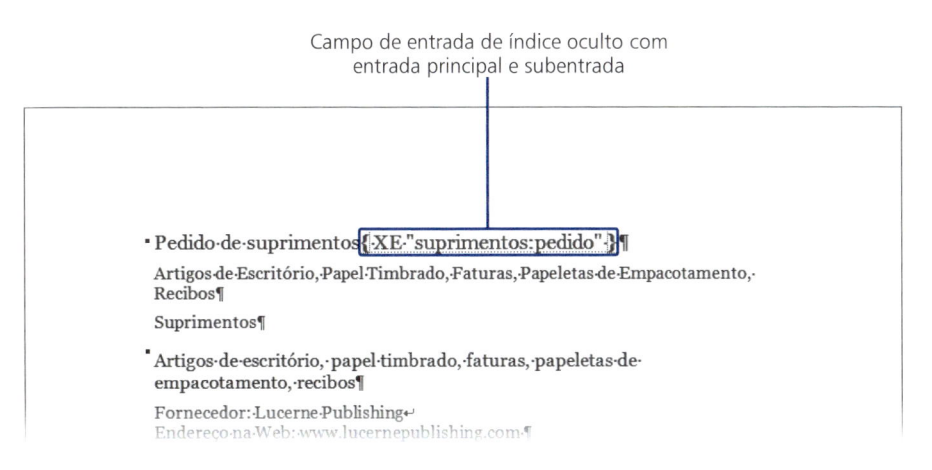

Campo de entrada de índice oculto com entrada principal e subentrada

- Pedido de suprimentos{ XE "suprimentos:pedido" }¶
  Artigos de Escritório, Papel Timbrado, Faturas, Papeletas de Empacotamento, Recibos¶
  Suprimentos¶
- Artigos de escritório, papel timbrado, faturas, papeletas de empacotamento, recibos¶
  Fornecedor: Lucerne Publishing
  Endereço na Web: www.lucernepublishing.com¶

> **Dica** Você pode ocultar qualquer texto em um documento selecionando-o, clicando no Iniciador da Caixa de Diálogo Fonte da guia Início, marcando a caixa de seleção Oculto e clicando em OK. Ao imprimir o documento, o Word não incluirá o texto oculto, a não ser que você clique em Opções na caixa de diálogo Imprimir e, em seguida, sob Opções de impressão, marque a caixa de seleção Imprimir texto oculto.

Você pode alterar o texto de uma entrada de índice remissivo editando o texto dentro das aspas no campo de entrada de índice, como faria com qualquer outro texto. (Você também poderia editar o texto no índice remissivo inserido, mas essa alteração não seria permanente; gerar o índice novamente ou extrair campos de entrada de índice para outro propósito restauraria a entrada original.) Para excluir uma entrada de índice remissivo, selecione o campo inteiro e pressione a tecla Del. Você também pode mover e copiar entradas de índice usando as técnicas que usaria para texto normal.

> **Dica** Arrastar o cursor sobre qualquer parte de um campo de entrada de índice que inclua uma das chaves envoltórias seleciona o campo inteiro.

Para criar um índice remissivo baseado em suas entradas de índice, posicione o ponto de inserção onde deseja que o índice apareça e, em seguida, clique no botão Inserir Índice, no grupo Índice da guia Referências, para abrir a caixa de diálogo Índice remissivo, onde você pode especificar:

- Se a formatação do índice deve usar estilos do modelo atual ou ser baseada em um dos seus formatos predefinidos que você pode visualizar na caixa Visualizar impressão.
- Se os números de página devem ser alinhados à direita e, em caso positivo, se eles devem ter preenchimentos de tabulação pontilhados, tracejados ou cheios.
- Se o índice deve ser recuado, com cada subentrada em uma linha separada abaixo das entradas principais, ou na mesma linha, com as subentradas na mesma linha que as entradas principais.

Quando você clica em OK na caixa de diálogo Índice remissivo, o Word calcula os números de página de todas as entradas e subentradas, os consolida, e insere o índice remissivo como um único campo, no formato especificado e na posição especificada do documento. Se você fizer alterações no documento que afetem suas entradas de índice ou a numeração das páginas, atualize o índice remissivo clicando nele e, em seguida, clicando no botão Atualizar Índice, no grupo Índice da guia Referências.

> **Dica** Você também pode atualizar o índice remissivo dando um clique nele com o botão direito do mouse e, em seguida, clicando em Atualizar campo.

Neste exercício, primeiro você vai marcar algumas entradas de índice e uma entrada de referência cruzada. Em seguida, você vai criar e formatar um índice remissivo, excluir uma entrada de índice do documento e atualizar o índice.

> **USE** o documento *03_Index*. Esse arquivo de exercício está localizado na subpasta *Chapter08*, sob *SBS_Word2007*.
> **NÃO ESQUEÇA DE** exibir os caracteres não imprimíveis antes de começar este exercício.
> **ABRA** o documento *03_Index*.

1. No sumário, aponte para o cabeçalho **Armazém**, mantenha a tecla Ctrl pressionada e, em seguida, clique no cabeçalho para ir ao início da página 4.
2. No parágrafo abaixo do cabeçalho, selecione a palavra **Recepção**. Em seguida, na guia **Referências**, no grupo **Índice**, clique no botão **Marcar Entrada**.

   A caixa de diálogo Marcar entrada de índice remissivo abre.

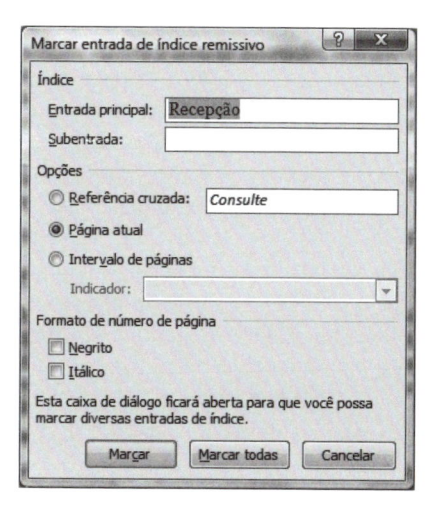

3. Na caixa **Entrada principal**, altere *Recepção* para **recepção** (com *r* minúsculo).

> **Dica** As entradas aparecerão no índice remissivo exatamente como aparecem na caixa de diálogo Marcar entrada de índice remissivo. Por consistência, deixe todas as entradas em letras minúsculas, exceto as que se refiram a nomes próprios.

4. Clique em **Marcar todas**.

   O Word insere campos de entrada de índice ocultos ao lado de cada ocorrência da palavra *Recepção* no documento.

> **Dica** Se esse documento contivesse instâncias da palavra *recepção*, elas não seriam marcadas, pois seu uso de maiúsculas não corresponde à palavra selecionada.

5. No mesmo parágrafo, selecione a palavra **Expedição**, clique na barra de título da caixa de diálogo **Marcar entrada de índice remissivo** para ativá-la e insira o texto selecionado. Em seguida, altere a primeira letra na caixa **Entrada principal** de maiúscula para minúscula e clique em **Marcar todas**.
6. Repita o passo 5 para as palavras **Empacotamento** e **Almoxarifado**, no mesmo parágrafo.

> **Solução de problemas** Talvez você tenha que mover a caixa de diálogo para ver e selecionar as palavras que deseja marcar.

7. Na página seguinte, no parágrafo sob o cabeçalho *Sistema telefônico*, selecione a palavra **telefone** e, em seguida, na caixa de diálogo **Marcar entrada de índice remissivo**, altere a entrada para **telefones** e clique em **Marcar todas**.
8. No mesmo parágrafo, selecione a palavra **intercomunicação** e, em seguida, na caixa de diálogo **Marcar entrada de índice remissivo**, sob **Opções**, selecione a opção **Referência cruzada**.

   O ponto de inserção se move para o espaço após a palavra *Consulte* na caixa adjacente.

9. Sem mover o ponto de inserção, digite **telefones** e, em seguida, clique em **Marcar**.

    A referência cruzada para a entrada de índice *telefones* aparece ao lado da palavra *intercomunicação*.

10. Vá até a página **5** e selecione a palavra **Suprimentos** em *Pedido de Suprimentos*. Em seguida, na caixa de diálogo **Marcar entrada de índice remissivo**, altere a palavra na caixa **Entrada principal** para **suprimentos**, digite **pedido** na caixa **Subentrada**, e clique em **Marcar**.

11. Vá até o final da página **6** e selecione a palavra **Pacotes** no segundo cabeçalho *Recebimento de Pacotes*. Em seguida, na caixa de diálogo **Marcar entrada de índice remissivo**, substitua a palavra *Pacotes* na caixa **Entrada principal** por **suprimentos**, digite **recepção** na caixa **Subentrada** e clique em **Marcar**.

12. Feche a caixa de diálogo **Marcar entrada de índice remissivo**.

13. Pressione Ctrl+End para ir até o final do documento e, em seguida, pressione Ctrl+Enter para inserir uma quebra de página.

    O ponto de inserção vai para o início da nova página.

14. Digite **Índice remissivo**, pressione Enter, aplique o estilo **Título 1** no novo cabeçalho, pressione Ctrl+Enter e, em seguida, pressione Enter novamente.

15. Na guia **Início**, no grupo **Parágrafo**, clique no botão **Mostrar/ocultar ¶** para ocultar os caracteres não imprimíveis.

> **Solução de problemas** Quando texto oculto está visível, o documento pode não ser paginado corretamente. Sempre desative a exibição de caracteres não imprimíveis antes de criar um índice.

16. Na guia **Referências**, no grupo **Índice**, clique no botão **Inserir Índice**.

    A caixa de diálogo Índice remissivo abre.

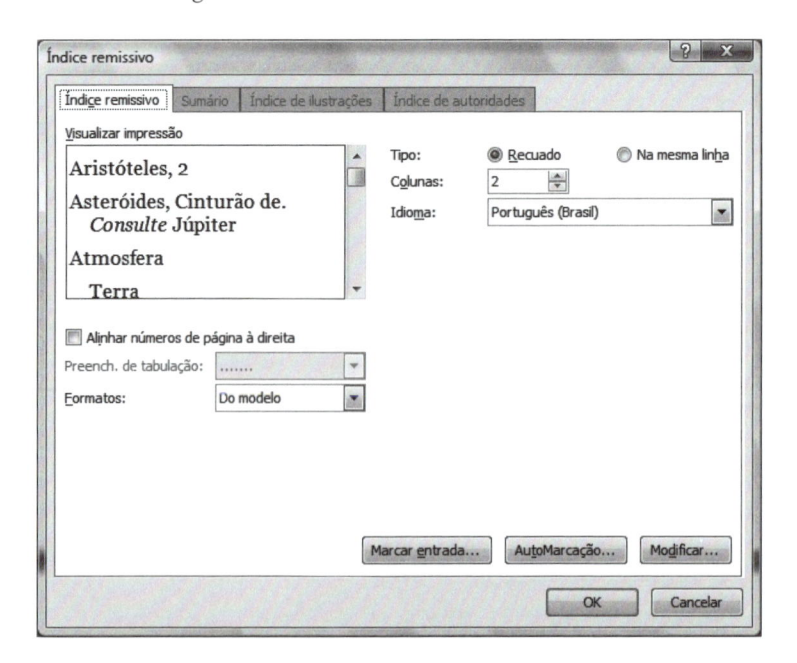

17. Na caixa **Colunas**, altere a configuração para **1**.
18. Clique na seta de **Formatos** e, na lista, clique em **Formal**.
19. Desmarque a caixa de seleção **Alinhar números de página à direita**. Em seguida, clique em **OK**.

    O Word compila um curto índice remissivo, baseado nas poucas entradas de índice que você acabou de marcar. O índice está formatado em uma coluna, com os números de página ao lado de suas entradas de índice.

    > Índice remissivo
    >
    > *A*
    > almoxarifado, 4
    > *E*
    > empacotamento, 4, 5
    > expedição, 1, 4, 6, 7
    > *I*
    > intercomunicação. *Consulte* telefones
    > *R*
    > recepção, 4
    > *S*
    > suprimentos
    >   pedido, 5

20. Exiba os caracteres não imprimíveis para que você possa ver os campos de entrada de índice no documento e vá para o cabeçalho *Sistema telefônico*, na página **4**.
21. Selecione a entrada de referência cruzada inteira após *intercomunicação* e pressione a tecla [Del].

> **Solução de problemas**   Se você achar difícil selecionar apenas essa entrada, tente apontar para a direita da chave de fechamento (}) e arraste ligeiramente para a esquerda.

A entrada de referência cruzada é excluída do documento.

22. Pressione [Ctrl]+[End] para ir até o final do documento e clique em qualquer parte do índice remissivo para selecioná-lo.
23. Oculte os caracteres não imprimíveis. Em seguida, na guia **Referências**, no grupo **Índice**, clique no botão **Atualizar Índice**.

    O índice é atualizado para refletir a exclusão de uma referência cruzada.

> **FECHE**   o documento *03_Index* sem salvar suas alterações.

Adicionando indicadores e referências cruzadas

O Word fornece várias ferramentas para navegar em documentos longos, duas das quais – os indicadores e as referências cruzadas – permitem que você pule facilmente para lugares designados dentro do mesmo documento. As duas ferramentas exigem que você marque locais no documento e dê nome a eles.

Consulte também Para obter informações sobre o uso de hyperlinks para pular para outros locais, consulte a seção "Adicionando hyperlinks", posteriormente neste capítulo. Para obter informações sobre o uso do Mapa do Documento para pular para qualquer parágrafo com estilo de cabeçalho, consulte a seção "Mostrando diferentes modos de exibição de um documento", no Capítulo 1, "Explorando o Word 2007".

Independentemente do documento ter sido criado por você ou por outra pessoa, é possível inserir indicadores para sinalizar informações para as quais gostaria de voltar posteriormente. Assim como um indicador físico, um indicador do Word marca um local específico em um documento. Após inserir um indicador, você pode pular rapidamente para ele, exibindo a caixa de diálogo Indicador, clicando no indicador que deseja localizar e, em seguida, clicando em Ir para.

> **Dica** Como alternativa, você pode exibir a guia Ir para da caixa de diálogo Localizar e substituir, clicar em Indicador na lista Ir para e, em seguida, selecionar o indicador desejado na lista Insira o nome do indicador.

Se você estiver escrevendo um documento longo, pode criar referências cruzadas para levar os leitores rapidamente às informações associadas em qualquer outra parte do documento. Você pode criar referências cruzadas para dois tipos de elementos:

- Cabeçalhos, figuras e tabelas, para os quais o Word cria ponteiros automaticamente
- Indicadores criados manualmente

Se, posteriormente, você excluir um item que designou como destino de uma referência cruzada, terá que atualizar a referência cruzada.

Neste exercício, você vai inserir um indicador e, em seguida, vai pular para ele. Você também vai criar uma referência cruzada, editar o item referenciado e, em seguida, atualizar a referência cruzada.

> **USE** o documento *04_Bookmarks*. Esse arquivo de exercício está localizado na subpasta *Chapter08*, sob *SBS_Word2007*.
>
> **ABRA** o documento *04_Bookmarks*.

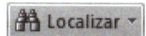

Localizar 1. Na guia **Início**, no grupo **Editar**, clique na seta de **Localizar** e, na lista, clique em **Ir para**. A caixa de diálogo Localizar e substituir abre, com a guia Ir para ativa.

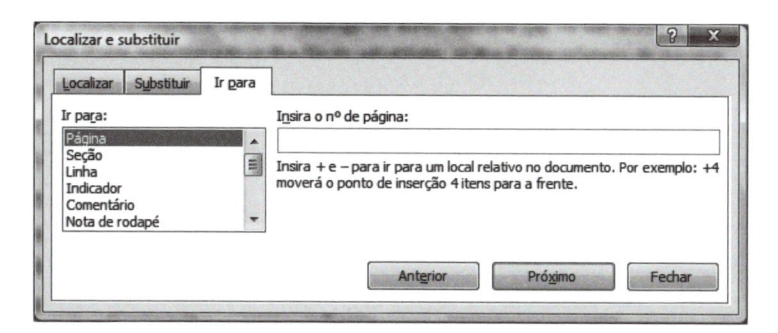

2. Com **Página** selecionado na lista **Ir para**, na caixa **Insira o nº de página**, digite 8. Em seguida, clique em **Ir para** e clique em **Fechar**.

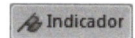

Indicador 3. Na página 8, posicione o ponto de inserção à esquerda do cabeçalho *Verificação de crédito de novos clientes* e, em seguida, na guia **Inserir**, no grupo **Links**, clique no botão **Indicador**.

A caixa de diálogo Indicador abre.

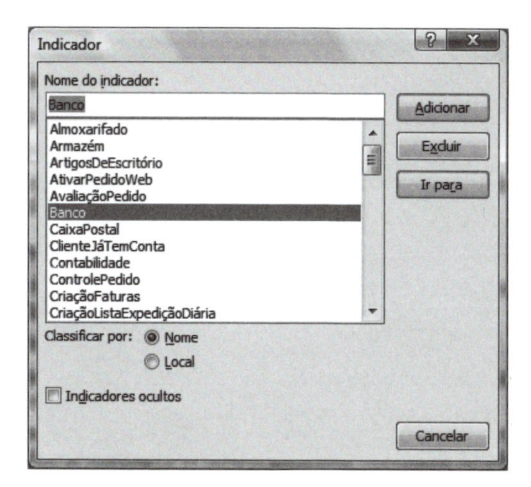

4. Mova a caixa de diálogo para o lado direito da tela e, em seguida, role a lista de indicadores predefinidos.

O Word já criou indicadores para cabeçalhos até o quarto nível, removendo artigos (*o* e *uma*), espaços e sinais de pontuação, e colocando a letra inicial das palavras em maiúscula. Por exemplo, observe o indicador *ClienteJáTemConta* do cabeçalho de quarto nível *O cliente já tem uma conta?* nessa página.

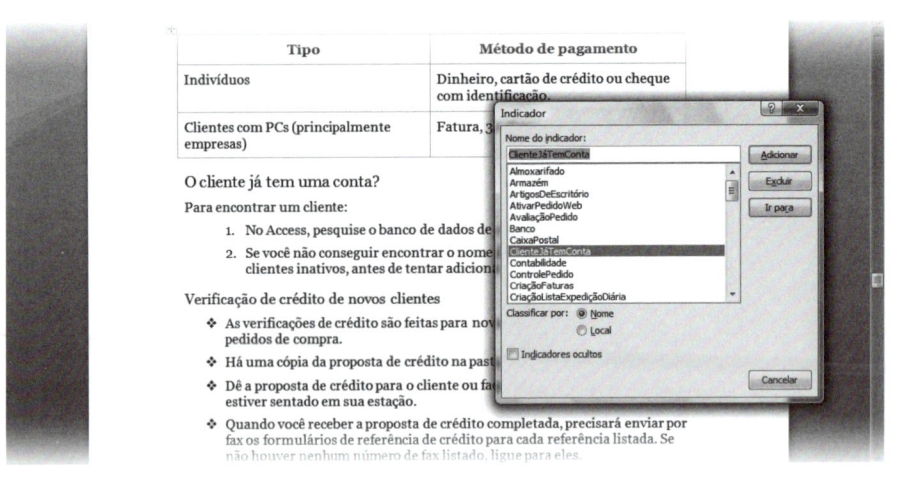

O nome que já aparece na caixa Nome do indicador é o nome do indicador selecionado na lista abaixo e não um nome sugerido para seu novo indicador. Substituí-lo não excluirá esse indicador existente.

5. Na caixa **Nome do indicador**, digite **VerificaçãoCrédito** e, em seguida, clique em **Adicionar**.

> **Solução de problemas** Os nomes de indicador não podem conter espaços. Se você inserir um espaço e, em seguida, digitar um caractere, o botão Adicionar se tornará inativo. Para dar um nome com várias palavras aos indicadores, coloque-as juntas, com as iniciais de cada palavra em maiúscula, ou substitua os espaços por sublinhados, para favorecer a legibilidade.

A caixa de diálogo Indicador fecha e, embora você não possa vê-lo, um indicador chamado VerificaçãoCrédito é inserido no documento.

> **Dica** Para saber se um documento contém indicadores, exiba a caixa de diálogo Indicador. Você pode classificar os indicadores em ordem alfabética ou na ordem em que estão localizados.

6. Pressione Ctrl + Home para ir ao início do documento. Em seguida, na guia **Início**, no grupo **Editar**, clique na seta de **Localizar** e clique em **Ir para**.

7. Na caixa de diálogo **Localizar e substituir**, na lista **Ir para**, clique em **Indicador**.

A caixa de diálogo muda para que você possa especificar o indicador para o qual deseja pular.

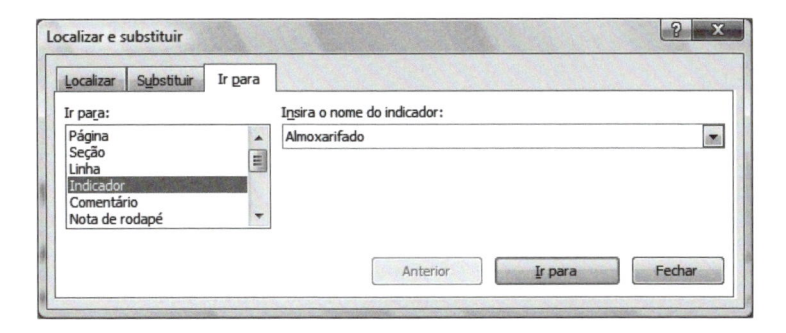

Capítulo 8 • Trabalhando com documentos mais longos **275**

8. Clique na seta de **Insira o nome do indicador**, clique em **VerificaçãoCrédito** na lista e, em seguida, clique **Ir para**.

   O ponto de inserção vai para o local do indicador. A caixa de diálogo permanece aberta caso você queira ir para outro lugar.

9. Feche a caixa de diálogo **Localizar e substituir**.

> **Dica** Para excluir um indicador, clique em Indicador no grupo Links da guia Inserir, clique no nome do indicador e, em seguida, clique em Excluir.

10. No início da página **7**, posicione o ponto de inserção na extremidade direita do parágrafo do passo 1, pressione Barra de espaço, digite **Para obter mais informações, consulte** e, em seguida, pressione Barra de espaço novamente.

11. Na guia **Inserir**, no grupo **Links**, clique no botão **Referência Cruzada**.

    A caixa de diálogo Referência Cruzada abre.

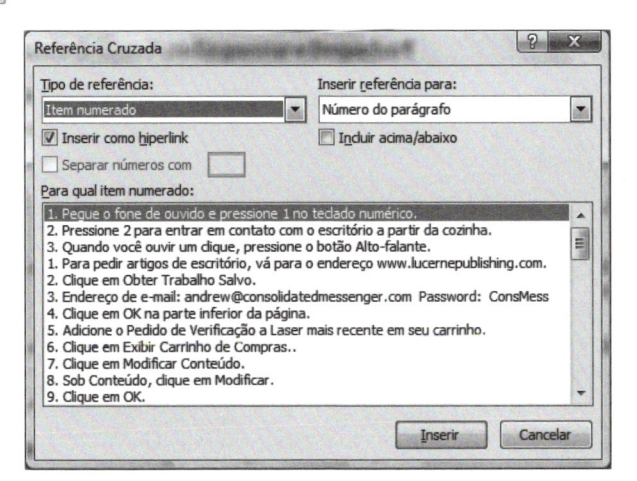

12. Clique na seta de **Tipo de referência** e, na lista, clique em **Título**. Em seguida, com **Texto do título** selecionado na caixa **Inserir referência para**, role a lista **Para qual título** e clique em **O cliente já tem uma conta?**.
13. Clique em **Inserir** e, em seguida, clique em **Fechar**.

    O texto *O cliente já tem uma conta?* aparece no documento, no ponto de inserção. Embora não seja evidente, o texto é inserido como um único campo e formatado como uma referência cruzada.

14. Mantenha a tecla [Ctrl] pressionada e, em seguida, clique na referência cruzada para ir até esse título.
15. No título, dê um clique para posicionar o ponto de inserção após a palavra *conta* (antes do ponto de interrogação), pressione Barra de espaço e, em seguida, digite **conosco**.
16. Volte para o início da página **7** e, no final do parágrafo do passo 1, clique em **O cliente tem uma conta?** para selecionar o campo de referência cruzada.

> **Solução de problemas**   Não selecione o texto introdutório *Para obter mais informações, consulte*.

17. Clique com o botão direito do mouse na referência cruzada selecionada e, em seguida, clique em **Atualizar Campo**.

    O Word insere a palavra *conosco* no final da referência cruzada, para refletir a alteração que você fez no título.

18. Mantenha a tecla [Ctrl] pressionada e clique na referência cruzada para voltar ao título associado.

> **FECHE**   o documento *04_Bookmarks* sem salvar suas alterações.

Adicionando hyperlinks

Assim como as páginas da Web, os documentos do Word podem conter hyperlinks que proporcionam uma maneira rápida de executar tarefas como abrir outro documento, fazer o download de um arquivo ou enviar uma mensagem de email. Você insere hyperlinks em um documento do Word exibindo a caixa de diálogo Inserir hyperlink, especificando o tipo de vínculo que deseja criar e, em seguida, inserindo um destino apropriado para esse tipo de vínculo.

Ao criar um hyperlink para um destino no mesmo documento, em outro documento ou em uma página da Web, você pode especificar se as informações do destino devem aparecer na mesma janela ou quadro do documento ou em uma nova janela ou quadro. Você também pode tornar padrão uma configuração em particular para todos os hyperlinks.

> **Dica**   Quando o destino é uma página da Web, você especifica sua localização usando seu *URL (Uniform Resource Locator)*, como *www.microsoft.com*.

Capítulo 8 • Trabalhando com documentos mais longos **277**

Dentro de um documento, os hyperlinks aparecem sublinhados e na cor especificada para hyperlinks pelo tema do documento. Você pode pular para o destino do hyperlink mantendo a tecla Ctrl pressionada e clicando no link. Depois que você clica no hyperlink, ele aparece na cor especificada para hyperlinks seguidos.

Para editar ou remover um hyperlink, você pode selecioná-lo e clicar em Hyperlink no grupo Links da guia Inserir ou pode clicar com o botão direito do mouse na seleção e, em seguida, clicar no comando apropriado.

Neste exercício, você vai inserir, testar e modificar um hyperlink.

> **USE** os documentos *05_Hyperlinks* e *05_OtherLogos*. Esses arquivos de exercícios estão localizados na subpasta *Chapter08,* sob *SBS_Word2007*.
>
> **ABRA** o documento *05_Hyperlinks*.

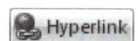

Hyperlink

1. Clique na imagem do logotipo **Wide World Importers**, no início da página. Em seguida, na guia **Inserir**, no grupo **Links**, clique no botão **Hyperlink**.

   A caixa de diálogo Inserir hyperlink abre. Na barra Vincular a, Página da Web ou arquivo existente está selecionado e a caixa de diálogo mostra o conteúdo da pasta do arquivo de exercício *Chapter08*.

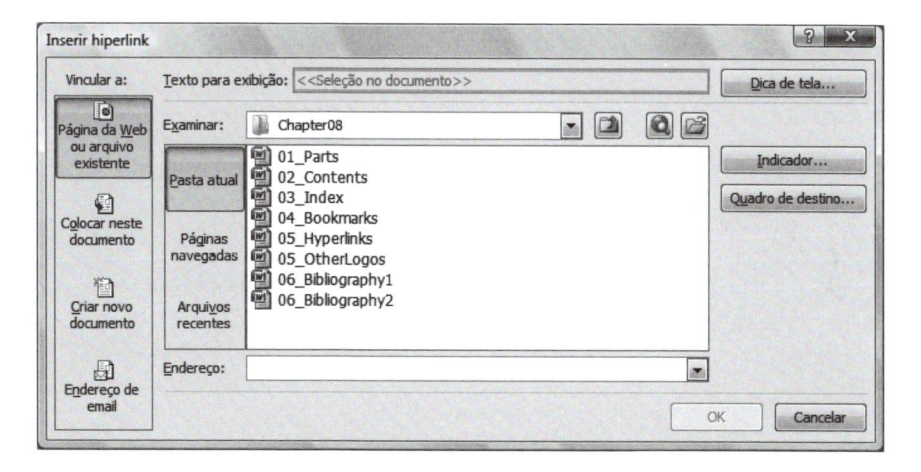

   > **Solução de problemas** Se o conteúdo da pasta *Chapter08* não aparecer, clique em Página da Web ou arquivo existente na barra Vincular a e, em seguida, navegue até sua pasta *Documentos\MSP\SBS_Word 2007\Chapter08*.

2. Na lista de nomes de arquivo, clique (não clique duas vezes) no documento *05_OtherLogos* e, em seguida, clique em **Quadro de destino**.

   A caixa de diálogo Definir quadro de destino abre, com Padrão de página (nenhum(a)) selecionado como o quadro no qual o documento será aberto.

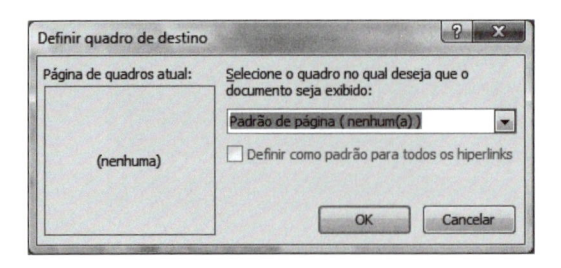

3. Clique na seta de **Selecione o quadro** e, na lista, clique em **Nova janela**. Em seguida, clique em **OK**.

4. Clique em **OK** para inserir um hyperlink da imagem do logotipo no documento especificado e, em seguida, clique em uma área em branco do documento para liberar a seleção.

> **Solução de problemas** Quando uma palavra ou objeto com hyperlink (como o logotipo) está selecionado, o hyperlink pode não funcionar corretamente.

5. Aponte para o logotipo.

    O Word exibe uma Dica de tela que mostra o caminho para o documento *05_OtherLogos* e instruções para seguir o link.

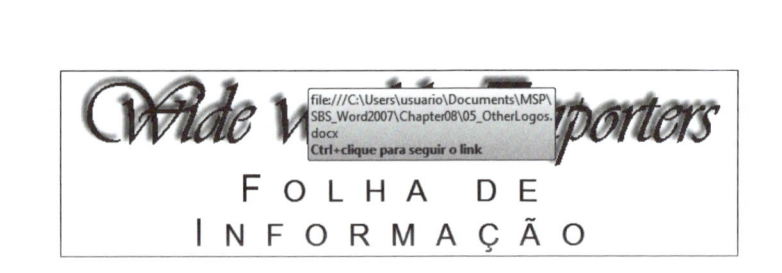

6. Mantenha a tecla Ctrl pressionada e, em seguida, clique no logotipo.

    O Word abre o documento *05_OtherLogos* em uma nova janela.

7. Na guia **Exibição**, no grupo **Janela**, clique no botão **Alternar Janelas** e, em seguida, clique em *05_Hyperlinks*.

8. Vá para a página **2**, clique no final do parágrafo da barra lateral, e pressione Enter duas vezes.

9. Digite **Entre em contato conosco se você precisar de mais informações** e, em seguida, selecione o texto.

10. Na guia **Inserir**, no grupo **Links**, clique no botão **Hyperlink** e, em seguida, na barra **Vincular a** da caixa de diálogo **Inserir hyperlink**, clique em **Endereço de email**.

    A caixa de diálogo muda para que você possa inserir as informações apropriadas de um hyperlink de email.

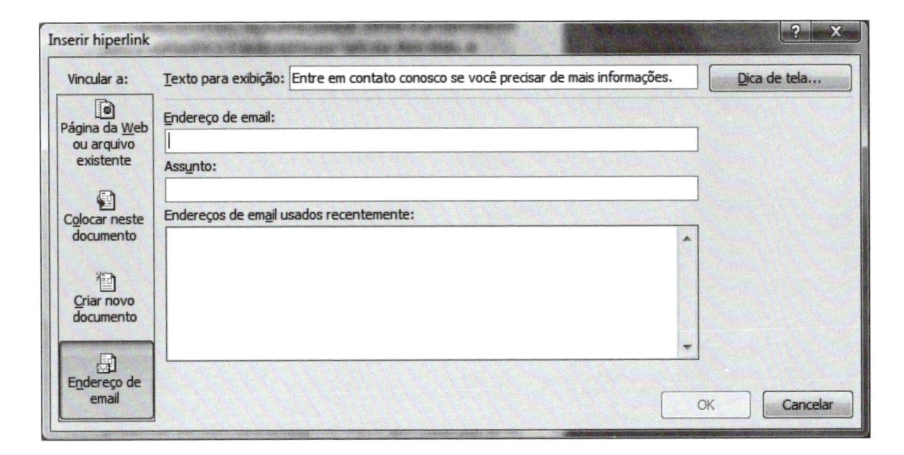

11. Na caixa **Endereço de email**, digite Kelly@wideworldimporters.com.

    > **Dica** Quando você começa a digitar o endereço de email, o Word insere *mailto:* na frente dele.

    Quando uma pessoa clicar no link, o Word iniciará seu programa de email padrão e abrirá uma nova janela de mensagem de email.

12. Na caixa **Assunto**, digite **Perguntas sobre o Planejador de Ambientes**.

    Esse texto será inserido automaticamente na caixa Assunto da nova mensagem.

13. Clique em **OK**.

    O texto com hyperlink é indicado por um sublinhado e sua cor de tema designada. Apontar para ele exibe uma Dica de tela com o destino do hyperlink.

14. Clique com o botão direito do mouse no hyperlink **Entre em contato conosco** e, em seguida, clique em **Editar hyperlink**.

    A caixa de diálogo Editar hyperlink abre, com o destino atual desse link na caixa Endereço de email.

15. No canto superior direito da caixa de diálogo, clique em **Dica de tela**.

    A caixa de diálogo Definir dicas de tela do hyperlink abre.

16. Na caixa **Texto de dica de tela**, digite **Envie uma mensagem de email para a Wide World Importers** e, em seguida, clique em **OK**.

17. Na caixa **Endereço de email**, substitua *Kelly* por **Carlos** e clique em **OK**.

18. Aponte para o hyperlink para ver a nova Dica de tela. Em seguida, mantenha a tecla `Ctrl` pressionada e clique no hyperlink.

   Seu programa de email abre, com o endereço de email especificado na caixa Para e a descrição especificada na caixa Assunto.

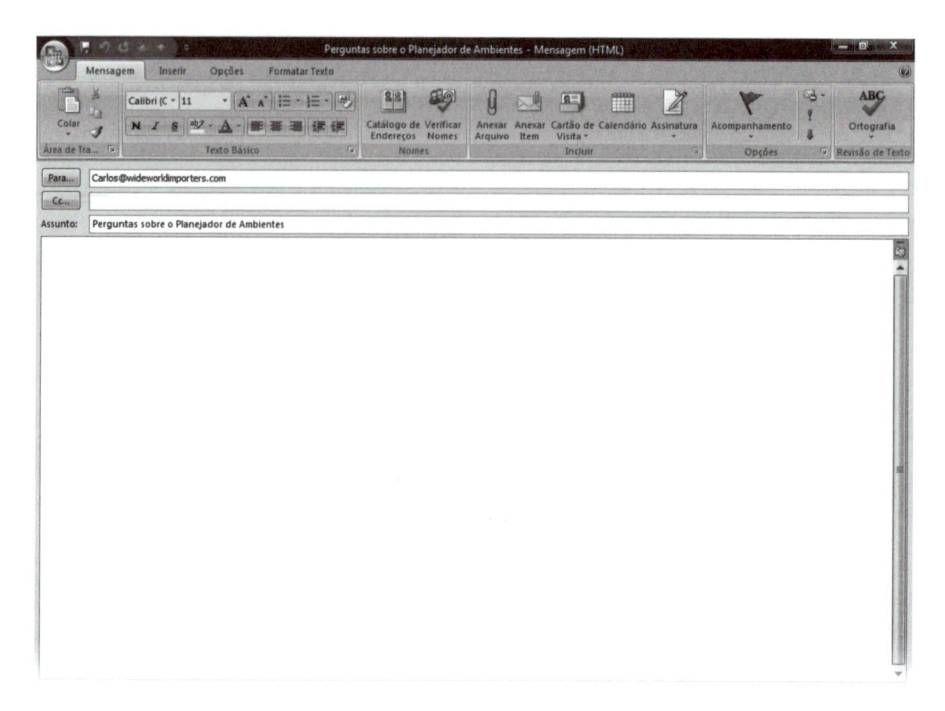

19. Feche a janela de mensagem, clicando em **Não** quando for perguntado se você deseja salvar as alterações.

   Agora, o texto com hyperlink é exibido na cor designada para hyperlinks seguidos.

> FECHE os documentos 05_OtherLogos e 05_Hyperlinks sem salvar suas alterações.

Adicionando fontes bibliográficas e compilando uma bibliografia

O Word 2007 inclui o novo recurso Gerenciador de Fontes Bibliográficas, que controla as fontes bibliográficas que você utiliza ao pesquisar um documento e o ajuda a referenciá-las no formato correto. Sejam suas fontes bibliográficas livros, periódicos, páginas da Web ou entrevistas, você pode gravar detalhes sobre elas e, em seguida, selecionar um guia de estilo comum, como o *Manual de Estilo Chicago*, para fazer com que o Word liste automaticamente suas fontes no formato padrão desse guia de estilo.

Adicionando notas de rodapé e notas de fim

Quando você quiser fazer um comentário sobre uma afirmação em um documento – por exemplo, para explicar uma suposição ou citar uma fonte para uma opinião diferente – pode inserir o comentário como uma nota de rodapé ou como uma nota de fim. Isso insere um número ou símbolo, chamado de *marca de referência*, e seu comentário associado aparece com o mesmo número ou símbolo como uma *nota de rodapé* na parte inferior da página ou como uma *nota de fim* no final do documento ou da seção do documento. Na maioria dos modos de exibição, as notas de rodapé ou notas de fim são separadas do texto principal por uma linha *separadora de nota*.

Para criar uma nota de rodapé ou uma nota de fim:

1. Com o ponto de inserção onde você deseja que a marca de referência apareça, na guia **Referências**, no grupo **Notas de Rodapé**, clique no botão **Inserir Nota de Rodapé** ou no botão **Inserir Nota de Fim**.

   O Word insere a marca de referência no documento e cria uma área vinculada na parte inferior da página ou no final da seção.

2. Digite o texto da nota.

O Word aplica os estilos padrão nas marcas de referência para notas de rodapé e notas de fim. Por padrão, as marcas de referência de nota de rodapé usam o formato 1, 2, 3 e as marcas de referência de nota de fim usam o estilo i, ii, iii. Para alterar o formato numérico dessas notas existentes:

1. Na guia **Referências**, clique no Iniciador da Caixa de Diálogo **Nota de Rodapé e Nota de Fim**.

2. Na caixa de diálogo **Nota de Rodapé e Nota de Fim**, selecione a opção **Notas de rodapé** ou **Notas de fim**.

3. Sob **Formato**, clique na seta de **Formato do número** e, em seguida, na lista, clique no formato numérico desejado.

4. Com **No documento inteiro** mostrado na caixa **Aplicar alterações a**, clique em **Aplicar**.

   Todas as notas de rodapé ou notas de fim mudam para o novo formato numérico.

Para alterar a formatação aplicada às marcas de referência:

1. No texto do documento, selecione a marca de referência de qualquer nota de rodapé ou nota de fim.

2. Na guia **Início**, no grupo **Editar**, clique no botão **Selecionar** e, em seguida, clique em **Selecionar texto com formatação semelhante**.

   Todas as marcas de referência de nota de rodapé ou nota de fim são selecionadas.

3. Na guia **Início**, aplique a formatação de caractere desejada para as marcas de referência.

   Agora, todas as marcas de referência no miolo do documento aparecem com a formatação de caractere que você aplicou.

Há duas maneiras de inserir uma nova fonte:

- Você pode abrir a caixa de diálogo Gerenciador de Fontes Bibliográficas e inserir todas as fontes bibliográficas que citará no documento.
- Você pode abrir a caixa de diálogo Criar Fonte Bibliográfica e inserir as informações de uma fonte bibliográfica específica. Quando você clica em OK, a citação é inserida entre parênteses, no ponto de inserção.

Independentemente do método usado para inserir as informações de fonte bibliográfica, o Word armazena as fontes em um arquivo separado no disco rígido de seu computador, para que você possa citá-las em qualquer documento que criar. Você pode ver essa Lista Mestra e selecionar as fontes bibliográficas que estão disponíveis para o documento atual na caixa de diálogo Gerenciador de Fontes Bibliográficas. Após copiar uma fonte bibliográfica da Lista Mestra na Lista Atual, você pode citá-la em qualquer parte do documento atual.

Após inserir as fontes bibliográficas, você pode compilá-las facilmente em uma bibliografia ou lista de obras citadas. A galeria Bibliografia (disponível no grupo Citações e Bibliografia da guia Referências) inclui duas opções:

- **Bibliografia**. Essa opção constrói a lista de fontes bibliográficas no ponto de inserção, com o título Bibliografia.
- **Obras Citadas**. Essa opção constrói a lista de fontes bibliográficas no ponto de inserção, com o título Obras Citadas.

Você também pode clicar em Inserir Bibliografia, na parte inferior da galeria, para inserir uma lista de fontes bibliográficas sem título.

Quando você compila uma bibliografia, o Word a insere no ponto de inserção como um único campo. Você pode editar o texto de uma bibliografia, mas se for possível que as informações da fonte bibliográfica mudem, é muito mais fácil atualizá-las da mesma maneira como você faria com um sumário ou índice remissivo.

> **Dica** Você pode atualizar uma bibliografia clicando nela e, em seguida, clicando no botão Atualizar Citações e Bibliografia que aparece acima do campo. Se você usou o comando Inserir Bibliografia para compilar a lista de fontes, o botão Atualizar Citações e Bibliografia não aparecerá quando clicar no campo. Nesse caso, você pode atualizar a bibliografia clicando com o botão direito do mouse em qualquer parte do campo e, em seguida, clicando em Atualizar campo.

Neste exercício, você vai inserir informações de duas fontes bibliográficas, inserir citações de fontes bibliográficas existentes, adicionar uma nova fonte bibliográfica, compilar uma bibliografia e, em seguida, alterar seu formato.

> **USE** os documentos *06_Bibliography1* e *06_Bibliography2*. Esses arquivos de exercícios estão localizados na subpasta *Chapter08*, sob *SBS_Word2007*.
>
> **ABRA** o documento *06_Bibliography1*.

1. Na guia **Referências**, no grupo **Citações e Bibliografia**, clique na seta de **Estilo** e, em seguida, clique em **Chicago**.

   Todas as fontes que você criar e citações que inserir serão formatadas de acordo com as regras do *Manual de Estilo Chicago*.

2. No grupo **Citações e Bibliografia**, clique no botão **Gerenciar Fontes Bibliográficas**.

   A caixa de diálogo Gerenciador de Fontes Bibliográficas abre.

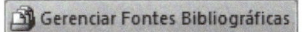

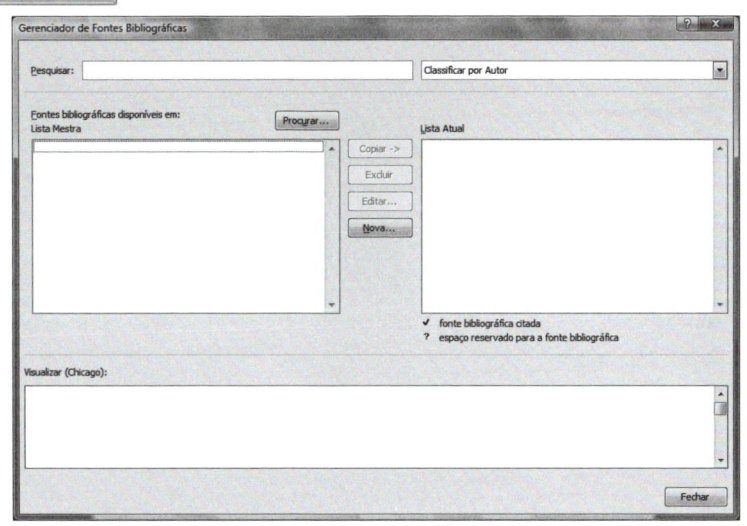

> **Solução de problemas** Não se preocupe se sua caixa de diálogo já contém fontes bibliográficas. Se outros documentos em seu disco rígido contêm citações, as informações de fonte bibliográfica deles poderão aparecer.

3. Na caixa de diálogo **Gerenciador de Fontes Bibliográficas**, clique em **Nova**.

   A caixa de diálogo Criar Fonte Bibliográfica abre.

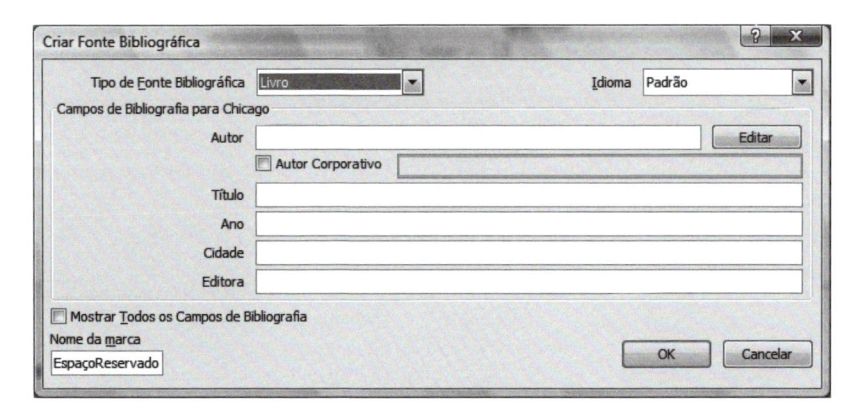

4. Com **Livro** selecionado na lista **Tipo de Fonte Bibliográfica**, sob **Campos de Bibliografia para Chicago**, digite Goldberg, Gale Beth na caixa **Autor**, Estilos de Bambu na caixa **Título**, 2004 na caixa **Ano**, Gibbs Smith na caixa **Editora** e, em seguida, clique em **OK**.

   A nova fonte bibliográfica é adicionada não apenas na Lista Mestra, mas também na Lista Atual, que é a lista de fontes bibliográficas que podem ser usadas neste documento.

5. Na caixa de diálogo **Gerenciador de Fontes Bibliográficas**, clique em **Nova** e, em seguida, na caixa de diálogo **Criar Fonte Bibliográfica**, clique em **Editar**.

   A caixa de diálogo Editar Nome abre.

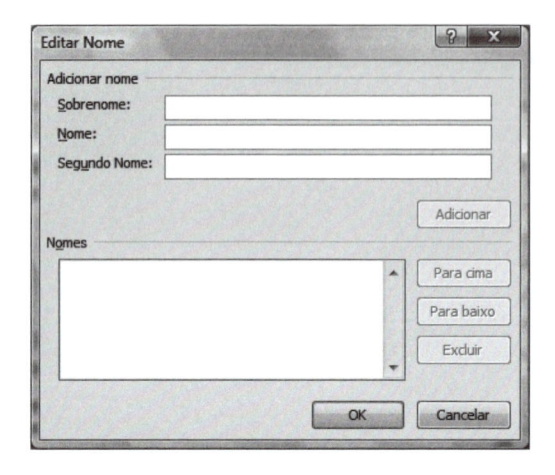

6. Sob **Adicionar nome**, digite Cusack na caixa **Sobrenome**, digite Victor na caixa **Nome** e, em seguida, clique em **Adicionar**.

   Cusack, Victor aparece na caixa Nomes.

   A nova fonte bibliográfica é adicionada não apenas na Lista Mestra, mas também na Lista Atual, que é a lista de fontes bibliográficas que podem ser usadas neste documento.

7. Para inserir um segundo autor para o mesmo livro, digite Stewart na caixa **Sobrenome**, digite Deirdre na caixa **Nome**, clique em **Adicionar** e, em seguida, clique em **OK**.

8. Na caixa de diálogo **Criar Fonte Bibliográfica**, digite O Mundo do Bambu na caixa **Título**, 2000 na caixa **Ano** e Simon & Schuster Australia na caixa **Editora**. Em seguida, clique em **OK**.

9. Feche a caixa de diálogo **Gerenciador de Fontes Bibliográficas**.

10. Abra o documento *06_Bibliography2* e, em seguida, abra a caixa de diálogo **Gerenciador de Fontes Bibliográficas**.

    As duas fontes bibliográficas que você acabou de inserir aparecem na Lista Mestra, mas não na Lista Atual, significando que elas não estão disponíveis para uso neste documento.

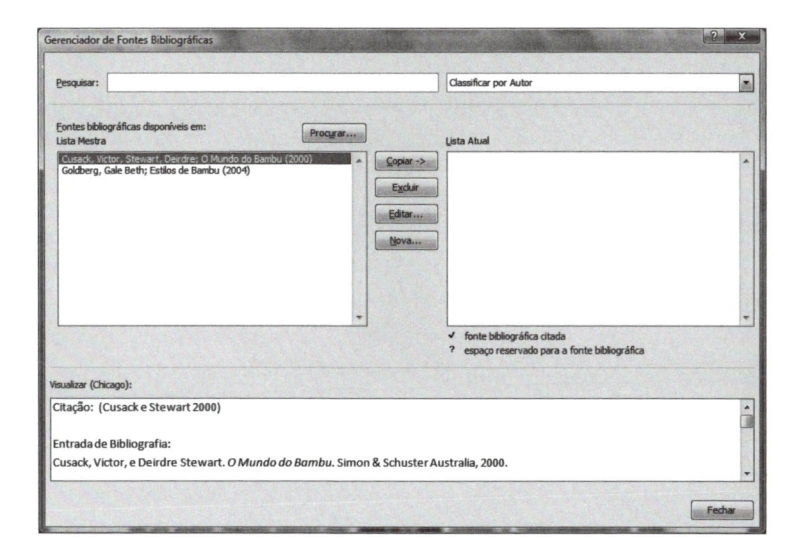

11. Com a fonte bibliográfica **Cusack** selecionada na caixa **Lista Mestra**, clique em **Copiar** para tornar essa fonte disponível neste documento. Em seguida, copie a fonte bibliográfica **Goldberg** na caixa **Lista Atual** e clique em **Fechar**.

12. No documento, posicione o ponto de inserção à direita de *Estilos de Bambu* na última linha do primeiro parágrafo. Em seguida, na guia **Referências**, no grupo **Citações e Bibliografia**, clique no botão **Inserir Citação** e, na lista de citações, clique em **Goldberg, Gale Beth**.

O Word insere a fonte bibliográfica entre parênteses.

13. Insira uma citação de **Cusack, Victor** à direita de *O Mundo do Bambu* (mas antes do ponto-final), no final do mesmo parágrafo.

14. Posicione o ponto de inserção à direita de *Livros inteiros* e, em seguida, no grupo **Citações e Bibliografia**, clique no botão **Inserir Citação** e, na lista, clique em **Adicionar Nova Fonte Bibliográfica**.

15. Na caixa de diálogo **Criar Fonte Bibliográfica**, clique na seta de **Tipo de Fonte Bibliográfica** e, em seguida, clique em **Site**. Em seguida, digite **Sociedade Americana do Bambu** na caixa **Nome da Página da Web**, **2006** na caixa **Ano**, **www.americanbamboo.org/BooksOnBamboo.html** na caixa **URL** e clique em **OK**.

    O Word insere a fonte bibliográfica entre parênteses, no ponto de inserção.

16. No grupo **Citações e Bibliografia**, clique no botão **Gerenciar Fontes Bibliográficas**.

    Na caixa de diálogo Gerenciador de Fontes Bibliográficas, a nova citação aparece na Lista Mestra e na Lista Atual. Como as fontes bibliográficas da Lista Atual são citadas no documento, elas têm uma marca de visto ao seu lado.

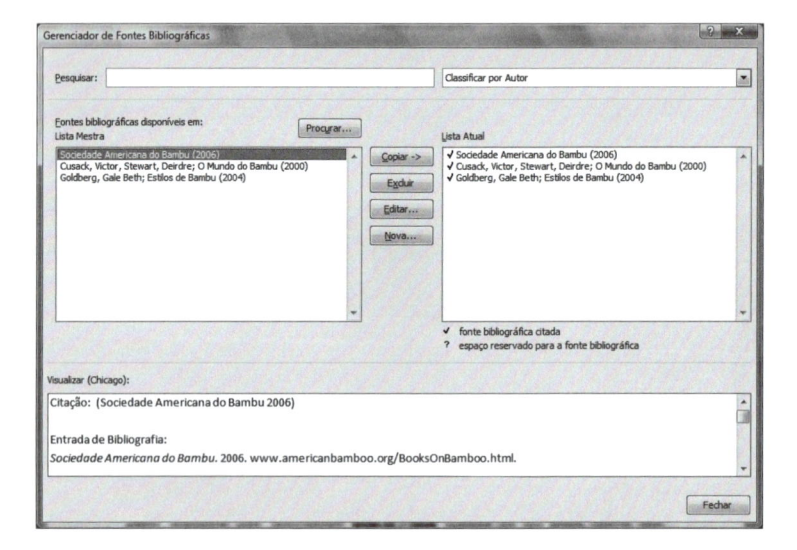

17. Feche a caixa de diálogo **Gerenciador de Fontes Bibliográficas** e, em seguida, pressione `Ctrl`+`End` para ir até o final do documento.

18. No grupo **Citações e Bibliografia**, clique em **Bibliografia** e, em seguida, na galeria, clique em **Bibliografia**.

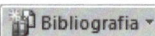

    O Word insere uma bibliografia de todas as citações presentes no documento, em ordem alfabética e formatadas de acordo com o estilo *Chicago*.

19. No grupo **Citações e Bibliografia**, clique na seta de **Estilo** e, na lista, clique em **APA**.

> **Dica** Você não precisa selecionar a bibliografia para aplicar essa alteração; você pode fazer isso em qualquer parte do documento.

O formato da bibliografia e das citações muda para ficar de acordo com o estilo *Associated Press*.

FECHE os documentos *06_Bibliography1* e *06_Bibliography2* sem salvar suas alterações.

Pontos principais

- O Word vem com blocos de construção predefinidos que você pode usar para criar rapidamente um tipo de documento específico ou para adicionar um elemento em um documento já existente.
- Você pode navegar rapidamente para pontos específicos em um documento usando indicadores para sinalizar informações e referências cruzadas para pular rapidamente para informações relacionadas.
- Um sumário fornece uma visão geral dos tópicos abordados em um documento e permite que os leitores naveguem rapidamente para um tópico. Você pode formatar o sumário selecionando um formato predefinido ou alterando estilos de sumário individuais.
- Após marcar entradas de índice remissivo para conceitos, palavras e frases importantes, você pode usar o comando Inserir Índice para compilar o índice.
- Os documentos podem conter hyperlinks para páginas da Web, arquivos, indicadores ou endereços de email.

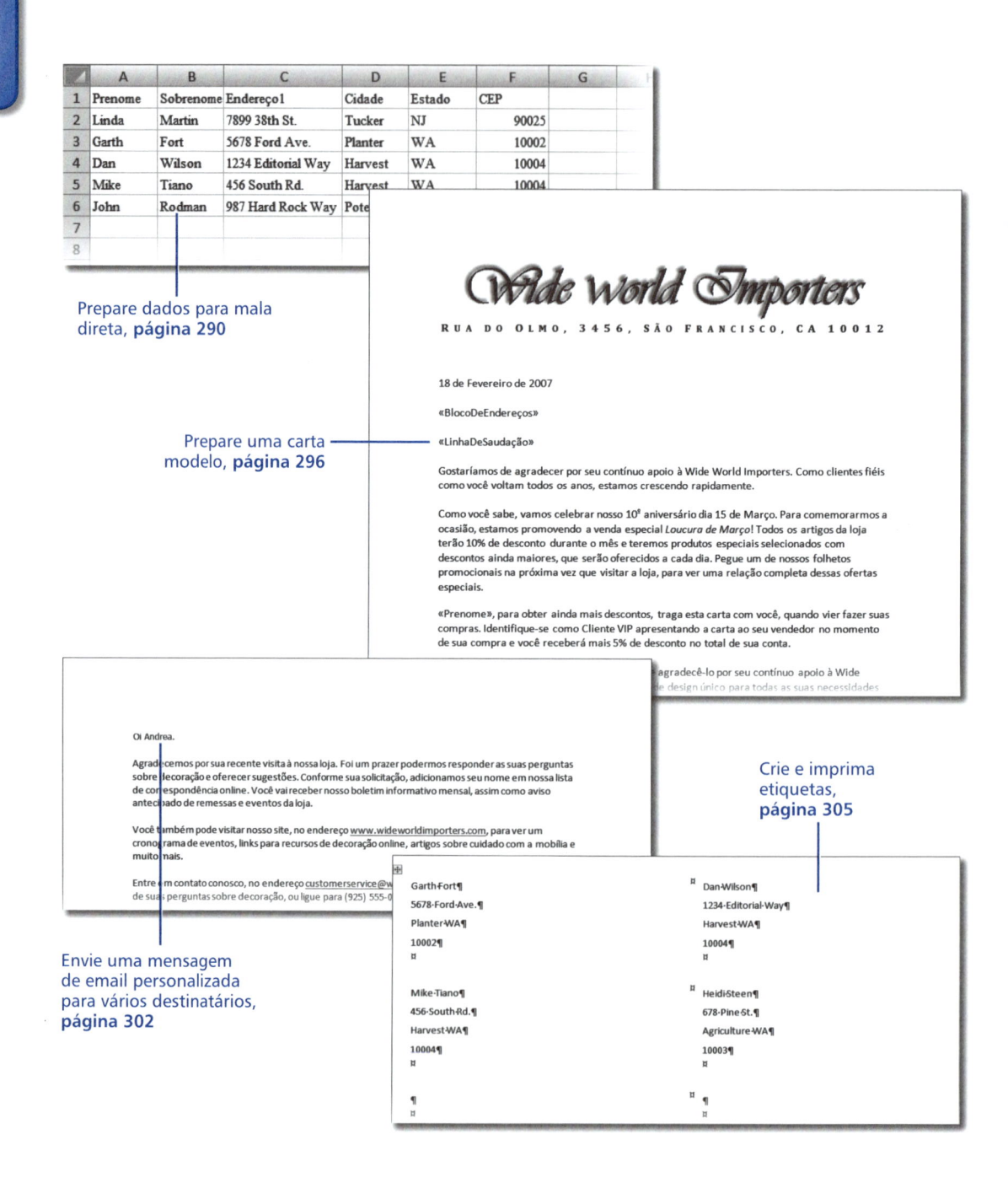

Prepare dados para mala direta, **página 290**

Prepare uma carta modelo, **página 296**

Envie uma mensagem de email personalizada para vários destinatários, **página 302**

Crie e imprima etiquetas, **página 305**

Visão Rápida do Capítulo 9

Capítulo 9
Criando cartas modelo, mensagens de email e etiquetas

Neste capítulo, você vai aprender a:

- Entender a mala direta.
- Preparar dados para mala direta.
- Preparar uma carta modelo.
- Mesclar uma carta modelo com sua fonte de dados.
- Enviar uma mensagem de email personalizada para vários destinatários.
- Criar e imprimir etiquetas.

Muitas empresas e outras organizações se comunicam com seus clientes ou membros por meio de cartas, boletins informativos e peças promocionais que são enviados para todos em uma lista de endereçamento. A maneira mais fácil de gerar um conjunto de documentos idênticos, exceto por certas informações – como o nome, o endereço e a saudação de uma carta – é por meio de um processo chamado *mala direta*. Se você tem uma lista de destinatários armazenada em um formato consistente, pode usar o processo da mala direta para produzir facilmente um conjunto de documentos e etiquetas de correspondência personalizados.

Neste capítulo, você vai usar o Assistente de Mala Direta para criar uma carta modelo. Você vai selecionar uma fonte de dados, adicionar um registro nela, ordená-la e filtrá-la. Então, você vai adicionar campos de mesclagem para um endereço e uma linha de saudação em uma carta modelo existente, visualizar os dados mesclados, excluir destinatários da mesclagem, mesclar as cartas em um novo documento e, então, salvar o arquivo mesclado. Você também vai configurar e enviar uma mensagem de email mesclada. Por fim, você vai criar e imprimir etiquetas de endereçamento.

Consulte também Você precisa de uma recapitulação rápida sobre os tópicos deste capítulo? Veja as entradas da Consulta rápida nas páginas 35–61.

Importante Antes de usar os arquivos de exercícios deste capítulo, você precisa instalá-los do CD que acompanha o livro para um local padrão. Consulte "Utilizando o CD-ROM deste livro", na página xxi, para obter mais informações.

Solução de problemas As figuras e as instruções relacionadas ao sistema operacional deste livro refletem a interface do usuário do Windows Vista. Se seu computador estiver executando o Microsoft Windows XP e você enfrentar dificuldades para seguir as instruções, consulte a seção "Informações para os leitores que usam o Windows XP", no início deste livro.

Entendendo a mala direta

O processo de mala direta combina as informações estáticas de um documento com informações variáveis de outro documento, como segue:

- *Documento principal*. É um documento, como uma carta ou mensagem de email, que contém o texto estático que aparecerá em todos os documentos mesclados, além de espaços reservados – chamados de *campos de mesclagem* – que indicam onde as informações variáveis devem ser inseridas.

- *Fonte de dados*. É um documento estruturado, como uma lista de clientes armazenada em uma tabela do Word, em uma planilha do Microsoft Office Excel ou em uma tabela de banco de dados do Microsoft Office Access ou uma lista de contatos do Microsoft Office Outlook, que contém conjuntos – chamados de *registros* – de informações em um formato previsível. Como parte do processo de mala direta, você pode usar uma fonte de dados já existente ou pode criar uma nova.

O Assistente de Mala Direta do Word mescla um documento principal com uma fonte de dados rápida e facilmente. O primeiro passo é selecionar um tipo de documento de uma lista que inclui cartas, mensagens de email, envelopes, etiquetas e um catálogo. O tipo selecionado determina os passos subseqüentes. O resultado final é uma cópia do documento mesclado para cada registro presente na fonte de dados.

Você pode mesclar o documento principal e a fonte de dados em um novo documento, com cada documento mesclado separado do seguinte por uma quebra de página. Então, você pode personalizar os documentos mesclados antes de imprimir e pode salvar o documento para uso posterior. Se você não precisa editar nem salvar os documentos mesclados, pode mesclar o documento principal e a fonte de dados diretamente na impressora ou em uma mensagem de email.

> **Dica** Quando você adquirir experiência com mala direta, talvez queira usar os botões da guia Correspondências para criar e mesclar documentos, em vez de usar o Assistente de Mala Direta.

Preparando dados para mala direta

Antes de poder mesclar documentos, você precisa especificar uma fonte de dados existente ou criar uma. A fonte de dados consiste em uma matriz de linhas e colunas, com cada linha contendo um registro, como o nome completo e o endereço de um cliente, e cada coluna contendo um tipo específico de informação – chamado de *campo* – como o prenome de um cliente. Cada campo é identificado na fonte de dados pelo cabeçalho de coluna – chamado de *nome de campo* – na primeira linha da fonte de dados.

> **Dica** Como os nomes de campo também são usados como campos de mesclagem no documento principal, eles não podem conter espaços. Para tornar os nomes de campo legíveis sem espaços, coloque a inicial de cada palavra em letra maiúscula, por exemplo, *Código Postal*, ou substitua os espaços por sublinhados, como em *Código_Postal*.

Capítulo 9 • Criando cartas modelo, mensagens de email e etiquetas **291**

	A	B	C	D	E	F	G
1	Prenome	Sobrenome	Endereço1	Cidade	Estado	CEP	
2	Linda	Martin	7899 38th St.	Tucker	NJ	90025	
3	Garth	Fort	5678 Ford Ave.	Planter	WA	10002	
4	Dan	Wilson	1234 Editorial Way	Harvest	WA	10004	
5	Mike	Tiano	456 South Rd.	Harvest	WA	10004	
6	John	Rodman	987 Hard Rock Way	Potential	DE	97540	
7							
8							

— Nome de campo

— Registro

Campo

Se a fonte de dados contém muitos registros e muda freqüentemente, talvez você queira criá-la em um programa projetado para trabalhar com grandes volumes de dados, como o Excel ou o Access. Você também pode usar a lista de contatos do Outlook, do Microsoft Windows Mail ou do Microsoft Outlook Express (se seu computador estiver executando o Microsoft Windows XP). Se a fonte de dados contém apenas alguns registros e não será atualizada freqüentemente, você pode criá-la no Word como uma tabela ou como uma lista, com cada campo separado por uma tabulação. Ou você pode criá-la como parte do processo de mala direta.

E se você quiser criar documentos mesclados apenas para um subconjunto dos dados presentes na fonte de dados? Por exemplo, você pode ter clientes que fazem pedidos pelo correio em todo o país, mas quer destinar uma correspondência em massa sobre uma venda da loja apenas para clientes com endereços em seu estado. Após especificar a fonte de dados e criar o documento principal, você pode:

● *Filtrar* a fonte de dados para criar documentos mesclados apenas para parte de seus dados.

● Criar uma *consulta* (um conjunto de critérios de seleção) para extrair apenas as informações em que está interessado – por exemplo, todos os CEPs de seu estado.

● Classificar a fonte de dados – por exemplo, em ordem de CEP para uma correspondência em massa.

Quando você usa um filtro ou uma consulta, todos os dados permanecem na fonte de dados, mas apenas os dados que satisfazem suas especificações são usados para a mala direta.

Neste exercício, você vai abrir um documento principal e usar o Assistente de Mala Direta para selecionar a fonte de dados. Então, você vai adicionar um registro na fonte de dados, ordená-la e filtrá-la.

USE o documento *02_PreparingData* e a pasta *02_DataSource*. Esses arquivos de exercícios estão localizados na subpasta *Chapter09*, sob *SBS_Word2007*.

NÃO ESQUEÇA DE iniciar o Word antes de começar este exercício.

ABRA o documento *02_PreparingData*.

1. Na guia **Correspondências**, no grupo **Iniciar Mala Direta**, clique no botão **Iniciar Mala Direta** e, em seguida, clique em **Assistente de Mala Direta Passo a Passo**.

   O painel de tarefas Mala Direta abre, mostrando a etapa 1 das seis etapas do assistente.

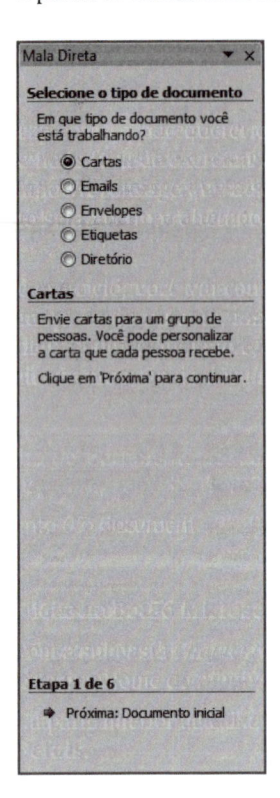

2. No painel de tarefas **Mala Direta**, com a opção **Cartas** selecionada, na parte inferior do painel, clique em **Próxima: Documento inicial**.

   A etapa 2 aparece no painel de tarefas Mala Direta.

3. No painel de tarefas **Mala Direta**, com a opção **Usar o documento atual** selecionada, clique em **Próxima: Selecione os destinatários**.

4. No painel da etapa 3, com a opção **Usar uma lista existente** selecionada, clique em **Procurar**.

   A caixa de diálogo Selecionar fonte de dados abre para que você possa navegar até o arquivo no qual suas informações de destinatário estão armazenadas e selecioná-lo.

5. Na lista **Links Favoritos**, clique em **Documentos**, navegue até a pasta *MSP\SBS_Word2007\Chapter09* e clique duas vezes na pasta *02_DataSource*. Em seguida, clique em **OK** na caixa de diálogo **Selecionar tabela**.

   A caixa de diálogo **Destinatários da mala direta** abre, exibindo os registros contidos na fonte de dados.

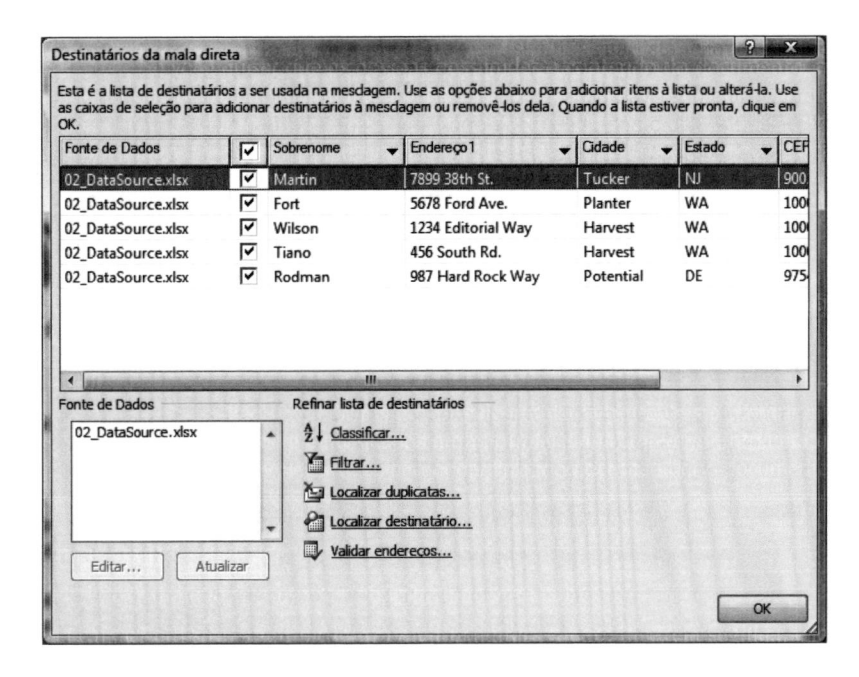

6. Abaixo da lista de destinatários, na metade superior da caixa de diálogo, na caixa **Fonte de Dados**, clique em *02_DataSource.xlsx* e, em seguida, clique em **Editar**.

A caixa de diálogo Editar Fonte de Dados abre.

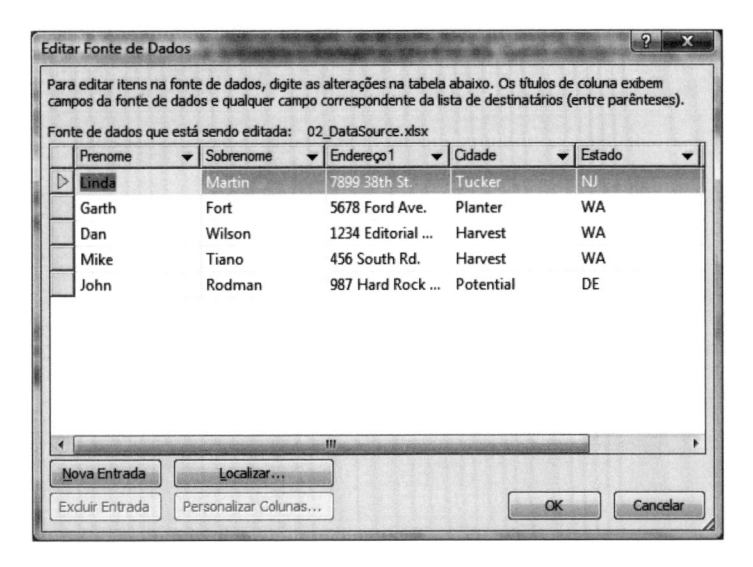

7. Clique em **Nova Entrada** e, em seguida, na célula abaixo de *John*, digite o seguinte, pressionando [Tab] para ir de uma caixa para outra:

Prenome	**Heidi**
Sobrenome	**Steen**
Endereço1	**678 Pine St.**
Cidade	**Agriculture**
Estado	**WA**
CEP	**10003**

> **Dica** Você pode adicionar vários registros clicando em Nova Entrada após inserir cada registro.

8. Clique em **OK** e, em seguida, clique em **Sim** para atualizar a lista de destinatários.

   O novo registro aparece na parte inferior da lista de destinatários na caixa de diálogo Destinatários da mala direta.

9. Sob **Refinar lista de destinatários**, clique em **Classificar**.

   A caixa de diálogo Filtrar e classificar abre, mostrando a guia Classificar os registros.

10. Clique na seta de **Classificar por**, clique em **CEP** na lista e, em seguida, clique em **OK**.

> **Dica** Você também pode classificar dados clicando na seta à direita do campo pelo qual deseja ordenar e, em seguida, clicando em Classificação crescente ou Classificação decrescente.

11. Role a lista de destinatários para a direita e verifique se os registros estão classificados em ordem crescente pelo campo CEP. Em seguida, sob **Refinar lista de destinatários**, clique em **Filtrar**.

    A caixa de diálogo Filtrar e classificar abre, mostrando a guia Filtrar os registros.

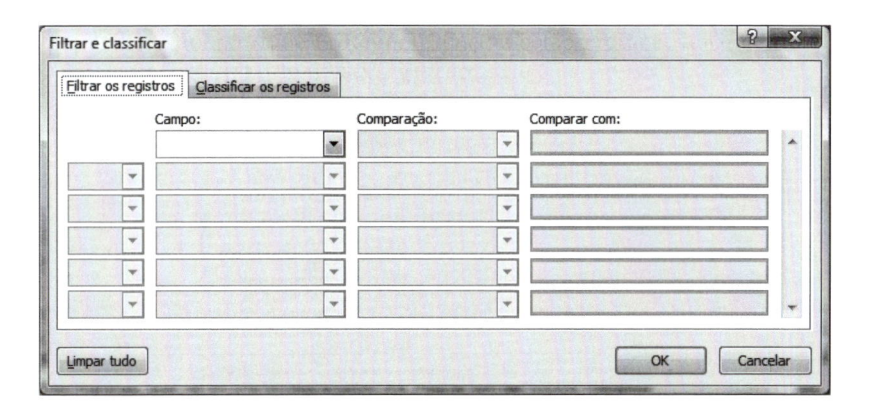

Capítulo 9 • Criando cartas modelo, mensagens de email e etiquetas **295**

> **Dica** Você também pode abrir a caixa de diálogo Filtrar e classificar clicando na seta à direita de qualquer nome de campo e depois clicando em Avançado.

12. Clique na seta de **Campo** e, em seguida, na lista, clique em **Estado**.

    A caixa Comparação exibe o critério padrão Igual a.

13. Na caixa **Comparar com**, digite WA e, em seguida, clique em **OK**.

    A caixa de diálogo Filtrar e classificar fecha e a caixa de diálogo Destinatários da mala direta é atualizada para mostrar apenas os residentes do estado de Washington, em ordem ascendente de CEP. Os outros registros ficam ocultos e serão excluídos do processo de mesclagem.

14. Clique em **OK** para fechar a caixa de diálogo Destinatários da mala direta.

> **FECHE** o documento *02_PreparingData* sem salvar as alterações feitas no documento ou na fonte de dados.

Usando uma lista de contatos do Outlook como fonte de dados

O uso de informações de uma lista de contatos do Outlook como fonte de dados para o processo de mesclagem exige alguns passos extras no Assistente de Mala Direta.

Para usar informações do Outlook como fonte de dados para uma carta modelo:

1. Na guia **Correspondências**, no grupo **Iniciar Mala Direta**, clique em **Iniciar Mala Direta** e, em seguida, clique em **Assistente de Mala Direta Passo a Passo**.
2. No painel de tarefas **Mala Direta**, selecione a opção **Cartas** e, em seguida, clique em **Próxima: Documento inicial**.
3. No passo 2 do assistente, selecione a opção **Usar o documento atual** e, em seguida, clique em **Próxima: Selecione os destinatários**.
4. No passo 3, selecione a opção **Selecionar nos contatos do Outlook** e, em seguida, clique em **Escolher a pasta 'Contatos'**.

(continua)

5. Se for solicitado para que você selecione seu perfil no Outlook, selecione o que deseja usar e, em seguida, clique em **OK**.

   A caixa de diálogo Selecionar Contatos abre.

6. Clique em uma lista de contatos e, em seguida, clique em **OK**.

7. Na caixa de diálogo **Destinatários da mala direta** que exibe seus contatos no Outlook, desmarque as caixas de seleção de todos os contatos que você deseja excluir do processo de mesclagem. Em seguida, clique em **OK**.

8. No painel de tarefas **Mala Direta**, clique em **Próxima: Escreva a carta**.

Siga os próximos passos do processo de mesclagem, conforme explicado em tópicos posteriores deste capítulo.

Preparando uma carta modelo

Um tipo comum de documento principal usado no processo de mala direta é a carta modelo. Normalmente, esse tipo de documento contém campos de mesclagem para o nome e endereço de cada destinatário, junto com um texto que é o mesmo em todas as cartas. Na carta modelo, cada campo de mesclagem é incluído entre *caracteres de divisa* (« e ») – por exemplo, «BlocoDeEndereços».

Wide World Importers

RUA DO OLMO, 3456, SÃO FRANCISCO, CA 10012

18 de Fevereiro de 2007

«BlocoDeEndereços»

«LinhaDeSaudação»

Gostaríamos de agradecer por seu contínuo apoio à Wide World Importers. Como clientes fiéis como você voltam todos os anos, estamos crescendo rapidamente.

Campo de mesclagem

Se você já tiver escrito a carta, pode inserir os campos de mesclagem durante o processo de mesclagem; se não tiver escrito a carta, pode escrevê-la como parte do processo. De qualquer maneira, você primeiro insere o texto que será comum a todas as cartas e, em seguida, insere os campos de mesclagem que serão substituídos pelas informações variáveis da fonte de dados.

> **Dica** Se você precisar interromper o processo de mesclagem, pode salvar a carta modelo para preservar o trabalho feito até o momento. Mais tarde, você pode abrir a carta modelo e continuar de onde parou.

Você pode inserir campos de mesclagem de duas maneiras:

- A partir do painel de tarefas Mala Direta na etapa 4 do Assistente de Mala Direta.
- Clicando nos botões do grupo Gravar e Inserir Campos da guia Correspondências.

Em qualquer um dos modos, clicar em Bloco de Endereço ou em Linha de Saudação abre uma caixa de diálogo na qual você pode refinar as configurações dos campos, enquanto clicar em campos individuais os insere com suas configurações padrão.

> **Dica** Se você quiser salvar a carta modelo sem nenhuma informação de mala direta, pode clicar em Iniciar Mala Direta no grupo Iniciar Mala Direta da guia Correspondências e, em seguida, clicar em Documento Normal do Word.

Neste exercício, você vai modificar uma carta modelo já existente, adicionando campos de mesclagem para um endereço padrão, uma linha de saudação informal e o prenome do destinatário.

> **USE** o documento *03_FormLetter* e a pasta *03_DataSource*. Esses arquivos de exercícios estão localizados na subpasta *Chapter09*, sob *SBS_Word2007*.
>
> **NÃO ESQUEÇA DE** exibir os caracteres não imprimíveis antes de iniciar este exercício.

1. Abra o documento *03_FormLetter*.
2. Na caixa de mensagem do Word solicitando para que você confirme que deseja executar o comando, clique em **Sim**.

   A caixa de diálogo Selecionar fonte de dados abre.

   > **Solução de problemas** É solicitado que você anexe a fonte de dados no documento principal, porque a fonte de dados do arquivo de exercício não foi anexada originalmente no documento principal do arquivo de seu computador. Quando você estiver trabalhando com seus próprios documentos, não será solicitado para que anexe a fonte de dados ao abrir novamente seu documento principal.

3. Na lista **Links Favoritos**, clique em **Documentos** e, em seguida, navegue até a pasta *MSP\SBS_Word2007\Chapter09*. Clique duas vezes na pasta *03_DataSource* e, em seguida, na caixa de diálogo **Selecionar tabela**, clique em **OK**.

   O documento principal abre, com a pasta *03_DataSource* anexada.

4. Na guia **Correspondências**, no grupo **Iniciar Mala Direta**, clique no botão **Iniciar Mala Direta** e, em seguida, clique em **Assistente de Mala Direta Passo a Passo**.
5. No painel de tarefas **Mala Direta**, clique em **Próxima: Escreva a carta**.
6. No documento, coloque o ponto de inserção no segundo parágrafo vazio abaixo da data e, no painel de tarefas **Mala Direta**, clique em **Bloco de endereço**.

   > **Dica** Você pode posicionar facilmente o ponto de inserção sem exibir os caracteres não imprimíveis clicando na extremidade direita da data e pressionando duas vezes a tecla de direção para baixo.

A caixa de diálogo Inserir bloco de endereço abre. A partir dessa caixa de diálogo, você pode refinar o formato dos campos que compõem o campo de mesclagem Bloco de Endereço.

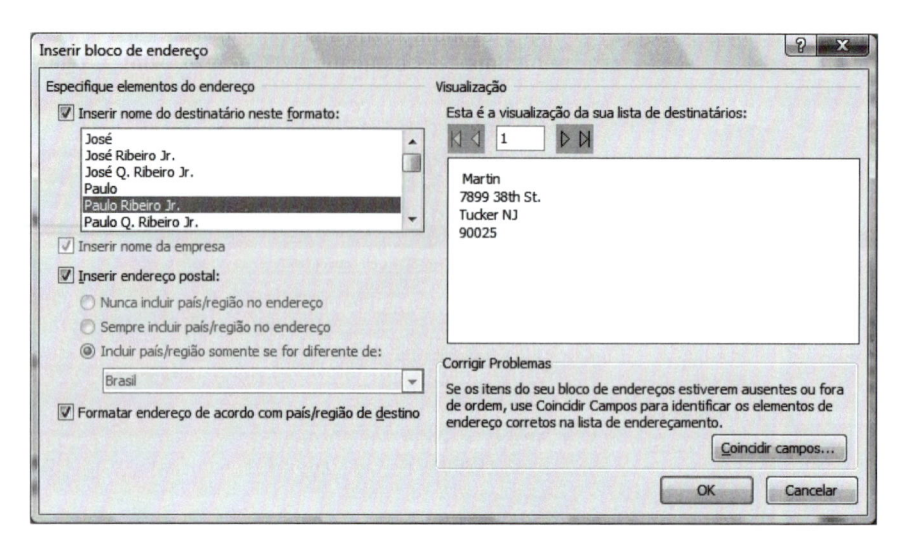

7. Clique em **OK** para aceitar as configurações padrão.

   O Word insere o campo de mesclagem «BlocoDeEndereços» no documento. Quando você mesclar a carta modelo com a fonte de dados, o Word substituirá as informações de nome e endereço componentes desse campo de mesclagem.

8. Pressione a tecla [Enter] duas vezes e, em seguida, no painel de tarefas **Mala Direta**, clique em **Linha de saudação**.

   A caixa de diálogo Inserir Linha de Saudação abre para que você possa especificar como a linha de saudação deve aparecer nas cartas mescladas.

9. Sob **Formato da linha de saudação**, clique na seta à direita da segunda caixa e, em seguida, na lista, clique em **José**.

Próximo

10. Sob **Visualização**, clique três vezes no botão **Próximo** para ver a linha de saudação de cada um dos destinatários na fonte de dados vinculada. Em seguida, clique em **OK** para fechar a caixa de diálogo Inserir Linha de Saudação.

    O Word insere o campo de mesclagem «LinhaDeSaudação» no documento. Quando você mesclar a carta modelo com a fonte de dados, o Word substituirá esse campo de mesclagem pela palavra *Caro* e um espaço, seguidos da informação presente no campo Prenome, seguida de uma vírgula.

11. Posicione o ponto de inserção no início do terceiro parágrafo da carta (*Para obter ainda mais descontos...*).

12. No painel de tarefas **Mala Direta**, clique em **Mais itens**.

    A caixa de diálogo Inserir campo de mesclagem abre.

13. Com a opção **Campos de banco de dados** selecionada e **Prenome** realçado na caixa **Campos**, clique em **Inserir** e, em seguida, clique em **Fechar**.

    O campo de mesclagem «Prenome» aparece no início do terceiro parágrafo.

14. Sem mover o ponto de inserção, digite uma vírgula e pressione Barra de espaço. Em seguida, mude *Para* para **para**.

    Agora, a carta modelo está pronta para a mesclagem.

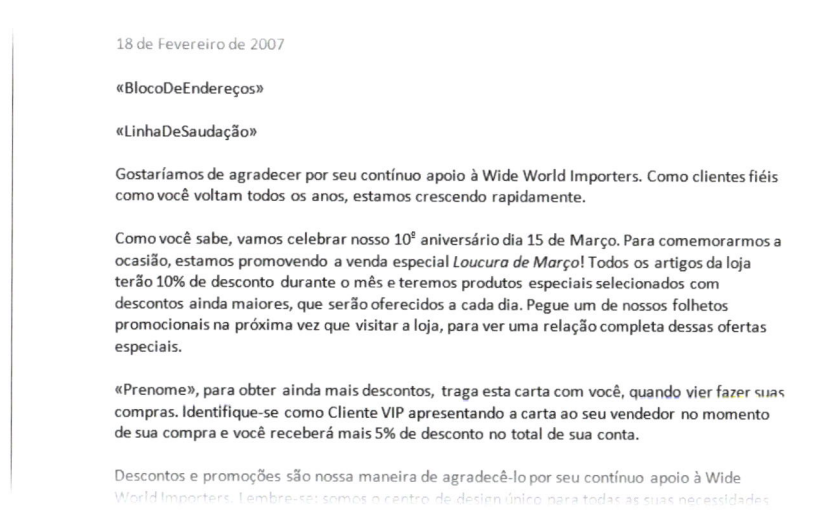

---

18 de Fevereiro de 2007

«BlocoDeEndereços»

«LinhaDeSaudação»

Gostaríamos de agradecer por seu contínuo apoio à Wide World Importers. Como clientes fiéis como você voltam todos os anos, estamos crescendo rapidamente.

Como você sabe, vamos celebrar nosso 10º aniversário dia 15 de Março. Para comemorarmos a ocasião, estamos promovendo a venda especial *Loucura de Março*! Todos os artigos da loja terão 10% de desconto durante o mês e teremos produtos especiais selecionados com descontos ainda maiores, que serão oferecidos a cada dia. Pegue um de nossos folhetos promocionais na próxima vez que visitar a loja, para ver uma relação completa dessas ofertas especiais.

«Prenome», para obter ainda mais descontos, traga esta carta com você, quando vier fazer suas compras. Identifique-se como Cliente VIP apresentando a carta ao seu vendedor no momento de sua compra e você receberá mais 5% de desconto no total de sua conta.

Descontos e promoções são nossa maneira de agradecê-lo por seu contínuo apoio à Wide World Importers. Lembre-se: somos o centro de design único para todas as suas necessidades

> **FECHE** o documento *03_FormLetter* sem salvar suas alterações.

Mesclando uma carta modelo com sua fonte de dados

Após especificar a fonte de dados que deseja usar e inserir campos de mesclagem na carta modelo, você pode visualizar as cartas mescladas antes de realizar a mesclagem real e excluir destinatários durante essa visualização. Quando estiver pronto, você pode enviar as cartas mescladas diretamente para a impressora ou pode mesclá-las uma após a outra em um novo documento, separadas por quebras de página. Se você mesclar em um novo documento, terá outra oportunidade de visualizar e, se necessário, editar as cartas mescladas antes de enviá-las para a impressora.

Neste exercício, você vai visualizar cartas mescladas, excluir destinatários da mesclagem, mesclar as cartas em um novo documento e, em seguida, salvar o arquivo mesclado.

> **USE** o documento *04_MergingData* e a pasta *04_DataSource*. Esses arquivos de exercícios estão localizados na subpasta *Chapter09*, sob *SBS_Word2007*.
>
> **ABRA** o documento *04_MergingData*. Quando for solicitada uma confirmação de que você deseja executar um comando que anexará dados do arquivo *04_DataSource* no documento, clique em Sim e, em seguida, na caixa de diálogo Selecionar fonte de dados, navegue até a pasta *Chapter09* e clique duas vezes no arquivo *04_DataSource*.

1. Na guia **Correspondências**, no grupo **Iniciar Mala Direta**, clique no botão **Iniciar Mala Direta** e, em seguida, clique em **Assistente de Mala Direta Passo a Passo**.

2. Na parte inferior do painel de tarefas **Mala Direta**, clique em **Próxima** duas vezes, para ir ao passo 5.

3. Role a carta até ver o bloco de endereço, a linha de saudação e o terceiro parágrafo.

   O Word exibe uma visualização de como a primeira carta personalizada ficará quando for mesclada com a fonte de dados.

4. Sob **Visualizar as cartas** no painel de tarefas **Mala Direta**, clique no botão **Próximo registro** cinco vezes, para visualizar todas as cartas.

> **Dica** Você também pode visualizar os documentos próximo ou anterior clicando no botão Próximo registro ou Registro anterior no grupo Visualizar Resultados da guia Correspondências.

5. Na guia **Correspondências**, no grupo **Visualizar Resultados**, clique no botão **Primeiro registro**.
6. Para excluir esse destinatário (*Linda Martin*) da mesclagem, sob **Faça alterações** no painel de tarefas **Mala Direta**, clique em **Excluir este destinatário**.
7. Visualize as cartas novamente. Em seguida, na parte inferior do painel de tarefas **Mala Direta**, clique em **Próxima: Conclua a mesclagem**.
8. No painel de tarefas **Mala Direta**, clique em **Editar cartas individualmente**.

   A caixa de diálogo Mesclar para novo documento abre.

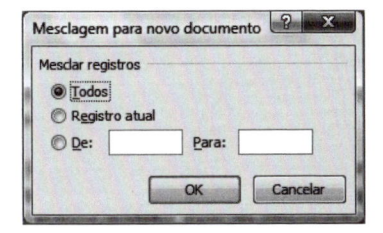

9. Com a opção **Todos** selecionada, clique em **OK**.

   O Word cria um documento chamado *Cartas1*, que contém uma cópia personalizada da carta modelo para cada um dos registros selecionados.

10. Na **Barra de Ferramentas de Acesso Rápido**, clique no botão **Salvar**.

    A caixa de diálogo Salvar como abre para que você possa salvar o novo documento com um nome mais específico.

11. Com o conteúdo da subpasta *Chapter09* exibido, digite **Minhas Cartas Mescladas** na caixa **Nome do arquivo** e, em seguida, clique em **Salvar**.

    O Word salva o novo documento na pasta especificada com o nome *Minhas Cartas Mescladas*.

> **FECHE** o documento *Minhas Cartas Mescladas* e, em seguida, feche o documento *04_MergingData* sem salvar suas alterações.

Imprimindo envelopes

Você pode imprimir um envelope com base em um endereço presente em um documento. Para fazer isso:

1. Selecione as linhas do endereço. (Não selecione linhas em branco acima ou abaixo do endereço.)
2. Na guia **Correspondências**, no grupo **Criar**, clique no botão **Envelopes**.

   A caixa de diálogo Envelopes e etiquetas abre. Você pode editar o endereço diretamente na caixa Endereço do destinatário e pode inserir o endereço do remetente na caixa Remetente. Se você tiver software de correio eletrônico instalado em seu computador, pode incluir postagem eletrônica. Você pode clicar em Opções e, então, especificar o tamanho do envelope, a fonte e o tamanho da fonte do endereço e do remetente.

   > **Dica** Você pode fazer o Word fornecer o endereço do remetente clicando no Botão Microsoft Office, clicando em Opções do Word e, em seguida, na janela Opções do Word, clicando na guia Avançado. Mais para o final da página, sob Geral, na caixa Endereço para correspondência, digite seu endereço e clique em OK. Então, o endereço aparece por padrão como Remetente na caixa de diálogo Envelopes e etiquetas. Se você quiser usar envelopes com um endereço de remetente previamente impresso, deve marcar a caixa de seleção Omitir para evitar a duplicação.

3. O tamanho DL é o padrão para envelopes. Se você quiser selecionar um tamanho de envelope diferente, clique em **Opções**, faça sua seleção e, em seguida, clique em **OK**.
4. Insira um envelope na impressora e, em seguida, clique em **Imprimir**.

Enviando uma mensagem de email personalizada para vários destinatários

Quando você quiser enviar as mesmas informações para todas as pessoas de uma lista – por exemplo, todos os seus clientes ou todos os membros de um clube ou de sua família – não precisa imprimir as cartas e enviá-las pelo correio. Em vez disso, você pode usar mala direta para criar uma mensagem que pode ser enviada para uma lista de endereços de email. Assim como acontece com uma carta modelo que será impressa, você pode usar o Assistente de Mala Direta ou os botões da guia Correspondências para inserir campos de mesclagem no documento que contém o texto da mensagem, o qual chamamos de *mensagem padrão*. Esses campos de mesclagem serão substituídos por informações de uma fonte de dados, como uma tabela ou lista de contatos.

Se você estiver usando o assistente, selecione a opção Emails no passo 1. Se você não estiver usando o assistente, pode especificar a lista de endereços de email para os quais deseja enviar a mensagem clicando no botão Selecionar Destinatários do grupo Iniciar Mala Direta da guia Correspondências. Então, você tem três opções:

- Digitar uma lista de destinatários inteiramente nova.
- Usar uma lista de destinatários existente.
- Selecionar destinatários de uma lista de contatos do Outlook.

Você pode adicionar campos de mesclagem rapidamente em uma mensagem padrão usando os botões do grupo Gravar e Inserir Campos. Muitas mensagens de email só precisam de uma linha de saudação. Como as mensagens de email tendem a ser menos formais do que as cartas impressas, talvez você queira iniciar as mensagens com algo diferente das opções predefinidas (*Caro* e *Prezado:*), digitando uma saudação personalizada.

Neste exercício, você vai abrir uma mensagem padrão já existente, usar os botões da guia Correspondências para criar uma pequena lista de endereçamento, adicionar um campo de mesclagem de linha de saudação personalizada e, em seguida, concluir a mesclagem.

> **USE** o documento *05_E-mail*. Esse arquivo de exercício está localizado na subpasta *Chapter09*, sob *SBS_Word2007*.
>
> **ABRA** o documento *05_E-mail*.

1. Na guia **Correspondências**, no grupo **Iniciar Mala Direta**, clique no botão **Selecionar Destinatários** e, em seguida, na lista, clique em **Digitar Nova Lista**.

   A caixa de diálogo Nova lista de endereços abre.

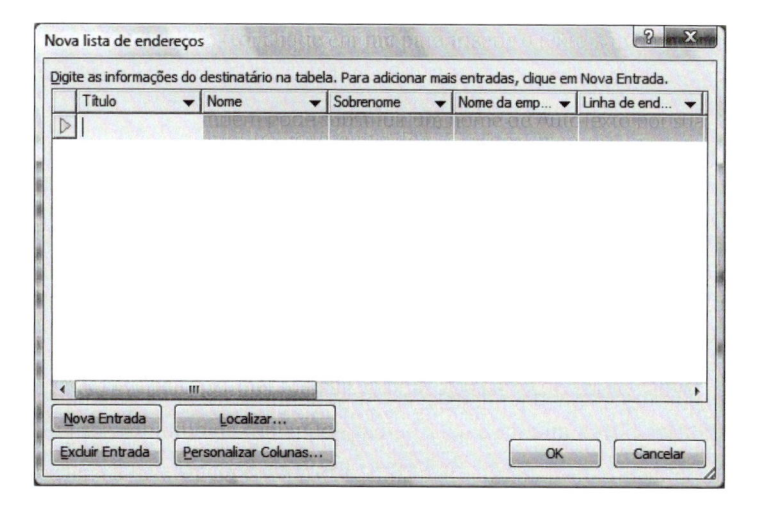

2. Pulando o campo Título, digite **Andrea** no campo **Nome**, digite **Dunker** no campo **Sobrenome**, pressione a tecla Tab até chegar no campo **Endereço de email** (o último campo da tabela) e, em seguida, digite **andrea@consolidatedmessenger.com**.

3. Clique em **Nova Entrada** e, em seguida, adicione **Judy Lew**, cujo endereço de email é **judy@lucernepublishing.com**.

   > **Dica** Se você tiver vários endereços de email para adicionar na lista, pode pressionar Tab no último campo da última entrada, em vez de clicar em Nova Entrada a cada vez.

4. Repita o passo 3 para adicionar **Ben Miller**, cujo endereço de email é **ben@wingtiptoys.com** e, em seguida, clique em **OK**.

   A caixa de diálogo Salvar lista de endereços abre, com o conteúdo de sua pasta *Minhas Fontes de Dados* exibida. Essa caixa de diálogo é muito parecida com a caixa de diálogo Salvar como.

5. Na lista **Links Favoritos**, clique em **Documentos**, navegue até a subpasta *MSP\SBS_Word2007\Chapter09*, digite Minha Fonte de Dados de Email na caixa **Nome do arquivo** e, em seguida, clique em **Salvar**.

   O Word salva a fonte de dados no local especificado, como um banco de dados do Access.

   > **Dica** Se você examinar a pasta *Chapter09* neste ponto do exercício, vai ver dois arquivos de banco de dados de nome igual. O menor está bloqueando o banco de dados, pois o Word o está acessando como fonte de dados para este exercício. O bloqueio do arquivo desaparecerá quando você fechar a mensagem padrão.

6. Com o ponto de inserção no início do documento, pressione [Enter] duas vezes e, em seguida, pressione a tecla [↑] duas vezes.

7. Na guia **Correspondências**, no grupo **Gravar e Inserir Campos**, clique no botão **Linha de Saudação**.

   A caixa de diálogo Inserir Linha de Saudação abre.

8. Na primeira caixa sob **Formato da linha de saudação**, substitua *Caro* por *Olá*, seguido de um espaço. Em seguida, clique na seta à direita da segunda caixa, e na lista, clique em **José**.

9. Na área **Visualização**, clique no botão **Próximo** duas vezes para visualizar as saudações conforme elas aparecerão nas mensagens de email.

10. Clique no botão **Primeira** para voltar ao primeiro registro e, em seguida, clique em **OK**.

    O Word insere o campo de mesclagem «LinhaDeSaudação» no início da mensagem padrão.

11. Na guia **Correspondências**, no grupo **Visualizar Resultados**, clique no botão **Visualizar Resultados**.

    O Word mostra uma visualização da primeira mensagem. Você pode clicar no botão Próximo registro, no grupo Visualizar Resultados, para visualizar as mensagens dos outros destinatários. Clicar novamente no botão Visualizar Resultados desativa a visualização.

12. No grupo **Gravar e Inserir Campos**, clique no botão **Realçar Campos de Mesclagem**.

    O Word indica o campo de mesclagem com um realce cinza.

Capítulo 9 • Criando cartas modelo, mensagens de email e etiquetas   **305**

13. No grupo **Concluir**, clique no botão **Concluir e Mesclar** e, em seguida, na lista, clique em **Enviar Emails**.

    A caixa de diálogo Meclagem para email abre.

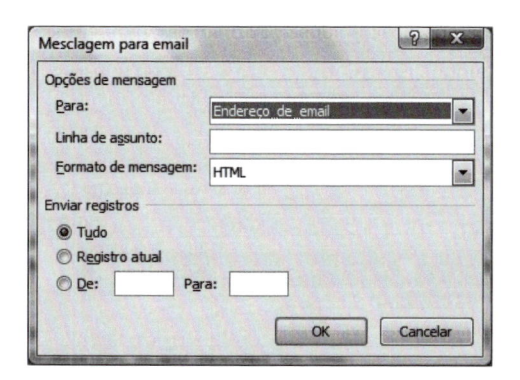

14. Sob **Opções de mensagem**, verifique se **Endereço_de_email** está selecionado na caixa **Para**, digite **Bem-vindo à Wide World Importers!** na caixa **Linha de assunto** e verifique se **HTML** está selecionado na caixa **Formato de mensagem**.

15. Com a opção **Tudo** selecionada sob **Enviar registros**, clique em **OK**.

    O Word converte a mensagem padrão em uma mensagem de email e envia a mensagem para cada um dos endereços selecionados na fonte de dados.

> **Dica** Uma cópia de cada mensagem enviada aparece na pasta *Itens Enviados* do Outlook. Se você pretende mandar muitos emails, talvez seja melhor desativar o salvamento das mensagens enviadas.

FECHE o documento *05_E-mail* sem salvar suas alterações.

Criando e imprimindo etiquetas

A maioria das empresas mantém informações sobre seus clientes em uma planilha ou em um banco de dados, que pode ser usado para vários propósitos. Por exemplo, as informações de endereço poderiam ser usadas para enviar avisos de cobrança, para cartas modelo e para folhetos. Elas também poderiam ser usadas para imprimir folhas de etiquetas de endereçamento, que podem ser anexadas a itens como pacotes e catálogos.

Para criar folhas de etiquetas de endereçamento, primeiro você prepara a fonte de dados e depois o documento principal, selecionando a marca e o estilo de etiquetas que pretende usar. O Word cria células do tamanho das etiquetas, ajustadas dentro de uma página do tamanho da folha de etiquetas, para que cada registro seja impresso em uma etiqueta de uma folha. Você insere campos de mesclagem em uma célula como um modelo para todas as outras células. Quando você mesclar o documento principal e a fonte de dados, poderá imprimir as etiquetas ou criar um novo documento de etiqueta, que poderá usar quando quiser enviar algo para o mesmo grupo de destinatários.

Neste exercício, você vai usar o Assistente de Mala Direta para criar etiquetas de endereçamento. Então, você vai imprimir as etiquetas em um papel padrão para revisá-las.

> **USE** a pasta *06_DataSource*. Esse arquivo de exercício está localizado na subpasta *Chapter09*, sob *SBS_Word2007*.
>
> **NÃO ESQUEÇA DE** exibir os caracteres não imprimíveis e ligar a impressora que você vai usar antes de iniciar este exercício. Se você não quiser imprimir as etiquetas, pode revisá-las na tela.

Botão Office

1. Clique no **Botão Microsoft Office**, clique em **Novo** e, em seguida, na janela **Novo Documento**, clique duas vezes em **Documento em branco**.

   Um novo documento em branco abre.

2. Na guia **Correspondências**, no grupo **Iniciar Mala Direta**, clique no botão **Iniciar Mala Direta** e, em seguida, clique em **Assistente de Mala Direta Passo a Passo**.

3. No painel de tarefas **Mala Direta**, selecione a opção **Etiquetas** e, em seguida, clique em **Próxima: Documento inicial**.

4. Com a opção **Alterar o layout do documento** selecionada, clique em **Opções de etiqueta**.

   A caixa de diálogo Opções de etiqueta abre.

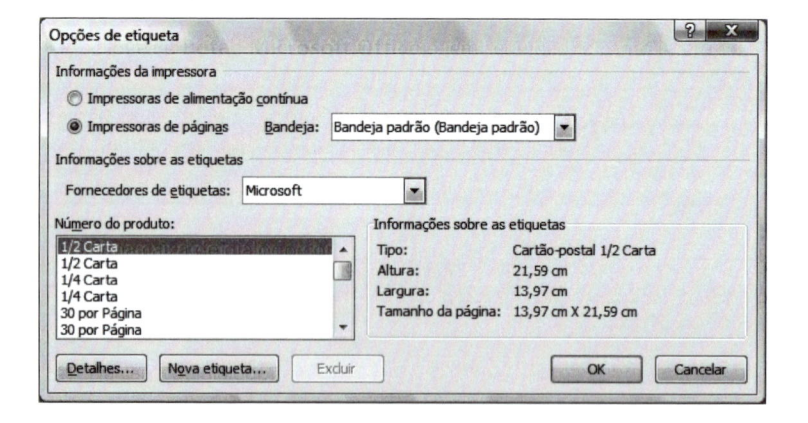

5. Sob **Informações sobre as etiquetas**, clique na seta de **Fornecedores de etiquetas**, e na lista, clique em **Avery US Letter**.

6. Na lista **Número do produto**, clique em **5159** e, em seguida, clique em **OK**.

   O Word insere uma tabela que preenche a primeira página do documento principal.

7. Na parte inferior do painel de tarefas **Mala Direta**, clique em **Próxima: Selecione os destinatários**.

8. Com a opção **Usar uma lista existente** selecionada, clique em **Procurar**, navegue até a pasta *Documentos\MSP\SBS_Word2007\Chapter09*, clique duas vezes na pasta *06_DataSource* e, em seguida, na caixa de diálogo **Selecionar tabela**, clique em **OK**.

9. Na caixa de diálogo **Destinatários da mala direta**, desmarque as caixas de seleção dos dois destinatários cujos endereços não são no Estado de Washington (WA) e, em seguida, clique em **OK**.

   O Word insere um campo de mesclagem «Próximo registro» em todas as células do documento principal, exceto na primeira.

10. Na parte inferior do painel de tarefas **Mala Direta**, clique em **Próxima: Prepare as etiquetas** e, em seguida, role o documento principal de modo que você possa ver sua margem esquerda.

11. Com o ponto de inserção posicionado na primeira célula, no painel de tarefas **Mala Direta**, clique em **Bloco de endereço**.

12. Na caixa de diálogo **Inserir bloco de endereço**, clique em **OK** para aceitar as configurações padrão.

    O Word insere um campo de mesclagem «BlocoDeEndereços» na primeira célula.

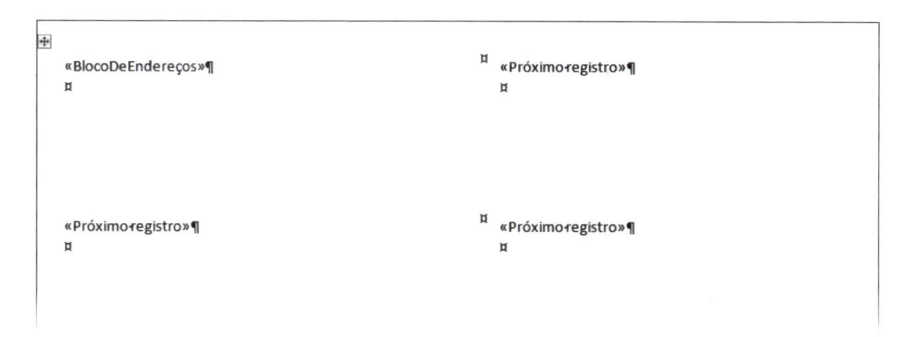

13. No painel de tarefas **Mala Direta**, clique em **Atualizar todas as etiquetas**.

    O campo de mesclagem «BlocoDeEndereços» é copiado nas outras células, após o campo de mesclagem «Próximo registro».

14. Na parte inferior do painel de tarefas **Mala Direta**, clique em **Próxima: Visualize as etiquetas**.

    O Word exibe as etiquetas dos quatro destinatários, conforme elas aparecerão após a mesclagem.

Garth Fort
5678 Ford Ave.
Planter WA
10002

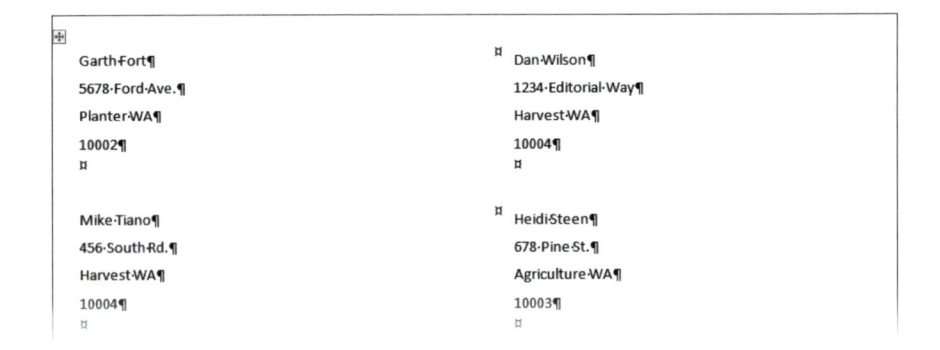

Mike Tiano
456 South Rd.
Harvest WA
10004

Dan Wilson
1234 Editorial Way
Harvest WA
10004

Heidi Steen
678 Pine St.
Agriculture WA
10003

> **Solução de problemas** Se você enxergar apenas uma etiqueta para o último registro da fonte de dados, sob Visualize as etiquetas no painel de tarefas Mala Direta, clique no botão Registro anterior três vezes.

15. Na parte inferior do painel de tarefas **Mala Direta**, clique em **Próxima: Conclua a mesclagem**. Em seguida, no painel de tarefas **Mala Direta**, clique em **Imprimir**.

    A caixa de diálogo Mesclagem para impressora abre.

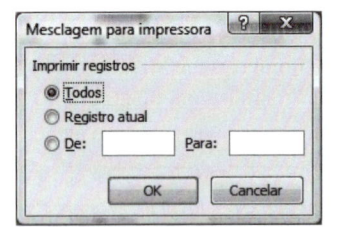

16. Com a opção **Todos** selecionada, clique em **OK**.
17. Na caixa de diálogo **Imprimir**, verifique se o nome da impressora que você deseja usar aparece na caixa **Nome** e, em seguida, clique em **OK** para imprimir as etiquetas.

    As etiquetas são impressas em papel normal, na impressora selecionada. Se você quiser imprimir em folhas de etiqueta, insira-as na bandeja de papel da impressora, antes de clicar em OK na caixa de diálogo Imprimir.

FECHE o documento de etiqueta sem salvar suas alterações.

Pontos principais

- Para se familiarizar com o processo de mala direta, use o Assistente de Mala Direta para criar cartas, mensagens de email, envelopes, etiquetas e catálogos. Quando se sentir à vontade com o processo, use os botões individuais da guia Correspondências para criar e modificar documentos de mala direta.

- O processo de mala direta funciona combinando informações estáticas de um documento com informações variáveis de outro documento. As informações estáticas são armazenadas em um documento principal, como uma carta modelo. Você insere campos de mesclagem nesse documento para indicar onde itens de informações variáveis devem ser mesclados. As informações variáveis são armazenadas em uma fonte de dados. Esse arquivo é organizado em conjuntos de informações, chamados de registros, com cada registro contendo os mesmos itens, chamados de campos.

- Como fonte de dados, você pode usar um arquivo estruturado criado em outro programa, como uma planilha do Excel, um banco de dados do Access ou uma lista de contatos do Outlook, do Windows Mail ou do Outlook Express.

- Você não precisa usar todos os registros de uma fonte de dados no processo de mala direta. Você pode filtrar os dados e excluir registros específicos.

- Você pode mesclar o documento principal e a fonte de dados em um novo documento, que pode ser editado e gravado, ou pode imprimir os documentos mesclados diretamente em sua impressora.

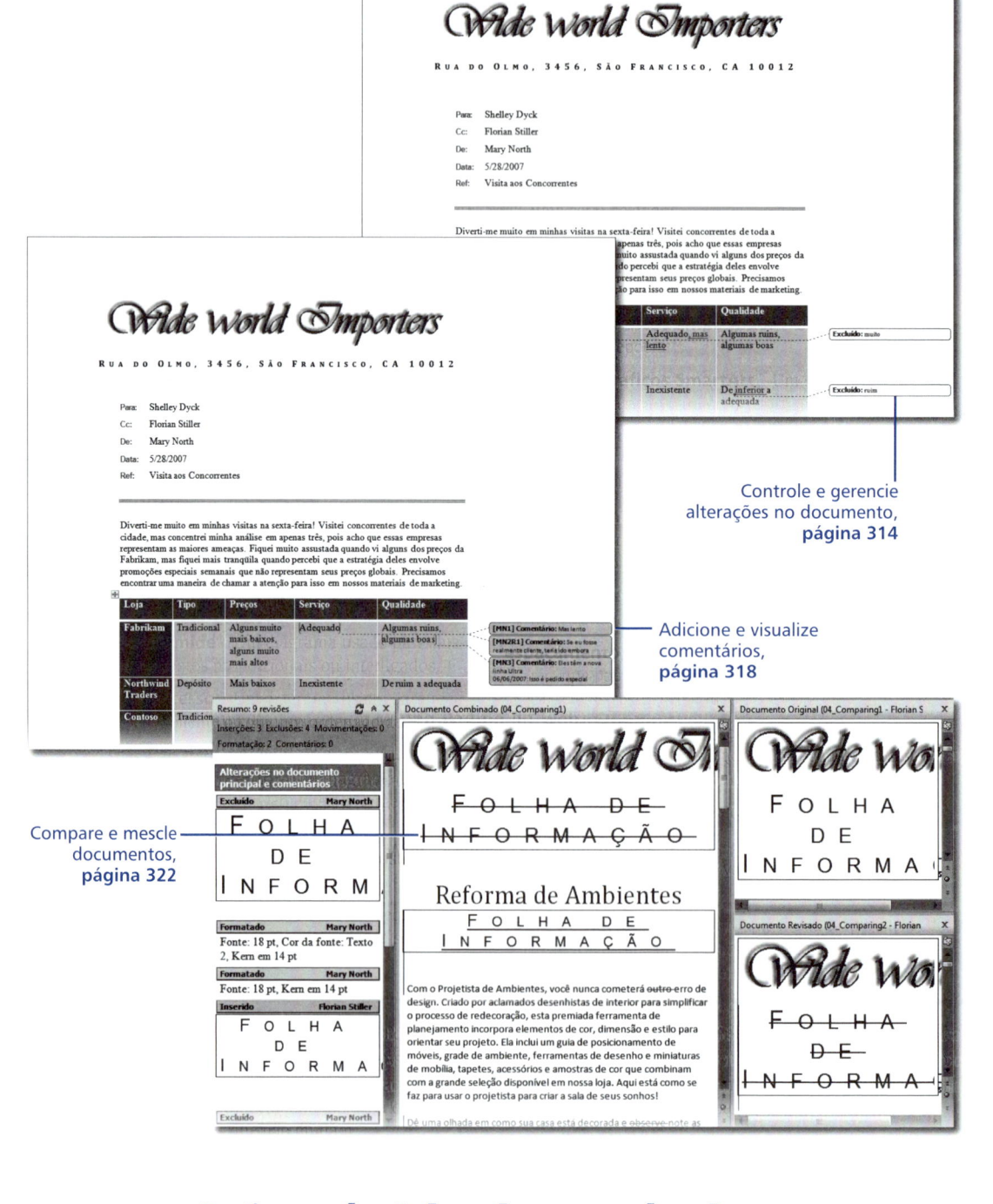

Controle e gerencie alterações no documento, **página 314**

Adicione e visualize comentários, **página 318**

Compare e mescle documentos, **página 322**

Visão Rápida do Capítulo 10

Capítulo 10
Colaborando com os outros

Neste capítulo, você vai aprender a:

- Enviar um documento diretamente do Word.
- Controlar e gerenciar alterações em documento.
- Adicionar e visualizar comentários.
- Comparar e mesclar documentos.
- Proteger um documento com senha.
- Impedir alterações.
- Usar espaços de trabalho de documento.

No mercado de trabalho atual, muitos documentos são desenvolvidos de forma colaborativa por equipes de pessoas. Você pode ser o principal autor de alguns documentos que serão revisados por seus colegas e gerentes; assim como você pode ser o revisor de outros documentos. Hoje, a maioria dos documentos é revisada na tela, em vez de em papel. No Microsoft Office Word 2007, é fácil editar documentos sem perder o controle do texto original, fazer comentários e perguntas, aceitar ou rejeitar alterações e responder aos comentários feitos por outras pessoas.

Às vezes, você vai querer que outras pessoas revisem um documento, mas não o alterem. Você pode impedir que outras pessoas façam alterações em um documento designando uma senha para ele. Você também pode especificar que apenas certas pessoas podem fazer alterações e os tipos de formatação e alterações de conteúdo permitidas.

Se você enviar um documento para revisão e depois receber várias cópias com alterações e sugestões de diferentes pessoas, pode mesclar as diferentes versões em um único arquivo para simplificar o processo de revisão e aceitar ou rejeitar as alterações. Se sua empresa usa um site de colaboração construído com produtos e tecnologias Microsoft SharePoint, você pode armazenar o documento em um espaço de trabalho no site, para que apenas uma pessoa por vez possa trabalhar ativamente no documento.

Neste capítulo, você vai enviar documentos para revisão para outras pessoas, anexando-os em uma mensagem de email. Você vai controlar as alterações que faz em um documento e, depois, vai aceitar e rejeitar alterações. Você vai revisar, adicionar, excluir e ocultar comentários e mesclar três versões do mesmo documento. Por fim, após definir e remover uma senha e estabelecer restrições de edição e formatação, você vai aprender a criar um espaço de trabalho de documento em um site do SharePoint.

Consulte também Você precisa de uma recapitulação rápida sobre os tópicos deste capítulo? Veja as entradas da Consulta rápida nas páginas 35–61.

Importante Antes de usar os arquivos de exercícios deste capítulo, você precisa instalá-los do CD que acompanha o livro para um local padrão. Consulte "Utilizando o CD-ROM deste livro", na página xxi, para obter mais informações.

> **Solução de problemas** As figuras e as instruções relacionadas ao sistema operacional deste livro refletem a interface do usuário do Windows Vista. Se seu computador estiver executando o Microsoft Windows XP e você enfrentar dificuldades para seguir as instruções, consulte a seção "Informações para os leitores que usam o Windows XP", no início deste livro.

Enviando um documento diretamente do Word

Após criar um documento, você pode enviá-lo rapidamente por email de dentro do Word, sem iniciar seu programa de email. Você simplesmente aponta para Enviar no menu do Botão Office e clica em Email para exibir uma janela de mensagem. O documento atual já está anexado à mensagem, de modo que basta inserir os endereços de email dos destinatários escolhidos. Se quiser, você pode modificar a linha de assunto, a qual contém o nome do documento que está enviando.

> **Dica** Se sua empresa usa produtos e tecnologias SharePoint e você tem permissão para criar espaços de trabalho em um site do SharePoint, pode criar um espaço de trabalho de documento ao enviar um documento no email, usando o Microsoft Office Outlook 2007. Antes de enviar sua mensagem, na janela de mensagem, clique no botão Anexar Arquivo no grupo Incluir da guia Mensagem e, em seguida, clique em Opções de Anexos. No painel de tarefas Opções de Anexo, clique na opção Anexos Compartilhados e especifique a URL do site. Para obter mais informações sobre espaços de trabalho de documento, consulte a seção "Usando espaços de trabalho de documento", mais adiante neste capítulo.

Neste exercício, você vai anexar três documentos em uma mensagem de email, para que possa enviá-los para revisão.

> **USE** os documentos *01_Sending1*, *01_Sending2* e *01_Sending3*. Esses arquivos de exercícios estão localizados na subpasta *Chapter10*, sob *SBS_Word2007*.
>
> **NÃO ESQUEÇA DE** ter um programa de email instalado em seu computador e uma conta de email configurada antes de iniciar este exercício. Recomenda-se usar o Microsoft Office Outlook 2007. Você pode usar outro programa de email, mas os passos para anexar e enviar uma mensagem podem ser diferentes dos fornecidos neste exercício.
>
> **ABRA** o documento *01_Sending1*.

Botão Office

1. Clique no **Botão Microsoft Office**, aponte para **Enviar** e, em seguida, clique em **Email**.
2. Se a caixa de diálogo **Escolher perfil** solicitar um perfil de email, selecione o perfil desejado e, em seguida, clique em **OK**.

   Uma janela de mensagem abre, com o nome do documento na linha Assunto e o documento anexado.

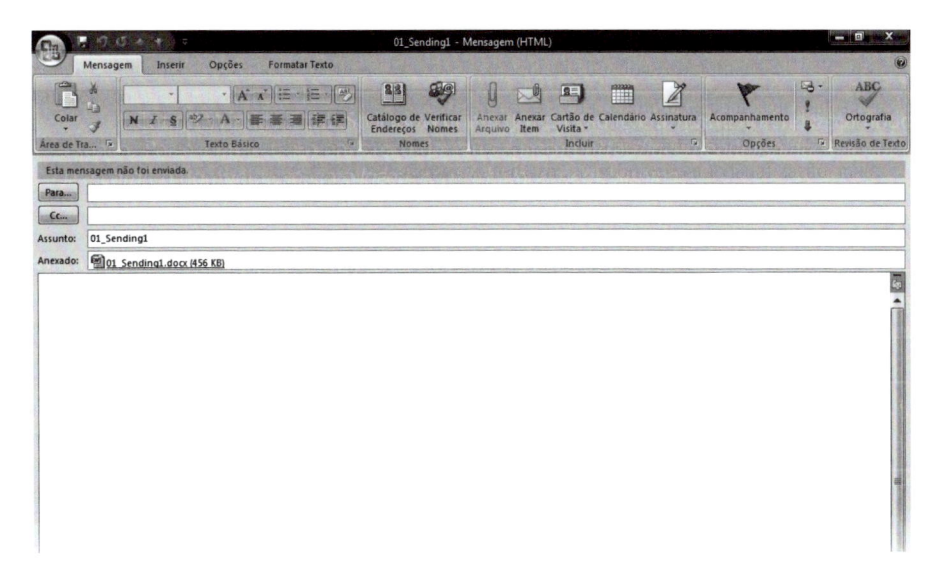

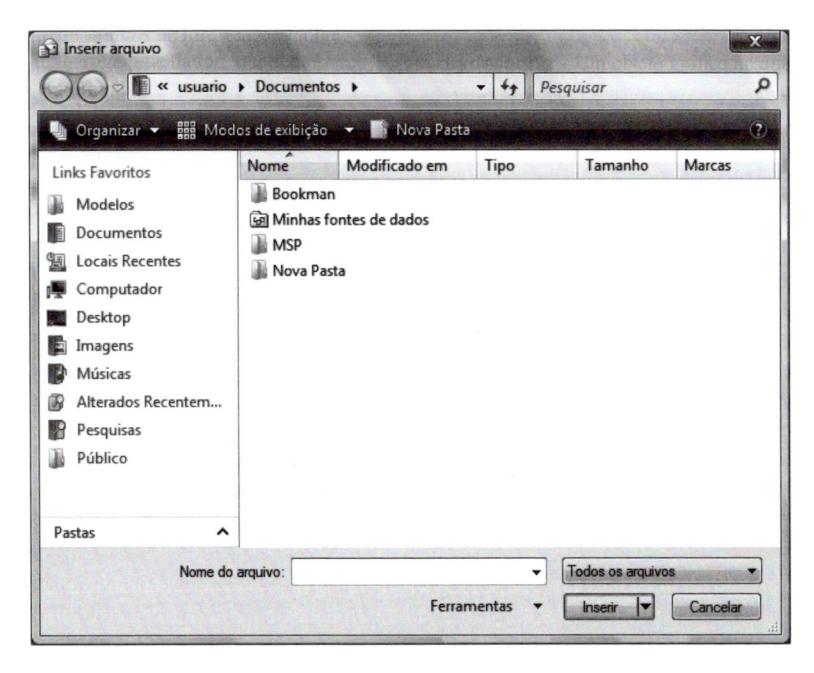

3. Na caixa **Para**, digite seu próprio endereço de email.
4. Na guia **Inserir** da janela de mensagem, no grupo **Incluir**, clique no botão **Anexar Arquivo**. A caixa de diálogo Inserir arquivo abre.

5. A partir de sua pasta *Documentos*, navegue para a pasta *MSP\SBS_Word2007\Chapter10*.
6. Clique em *01_Sending2*, mantenha a tecla Ctrl pressionada, clique em *01_Sending3* e, em seguida, clique em **Inserir**.

Na janela de mensagem, a caixa Anexado mostra que três arquivos estão anexados na mensagem.

7. Na guia **Mensagem** da janela de mensagem, no grupo **Opções**, clique no botão **Alta Prioridade**.

   Se o destinatário da mensagem estiver usando o Outlook, o cabeçalho da mensagem exibirá um ponto de exclamação vermelho para indicar que ela é importante.

8. No painel de conteúdo da mensagem, digite Revise os documentos anexados, por favor.

   Você pode formatar o texto da mensagem da mesma maneira como faria com o texto de um documento.

9. No cabeçalho da mensagem, clique no botão **Enviar**.

   O Outlook envia a mensagem de email com os documentos anexados. Você vai receber a mensagem de email na próxima vez que se conectar com seu servidor de email.

> FECHE o documento *01_Sending1* sem salvar suas alterações.

Enviando um documento por fax

Além de enviar um documento como anexo de email de dentro do Word, se você estiver inscrito em um provedor de serviços de fax da Internet, poderá enviá-lo como um fax. Embora os termos exatos variem de um provedor para outro, esses serviços permitem que você envie e receba fax em seu computador sem precisar de uma máquina de fax ou de uma linha de fax dedicada.

Após estabelecer o serviço de fax da Internet, você pode enviar o documento atual para o serviço de fax clicando no Botão Microsoft Office, apontando para Enviar e, em seguida, clicando em Fax da Internet. Então, você segue o procedimento especificado por seu provedor de serviço de fax.

Se você ainda não estiver inscrito em um provedor de serviço de fax da Internet, quando clicar em Fax da Internet, aparecerá uma caixa de mensagem. Clicar em OK abrirá uma página da Web onde você poderá escolher um provedor de serviço de fax.

Controlando e gerenciando alterações no documento

Quando duas ou mais pessoas colaboram em um documento, normalmente uma delas cria e é dona do documento e as outras o examinam, adicionando ou revisando o conteúdo para torná-lo mais preciso, lógico ou legível. No Word, os revisores podem ativar o recurso Controlar Alterações para que as revisões que fizerem no documento ativo sejam gravadas sem que o texto original se perca. (Note que o recurso Controlar Alterações afeta apenas o documento ativo e não qualquer um dos outros documentos que também possam estar abertos.) Para ativar o recurso Controlar Alterações, clique no botão Controlar Alterações, no grupo Controle da guia Revisão. Depois, edite o texto normalmente.

> **Dica** Se você quiser saber se o recurso Controlar Alterações está ativado, quando estiver trabalhando em uma guia que não seja a Revisão, clique com o botão direito do mouse na barra de status e, em seguida, clique em Controlar Alterações no menu Personalizar barra de status. O Word adiciona um botão Controlar Alterações na barra de status.

Por padrão, suas *revisões* aparecem em uma cor diferente do texto original, como segue:

- As inserções e exclusões são inseridas no texto em sua cor designada e são sublinhadas.
- No modo de exibição Layout de Impressão, você pode exibir as exclusões em balões, em vez de exibir no texto. Basta clicar no botão Balões no grupo Controle da guia Revisão e, em seguida, clicar em Mostrar Revisões nos Balões.
- No modo de exibição Layout de Impressão, as alterações de formatação aparecem em *balões* na margem direita.
- Todas as alterações são marcadas na margem esquerda por uma linha vertical.

> **Dica** As cores usadas para revisões são controladas pelas configurações existentes na caixa de diálogo Opções de Controle de Alterações, a qual você pode exibir clicando na seta de Controlar Alterações e, em seguida, clicando em Opções de Controle de Alterações.

Você pode exibir uma Dica de tela identificando o nome do revisor que fez uma alteração específica e quando a alteração foi feita apontando para uma revisão ou para um balão. O nome do revisor é extraído das informações de usuário armazenadas no computador. Se você estiver trabalhando no computador de outra pessoa, talvez queira alterar o nome, clicando na seta de Controlar Alterações, clicando em Alterar Nome de Usuário, digitando o nome e as iniciais desejadas na janela Opções do Word e, em seguida, clicando em OK.

Você pode trabalhar com revisões das seguintes maneiras, usando os comandos disponíveis na guia Revisão:

- Se você quiser controlar as alterações sem exibi-las na tela, pode ocultar as revisões. Basta clicar na seta de Exibir para Revisão do grupo Controle e, em seguida, na lista, clicar em Final. Para exibir as revisões novamente, clique na seta de Exibir para Revisão e clique em Marcação na exibição final. Você também pode exibir a versão original, com ou sem revisões.
- Quando as revisões estão visíveis no documento, você pode selecionar os tipos de revisões que são exibidas a partir da lista Mostrar Marcações do grupo Controle – por exemplo, você pode exibir apenas comentários ou apenas inserções e exclusões. Você também pode exibir ou ocultar as revisões de revisores específicos a partir dessa lista.
- Você pode avançar ou retroceder de uma marca de revisão ou comentário para outro clicando no botão Próximo ou Anterior no grupo Alterações.
- Você pode incorporar uma alteração realçada no documento e ir para a próxima alteração clicando no botão Aceitar do grupo Alterações. Você pode clicar no botão Rejeitar para remover a alteração destacada, restaurar o texto original e ir para a próxima alteração.
- Você pode aceitar todas as alterações de uma vez clicando na seta de Aceitar e, em seguida, clicando em Aceitar Todas as Alterações no Documento. Para rejeitar todas as alterações de uma vez, clique na seta de Rejeitar e, em seguida, clique em Rejeitar Todas as Alterações no Documento.

> **Dica** Para aceitar ou rejeitar uma alteração, você também pode clicar com o botão direito do mouse na alteração e, em seguida, clicar em Aceitar Alteração ou em Rejeitar Alteração.

- Você pode aceitar ou rejeitar alterações selecionadas realçando o texto que contém as alterações que deseja processar e, em seguida, clicando no botão Aceitar ou no botão Rejeitar.
- Você pode aceitar ou rejeitar apenas certos tipos de alterações ou alterações de revisores específicos exibindo apenas as alterações que deseja aceitar ou rejeitar, clicando na seta de Aceitar ou de Rejeitar e, em seguida, clicando em Todas as Alterações Mostradas na lista.

Neste exercício, você vai abrir um documento, ativar o controle de alterações, fazer alterações no documento e aceitar e rejeitar alterações.

> **USE** o documento *02_TrackChanges*. Esse arquivo de exercício está localizado na subpasta *Chapter10*, sob *SBS_Word2007*.
>
> **ABRA** o documento *02_TrackChanges* no modo de exibição Layout de Impressão.

1. Na guia **Revisão**, no grupo **Controle**, clique no botão **Controlar Alterações**.

   O botão ativo (laranja) indica que o recurso Controlar Alterações está ativado. Agora, todas as alterações que você fizer serão indicadas no documento nas revisões.

2. Na tabela do final do documento, em *Alguns muito mais baixos*, na terceira coluna, clique duas vezes em **muito** e pressione a tecla Ctrl.

   O Word altera a cor da fonte da palavra *muito* e indica, com formatação tachado, que você a excluiu. Aparece uma barra vertical ao lado da alteração, na margem esquerda.

3. Na quarta coluna da mesma linha, posicione o ponto de inserção na extremidade direita de *Adequado*, digite uma vírgula, pressione Barra de espaço e, em seguida, digite **mas lento**.

   O Word insere o novo texto na mesma cor da exclusão e indica, com um sublinhado, que você o inseriu.

4. Na quinta coluna da linha *Northwind Traders*, selecione a palavra **ruim** e digite **inferior**.

   O Word interpreta essa única alteração como uma exclusão e uma inserção.

5. Aponte para **inferior**.

   Uma Dica de tela mostra seu nome de usuário, a data e a hora em que você fez a alteração, o tipo de alteração e o texto afetado.

6. No grupo **Controle**, clique no botão **Balões** e, em seguida, na lista, clique em **Mostrar Revisões nos Balões**.

   O Word remove as exclusões do texto e as exibe em balões na margem direita.

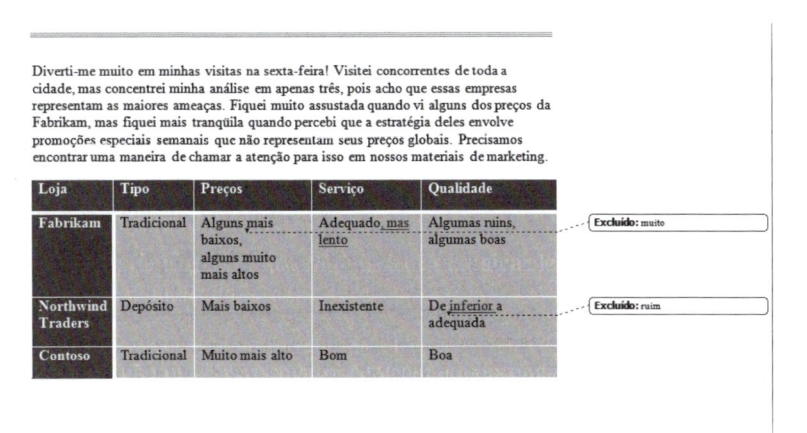

7. No grupo **Controle**, clique na seta de **Exibir para Revisão** e, em seguida, na lista, clique em **Final**.

   O Word oculta as revisões, exibindo o documento conforme ele apareceria se todas as alterações fossem aceitas.

8. Clique na seta de **Exibir para Revisão** e, na lista, clique em **Marcação na exibição final** para tornar as revisões visíveis novamente.

9. Pressione Ctrl + Home para ir ao início do documento.

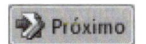

10. No grupo **Alterações**, clique no botão **Próximo**.

    O Word seleciona a primeira alteração feita no documento – a palavra excluída *muito*.

11. No grupo **Alterações**, clique no botão **Aceitar**.

    O Word aceita a alteração, remove a formatação da marcação e o balão associado, e vai para a próxima alteração (, *mas lento*).

12. No grupo **Alterações**, clique no botão **Rejeitar**.

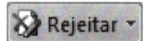

    O Word remove o texto inserido e, como não há mais nenhuma alteração nessa linha da tabela, ele também remove a barra vertical da margem esquerda. Então, ele vai para a próxima alteração (*inferior*).

13. No grupo **Alterações**, clique no botão **Aceitar** para implementar a exclusão e, em seguida, clique no mesmo botão novamente para implementar a inserção.

    Uma caixa de mensagem informa que não existem mais alterações no documento.

14. Clique em **OK** para fechar a caixa de mensagem.

15. No grupo **Controle**, clique no botão **Controlar Alterações** para parar de controlar as alterações feitas no documento ativo.

> **FECHE** o documento *02_TrackChanges* sem salvar suas alterações.

Adicionando e revisando comentários

Além de controlar as alterações feitas em um documento, você pode inserir notas (ou *comentários*), fazer perguntas, sugestões ou explicar edições. Para inserir um comentário, selecione o texto ao qual o comentário se refere, clique no botão Novo Comentário no grupo Comentários da guia Revisão e, no balão que aparece, digite o que quer dizer. No modo de exibição Layout de Impressão, o Word destaca o texto associado no documento na mesma cor do balão e adiciona suas iniciais e um número seqüencial no próprio balão.

Você pode trabalhar com comentários das seguintes maneiras:

- Para exibir o nome do revisor e a data e hora em que o comentário foi inserido, aponte para o texto comentado ou para o balão.

- Para revisar comentários, você pode rolar pelo documento ou, no caso de documentos longos, pode clicar no botão Próximo Comentário ou no botão Comentário Anterior, no grupo Comentários, para pular de um balão para outro.

- Para editar um comentário, basta clicar no balão e usar as técnicas de edição normais.

- Para excluir um comentário, clique em seu balão e, em seguida, clique no botão Excluir Comentário do grupo Comentários ou clique com o botão direito do mouse no balão e, em seguida, clique em Excluir Comentário.

- Para responder a um comentário, você pode adicionar texto em um balão já existente. Você também pode clicar no balão existente e, em seguida, clicar no botão Novo Comentário para anexar um novo balão no mesmo texto no documento.

- Se o texto completo de um comentário não estiver visível em seu balão, você pode vê-lo em sua totalidade clicando no botão Painel de Revisão, no grupo Controle da guia Revisão. (Clicar na seta de Painel de Revisão dá a opção de abrir um painel de revisão vertical ou horizontal.) Além de exibir comentários, o painel de revisão mostra todas as alterações de edição e formatação feitas em um documento, com o número de cada tipo de alteração resumido na parte superior do painel. Para fechar o painel de revisão, clique em seu botão Fechar ou clique novamente no botão Painel de Revisão.

> **Dica** Para alterar o tamanho do painel de revisão, aponte para sua borda e, quando o ponteiro do mouse mudar para uma seta de duas pontas, arraste a borda.

● Você pode desativar a exibição de balões de comentário clicando no botão Mostrar Marcações do grupo Controle e, em seguida, clicando em Comentários.

Se várias pessoas tiverem revisado um documento e você quiser ver apenas os comentários de uma pessoa específica, pode clicar no botão Mostrar Marcações, clicar em Revisores e, em seguida, clicar nas caixas de seleção dos revisores cujos comentários não deseja ver.

Neste exercício, você vai mostrar e revisar comentários em um documento, adicionar um comentário, excluir um comentário que não é mais necessário e, em seguida, ocultar os comentários restantes.

> **USE** o documento *03_Comments*. Esse arquivo de exercício está localizado na subpasta *Chapter10*, sob *SBS_Word2007*.
>
> **ABRA** o documento *03_Comments* no modo de exibição Layout de Impressão.

Exibir para Revisão

1. Se os comentários não estiverem visíveis no documento, na guia **Revisão**, no grupo **Controle**, clique na seta de **Exibir para Revisão** e, em seguida, na lista, clique em **Marcação na exibição final**.

2. Na guia **Revisão**, no grupo **Comentários**, clique no botão **Próximo Comentário**.

   No documento, o Word destaca a primeira instância de texto comentado. Ele também posiciona o ponto de inserção no balão de comentário associado.

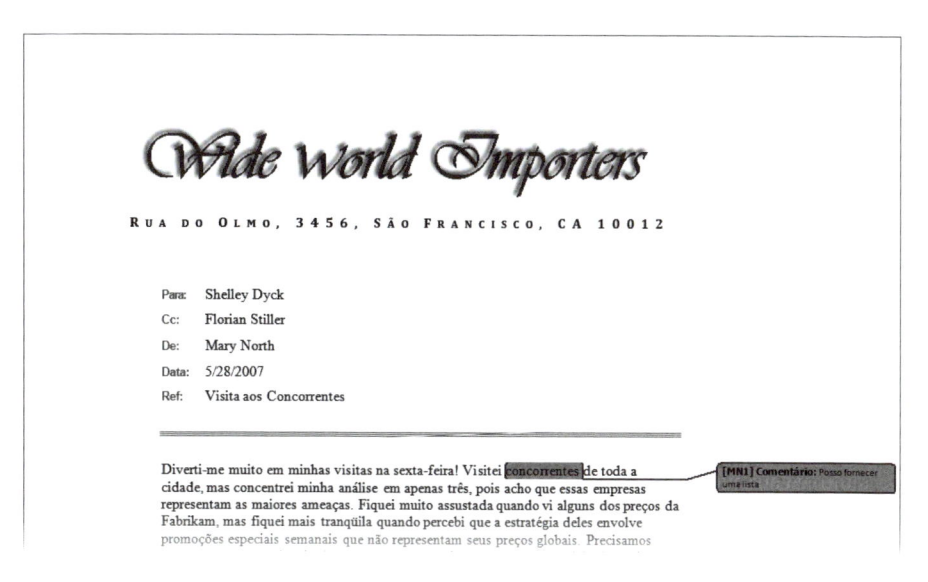

> **Dica** Se um documento contém comentários e alterações controladas, clicar no botão Próximo ou Anterior move o ponto de inserção seqüencialmente entre os dois elementos.

3. No grupo **Comentários**, clique no botão **Próximo Comentário**.

   O Word vai para o comentário seguinte.

4. Aponte para **Adequado**.

   Uma Dica de tela exibe informações sobre quem inseriu o comentário e quando.

5. Na quinta coluna da mesma linha, selecione as palavras **algumas boas** e, em seguida, no grupo **Comentários**, clique no botão **Novo Comentário**.

   O Word realça a seleção e exibe um novo balão na margem direita.

6. No balão de comentário, digite Eles têm a nova linha Ultra.

7. Clique no balão de comentário associado à palavra *concorrentes* e, no grupo **Comentários**, clique no botão **Excluir Comentário**.

   O Word exclui o comentário e seu balão.

8. No grupo **Controle**, clique no botão **Painel de Revisão**.

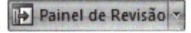

   O painel de revisão abre à esquerda da janela do Word, mostrando os dois comentários restantes.

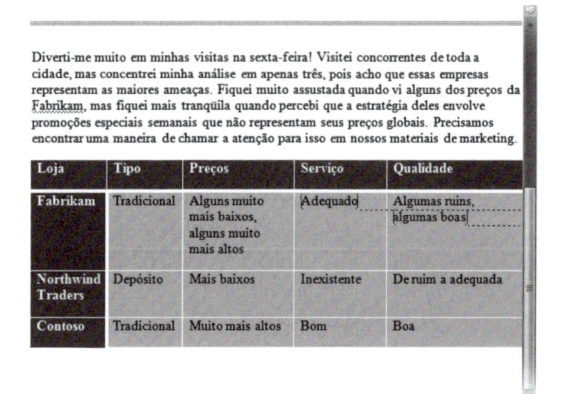

9. No painel de revisão, clique na extremidade direita do segundo comentário, pressione Enter, digite a data e dois-pontos (:), pressione Barra de espaço e, em seguida, digite Isso é pedido especial.

   O novo texto é adicionado no mesmo comentário no painel de revisão.

10. No grupo **Controle**, clique no botão **Painel de Revisão** para fechar o painel e, em seguida, role o documento para que você possa ver seu texto.

11. Clique em qualquer parte do balão de comentário associado a *Adequado* e, em seguida, no grupo **Comentários**, clique no botão **Novo Comentário**.

    O Word anexa um comentário de resposta ao mesmo texto no documento.

12. No balão de comentário de resposta, digite Se eu fosse realmente cliente, teria ido embora.

13. No grupo **Controle**, clique na seta de **Mostrar Marcações** e, em seguida, clique em **Comentários** para ocultá-los.

> **FECHE** o documento *03_Comments* sem salvar suas alterações.

Inserindo alterações manuscritas

Se você tiver um computador com um dispositivo com capacidade de entrada à tinta, é possível fazer alterações manuscritas em um documento do Word. Você pode fazer comentários manuscritos, circular palavras ou parágrafos, riscar coisas, desenhar setas e esboçar diagramas para explicar o que quiser. Para adicionar um comentário manuscrito no modo de exibição Layout de Impressão:

1. Selecione o texto a ser comentado. Em seguida, na guia **Revisão**, no grupo **Comentários**, pressione o botão **Comentário à Tinta**.
2. Escreva seu comentário.

   Você pode clicar no botão Borracha do grupo Comentários para apagar os erros.

Para fazer anotações em um documento:

1. Na guia **Revisão**, no grupo **Tinta**, pressione o botão **Iniciar Escrita à Tinta**.

   A guia contextual Canetas é adicionada na Faixa de Opções.
2. Na guia **Canetas**, selecione o tipo de caneta, a cor e a espessura desejadas e, em seguida, faça suas anotações no documento.

   Para remover anotações individuais, use a ferramenta Borracha. Para remover todas as anotações, no grupo Selecionar, clique no botão Excluir Toda a Tinta.
3. Quando você tiver terminado, no grupo **Fechar**, clique no botão **Fechar Ferramentas de Tinta**.

As outras pessoas não precisam ter o recurso de entrada à tinta para ver suas anotações manuscritas. Suas anotações aparecem como objetos no documento do Word, onde podem ser movidas, dimensionadas ou excluídas, quando não forem mais necessárias.

Comparando e mesclando documentos

Às vezes, você pode querer comparar diversas versões do mesmo documento. Por exemplo, se você tiver compartilhado um documento com seus colegas para revisão, talvez queira comparar as versões editadas por eles com o documento original.

Em vez de comparar visualmente vários documentos abertos, você pode fazer o Word compará-los e mesclar as alterações em um único documento. Mesmo que as alterações não tenham sido feitas com o recurso Controlar Alterações ativado, elas são gravadas como revisões no documento mesclado. Dentro desse documento, você pode ver todas as alterações de todos os revisores ou apenas as de um determinado revisor.

Neste exercício, você vai mesclar três versões do mesmo documento e, em seguida, avaliar e manipular as revisões que indicam as diferenças entre as versões.

> **USE** os documentos *04_Comparing1*, *04_Comparing2* e *04_Comparing3*. Esses arquivos de exercícios estão localizados na subpasta *Chapter10*, sob *SBS_Word2007*.
>
> **ABRA** o documento *04_Comparing1*.

1. Na guia **Revisão**, no grupo **Comparar**, clique no botão **Comparar** e, em seguida, clique em **Combinar**.

   > **Dica** Clique em Comparar para comparar dois documentos e exibir as diferenças entre eles em um terceiro documento. Os documentos que estão sendo comparados não são alterados.

   A caixa de diálogo Combinar Documentos abre.

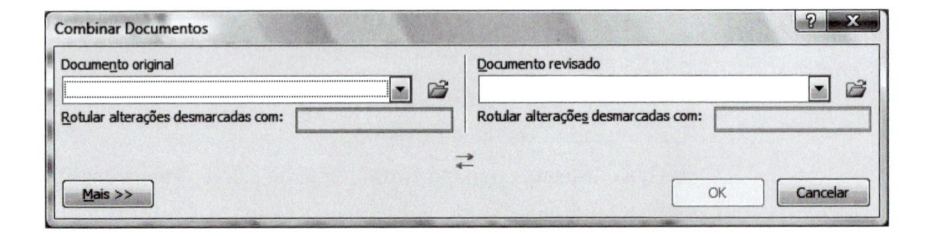

2. Clique na seta de **Documento original** e, na lista, clique em *04_Comparing1*.
3. Clique na seta de **Documento revisado** e clique em *04_Comparing2*.

   > **Solução de problemas** Se você não encontrar os documentos desejados nas listas, clique no botão Procurar Original ou Procurar Revisado, à direita da caixa correspondente.

   Sob os dois documentos, o Word indica a quem as revisões serão atribuídas.

4. No canto inferior esquerdo da caixa de diálogo, clique em **Mais** e, em seguida, sob **Configurações de comparação**, verifique se todas as caixas de seleção estão selecionadas.

5. Sob **Mostrar alterações em**, clique na opção **Documento original** e, em seguida, clique em **OK**.

> **Solução de problemas** Se os documentos contiverem formatação conflitante, uma caixa de mensagem pedirá que você escolha uma das formatações.

O Word compara os dois documentos e marca as diferenças no documento exibido no painel central, *04_Comparing1*. À esquerda, ele exibe o painel de revisão e, à direita, os dois documentos que estão sendo comparados.

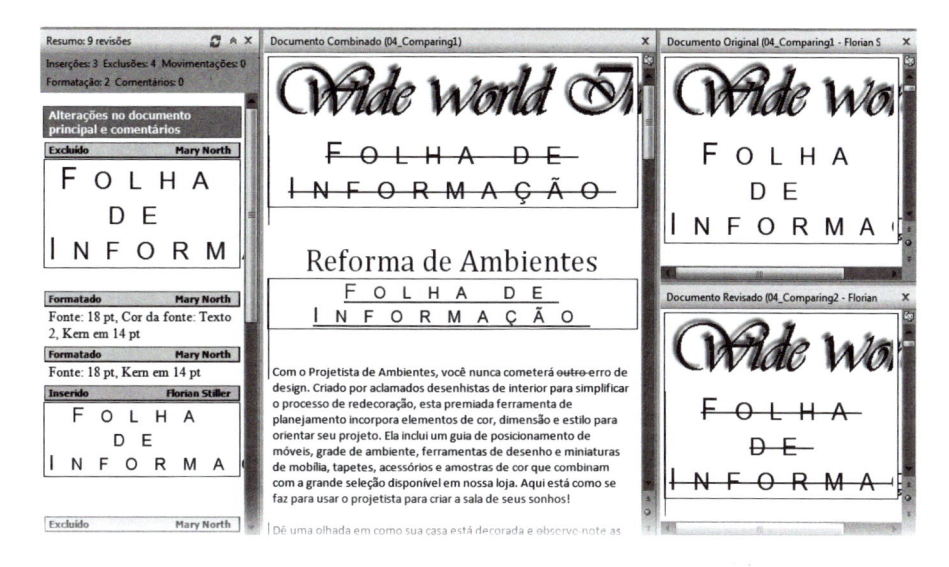

6. Na guia **Revisão**, no grupo **Comparar**, clique no botão **Comparar** e, em seguida, clique em **Combinar** para exibir a caixa de diálogo **Combinar Documentos**.

7. Na lista **Documento original**, clique em *04_Comparing 1* e na lista **Documento revisado**, clique em *04_Comparing3*. Em seguida, clique em **OK**.

   As alterações da versão *04_Comparing3* do documento são adicionadas nas das outras duas versões.

8. Role pelo documento do painel central para ver todas as revisões e, em seguida, role pelo painel de revisão.

9. Na guia **Revisão**, no grupo **Controle**, clique no botão **Mostrar Marcações**, aponte para **Revisores** e, em seguida, clique em **Florian Stiller**.

   As revisões feitas por Florian Stiller são ocultas.

10. No grupo **Controle**, clique no botão **Mostrar Marcações**, aponte para **Revisores** e, em seguida, clique em **Todos os revisores** para voltar a exibir todas as revisões.

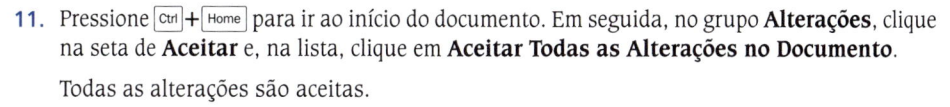

11. Pressione Ctrl+Home para ir ao início do documento. Em seguida, no grupo **Alterações**, clique na seta de **Aceitar** e, na lista, clique em **Aceitar Todas as Alterações no Documento**.

    Todas as alterações são aceitas.

12. Feche o painel de revisão e feche as duas janelas no lado direito da tela.

Protegendo um documento com senha

> **FECHE** o documento *04_Comparing1* sem salvar suas alterações.

Às vezes, você pode querer que apenas certas pessoas abram e alterem um documento. O modo mais fácil de exercitar esse controle é atribuir uma senha para proteger o documento. Assim, o Word exige que a senha seja inserida corretamente antes de permitir que o documento seja aberto e alterado. Quem não souber a senha abrirá uma versão *somente para leitura*.

Neste exercício, você vai configurar uma senha para um documento e, em seguida, testar a segurança do documento, inserindo uma senha incorreta. Você vai abrir uma versão somente para leitura do documento e, depois, reabri-lo com a senha correta. Por fim, você vai remover a senha de proteção do documento.

> **USE** o documento *05_Password*. Esse arquivo de exercício está localizado na subpasta *Chapter10*, sob *SBS_Word2007*.
>
> **ABRA** o documento *05_Password*.

Botão Office

1. Clique no **Botão Microsoft Office** e, em seguida, clique em **Salvar como**.
2. Com a subpasta *Chapter10* exibida na caixa de diálogo **Salvar como**, digite **Minha Senha** na caixa Nome do arquivo.
3. Na parte inferior da caixa de diálogo, clique em **Ferramentas** e, na lista, clique em **Opções Gerais**.

   A caixa de diálogo Opções Gerais abre.

> **Dica** Se você quiser que as pessoas possam ler o conteúdo do documento, mas não quiser que o alterem, marque a caixa de seleção Recomendável somente leitura para fazer o Word exibir uma mensagem sugerindo que o documento deve ser aberto somente para leitura. Em seguida, clique em OK para fechar a caixa de diálogo Opções Gerais sem atribuir nenhuma senha.

4. Na caixa **Senha de gravação**, digite P@ssword.

   À medida que você digita a senha, aparecem pontos no lugar dos caracteres para manter a senha confidencial.

   > **Importante** Não use palavras ou frases comuns como senhas e não use a mesma senha para vários documentos. Após atribuir uma senha, tome nota dela em um local seguro. Se você se esquecer dela, não poderá abrir o documento.

5. Clique em **OK**.

   A caixa de diálogo Confirmar senha abre.

6. Na caixa **Redigite a senha de gravação**, digite P@ssword e, em seguida, clique em **OK** para configurar a senha.

7. Na caixa de diálogo **Salvar como**, clique em **Salvar**.

   O Word protege o documento, atribuindo a senha selecionada e, em seguida, o salva na pasta *Chapter10*.

8. Feche o documento *Minha Senha*.

9. Clique no **Botão Microsoft Office** e, em seguida, no painel **Documentos Recentes**, clique no documento **Minha Senha**.

   Como esse documento está protegido pela senha que você acabou de configurar, a caixa de diálogo Senha abre.

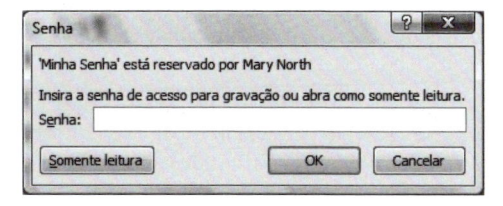

10. Na caixa **Senha**, digite password e clique em **OK**.

    Uma mensagem o informa que você digitou uma senha incorreta.

11. Na caixa de mensagem, clique em **OK**.

12. Na caixa de diálogo **Senha**, clique em **Somente leitura**.

    O documento *Minha Senha* abre como um documento somente para leitura, conforme indicado por *(Somente leitura)* em sua barra de título.

13. Feche o documento e, em seguida, reabra.

    Uma mensagem o relembra de que anteriormente você abriu esse documento somente para leitura e pergunta se deseja fazer o mesmo novamente.

14. Na caixa de mensagem, clique em **Não**.
15. Na caixa de diálogo **Senha**, digite **P@ssword** e, em seguida, clique em **OK**.

    Como você digitou a senha correta, o documento abre.
16. Clique no **Botão Microsoft Office**, clique em **Salvar como**, clique em **Ferramentas** e, em seguida, clique em **Opções Gerais**.
17. Na caixa de diálogo **Opções Gerais**, selecione o conteúdo da caixa **Senha de gravação**, pressione ⌦, clique em **OK** e, em seguida, clique em **Salvar**.

    O documento não está mais protegido por uma senha.

> **FECHE** o documento *Minha Senha*.

> **Dica** Se você estiver registrado no Serviço de Gerenciamento de Direitos de Informação (IRM) da Microsoft ou se sua empresa estiver executando seu próprio servidor de gerenciamento de direitos, é possível controlar quem pode ver e trabalhar com seus documentos, concedendo a pessoas específicas permissão para executar tarefas como abrir, imprimir, salvar ou copiar um arquivo. Para obter mais informações, na guia Revisão, no grupo Proteger, clique no botão Proteger Documento e, em seguida, clique em Acesso Restrito.

Impedindo alterações

Às vezes, você vai querer que as pessoas abram e vejam um documento, mas não façam alterações nele. Outras vezes, você vai querer permitir alterações, mas apenas de certos tipos. Por exemplo, você pode especificar que outras pessoas podem inserir comentários no documento, mas não fazer alterações, ou pode exigir que as pessoas controlem suas alterações. Para impedir que alguém introduza formatação inconsistente em um documento, você pode limitar os estilos que podem ser aplicados. Você pode selecionar os estilos individualmente ou pode implementar o conjunto mínimo recomendado, o qual consiste em todos os estilos necessários para o Word para recursos como sumários. (O conjunto mínimo recomendado não inclui necessariamente todos os estilos usados no documento.)

Para proteger um documento contra alterações não-autorizadas, clique no botão Proteger Documento no grupo Proteger da guia Revisão para exibir o painel de tarefas Proteger Documento, no qual você especifica os tipos de alterações permitidas.

Neste exercício, você vai configurar restrições de edição e formatação para modificações em um documento.

> **USE** o documento *06_PreventingChanges*. Esse arquivo de exercício está localizado na subpasta *Chapter10*, sob *SBS_Word2007*.
>
> **ABRA** o documento *06_PreventingChanges*.

Capítulo 10 ● Colaborando com os outros **327**

1. Na guia **Revisão**, no grupo **Proteger**, clique no botão **Proteger Documento** e, na lista, clique em **Restringir Formatação e Edição**.

    O painel de tarefas Restringir Formatação e Edição abre.

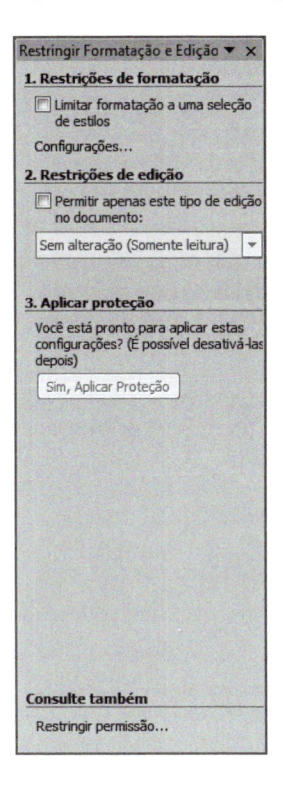

2. Sob **Restrições de formatação** no painel de tarefas, marque a caixa de seleção **Limitar formatação a uma seleção de estilos** e clique em **Configurações**.

    A caixa de diálogo Restrições de Formatação abre.

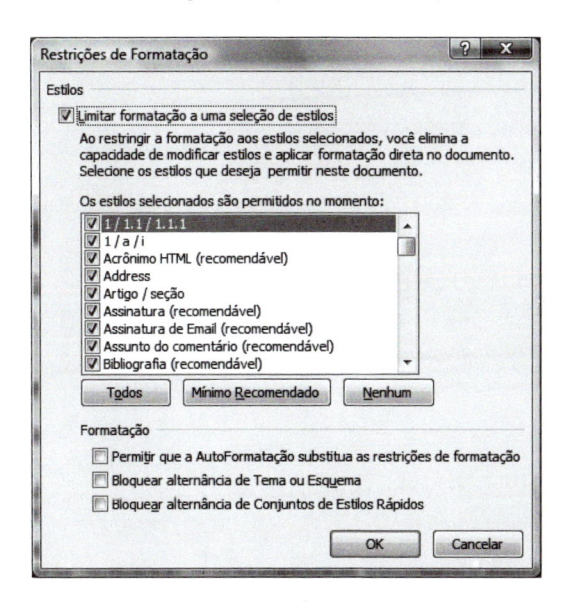

3. Role pela lista **Os estilos selecionados são permitidos no momento**.

   Os estilos refletem os do modelo anexado ao documento aberto, incluindo os estilos que estão disponíveis, mas não estão sendo usados no momento.

4. Clique em **Mínimo Recomendado** e, em seguida, role novamente pela lista.

   Todos os estilos selecionados são designados pela palavra *recomendável*. O conjunto recomendado não inclui alguns dos estilos usados no documento; portanto, você precisa adicioná-los.

5. Na lista, marque a caixa de seleção **Address**. Em seguida, role a lista e marque as caixas de seleção **BulletList1**, **BulletList2**, **NumList1**, **NumList2** e **Proch1** (significando *Procedural heading* – cabeçalho procedural).

6. Sob **Formatação**, marque as caixas de seleção **Bloquear alternância de Tema ou Esquema** e **Bloquear alternância de Conjuntos de Estilos Rápidos**.

7. Clique em **OK** para implementar o conjunto de estilos restrito.

   O Word exibe uma mensagem dizendo que o documento poderá conter formatação que foi aplicada diretamente, em vez dos estilos diretos e estilos restritos, e perguntando se você deseja removê-la.

8. Na caixa de mensagem, clique em **Sim**.

9. Sob **Restrições de edição** no painel de tarefas, marque a caixa de seleção **Permitir apenas este tipo de edição no documento**. Em seguida, clique na seta à direita da caixa abaixo e, na lista, clique em **Alterações controladas**.

10. Sob **Aplicar proteção** no painel de tarefas, clique em **Sim, Aplicar Proteção**.

    A caixa de diálogo Aplicar Proteção abre.

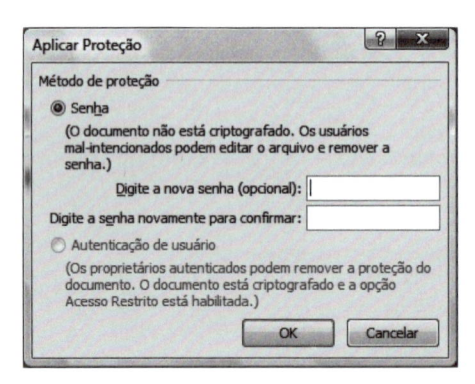

    Você insere uma senha se quiser que apenas as pessoas que a conheçam possam desativar a proteção do documento.

11. Sem inserir nenhuma senha, clique em **OK**.

    O painel de tarefas Restringir Formatação e Edição indica que, agora, a formatação e a edição desse documento são restritas.

12. Feche o painel de tarefas e, em seguida, exiba a guia **Início**.

    Agora os botões dos grupos Fonte e Parágrafo não estão disponíveis.

13. Exiba a guia **Revisão** e note que o botão Controlar Alterações não está ativo.

14. No título do documento, clique duas vezes na palavra **Escritório** e digite Operações

    Embora o recurso Controlar Alterações não esteja ativo, sua alteração é marcada como uma revisão.

> **FECHE** o documento *06_PreventingChanges* sem salvar suas alterações.

Usando espaços de trabalho de documento

Se sua empresa possui um site de colaboração construído com produtos e tecnologias SharePoint, você e seus colegas podem desenvolver documentos dentro de um *espaço de trabalho de documento*. O espaço de trabalho de documento fornece um fórum no qual várias pessoas em diferentes locais podem trabalhar em um único documento. Qualquer membro da equipe pode revisar documento. Enquanto o documento é revisado, outras pessoas podem vê-lo, mas não podem editá-lo. Depois que o documento for finalizado, você poderá movê-lo para um local de armazenamento permanente e excluir o espaço de trabalho de documento.

Para criar e usar um espaço de trabalho de documento dentro do Word, você publica o documento no site do SharePoint. O processo de publicação cria o espaço de trabalho e armazena nele uma cópia do documento para que outras pessoas possam trabalhar com ele. Quando você abre a cópia do documento armazenado em seu computador, o Word pergunta se deseja fazer o download das atualizações do espaço de trabalho de documento e fornece o painel de tarefas Gerenciamento de Documentos, com ferramentas que permitem manter sua cópia sincronizada com a cópia armazenada no espaço de trabalho de documento.

> **Dica** Você não precisa publicar um documento em um espaço de trabalho de documento para trabalhar com ele em um site do SharePoint. Se carregar o documento no site, você e seus colegas poderão trabalhar com ele lá. O trabalho com documentos dentro de um site do SharePoint está fora do escopo deste livro. Para mais informações, consulte o livro *Microsoft Windows SharePoint Services Step By Step* (ISBN 0-7356-2075-X), de Olga Londer, Todd Bleeker, Penelope Coventry e James Edelen (Microsoft Press, 2005).

Neste exercício, você vai publicar um documento em um espaço de trabalho de documento. Depois, vai explorar o painel de tarefas Gerenciamento de Documentos, ver o espaço de trabalho de documento e, em seguida, excluí-lo.

> **Importante** Os passos deste exercício presumem que você tem acesso a um site criado com o Microsoft Office SharePoint Server 2007. Se você tiver acesso a um site criado com uma versão diferente do SharePoint, os passos serão diferentes.

> **USE** o documento *07_Workspace*. Esse arquivo de exercício está localizado na subpasta *Chapter10*, sob *SBS_Word2007*.
>
> **NÃO ESQUEÇA DE** ter o nome de usuário e a senha do site do SharePoint disponíveis.
>
> **ABRA** o documento *07_Workspace*.

1. Salve o documento aberto na subpasta *Chapter10* com o nome **Meu Espaço de Trabalho**.
2. Clique no **Botão Microsoft Office**, aponte para **Publicar** e, em seguida, clique em **Criar Espaço de Trabalho de Documento**.

   O painel de tarefas Gerenciamento de Documentos abre, com o nome do documento atual inserido na caixa Nome do Espaço de Trabalho de Documento.

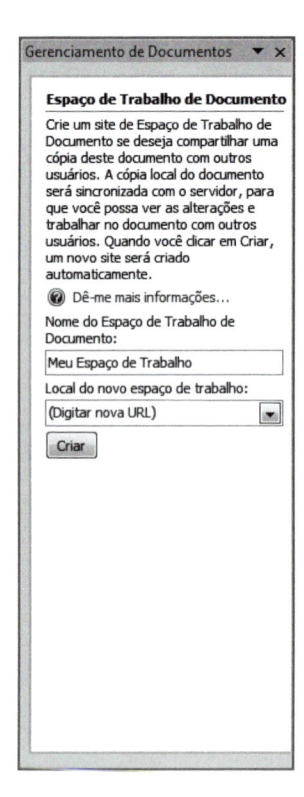

Botão Office

3. Na caixa **Local do novo espaço de trabalho**, digite a URL do site onde você deseja criar o espaço de trabalho de documento (ou, se você se conectou anteriormente no site, selecione-o na lista).

4. Clique em **Criar**.

> **Solução de problemas**   Pode aparecer uma mensagem dizendo que a URL digitada é um site restrito ou não-confiável. Se você confia no site, abra seu navegador Web e adicione a URL na lista de sites confiáveis. Em seguida, clique em Criar novamente.

O Word exibe duas caixas de mensagem para que você saiba que o processo está em andamento.

5. Se for solicitado que você forneça seu nome de usuário e sua senha para se conectar no site, forneça suas credenciais do site do SharePoint nas caixas **User name** e **Password** e, em seguida, clique em **OK**.

Quando o espaço de trabalho de documento tiver sido criado e o documento salvo no espaço, o painel de tarefas Gerenciamento de Documentos reaparecerá, com o nome do espaço de trabalho na parte superior e cinco guias mostrando informações do espaço de trabalho.

Você pode baixar as alterações que tiverem sido feitas em um documento armazenado em um espaço de trabalho clicando em **Atualizar**. Você pode ver ou configurar opções associadas ao site clicando em Opções.

6. No painel de tarefas, clique na guia **Membros**.

Agora, o painel de tarefas mostra os membros desse espaço de trabalho (atualmente, apenas você). Para adicionar um novo membro, clique em Adicionar Novos Membros abaixo da caixa de listagem e, em seguida, complete a caixa de diálogo Adicionar Novo Participante. Você também pode enviar uma mensagem de email diretamente para os membros, a partir do painel de tarefas.

7. No painel de tarefas, clique na guia **Tarefas**.

Se houver tarefas pendentes associadas ao documento, elas serão listadas nessa guia. Para adicionar uma nova tarefa, clique em Adicionar Nova Tarefa abaixo da caixa de listagem. Se você clicar em Alertar-me sobre tarefas, será levado à página Novo Alerta do espaço de trabalho de documento, onde poderá especificar que deverá ser avisado quando as tarefas associadas ao documento mudarem.

> **Dica**   Se sua empresa usa tecnologia de fluxo de trabalho e um fluxo de trabalho tiver sido configurado para esse documento, você poderá clicar em Exibir Tarefas de Fluxo de Trabalho para obter informações sobre suas tarefas.

8. No painel de tarefas, clique na guia **Documentos**.

   Agora, o painel de tarefas mostra os nomes de todos os documentos presentes nesse espaço de trabalho (atualmente, apenas *Meu Espaço de Trabalho*). Para adicionar um novo documento, clique em Adicionar Novo Documento abaixo da caixa de listagem. Para criar uma nova pasta para armazenar documentos, clique em Adicionar Nova Pasta e, para ser avisado quando documentos forem adicionados ou alterados, clique em Alertar-me sobre documentos.

9. No painel de tarefas, clique na guia **Vínculos**.

   Se houver vínculos associados ao documento, eles serão listados nessa guia. Para adicionar um novo vínculo, clique em Adicionar Novo Vínculo abaixo da caixa de listagem e, para ser avisado quando vínculos forem adicionados ou alterados, clique em Alertar-me sobre vínculos.

10. Abaixo do nome do espaço de trabalho, na parte superior do painel de tarefas **Gerenciamento de Documentos**, clique em **Abrir site no navegador** e, se necessário, insira suas credenciais do site.

    Seu navegador da Web é iniciado e abre o espaço de trabalho de documento no site do SharePoint. Você pode adicionar membros, tarefas, documentos e vínculos no espaço de trabalho e eles serão refletidos no Word, no painel de tarefas Gerenciamento de Documentos.

11. Feche seu navegador da Web sem fazer alterações no espaço de trabalho de documento.

12. No painel de tarefas **Gerenciamento de Documentos**, aponte para o nome do espaço de trabalho e clique na seta que aparece.

    Aparece uma lista de comandos de espaço de trabalho.

13. Na lista, clique em **Excluir Espaço de Trabalho** e, em seguida, clique em **Sim** para confirmar a exclusão.

14. Feche o painel de tarefas **Gerenciamento de Documentos**.

> **FECHE** o documento *Meu Espaço de Trabalho* sem salvar suas alterações e, se você não for ler agora o próximo capítulo, feche o Word.

Pontos principais

- Você pode enviar um documento para revisão via email e, quando receber as versões revisadas, pode mesclá-las para que todas as alterações fiquem registradas em um único documento.
- Quando você colabora em um documento, pode registrar as revisões que fez sem perder o texto original.
- Você pode inserir comentários em um documento para fazer perguntas ou explicar as edições sugeridas. Você pode ver os comentários individualmente, em balões na margem direita do documento, ou coletivamente, em um painel de revisão.
- Se você quiser que apenas determinadas pessoas possam trabalhar em um documento, proteja-o com uma senha. Se você quiser permitir apenas tipos específicos de alterações, restrinja o modo como as pessoas podem editar e formatar o documento.
- Se você tiver acesso a um site do SharePoint, criar um espaço de trabalho de documento é uma maneira excelente de colaborar com seus colegas em um documento.

Crie e modifique um documento Web, **página 339**

Crie um post de blog, **página 342**

Crie um documento XML, **página 346**

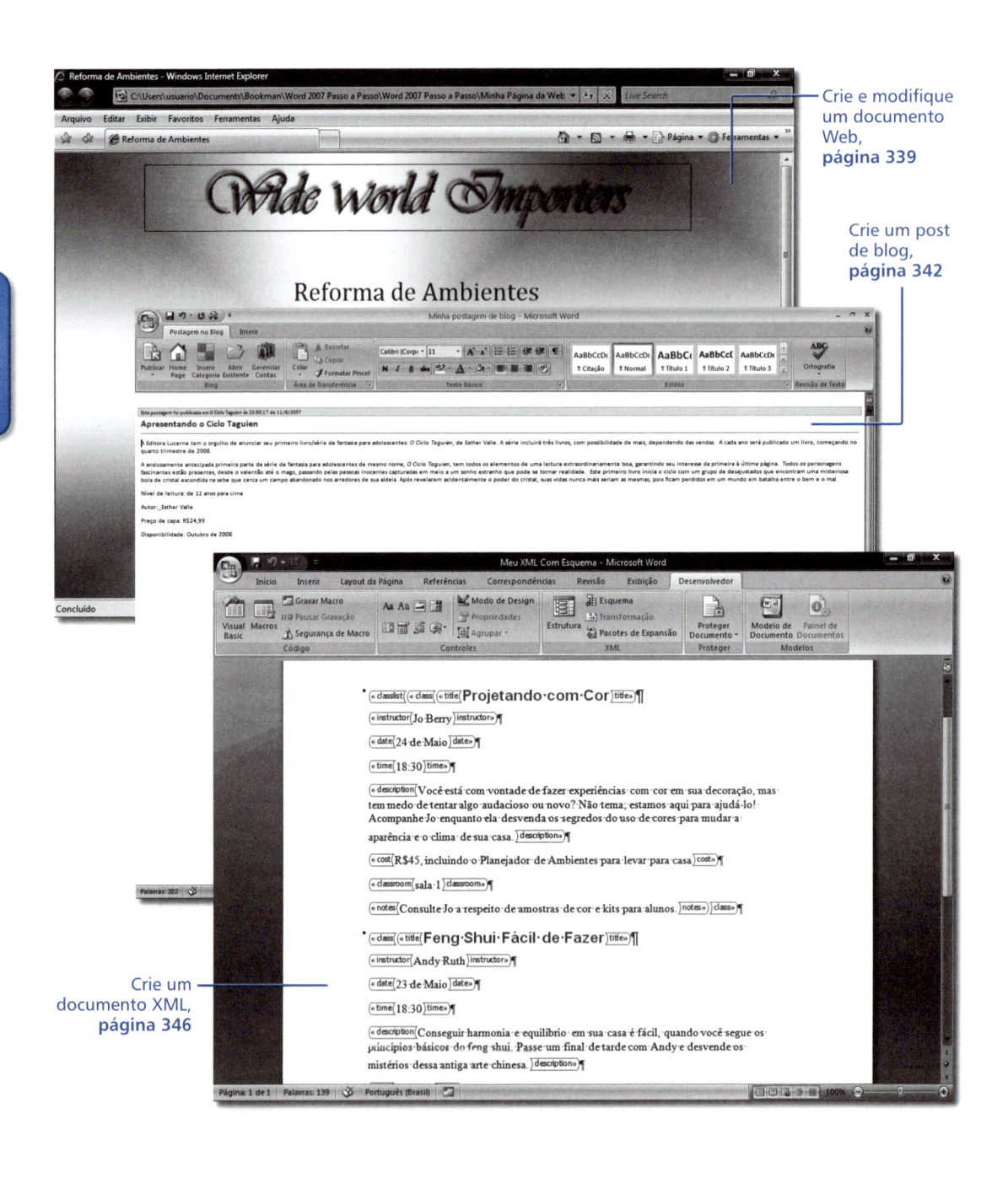

Visão Rápida do Capítulo 11

Capítulo 11
Criando documentos para uso fora do Word

Neste capítulo, você vai aprender a:
- Salvar um arquivo em um formato diferente.
- Criar e modificar um documento Web.
- Criar um post de blog.
- Criar um documento XML.

Às vezes, você vai querer enviar um documento criado no Microsoft Office Word 2007 para alguém que não tem o Word 2007 instalado em seu computador. O Word vem com diversos utilitários de conversão para salvar documentos em outros *formatos de arquivo*, a fim de que seus colegas possam ler e usar seus documentos independentemente dos programas com que trabalhem.

Uma maneira de distribuir o conteúdo dos seus documentos é convertendo-os em *páginas da Web* para que as pessoas possam lê-los na Web. A Web tornou-se uma parte importante de nossa vida. Nós a utilizamos para fazer compras, ler notícias e pesquisar assuntos. Ela também é uma excelente ferramenta de publicação, caso seu objetivo seja atingir um público amplo. Por exemplo, talvez sua empresa queira publicar um boletim informativo na Web para fornecer informações enquanto anuncia seus bens ou serviços. Ou talvez você queira usar ferramentas do Word para criar e postar artigos em um *blog* (abreviação de *Web log* – diário da Web) sobre um determinado assunto.

Além de converter documentos em páginas da Web, você pode convertê-los em documentos *XML (Extensible Markup Language)*. O formato XML distingue diferentes partes de um documento, estruturando-o de forma que você possa identificar e extrair itens de informação. Por exemplo, se você escrever um documento de treinamento incluindo procedimentos cujas etapas numeradas são identificadas exclusivamente com um estilo de Procedure e depois converter o documento para o formato XML, todos os procedimentos poderão ser extraídos em um arquivo diferente, para um propósito diferente – talvez como uma página de perguntas freqüentes (FAQ) no site de sua empresa.

Neste capítulo, primeiro você vai aprender a salvar documentos em outros formatos de arquivo. Em seguida, você vai visualizar um documento no modo de exibição Layout da Web, salvar o documento como uma página da Web e fazer os ajustes necessários para obter uma ótima apresentação na Internet. Você vai criar um post de blog, registrar uma conta de blog existente e, em seguida, publicar o post. Por fim, você vai salvar um documento como um arquivo XML e ver suas marcas XML e, em seguida, anexar a ele um esquema contendo marcas personalizadas.

Consulte também Você precisa de uma recapitulação rápida sobre os tópicos deste capítulo? Veja as entradas da Consulta rápida nas páginas 35–61.

> **Importante** Antes de usar os arquivos de exercícios deste capítulo, você precisa instalá-los do CD que acompanha o livro para um local padrão. Consulte "Utilizando o CD-ROM deste livro", na página xxi, para obter mais informações.

> **Solução de problemas** As figuras e as instruções relacionadas ao sistema operacional deste livro refletem a interface do usuário do Windows Vista. Se seu computador estiver executando o Microsoft Windows XP e você enfrentar dificuldades para seguir as instruções, consulte a seção "Informações para os leitores que usam o Windows XP", no início deste livro.

Salvando um arquivo em um formato diferente

Quando você salva um documento do Word, o formato de arquivo padrão é o DOCX do Microsoft Office Word 2007. Se você quiser usar o arquivo com uma versão anterior do Word ou com um programa diferente, pode salvá-lo em um formato de arquivo diferente.

Consulte também Para obter informações sobre o formato DOCX, consulte "O formato DOCX", mais adiante neste capítulo.

Para salvar um documento em um formato de arquivo diferente, exiba a caixa de diálogo Salvar como e, em seguida, altere a configuração de Tipo para o formato que você deseja usar. Se você quiser salvar um documento do Word em um formato que possa ser aberto pela mais ampla variedade de programas, use um dos seguintes formatos:

- **Formato Rich Text (*.rtf)**. Salve o documento nesse formato se você quiser preservar sua formatação.

- **Texto sem Formatação (*.txt)**. Salve o documento nesse formato se você quiser preservar apenas seu texto.

Se você quiser que alguém possa ver um documento, mas não alterá-lo, salve-o como um arquivo PDF (*Portable Document Format*). Nos últimos anos, o formato PDF se tornou um padrão comum para distribuição de informações. O texto e os elementos gráficos em um arquivo PDF são basicamente estáticos e, como um arquivo PDF divide um documento em páginas distintas, ele imita a maneira como as informações aparecem em uma página impressa. Entretanto, diferentemente de um documento impresso, um arquivo PDF pode ser enviado por email para muitos destinatários ou pode se tornar disponível para download em uma página da Web para quem quiser. O uso de um arquivo PDF também pode ajudar a garantir a qualidade de seu documento quando você o imprime, pois ele estabelece quebras de página exatas, o que garante que as páginas sejam impressas conforme se pretendia.

Você pode abrir e ler arquivos PDF usando um leitor de PDF, como o Adobe Acrobat Reader, que está disponível para download gratuito no site da Adobe, assim como em muitos sites que distribuem arquivos PDF. Você pode criar arquivos PDF a partir de documentos do Word adquirindo a versão completa do Adobe Acrobat.

> **Importante** O arquivo PDF não é mais um documento do Word e não pode ser aberto, visto e editado no Word. Para ver o documento, você precisa ter um leitor de PDF instalado em seu computador.

Salvando um arquivo PDF

Verifique no site de Downloads da Microsoft se existe um suplemento gratuito que converta documentos do Word em arquivos PDF. Após instalar o suplemento, você pode salvar um documento no formato PDF seguindo estes passos:

1. Clique no **Botão Microsoft Office**, aponte para **Salvar como** e, em seguida, clique em **PDF ou XPS**.

   A caixa de diálogo Publicar como PDF ou XPS abre.

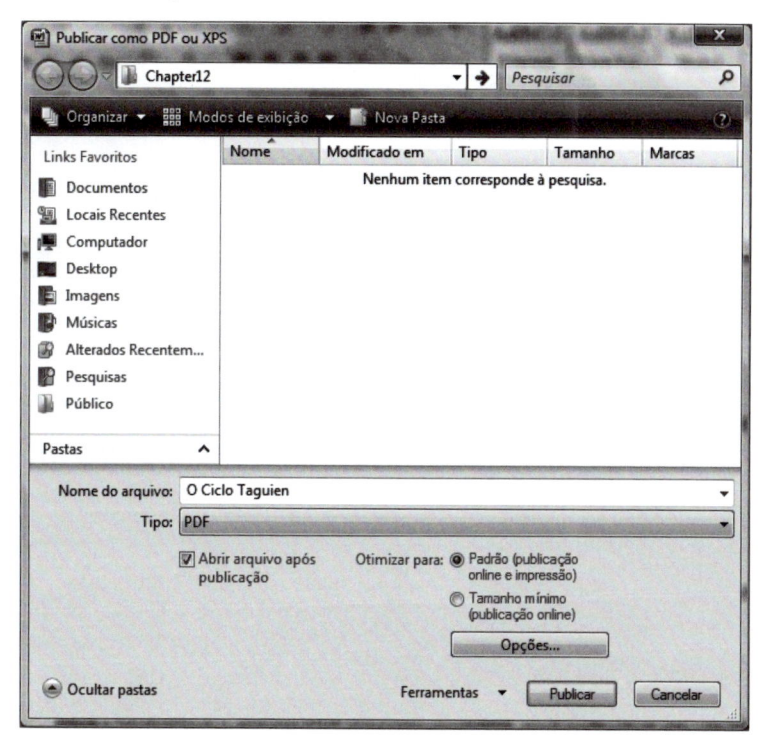

2. Se você quiser mudar o nome do arquivo, na caixa **Nome do arquivo**, digite um novo nome para o documento convertido.

3. Se você vai distribuir o arquivo PDF online, selecione a opção **Tamanho mínimo (publicação online)**.

> **Dica** Se distribuir o arquivo PDF impresso ou online, você pode clicar em Opções para otimizar a saída em PDF, selecionando apenas certas páginas do documento, incluindo ou excluindo os comentários e alterações controladas existentes, criando indicadores no arquivo PDF para os títulos do documento ou indicadores do Word, etc.

4. Na caixa de diálogo **Publicar como PDF ou XPS**, clique em **Publicar**.

> **Dica** Com o mesmo suplemento, você pode salvar documentos no formato *XML Paper Specification* (XPS), o novo formado baseado em XML da Microsoft, para distribuir documentos como representações eletrônicas da forma como aparecerão quando impressos. Você também pode fazer o download dos suplementos SaveAsPDF e SaveAsXPS separados.

Usando suplementos

Suplementos são utilitários que acrescentam funcionalidade especializada em um programa (mas não são programas completos). Existem várias fontes de suplementos:

- Você pode adquirir suplementos de outros fornecedores – por exemplo, você pode comprar um suplemento que controla o histórico de impressão inteiro de um documento.

- Você pode fazer o download de suplementos gratuitos no site da Microsoft ou em outros sites.

- Ao instalar um programa de outro fornecedor, você poder instalar um suplemento para permitir que ele faça interface com um programa do sistema 2007 Microsoft Office. Por exemplo, você pode instalar um suplemento para capturar telas de dentro de um documento do Office.

> **Importante** Tome cuidado ao fazer o download de suplementos de sites que não são confiáveis. Os suplementos são arquivos executáveis que podem ser facilmente usados para espalhar vírus e danificar seu computador. Por isso, as configurações padrão da Central de Confiabilidade intervêm quando você tenta fazer download ou executar suplementos.

Para usar suplementos, primeiro você deve instalá-los em seu computador e depois carregá-los na memória da máquina, como segue:

1. Clique no **Botão Microsoft Office** e, em seguida, no canto inferior direito, clique em **Opções do Word**.

2. Na lista de páginas, no painel esquerdo da janela **Opções do Word**, clique em **Suplementos**.

3. Na parte inferior da página, clique na seta de **Gerenciar** e, na lista, clique no tipo de suplemento que você deseja instalar. Em seguida, clique em **Ir**.

   Uma caixa de diálogo correspondente ao tipo de suplemento selecionado abre. Por exemplo, se você selecionar Suplementos de COM, a caixa de diálogo Suplementos de COM abrirá; se você selecionar Modelos, a caixa de diálogo Modelos e Suplementos abrirá.

4. Na caixa de diálogo, clique em **Adicionar**.

5. Na caixa de diálogo **Adicionar suplemento**, navegue até a pasta onde está armazenado o suplemento que você deseja instalar e clique duas vezes em seu nome.

   O novo suplemento aparece na lista dos disponíveis para uso.

6. Na lista **Os itens selecionados foram carregados**, marque a caixa de seleção do novo suplemento e, em seguida, clique em **OK**.

   Agora, o suplemento está disponível para uso no Word.

Para descarregar um suplemento, exiba a caixa de diálogo Suplementos e desmarque a caixa de seleção do suplemento para removê-lo da memória, mas manter seu nome na lista. Para remover inteiramente o suplemento da lista, clique no nome dele e, em seguida, clique em **Remover**.

Criando e modificando um documento Web

Você não precisa ser um Web designer para criar uma página da Web. Dentro do Word 2007, você pode ver um documento no modo de exibição Layout da Web, fazer todos os ajustes necessários no Word e, em seguida, salvar o documento como uma página da Web, com a mesma facilidade com que o salvaria em qualquer outro formato.

Quando você salva um documento como uma página da Web, o Word converte os estilos e a formatação presentes no documento para códigos *HTML (Hypertext Markup Language)*, os quais são chamados de *marcas*. Essas marcas informam ao seu navegador Web como devem exibir o documento. Durante a conversão, parte da formatação pode ser alterada ou ignorada, por não ser suportada por todos os navegadores Web. Se isso acontecer, o Word o avisará e você poderá optar por interromper o processo de conversão para fazer ajustes na formatação a fim de torná-la mais compatível.

> **Dica** Na caixa de diálogo Opções da Web, você pode especificar quais navegadores serão usados para visualizar suas páginas da Web. Você também pode desativar todos os recursos que forem incompatíveis com os navegadores especificados.

Depois que você salva um documento como uma página da Web, ele não é mais um documento do Word. Ele é salvo no formato HTML, com a extensão de nome de arquivo *.htm* ou *.html*. Entretanto, você ainda pode abrir, ver e editar a página da Web no Word, exatamente como faria com um documento normal. (Você também pode abrir e editar páginas da Web em formato HTML criadas em outros programas.) As alterações podem ser tão básicas como substituir texto e ajustar o alinhamento ou tão avançadas como mover e inserir elementos gráficos. Quando terminar de modificar a página, você pode salvá-la novamente como uma página da Web ou como um documento do Word normal.

Neste exercício, você vai verificar se seu computador está otimizado para exibir documentos como páginas da Web, conforme eles aparecerão no Microsoft Internet Explorer 6 ou posterior. Em seguida, você vai visualizar um documento no modo de exibição Layout da Web e fazer todos os ajustes necessários para esse meio. Por fim, você vai salvar o documento como uma página da Web, abrir a página da Web no Word para fazer algumas modificações e, em seguida, salvar e ver suas alterações.

> **USE** o documento *02_Web*. Esse arquivo de exercício está localizado na subpasta *Chapter11*, sob *SBS_Word2007*.
>
> **NÃO ESQUEÇA DE** instalar um navegador Web em seu computador antes de iniciar este exercício. Recomenda-se o Windows Internet Explorer 7 ou posterior; os passos podem ser diferentes para outros navegadores e outras versões.
>
> **ABRA** o documento *02_Web*.

Botão Office

1. Clique no **Botão Microsoft Office** e, em seguida, clique em **Opções do Word**.

   A janela Opções do Word abre.

2. Na lista de página do painel esquerdo, clique em **Avançado**. Em seguida, na parte inferior da página **Avançado**, na seção **Geral**, clique em **Opções da Web**.

   A caixa de diálogo Opções da Web abre.

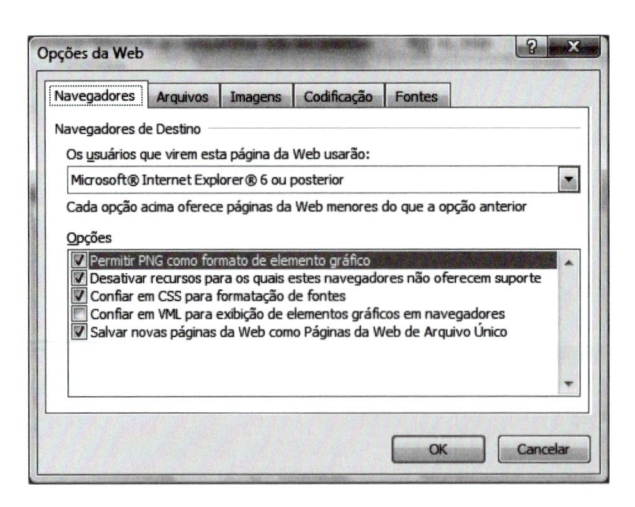

3. Na guia **Navegadores**, verifique se a opção **Os usuários que virem esta página da Web usarão** está configurada como **Microsoft Internet Explorer 6 ou posterior**.

4. Sob **Opções**, marque as cinco caixas de seleção e, em seguida, clique em **OK** em cada uma das caixas de diálogo abertas.

5. Na barra de ferramentas **Exibição**, clique no botão **Layout da Web** e, em seguida, se o nível de **Zoom** não estiver configurado como **100%**, use a barra deslizante para ajustar a ampliação para essa porcentagem.

Layout da Web

O Word exibe a página conforme ela aparecerá em seu navegador. Como você pode ver, é preciso aumentar as margens da página e ajustar o tamanho da caixa de citação.

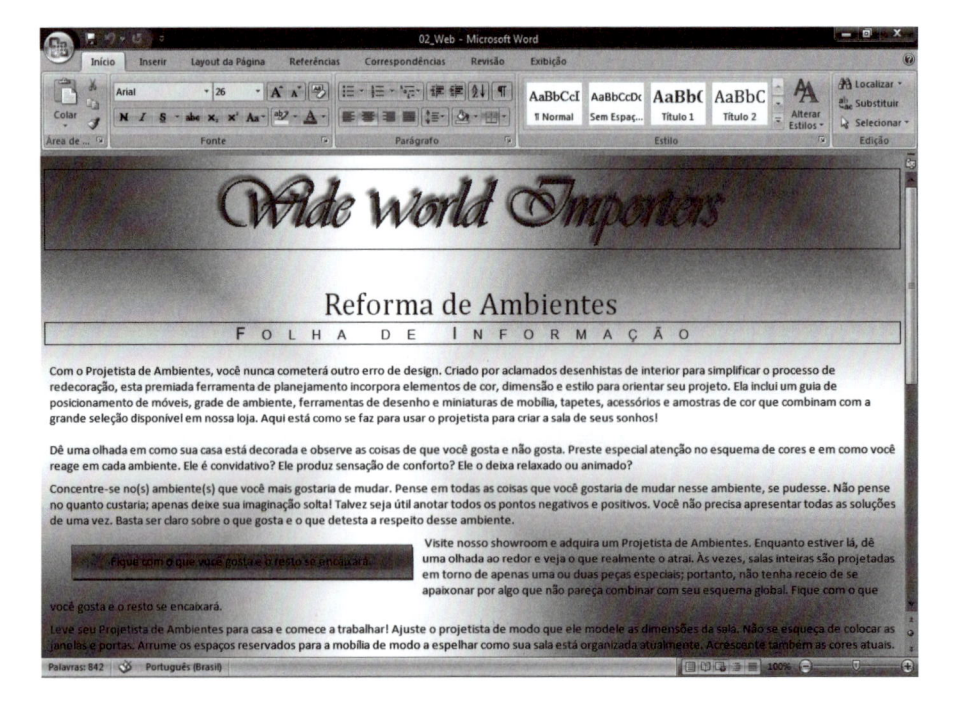

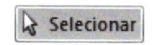

6. Na guia **Início**, no grupo **Edição**, clique no botão **Selecionar** e, em seguida, na lista, clique em **Selecionar Tudo**.

7. Com todo o texto do documento selecionado, clique no Iniciador da Caixa de Diálogo **Parágrafo**.

8. Na caixa de diálogo **Parágrafo**, sob **Recuo**, altere as configurações de **Esquerda** e **Direita** para **3 cm** e, em seguida, clique em **OK**.

   Agora o texto está recuado a partir das margens esquerda e direita da janela.

9. Clique na caixa de citação para selecioná-la, arraste sua alça central direita para a esquerda, até que a caixa tenha metade de sua largura original e a citação ocupe duas linhas.

   Agora o documento da Web está mais legível.

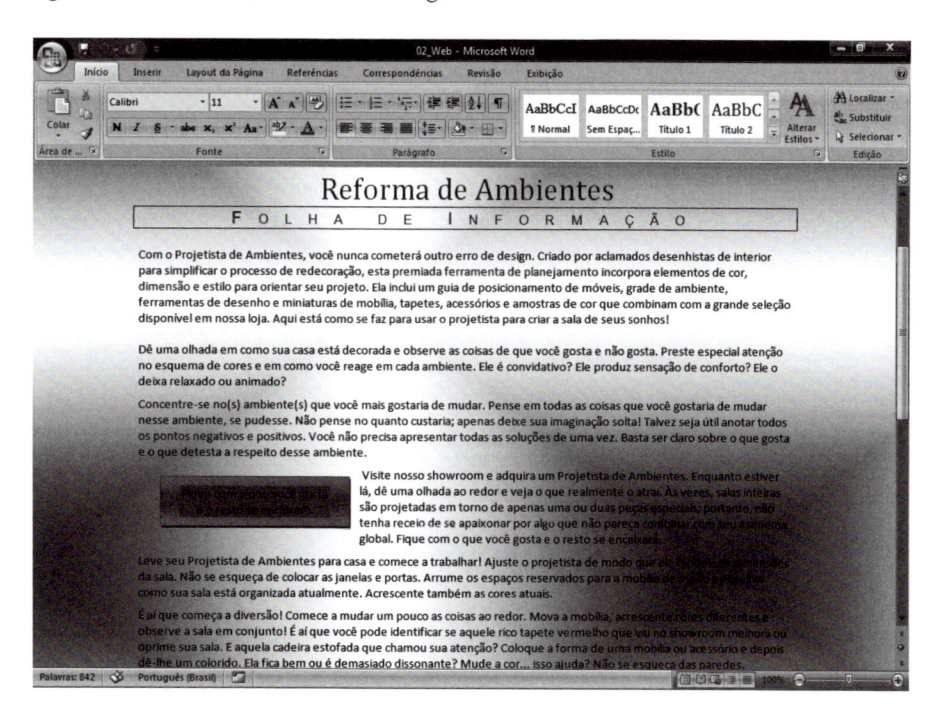

10. Clique no **Botão Microsoft Office** e, em seguida, clique em **Salvar como**.

11. Com o conteúdo da subpasta *Chapter11* exibido na caixa de diálogo **Salvar como**, digite **Minha Página da Web** na caixa **Nome do arquivo**.

12. Clique na seta de **Tipo** e, em seguida, na lista, clique em **Página da Web**.

13. Clique em **Alterar título**. Em seguida, na caixa de diálogo **Definir título de página**, digite **Reforma de Ambientes** na caixa **Título da página**, e clique em **OK**.

    Esse título aparecerá na barra de título da janela do navegador Web.

14. Na caixa de diálogo **Salvar como**, clique em **Salvar**.

    O Verificador de Compatibilidade do Microsoft Office Word o informa de que o efeito Versalete usado para o subtítulo *Folha de Informação* não é suportado pelos navegadores Web e será alterado para todas as letras maiúsculas.

15. No **Verificador de Compatibilidade**, clique em **Continuar**.

    O Word salva o documento como um arquivo HTML chamado *Minha Página da Web*.

16. Pressione [Ctrl]+[End] para ir ao final do documento e, em seguida, digite **Procurando recomendação gratuita? Verifique nosso programa de miniseminários de decoração!**

17. Se quiser, formate o texto para fazê-lo se destacar. Em seguida, salve a página da Web.

18. Clique no botão **Iniciar** e, no painel direito, clique em **Documentos**. Em seguida, na janela Documentos, navegue até a pasta *MSP\SBS_Word2007\Chapter11*.

    A pasta *Chapter11* contém *Minha Página da Web* e uma pasta chamada *Minha Página da Web_arquivos*, que contém arquivos de suporte para a página da Web.

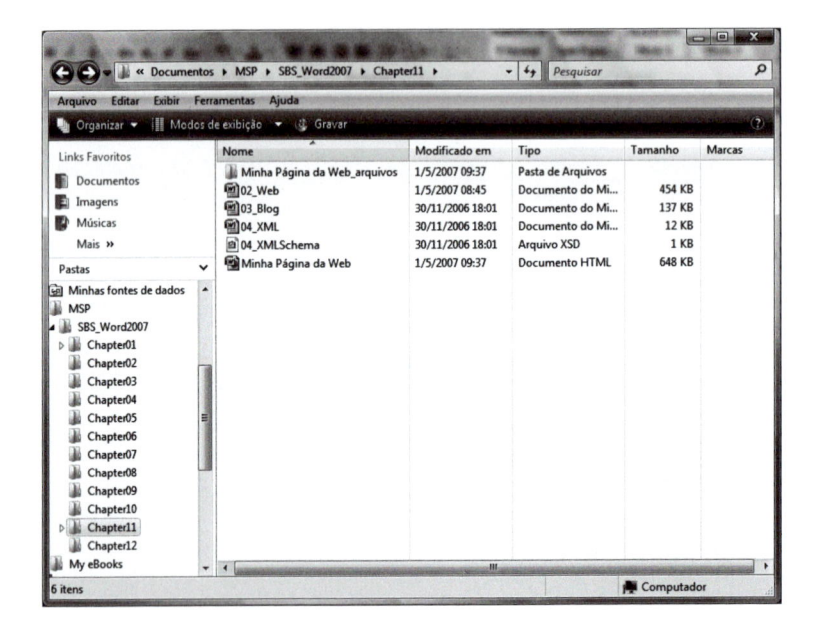

19. Clique duas vezes em **Minha Página da Web**.

    Seu navegador é iniciado e a página da Web abre. Você pode rolar até a parte inferior da página para ver as alterações feitas no arquivo HTML no Word.

> **FECHE** seu navegador Web, a janela Documentos e o arquivo HTML *Minha Página da Web*.

Criando um post de blog

Um blog é um site pessoal. Pode ser um diário pessoal online ou fornecer comentários, notícias ou informações sobre um assunto específico, como um gênero musical, um ponto de vista político, uma condição médica ou notícias locais. Um blog consiste em ***posts*** que podem incluir texto, imagens e links para blogs relacionados, páginas da Web e outra mídia.

O Word 2007 facilita a criação de posts que você pode carregar em seu blog. Se você já tiver configurado um espaço de blog em um provedor de serviços de blog, pode registrar seu espaço de blog no Word na primeira vez que criar uma post. Se você ainda não tiver configurado o espaço de blog, precisará se registrar em um provedor de serviços antes de publicar seu primeiro post. Depois disso, o Word usará as informações de sua conta de blog registrada, quando você criar ou publicar um post.

> ### Configurando uma conta de blog
>
> Para configurar um blog, primeiro você precisa decidir qual provedor de serviços de blog deseja usar. Muitos provedores de serviços, como o Windows Live Spaces (*spaces.live.com*) e o Blogger (*www.blogger.com*), oferecem espaço de blog gratuito. Se sua empresa estiver executando o Microsoft Office SharePoint Server 2007, o gerenciador de sites poderá configurar um espaço de blog para você.
>
> Para abrir uma conta no Windows Live Spaces e criar um espaço de blog:
>
> 1. Inicie seu navegador Web e, em seguida, na barra de **endereços**, digite http://spaces.live.com.
> 2. Na home page do **Windows Live Spaces**, clique em **Criar seu espaço**.
> 3. Na página **Entrar**, digite sua ID e sua senha do Windows Live e clique em **Entrar**.
>
> > **Dica** Você pode usar credenciais de conta do MSN Hotmail, MSN Messenger ou Microsoft Passport como ID e senha do Windows Live.
>
> 4. Na página **Criar seu Windows Live Space**, digite um título para seu espaço, o endereço da Web desejado e, em seguida, clique em **Verificar disponibilidade**.
> 5. Se o Windows Live Spaces relatar que o endereço da Web está disponível, clique em **Criar**; se não estiver disponível, repita o passo 4, com outro nome.
> 6. Na página **Você criou seu espaço**, clique em **Entrar no meu Spaces**.
> 7. No canto superior direito do cabeçalho de sua página de blog, clique em **Opções**.
> 8. No lado esquerdo da página, no painel **Opções**, clique em **Publicação por email**.
> 9. Na página **Publicação por email**, marque a caixa de seleção **Habilitar a publicação por email**, digite até três endereços de email que você vai usar para publicar posts de blog, digite uma palavra secreta (a senha que você vai usar para registrar sua conta de blog no Word) e, em seguida, clique em **Salvar**.
>
> Em seguida, você pode inserir informações sobre si mesmo (seu perfil), dar acesso aos amigos e adicionar conteúdo diretamente na home page de seu blog.

> **Dica** Você pode registrar várias contas de blog e, então, escolher a conta que deseja usar para cada post que criar.

Neste exercício, você vai registrar seu espaço de blog existente no Word, criar um post, publicá-lo em seu blog e, em seguida, ver o post publicado.

> **USE** o documento *03_Blog*. Esse arquivo de exercício está localizado na subpasta *Chapter11*, sob *SBS_Word2007*.
>
> **NÃO ESQUEÇA DE** configurar uma conta no Windows Live Spaces ou em outro provedor de serviços de blog antes de iniciar este exercício.

Botão Office

1. Clique no **Botão Microsoft Office** e, em seguida, clique em **Novo**.
2. No painel **Em branco e recentes** da janela **Novo Documento**, clique em **Nova postagem de blog**. Em seguida, clique em **Criar**.

   O Word cria um documento e a caixa de diálogo Registrar uma Conta de Blog abre. Se você já possui uma conta de blog, clique em Registrar Agora e siga as instruções para registrar sua conta existente. Se você não tem uma conta de blog, clique no link Office Online para obter informações sobre a obtenção de uma conta.

> **Importante** Não é essencial ter uma conta de blog antes de criar um post. Você pode clicar em Registrar Depois e pular o passo 8. O Word solicitará novamente que você registre sua conta, na primeira vez que publicar um post ou na próxima vez que criar um post.

Os passos a seguir servem para registrar uma conta de blog criada no Windows Live Spaces.

3. Clique em **Registrar Agora**.

   A caixa de diálogo Nova Conta de Blog abre.

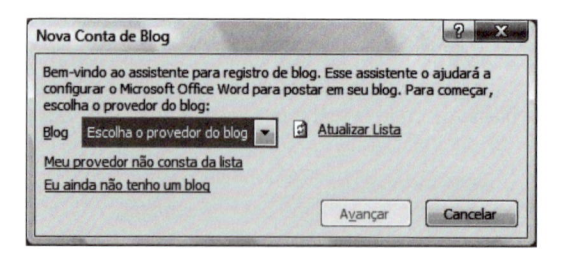

4. Clique na seta de **Blog**, clique em **Windows Live Spaces** e, em seguida, clique em **Avançar**.

   A caixa de diálogo Nova Conta do Windows Live Spaces abre.

5. Insira o nome de seu espaço e a palavra secreta e, em seguida, clique em **OK**.

> **Dica** Com o Windows Live Spaces, o nome do seu espaço faz parte do endereço do espaço. Por exemplo, se o endereço de seu espaço é *http:///lucernepublishing.spaces.live.com/*, o nome do espaço é *lucernepublishing*.

A caixa de diálogo Opções de Imagens abre.

6. Na caixa de diálogo **Opções de Imagens**, verifique se **Nenhum – não carregar imagens** está selecionado na caixa **Provedor de imagens** e, em seguida, clique em **OK**.

> **Dica** Se você quiser carregar imagens, pode obter informações sobre a configuração de um provedor clicando nos links da caixa de diálogo Opções de Imagens.

Quando sua conta tiver sido registrada com sucesso, aparecerá uma mensagem.

7. Na caixa de mensagem, clique em **OK**.

   O Word exibe um post de blog em branco, com um espaço reservado para o título na parte superior. A Faixa de Opções inclui apenas as guias Postagem no Blog e Inserir.

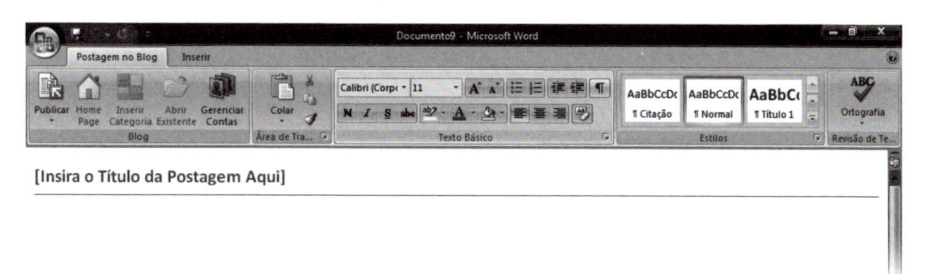

8. Clique no espaço reservado para o título e digite **Apresentando o Ciclo Taguien**.
9. Clique no **Botão Microsoft Office** e clique em **Abrir**. Na caixa de diálogo **Abrir**, navegue até a pasta *Documentos\MSP\SBS_Word2007\Chapter11* e clique duas vezes no documento *03_Blog*.
10. Selecione todos os parágrafos abaixo do título e, na guia **Início**, no grupo **Área de Transferência**, clique no botão **Copiar**. Em seguida, feche o documento *03_Blog*. 
11. No post de blog, clique abaixo da linha e, em seguida, na guia **Postagem de Blog**, no grupo **Área de Transferência**, clique no botão **Colar**.

    Você pode usar os botões do grupo Texto Básico da guia Postagem de Blog para formatar o título e o texto, para que eles fiquem da maneira que desejar.
12. Na **Barra de Ferramentas de Acesso Rápido**, clique no botão **Salvar**.
13. Com o conteúdo da pasta *Chapter11* exibido na caixa de diálogo **Salvar como**, digite **Minha Postagem de Blog** na caixa **Nome do arquivo** e, em seguida, clique em **Salvar**. 
14. Na guia **Postagem de Blog**, no grupo **Blog**, clique na seta de **Publicar** e, em seguida, na lista, clique em **Publicar como Rascunho**.

15. Se a caixa de diálogo **Connect to Your Space** se abrir, insira o nome de seu espaço e a palavra secreta e, em seguida, clique em **OK**.

Quando o post tiver sido publicado em seu blog, aparecerá uma mensagem.

16. No grupo **Blog**, clique no botão **Home Page**.

Seu navegador Web padrão abre, exibindo a home page de seu espaço de blog registrado.

17. Na extremidade direita da barra de ferramentas, clique em **Edit your space**, role até o final da página e, sob Recent Entries, clique em **Apresentando o Ciclo Taguien**.

O Word exibe o rascunho do post. Você pode editar o post em seu blog do Windows Live Spaces exatamente como o editaria no Word e pode fazer alterações na formatação, como mudar a fonte, o tamanho, a cor ou o alinhamento do parágrafo.

18. Após fazer as alterações necessárias, clique no botão **Publish Entry**.

O Word publica o post em seu blog.

FECHE o documento *Minha Postagem de Blog*.

Criando um documento XML

Conforme mencionamos anteriormente, as páginas da Web básicas são codificadas em HTML para que possam ser exibidas em um navegador Web. A HTML é um pequeno subconjunto fixo da *SGML (Standard Generalized Markup Language)*, um sistema amplo para codificar a estrutura de documentos textuais e outras formas de dados, a fim de que eles possam ser usados em uma variedade de ambientes. A *XML (Extensible Markup Language)* é outro subconjunto da SGML. Entretanto, em vez de ser fixa como a HTML, a XML pode ser personalizada (estendida) para armazenar dados, a fim de que possa ser usada de diversas maneiras, em muitos ambientes – por exemplo, como texto, em um banco de dados ou em uma planilha eletrônica ou como uma página da Web.

A criação de arquivos XML sofisticados e de propósito múltiplo pode envolver processos altamente técnicos, projetados por analistas de sistemas e desenvolvedores de aplicativo experientes. Entretanto, com o Word 2007, qualquer um pode participar desses processos, criando um documento e salvando-o como um arquivo XML. Durante a conversão, o Word marca o arquivo com base em seus estilos e em outra formatação e o salva com a extensão *.xml*.

Você pode abrir e editar um arquivo XML no Word da mesma maneira como faz com um arquivo HTML. Você também pode abri-lo em um editor de XML, como o XMetal, ou como um arquivo de texto sem formatação, em um editor de textos como o Bloco de notas.

Se você quiser mais controle sobre a marcação de um documento, pode anexar nele um *esquema XML*. O esquema é um arquivo adicional que descreve a estrutura permitida no documento, incluindo os nomes dos elementos estruturais e quais elementos podem conter quais outros elementos. Por exemplo, um livro poderia ser dividido em partes, cada uma contendo capítulos, os quais, por sua vez, poderiam conter tópicos, os quais poderiam conter um título, parágrafos, listas numeradas e com marcadores, tabelas e outros elementos. O esquema também poderia definir atributos de formatação, que você poderia aplicar no texto dentro de elementos especificados. O Word usa o esquema para validar o conteúdo do documento e para avisá-lo quando o conteúdo tiver sido marcado incorretamente. Geralmente, as empresas empregam um especialista com bons conhecimentos de XML para criar esquemas personalizados, mas qualquer um pode usar um esquema já existente para marcar um documento do Word e salvá-lo como um arquivo XML.

Neste exercício, primeiro você vai salvar um documento no formato XML. Em seguida, você vai anexar um esquema a um documento, marcar elementos do documento para criar uma estrutura válida e salvar esse arquivo como XML.

> **USE** o documento *04_XML* e o esquema de documento *04_XMLSchema*. Esses arquivos de exercícios estão localizados na subpasta *Chapter11*, sob *SBS_Word2007*.
>
> **ABRA** o documento *04_XML*.

Botão Office

1. Clique no **Botão Microsoft Office** e, em seguida, clique em **Salvar como**.
2. Na caixa de diálogo **Salvar como**, digite Meu XML na caixa **Nome do arquivo**, clique em **Documento XML do Word** na lista **Tipo** e, em seguida, clique em **Salvar**.

   Nada parece mudar, exceto que a barra de título agora mostra *Meu XML*.
3. Feche o documento.

Iniciar

4. Clique no botão **Iniciar**, clique em **Documentos** e, em seguida, na janela **Documentos**, navegue até a pasta *MSP\SBS_Word2007\Chapter11*.
5. Clique com o botão direito do mouse no arquivo **Meu XML**, aponte para **Abrir com** e, em seguida, clique em **Bloco de notas**.

   O editor de textos sem formatação Bloco de notas abre, exibindo o conteúdo do arquivo XML.

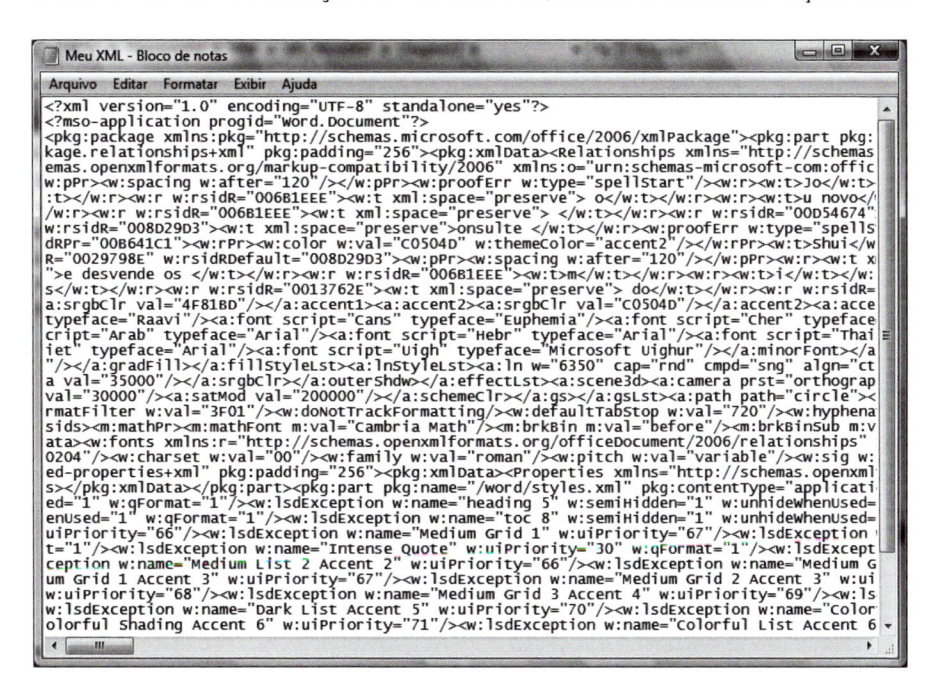

Esse método "simples" de criar arquivos XML no final das contas não é tão simples! Centenas de marcas incluídas entre sinais de maior (>) e menor (<) possibilitam que esse documento de texto sem formatação seja exibido exatamente como ele aparece no Word.

6. Feche o Bloco de notas e, em seguida, na janela **Chapter11**, clique duas vezes no documento *04_XML* para reabri-lo no Word.

7. Clique no **Botão Microsoft Office** e clique em **Opções do Word**. Em seguida, na página **Mais Usados** da janela **Opções do Word**, sob **Principais opções para trabalhar com o Word**, marque a caixa de seleção **Mostrar guia Desenvolvedor na Faixa de Opções** e clique em **OK**.

   A guia Desenvolvedor aparece na Faixa de Opções.

8. Na guia **Desenvolvedor**, no grupo **XML**, clique no botão **Esquema**.

   A caixa de diálogo Modelos e Suplementos abre.

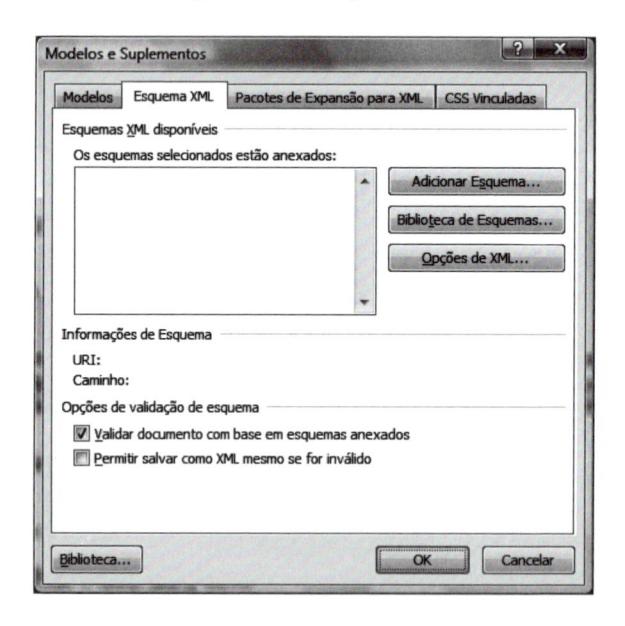

9. Na guia **Esquema XML** da caixa de diálogo, clique em **Adicionar Esquema**.

10. Na caixa de diálogo **Adicionar Esquema**, navegue até a pasta *Documentos\MSP\SBS_Word2007\Chapter11* e, em seguida, clique duas vezes em *04_XMLSchema*.

    A caixa de diálogo Configurações do Esquema abre.

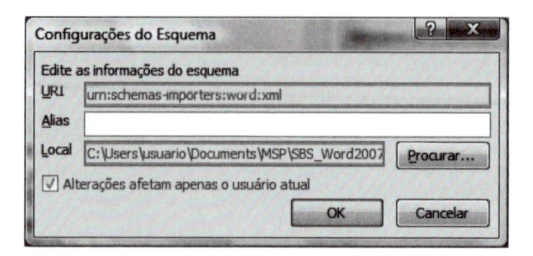

Capítulo 11 • Criando documentos para uso fora do Word **349**

11. Na caixa **Alias**, digite 04_XMLSchema e, em seguida, clique em **OK**.

    O Word adiciona o esquema na lista de esquemas disponíveis e o anexa ao documento.

12. Na caixa de diálogo **Modelos e Suplementos**, clique em **Opções de XML**.

    A caixa de diálogo Opções de XML abre.

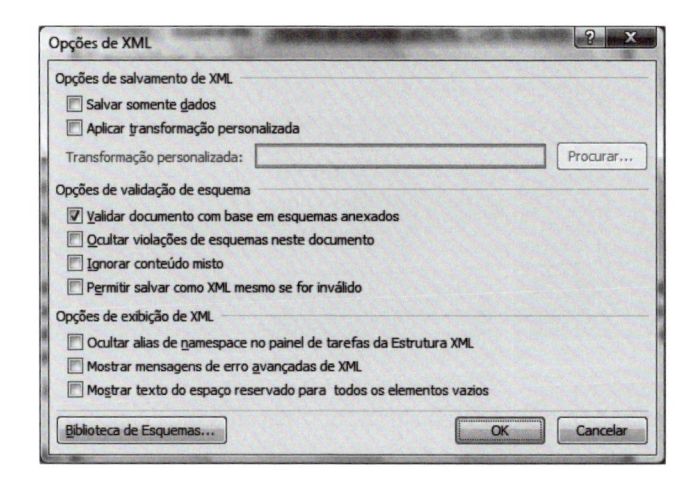

13. Sob **Opções de validação de esquema**, verifique se a caixa de seleção **Validar documento com base em esquemas anexados** está marcada e se a caixa de seleção **Ocultar violações de esquemas neste documento** está desmarcada.

14. Sob **Opções de exibição de XML**, verifique se a caixa de seleção **Ocultar alias de namespace no painel de tarefas da Estrutura XML** está desmarcada e, em seguida, marque a caixa de seleção **Mostrar mensagens de erro avançadas de XML**.

15. Clique em **OK** para fechar a caixa de diálogo **Opções de XML** e, em seguida, feche a caixa de diálogo **Modelos e Suplementos**.

    O painel de tarefas Estrutura XML abre.

16. No painel de tarefas **Estrutura XML**, verifique se a caixa de seleção **Mostrar marcas XML no documento** está marcada.

    > **Dica** Quando você não precisar ver marcas XML em um documento, pode ocultá-las desmarcando a caixa de seleção Mostrar marcas XML no documento.

17. Clique em qualquer parte da janela de documento. Em seguida, na parte inferior do painel de tarefas **Estrutura XML**, na lista **Escolha um elemento para aplicar à seleção atual**, clique em **classlist {04_XMLSchema}**.

18. Na caixa de mensagem que pergunta como você deseja aplicar o elemento selecionado, clique em **Aplicar ao Documento Inteiro**.

    O Word seleciona todo o texto do documento, adiciona uma marca de abertura XML e uma marca de fechamento XML nas duas extremidades do documento para indicar que o documento inteiro agora é um elemento de classlist e lista o elemento na caixa Elementos do documento no painel de tarefas Estrutura XML.

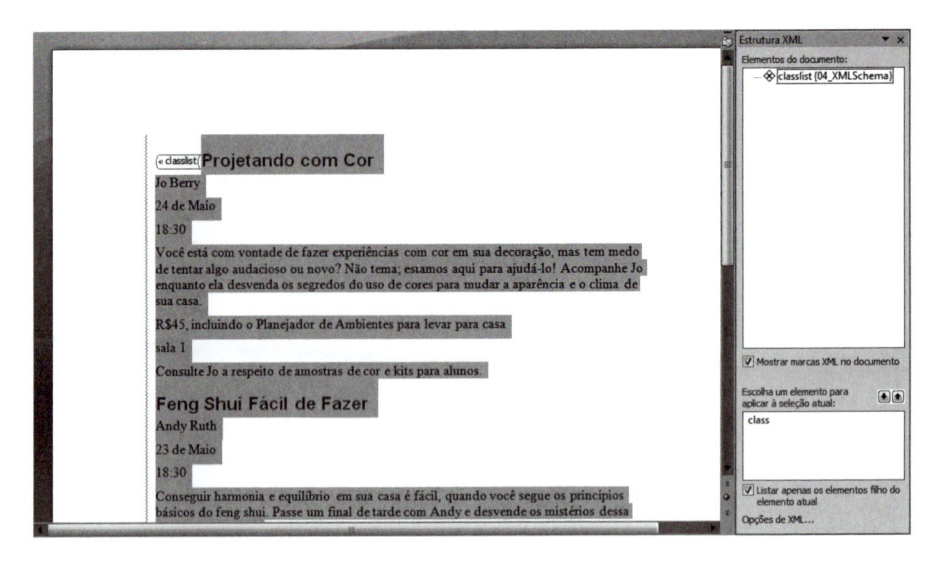

19. Selecione todo o texto desde *Projetando com Cor* até *Consulte Jo a respeito de amostras de cor e kits para alunos.* Em seguida, na caixa **Escolha um elemento para aplicar à seleção atual**, clique em **class**.

    O Word marca a seleção como um elemento de class. Todas as informações entre as duas marcas class pertencem a uma classe em particular.

    > **Dica** A caixa de seleção Listar apenas os elementos filho do elemento atual é marcada por padrão. Isso simplifica a lista de elementos, mostrando apenas os que são válidos no local atual. Se você quiser ver uma lista completa de elementos permitidos nesse esquema, desmarque essa caixa de seleção. Então, os elementos inválidos são sinalizados com uma barra dentro de um círculo (o símbolo de "não permitido").

20. Selecione o título *Projetando com Cor* e marque-o como **title**. Em seguida, selecione cada um dos seis parágrafos seguintes, um por vez, e marque-os como **instructor**, **date**, **time**, **description**, **cost** e **classroom**.

    > **Dica** É útil ter os caracteres não imprimíveis exibidos quando você está selecionando parágrafos para marcar.

    À medida que você marca cada elemento, ele aparece na caixa Elementos do Documento. Um X ao lado dos elementos classlist e class indica que a estrutura não é válida de acordo com as regras do esquema e três pontos sob o elemento classroom e no final do elemento class informam que está faltando um elemento.

21. Aponte para o **X** ao lado de *class*.

    Uma dica de tela diz que texto não marcado não é permitido no elemento class; todo texto deve estar incluído nas marcações de elemento inicial e final válidas.

22. Selecione a frase que começa com *Consulte Jo* (o único texto não marcado restante no elemento class). Em seguida, na lista **Escolha um elemento para aplicar à seleção atual**, clique em **notes**.

    O Word marca o elemento e o X ao lado de *class* desaparece.

23. Selecione todo o texto desde *Feng Shui Fácil de Fazer* até *Andy precisará da configuração da tela para seus slides do PowerPoint*. Na caixa **Escolha um elemento para aplicar à seleção atual**, clique em **class**.

    O Word marca o elemento e o X ao lado de *classlist* desaparece.

24. Selecione cada um dos parágrafos dessa classe por sua vez e marque-os como **title**, **instructor**, **date**, **time**, **description**, **cost** e **notes**.

    Na caixa Elementos do Documento, aparece um ponto de interrogação ao lado do segundo elemento class e uma linha ondulada roxa aparece na margem esquerda do documento, para mostrar a seção com estrutura inválida.

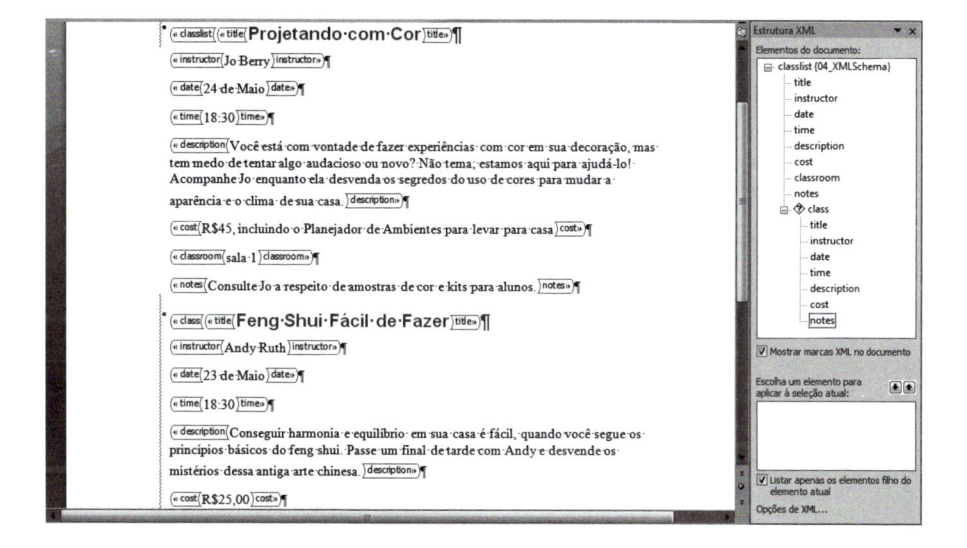

25. Aponte para o ponto de interrogação.

    O Word informa que, de acordo com as regras expostas pelo esquema, o elemento class está incompleto.

26. Na classe *Feng Shui Fácil de Fazer* no documento, clique à direita do marcador final de **cost**, pressione a tecla [Enter], digite **Sala 2**, selecione o texto e marque-o como **classroom**.

    Agora a estrutura do documento é completamente válida e você está pronto para salvar o documento como um arquivo XML.

    > **Solução de problemas**   Se a caixa de seleção Permitir salvar como XML mesmo se for inválido estiver desmarcada na caixa de diálogo Opções de XML, o Word não permitirá que você salve um documento como XML, a menos que a estrutura seja válida. Se o Word informar que não pode salvar seu documento como XML porque sua estrutura viola as regras estabelecidas pelo esquema, você tem três opções: salvar o arquivo como um documento do Word; clicar em Cancelar e mudar a opção na caixa de diálogo Opções de XML; ou clicar em Cancelar e voltar à caixa Elementos do Documento do painel de tarefas Estrutura XML para corrigir a estrutura dos elementos marcados.

27. Clique no **Botão Microsoft Office**, clique em **Salvar como**, nomeie o arquivo como **Meu XML Com Esquema**, altere a configuração de **Tipo** para **Documento XML do Word** e, em seguida, clique em **Salvar**.

28. Feche o painel de tarefas **Estrutura XML** e, em seguida, feche o documento **Meu XML Com Esquema**.
29. Clique no **Botão Microsoft Office** e, em seguida, no painel **Documentos Recentes**, clique em **Meu XML Com Esquema**.

O arquivo XML abre no Word, onde você pode editá-lo como um documento normal.

> **NÃO ESQUEÇA DE** ocultar a guia Desenvolvedor, exibindo a janela Opções do Word e desmarcando a caixa de seleção Mostrar guia Desenvolvedor na Faixa de Opções.
>
> **FECHE** o arquivo *Meu XML Com Esquema* e, se você não for ler agora o próximo capítulo, feche o Word.

> **Dica** O poder da XML reside em sua flexibilidade. Após criar um arquivo XML, você pode aplicar uma *transformação* (também chamada de *transferência*) nele para extrair apenas os dados que precisa e colocá-lo no formato desejado. Por exemplo, você poderia aplicar uma transformação na lista de classes que extraísse o título, a descrição, o instrutor, o custo, a data e a hora da aula e, então, formatar essas informações como uma página da Web para os clientes. Você também poderia aplicar uma transformação diferente que extraísse a data, a sala de aula e as notas e, então, formatar essas informações como um memorando para o pessoal da organização. O tema das transformações está fora do escopo deste livro. Para obter mais informações, consulte o livro *Microsoft Office Word 2007 Inside Out*, de Katherine Murray e Mary Millhollon (Microsoft Press, 2007).

O formato DOCX

O sistema Microsoft Office 2007 apresenta um novo formato de arquivo baseado em XML, chamado de Microsoft Office Open XML Formats. Por padrão, os arquivos do Word 2007 são salvos no formato DOCX, que é a variação do Word desse novo formato de arquivo.

O formato DOCX oferece as seguintes vantagens:

- O tamanho do arquivo é menor, pois os arquivos são compactados ao serem salvos, diminuindo a quantidade de espaço em disco necessária para armazená-lo e a quantidade de largura de banda necessária para enviar arquivos por email, por uma rede ou pela Internet.
- A recuperação de pelo menos parte do conteúdo de arquivos danificados é possível, pois os arquivos XML podem ser abertos em um programa de textos, como o Bloco de notas.
- A segurança é maior, pois os arquivos DOCX não podem conter macros e dados pessoais podem ser detectados e removidos do arquivo. (O Word 2007 fornece um formato de arquivo diferente – DOCM – para arquivos que contêm macros.)

Pontos principais

- Se você quiser enviar um documento para pessoas que não têm o Word instalado em seus computadores, salve o documento em um formato de arquivo universal para que ele possa ser aberto em outros programas.

- Os documentos do Word podem ser facilmente convertidos em páginas da Web. No modo de exibição Layout da Web, você pode ver como um documento ficará em um navegador Web e pode fazer ajustes no leiaute dentro do Word.

- O formato XML armazena informações de modo que elas podem ser extraídas e manipuladas de diversas maneiras, em uma variedade de programas. Com o Word, você pode converter um documento para XML com um processo de salvamento simples ou pode usar um esquema para garantir a validade da estrutura do documento antes de salvá-lo como um arquivo XML.

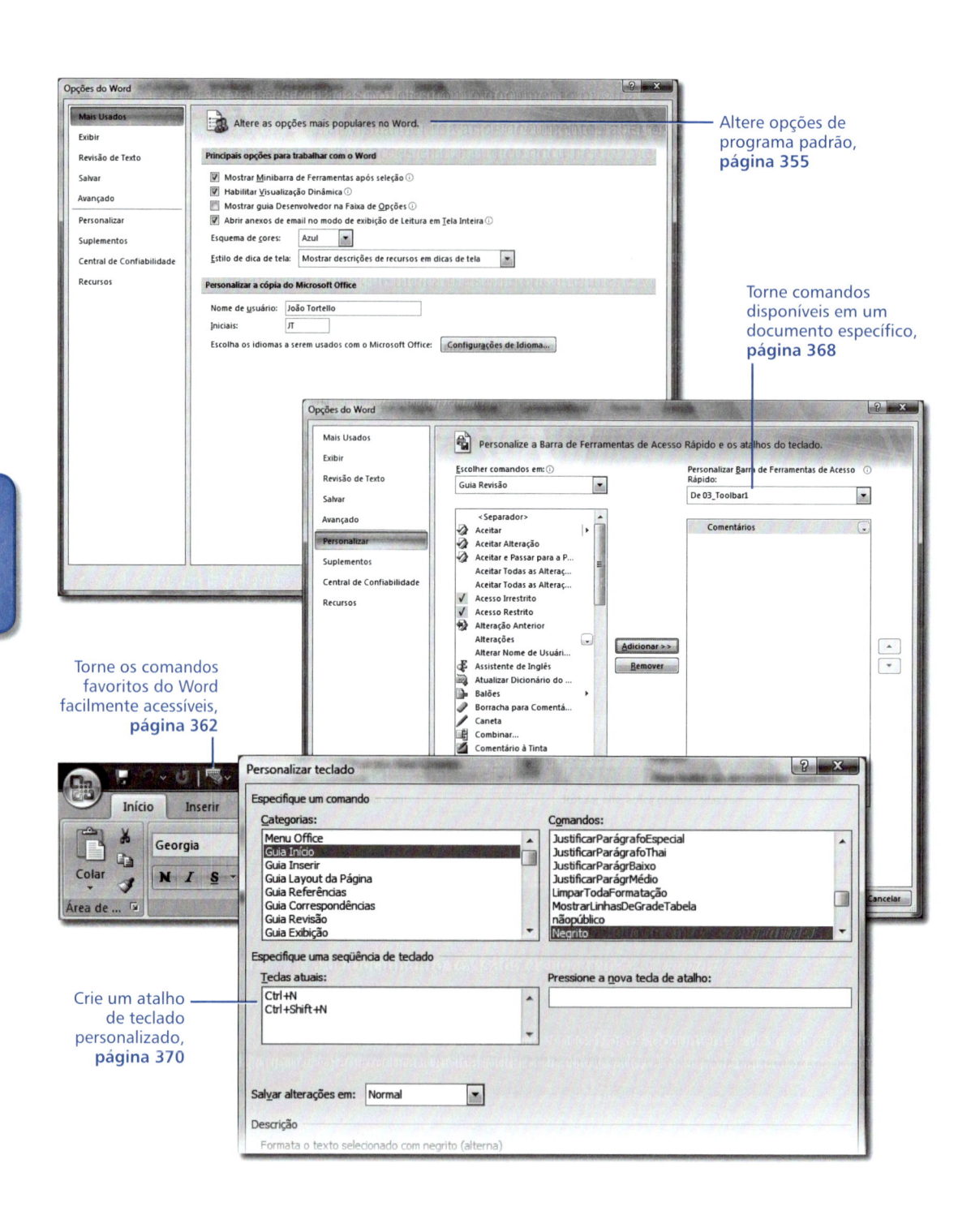

Altere opções de programa padrão, **página 355**

Torne comandos disponíveis em um documento específico, **página 368**

Torne os comandos favoritos do Word facilmente acessíveis, **página 362**

Crie um atalho de teclado personalizado, **página 370**

Visão Rápida do Capítulo 12

Capítulo 12
Personalizando o Word

Neste capítulo, você vai aprender a:
- Alterar opções de programa padrão.
- Tornar os comandos favoritos do Word facilmente acessíveis.
- Tornar comandos disponíveis em um documento específico.
- Criar um atalho de teclado personalizado.

Se você usa o Microsoft Office Word 2007 apenas de vez em quando, pode estar perfeitamente satisfeito com as opções e configurações padrão do programa. Entretanto, se você cria muitos documentos, pode querer personalizar o programa de acordo com os tipos de documentos que cria.

Neste capítulo, você vai explorar as páginas da janela Opções do Word para entender as maneiras pelas quais pode personalizar o programa. Em seguida, você vai adicionar botões na Barra de Ferramentas de Acesso Rápido do Word 2007 e na barra de ferramentas personalizada de um documento. Por fim, você vai criar um atalho de teclado para um comando, para que possa executá-lo sem usar o mouse.

Consulte também Você precisa de uma recapitulação rápida sobre os tópicos deste capítulo? Veja as entradas da Consulta rápida nas páginas 35–61.

Importante Antes de usar os arquivos de exercícios deste capítulo, você precisa instalá-los do CD que acompanha o livro para um local padrão. Consulte "Utilizando o CD-ROM deste livro", na página xxi, para obter mais informações.

Solução de problemas As figuras e as instruções relacionadas ao sistema operacional deste livro refletem a interface do usuário do Windows Vista. Se seu computador estiver executando o Microsoft Windows XP e você enfrentar dificuldades para seguir as instruções, consulte a seção "Informações para os leitores que usam o Windows XP", no início deste livro.

Alterando opções de programa padrão

Nos capítulos anteriores, mencionamos que é possível alterar configurações na janela Opções do Word para personalizar o ambiente do Word de diversas maneiras. Por exemplo, você pode criar novas entradas de AutoCorreção, ajustar o período para salvar informações da AutoRecuperação e determinar a configuração de impressão a ser usada. Saber quais configurações e onde estão na janela Opções do Word tornará o processo de personalização mais eficiente.

Neste exercício, você vai abrir a janela Opções do Word e explorar várias das páginas disponíveis. Não há arquivo para este exercício.

> **NÃO ESQUEÇA DE** iniciar o Word antes de começar este exercício.

Negrito

1. Na guia **Início**, no grupo **Fonte**, aponte para o botão **Negrito**.

   O Word exibe uma Dica de tela que inclui o nome do botão, seu atalho de teclado e uma descrição de seu propósito.

   Consulte também Para obter informações sobre atalhos de teclado, consulte a seção "Criando um atalho de teclado personalizado", mais adiante neste capítulo.

Botão Office

2. Clique no **Botão Microsoft Office** e, em seguida, na parte inferior do menu do Office, clique em **Opções do Word**.

   A janela Opções do Word abre, exibindo a página Mais Usados.

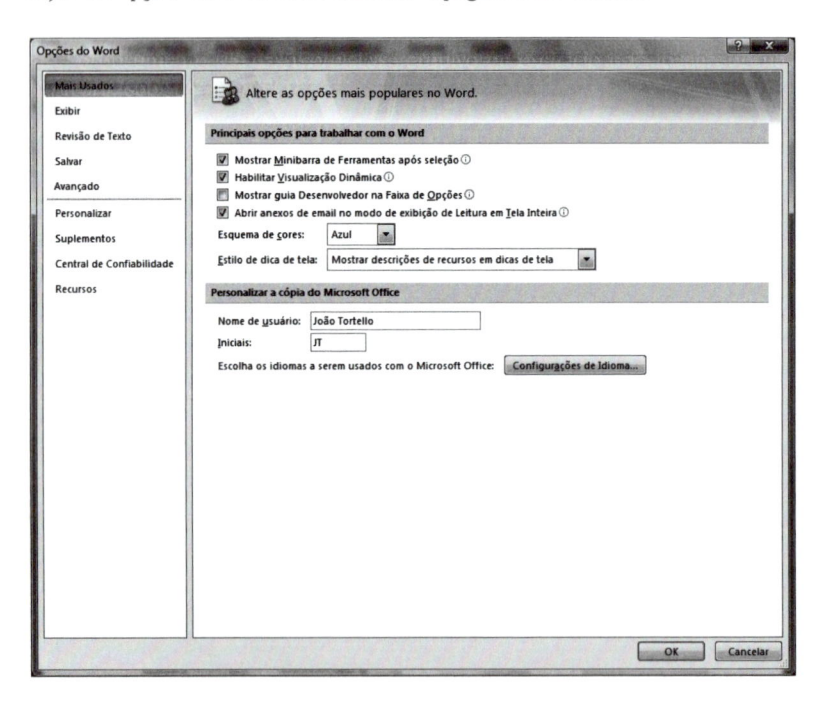

3. Sob **Principais opções para trabalhar com o Word**, clique na seta de **Esquema de cores** e, na lista, clique em **Prateado**.

   > **Dica** Se a presença da Minibarra de Ferramentas atrapalha ao selecionar texto, você pode desativar esse recurso desmarcando a caixa de seleção Mostrar Minibarra de Ferramentas após seleção. Você também pode desativar a visualização dinâmica de estilos e formatação, desmarcando a caixa de seleção Habilitar Visualização Dinâmica. Se você cria documentos para públicos internacionais, pode tornar disponíveis idiomas de edição adicionais, clicando em Configurações de Idioma, escolhendo os idiomas que deseja ter disponíveis e, em seguida, clicando em OK.

Capítulo 12 • Personalizando o Word **357**

4. Clique na seta de **Estilo de dica de tela** e, em seguida, na lista, clique em **Não mostrar descrições de recursos em dicas de tela**.
5. Sob **Personalizar a cópia do Microsoft Office**, verifique se o **Nome de usuário** e **Iniciais** estão corretos ou altere-os para o modo como você deseja que eles apareçam.
6. Clique em **OK** para fechar a janela Opções do Word.

    Agora os elementos da janela de programa são prateados.
7. No grupo **Fonte**, aponte para o botão **Negrito**.

    Agora a Dica de tela inclui apenas o nome do botão e seu atalho de teclado.
8. Exiba a janela **Opções do Word** e, na lista de páginas no painel esquerdo, clique em **Exibir**.

    Nessa página, você pode ajustar o modo como os documentos aparecem na tela e ao serem impressos.

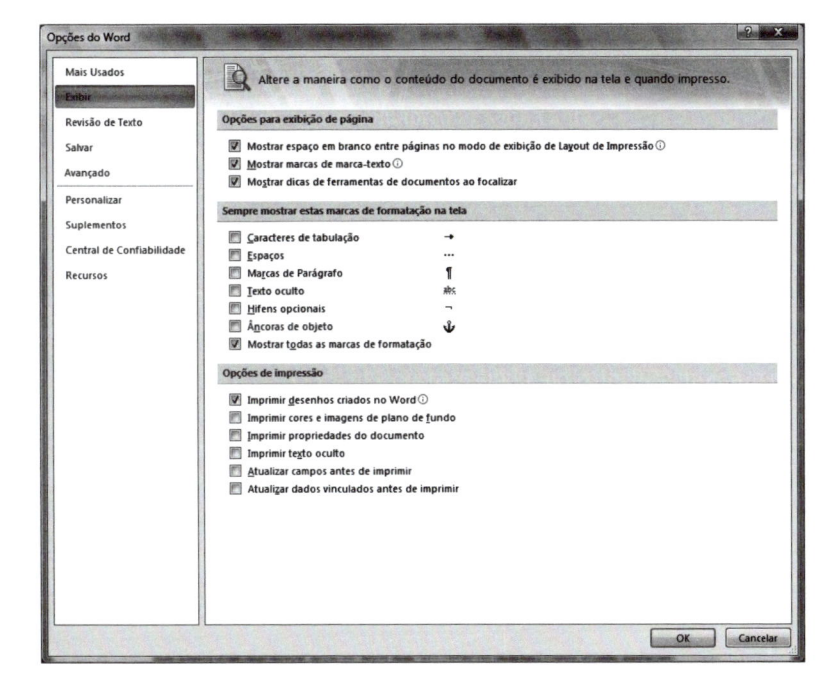

9. Na lista de páginas, clique em **Revisão de Texto**.

    Essa página fornece opções para ajustar as configurações de AutoCorreção e para refinar o processo de correção ortográfica.

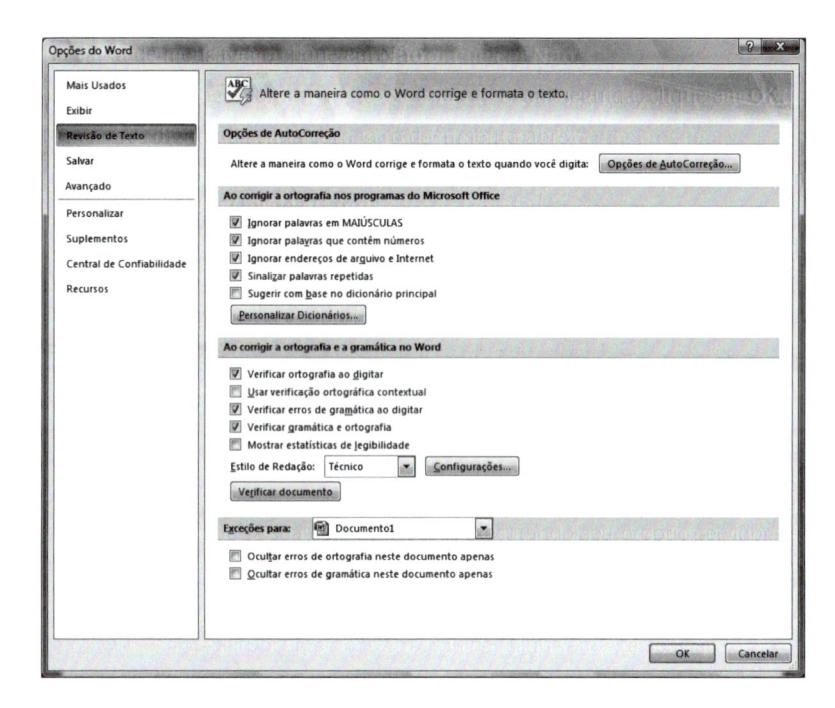

Consulte também Para obter informações sobre AutoCorreção e correção ortográfica, consulte a seção "Corrigindo a grafia e erros gramaticais", no Capítulo 2, "Editando e revisando textos em documentos".

10. Exiba a página **Salvar**.

    Nessa página, você pode alterar o formato padrão do documento, a taxa de salvamento de arquivo de AutoRecuperação e o local; o local padrão no qual o Word salva os arquivos novos criados; e o local padrão dos arquivos submetidos a revisão dos servidores de gerenciamento de documento (como o Microsoft Office SharePoint Server 2007) e dos rascunhos dos arquivos salvos enquanto está trabalhando offline. Você também pode especificar se deseja que as fontes usadas dentro do documento atual sejam incorporadas no documento, para o caso de alguém que abra o documento não ter essas fontes no computador.

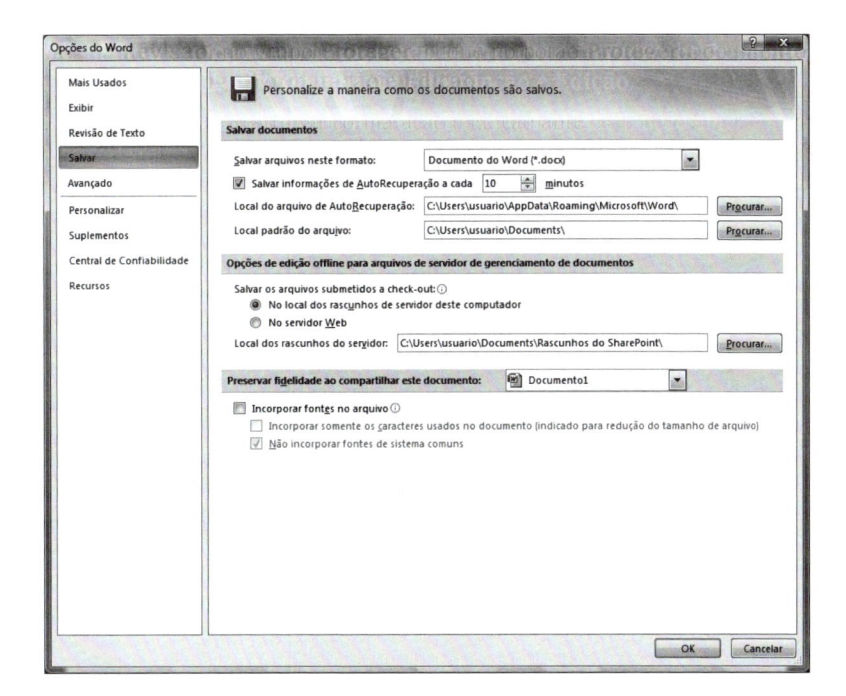

11. Sob **Salvar documentos**, clique na seta de **Salvar arquivos neste formato**.

    Na lista, observe a quantidade de formatos nos quais você pode salvar arquivos. Um deles é o formato Documento do Word 97-2003, que cria arquivos .doc compatíveis com as versões anteriores do Word. Se você tiver migrado para o Word 2007, mas seus colegas ainda estiverem trabalhando em uma versão anterior do programa, selecione essa opção para que eles possam ver e trabalhar com qualquer documento criado por você.

    > **Dica** Se você quiser salvar somente um documento em um formato que seja compatível com versões anteriores do programa, aponte para a seta de Salvar como no menu do Office e, em seguida, clique em Documento do Word 97-2003 para exibir a caixa de diálogo Salvar como, com esse formato já selecionado como a configuração de Tipo.

12. Clique fora da lista para fechá-la e, em seguida, exiba a página **Avançado**.

    Essa página inclui opções relacionadas à edição do conteúdo do documento, à exibição de documentos na tela, à impressão, ao salvamento e ao compartilhamento de documentos e a uma variedade de outras opções.

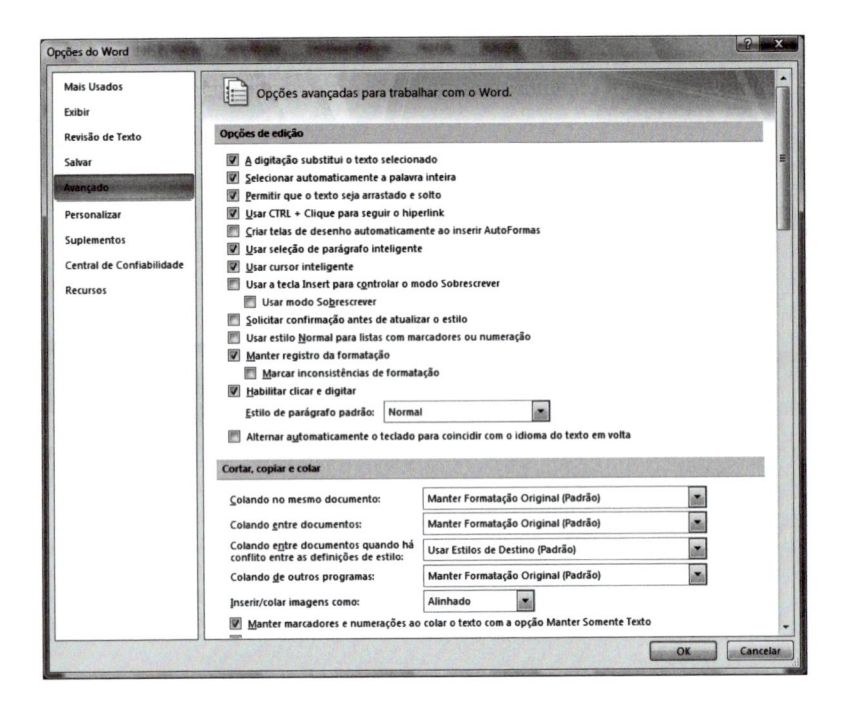

13. Explore todas as opções dessa página.

    Embora essas opções sejam rotuladas como avançadas, são elas que você provavelmente desejará ajustar de acordo com sua maneira de trabalhar. Na parte inferior da página existem os seguintes botões:

    - Locais dos Arquivos, em que você clica para alterar os locais padrões de vários tipos de arquivos associados ao Word e seus documentos.
    - Opções da Web, em que você clica para ajustar configurações para converter um documento em uma página da Web.
    - Opções de Serviço, em que você clica para ajustar configurações relacionadas ao trabalho com documentos armazenados em sites do SharePoint.

    Consulte também Para obter informações sobre a conversão de um documento do Word em uma página da Web, consulte a seção "Criando e modificando um documento da Web", no Capítulo 11, "Criando documentos para uso fora do Word". Para obter informações sobre o armazenamento de documentos em sites do SharePoint, consulte a seção "Usando espaços de trabalho de documento", no Capítulo 10, "Colaborando com os outros".

14. Exiba a página **Central de Confiabilidade**.

    Essa página fornece links para informações sobre privacidade e segurança. Ela também fornece links para configurações da Central de Confiabilidade, que controlam as ações executadas pelo Word em resposta a documentos fornecidos por certas pessoas ou empresas, salvos em certos locais ou que contêm controles ou macros ActiveX.

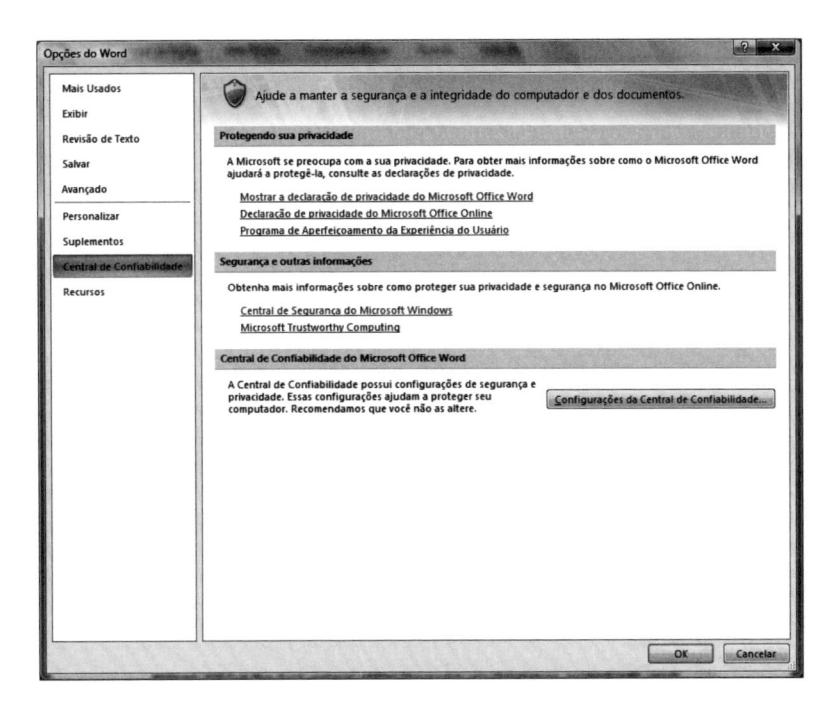

15. Sob **Central de Confiabilidade do Microsoft Office Word**, clique em **Configurações da Central de Confiabilidade** e, em seguida, na lista de páginas do painel esquerdo da janela **Central de Confiabilidade**, clique em **Locais Confiáveis**.

Nessa página, você pode especificar os locais dos quais o Word não bloqueará o conteúdo.

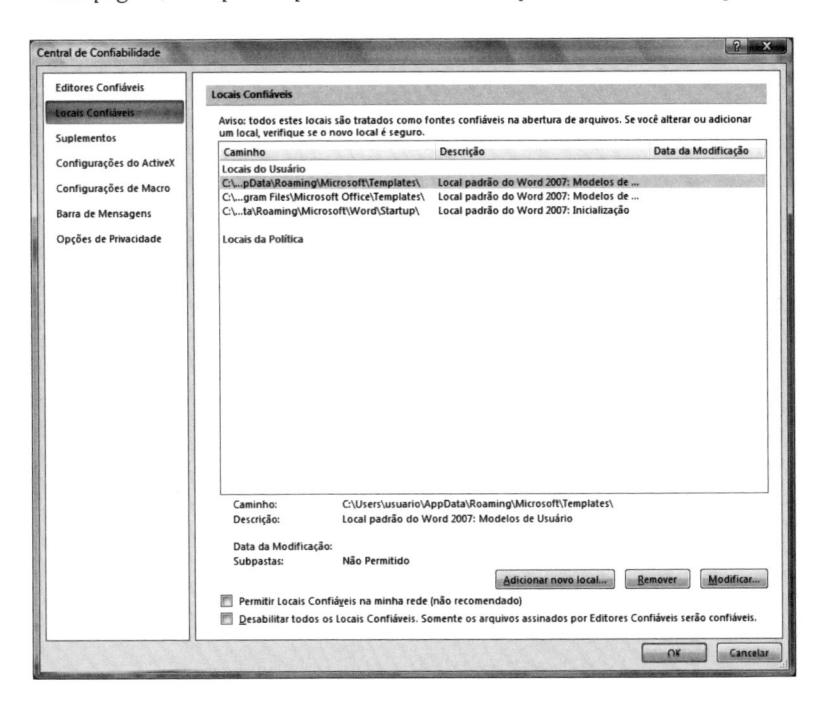

16. Explore as outras páginas da janela Central de Confiabilidade e, em seguida, clique em **Cancelar** para retornar à janela Opções do Word.
17. Na janela **Opções do Word**, exiba a página **Recursos**.

    Nessa página existem links para ativar, atualizar e manter os programas do Office. A maioria desses links exige que você tenha acesso à Internet.

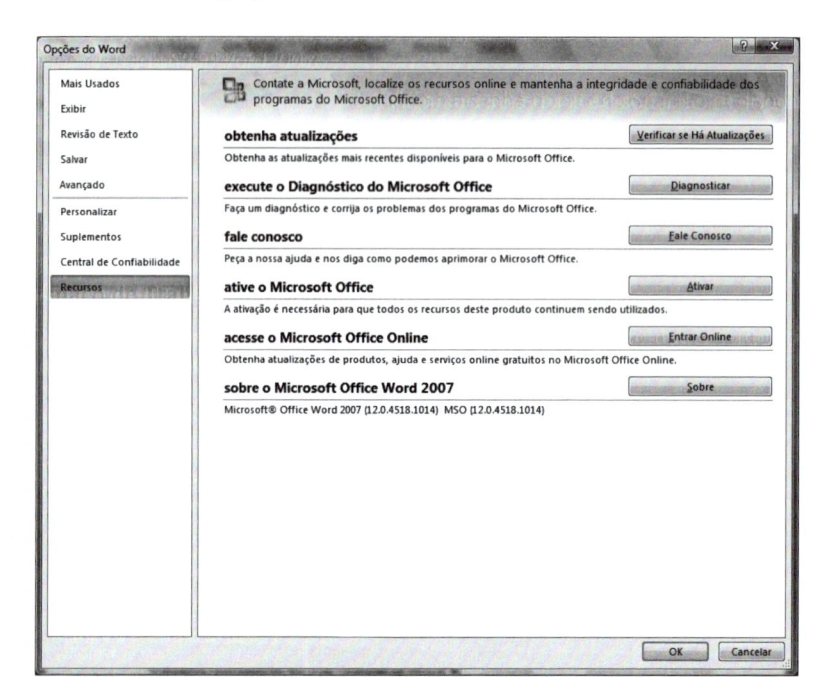

> **CERTIFIQUE-SE DE** reverter as alterações que você não deseja manter antes de prosseguir.
>
> **FECHE** a janela Opções do Word.

Consulte também Para obter informações sobre o uso das configurações disponíveis na página Personalizar, consulte os tópicos a seguir. Para obter informações sobre o trabalho com suplementos, consulte "Usando suplementos", no Capítulo 11, "Criando documentos para uso fora do Word".

Tornando comandos favoritos do Word facilmente acessíveis

Se o Word 2007 é a primeira versão do programa com que trabalha, você já deve ter se acostumado com os comandos representados como botões na Faixa de Opções. Entretanto, se você tiver migrado de uma versão anterior do Word, pode ter identificado alguns comandos que parecem não estar mais disponíveis.

> **Dica** Você pode descobrir onde um comando favorito do Word 2003 aparece no menu do Office ou na Faixa de Opções procurando *comandos 2003* na Ajuda do Word e, em seguida, exibindo o tópico *Referência: Localização de comandos do Word 2003 no Word 2007*. Role para a parte inferior do tópico e clique no link Pasta de trabalho de mapeamento da Faixa de Opções do Word, sob Novos locais de comandos conhecidos.
>
> Você pode encontrar uma lista de todos os comandos que não aparecem na Faixa de Opções, mas ainda estão disponíveis no Word, exibindo a página Personalizar da janela Opções do Word e clicando em Comandos Fora da Faixa de Opções na lista Escolher comandos em.

Para a versão 2007 do Office, a Microsoft realizou uma ampla pesquisa para descobrir como as pessoas realmente utilizam os programas do pacote Office. Como resultado, alguns recursos do Word que pareciam supérfluos foram descartados e outros que eram usados muito raramente foram colocados à parte. Se você sentir muita falta de um desses recursos, pode torná-lo parte do ambiente do Word adicionando-o na Barra de Ferramentas de Acesso Rápido.

Talvez você também queira personalizar a Barra de Ferramentas de Acesso Rápido, caso utilize regularmente os botões que estão espalhados em diversas guias da Faixa de Opções e não queira alternar entre elas para acessá-los. Se você utiliza apenas alguns botões, pode adicioná-los na Barra de Ferramentas de Acesso Rápido e depois ocultar a Faixa de Opções, clicando duas vezes na guia ativa – a Barra de Ferramentas de Acesso Rápido e os nomes de guia permanecem visíveis. (Você pode exibir temporariamente a Faixa de Opções clicando na guia que deseja ver ou exibi-la permanentemente, clicando duas vezes em qualquer guia.)

> **Dica** Quando você adiciona botões na Barra de Ferramentas de Acesso Rápido, ela se expande para acomodá-los. Se você adicionar muitos botões, talvez seja difícil ver o texto da barra de título ou nem todos os botões podem estar visíveis. Para resolver esse problema, mova a Barra de Ferramentas de Acesso Rápido para baixo da Faixa de Opções, clique no botão Personalizar Barra de Ferramentas de Acesso Rápido e, então, clique em Mostrar Abaixo da Faixa de Opções.

Neste exercício, você vai adicionar um botão na Barra de Ferramentas de Acesso Rápido do Word 2007.

> **USE** o documento *02_Commands*. Esse arquivo de exercício está localizado na subpasta *Chapter12*, sob *SBS_Word2007*.
>
> **ABRA** o documento *02_Commands*.

Personalizar Barra de Ferramentas de Acesso Rápido

1. Na extremidade direita da **Barra de Ferramentas de Acesso Rápido**, clique no botão **Personalizar Barra de Ferramentas de Acesso Rápido**.

   Por padrão, os botões Salvar, Desfazer e Refazer aparecem na Barra de Ferramentas de Acesso Rápido.

   Você pode adicionar um botão na barra de ferramentas para qualquer um dos comandos comuns que aparecem na lista Personalizar Barra de Ferramentas de Acesso Rápido clicando no comando na lista.

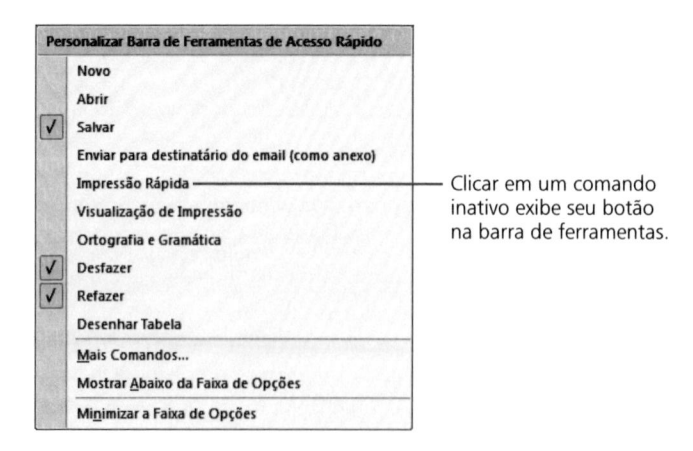

Clicar em um comando inativo exibe seu botão na barra de ferramentas.

2. Na lista **Personalizar Barra de Ferramentas de Acesso Rápido**, clique em **Mais Comandos**.

   A janela Opções do Word abre, exibindo a página Personalizar.

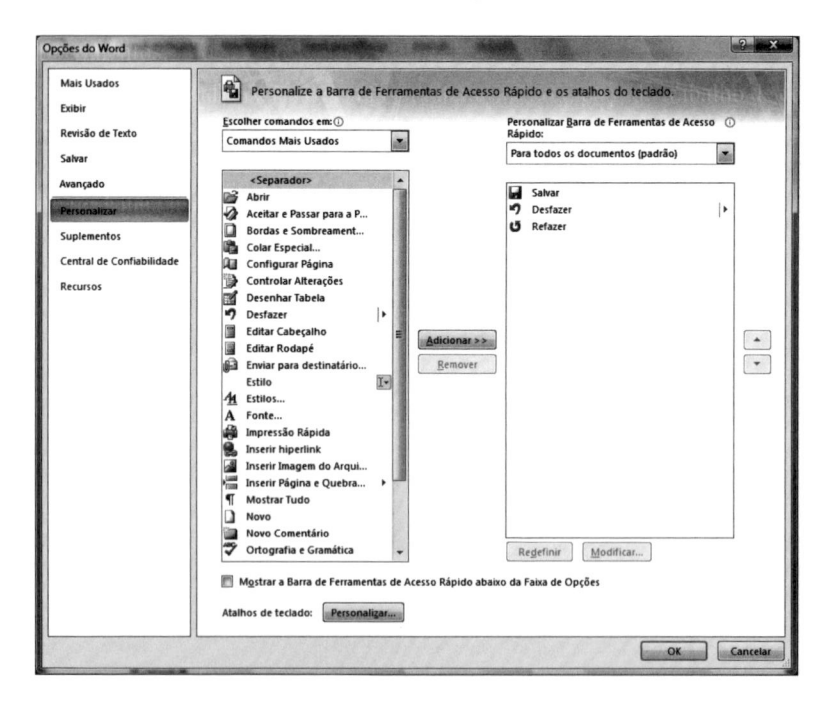

   Você pode adicionar um comando menos comum na Barra de Ferramentas de Acesso Rápido selecionando-o na lista de comandos disponíveis no lado esquerdo da página e, em seguida, clicando em Adicionar (ou clicando duas vezes no comando) para copiá-lo na lista de comandos da barra de ferramentas no lado direito da página.

3. Clique na seta de **Escolher comandos em** e, em seguida, na lista, clique em **Comandos Fora da Faixa de Opções**.

   A lista de comandos disponíveis muda para incluir apenas os comandos que estão disponíveis no Word 2007, mas não aparecem em nenhuma guia da Faixa de Opções.

4. Na lista de comandos disponíveis, clique em **AutoTexto** e, em seguida, clique em **Adicionar** para adicionar o comando na Barra de Ferramentas de Acesso Rápido global.

   A seta à direita do comando indica que clicar no botão AutoTexto exibirá uma lista de opções. Neste caso, clicar no botão AutoTexto exibirá uma galeria a partir da qual você pode inserir um item de texto salvo em um documento.

5. Na parte superior da lista de comandos disponíveis, clique em **<Separador>** e, em seguida, clique em **Adicionar**.

   O separador – uma linha horizontal indicando o início ou o final de um grupo de comandos – aparece na parte inferior da lista de comandos da barra de ferramentas.

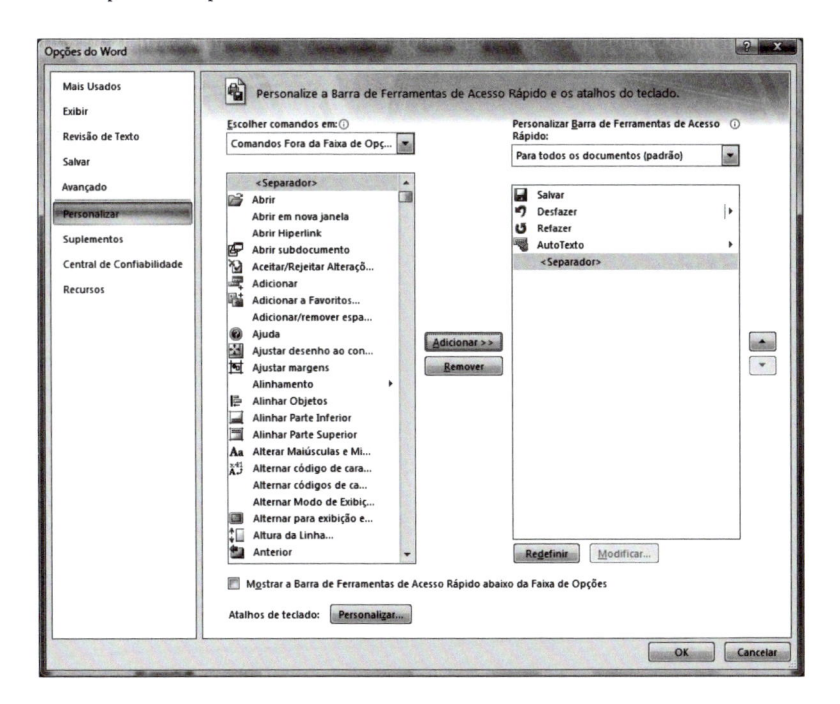

Mover para Cima

6. Na lista de comandos da barra de ferramentas, clique em **<Separador>** e, em seguida, clique no botão **Mover para Cima**.

   O separador se move uma posição para cima, para separar os três comandos padrão do comando AutoTexto. Os botões aparecem da esquerda para a direita na Barra de Ferramentas de Acesso Rápido, na mesma ordem em que aparecem de cima para baixo na lista de comandos da barra de ferramentas.

7. Na janela **Opções do Word**, clique em **OK**.

   A Barra de Ferramentas de Acesso Rápido se expande para acomodar a barra separadora e o botão que você adicionou.

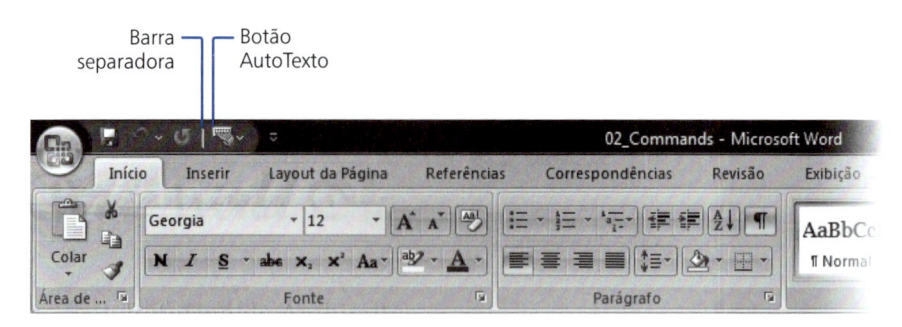

8. Na primeira página do documento, posicione o ponto de inserção à direita de *Para entregas em geral* e à esquerda dos dois-pontos, pressione Barra de espaço e, em seguida, digite **no Mensageiro Consolidado**.

9. Selecione as palavras **Mensageiro Consolidado** e, na **Barra de Ferramentas de Acesso Rápido**, clique no botão **AutoTexto**.

10. Na galeria **AutoTexto**, clique em **Salvar Seleção na Galeria de AutoTexto**.

    A caixa de diálogo Criar Novo Bloco de Construção abre.

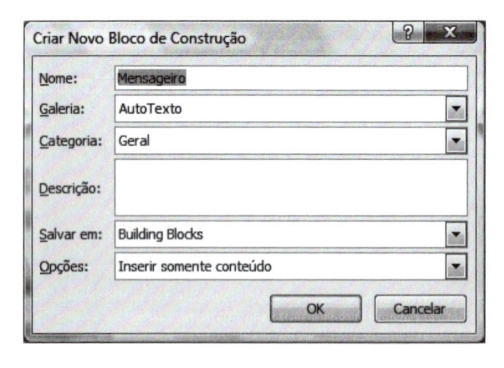

    Consulte também Para obter informações sobre blocos de construção, consulte a seção "Inserindo texto salvo", no Capítulo 2, "Editando e revisando texto em documentos", e a seção "Inserindo partes de documento prontas", no Capítulo 8, "Trabalhando com documentos mais longos".

11. Digite **mc** na caixa **Nome** e, em seguida, clique em **OK**.

12. Posicione o ponto de inserção na extremidade esquerda do parágrafo *Números de telefone*, pressione [Enter], pressione a tecla [↑], digite **As entregas urgentes devem ser levadas diretamente para o funcionário do** e, em seguida, pressione Barra de espaço.

13. Na **Barra de Ferramentas de Acesso Rápido**, clique no botão **AutoTexto**.

    Agora a galeria AutoTexto inclui a entrada *Mensageiro Consolidado* que você acabou de adicionar.

Capítulo 12 • Personalizando o Word **367**

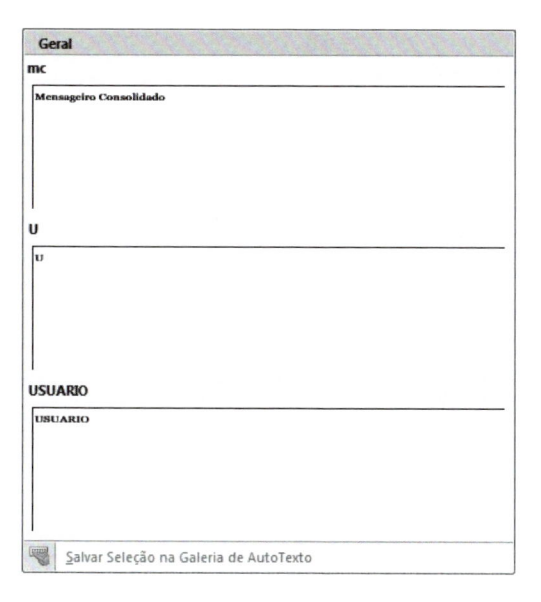

14. Na galeria **AutoTexto**, clique em **mc** para inserir o texto salvo no documento.

> **Dica** Você também pode substituir um nome de AutoTexto por sua entrada correspondente digitando o nome e pressionando a tecla F3.

15. Pressione Barra de espaço e, em seguida, digite a quem elas foram endereçadas.
16. Na extremidade direita da **Barra de Ferramentas de Acesso Rápido**, clique no botão **Personalizar Barra de Ferramentas de Acesso Rápido** e, em seguida, na lista, clique em **Mais Comandos**.
17. Na janela **Opções do Word**, clique em **Redefinir**. Em seguida, na caixa de mensagem pedindo para que você confirme se deseja restaurar a Barra de Ferramentas de Acesso Rápido com seu conjunto de comandos padrão, clique em **Sim**.
18. Feche a janela **Opções do Word**.

O botão AutoTexto e o separador não aparecem mais na Barra de Ferramentas de Acesso Rápido.

> **FECHE** o documento *02_Commands* sem salvar suas alterações.

> **Importante** Quando você encerrar o Word, será perguntado se deseja salvar o modelo Building Blocks, que é onde as entradas de AutoTexto são salvas. Para descartar a entrada de AutoTexto que você criou neste exercício, clique em Não.

Tornando comandos disponíveis em um documento específico

Além de personalizar a Barra de Ferramentas de Acesso Rápido global para tornar um conjunto de botões disponível para todos os documentos, você pode personalizar a Barra de Ferramentas de Acesso Rápido para um documento específico. Por exemplo, para trabalhar com um documento que contém um leiaute complexo baseado em tabela, talvez você queira disponibilizar na Barra de Ferramentas comandos que permitem ativar ou desativar as réguas e as linhas de grade.

Consulte também Para obter informações sobre leiautes baseados em tabela, consulte a seção "Usando uma tabela para controlar o leiaute da página", no Capítulo 5, "Apresentando informações em colunas e tabelas".

Neste exercício, você vai adicionar um botão na Barra de Ferramentas de Acesso Rápido de um documento específico. Em seguida, após testar o botão, você vai removê-lo da barra de ferramentas.

> **USE** os documentos *03_Toolbar1* e *03_Toolbar2*. Esses arquivos de exercícios estão localizados na subpasta *Chapter12*, sob *SBS_Word2007*.
>
> **ABRA** o documento *03_Toolbar1*.

Personalizar Barra de Ferramentas de Acesso Rápido

1. Na extremidade direita da **Barra de Ferramentas de Acesso Rápido**, clique no botão **Personalizar Barra de Ferramentas de Acesso Rápido** e, em seguida, na lista, clique em **Mais Comandos**.

   A janela Opções do Word abre, exibindo a página Personalizar. Uma lista de comandos disponíveis aparece no lado esquerdo da página e uma lista dos comandos disponíveis da Barra de Ferramentas de Acesso Rápido global aparece à direita.

2. Clique na seta de **Personalizar Barra de Ferramentas de Acesso Rápido** e, em seguida, na lista, clique em **De 03_Toolbar1**.

   > **Solução de problemas** Se o documento atual for somente de leitura, a única opção disponível na lista será Para todos os documentos (padrão). Você não pode personalizar a Barra de Ferramentas de Acesso Rápido para um documento somente de leitura.

   Agora a lista de comandos da barra de ferramentas está vazia, pronta para você especificar quais comandos devem aparecer na barra de ferramentas desse documento específico.

3. Clique na seta de **Escolher comandos em** e, em seguida, na lista, clique em **Guia Revisão**.

   Agora, a lista de comandos disponíveis contém todos os comandos disponíveis na guia Revisão na Faixa de Opções, incluindo vários que são relacionados à adição, edição e exclusão de comentários.

4. Na lista de comandos disponíveis, clique no segundo comando **Comentários** (aquele que tem o botão de seta à sua direita). Em seguida, clique em **Adicionar**.

   O comando Comentários aparece na lista de comandos da barra de ferramentas. O botão de seta à direita do comando indica que clicar nesse botão na Barra de Ferramentas de Acesso Rápido exibirá um menu de opções.

Capítulo 12 • Personalizando o Word **369**

— Botão de seta

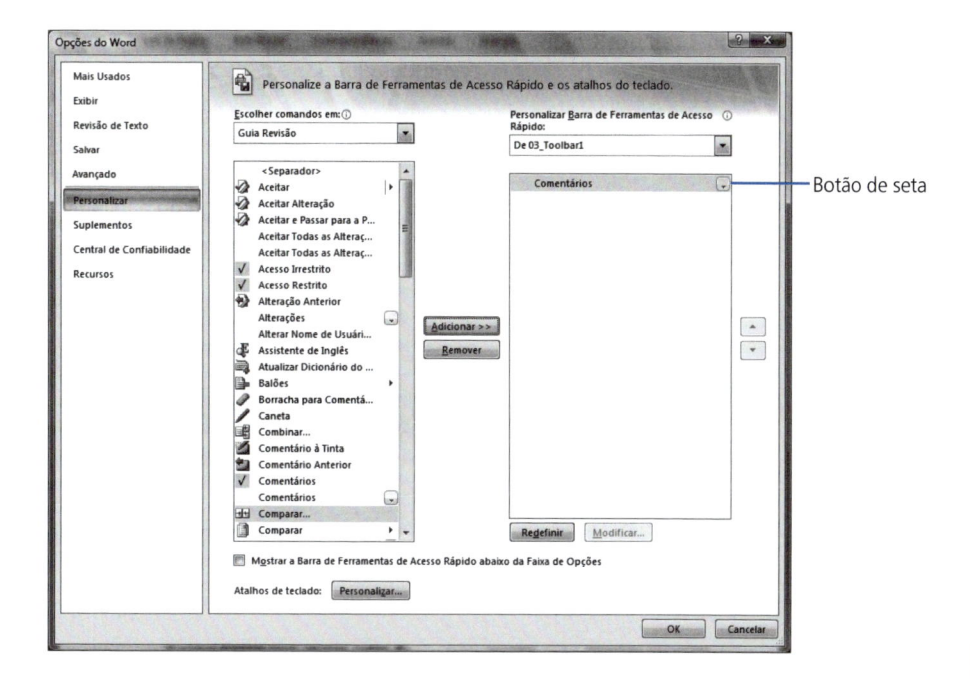

5. Clique em **OK**.

   Agora a Barra de Ferramentas de Acesso Rápido inclui os botões Salvar, Desfazer e Repetir da barra de ferramentas padrão e o botão Comentários da barra de ferramentas personalizada. A barra de ferramentas personalizada aparece dentro de uma caixa separada na Barra de Ferramentas de Acesso Rápido.

6. Abra o documento *03_Toolbar2* da subpasta *Chapter12*, observe que a barra de ferramentas personalizada não está disponível para esse documento e, em seguida, feche-o.

7. Role o documento *03_Toolbar1* e, no final do parágrafo abaixo da lista numerada, selecione **desejando mais**.

8. Na **Barra de Ferramentas de Acesso Rápido**, clique no botão **Comentários**.

   Comentários

   Embora não exista uma seta ao lado do botão, um grupo de opções de comentário aparece.

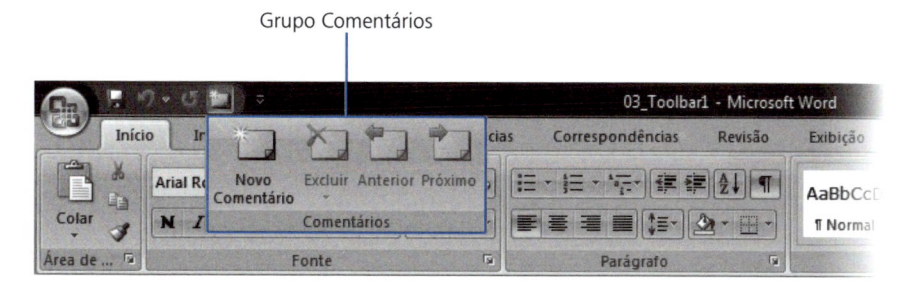

   Grupo Comentários

9. No grupo **Comentários**, clique em **Novo Comentário** e, no balão de comentário, digite Paolini agora diz que está "finalmente fazendo progressos" no terceiro livro. Em seguida, clique em qualquer parte do texto do documento (não no balão).

10. Clique no botão **Personalizar Barra de Ferramentas de Acesso Rápido** e, em seguida, clique em **Mais Comandos**.

11. Na página **Personalizar** da janela Opções do Word, clique em **De 03_Toolbar1** na lista **Personalizar Barra de Ferramentas de Acesso Rápido**, para exibir a lista de botões da barra de ferramentas personalizada. Em seguida, clique em **Redefinir**.

12. Na caixa de mensagem **Redefinir Personalizações**, clique em **Sim** para retornar a barra de ferramentas do documento específico ao seu conteúdo padrão (vazio). Em seguida, clique em **OK**.

    Agora, apenas os botões atribuídos à Barra de Ferramentas de Acesso Rápido padrão estão visíveis.

> **FECHE** o documento *03_Toolbar1* sem salvar suas alterações.

> **Dica** Se você enviar para outra pessoa um documento com uma barra de ferramentas personalizada ou se tornar o documento disponível em um espaço de trabalho de documento, a barra de ferramentas personalizada estará disponível para qualquer um que abrir o documento no Word 2007.

Criando um atalho de teclado personalizado

Outra maneira de acessar comandos rapidamente é por meios do *atalhos de teclado* – combinações de duas ou mais teclas que ativam um comando. O Word tem uma grande variedade de atalhos de teclado. Por exemplo, para formatar texto como negrito, você pode simplesmente selecioná-lo e pressionar Ctrl+N.

Se um comando que você usa freqüentemente não tem um atalho de teclado, você pode criar um a partir da página Personalizar da janela Opções do Word. Clicar em Personalizar na parte inferior dessa página abre a caixa de diálogo Personalizar teclado, onde você pode escolher as categorias e comandos desejados e atribuir atalhos de teclado.

Neste exercício, você vai atribuir atalhos de teclado a dois comandos e, em seguida, vai testar os atalhos de teclado. Não há arquivo para este exercício.

> **ABRA** um novo documento em branco.

Personalizar Barra de Ferramentas de Acesso Rápido

1. Na extremidade direita da **Barra de Ferramentas de Acesso Rápido**, clique no botão **Personalizar Barra de Ferramentas de Acesso Rápido** e, em seguida, na lista, clique em **Mais Comandos**.

    A janela Opções do Word abre, exibindo a página Personalizar.

2. Na parte inferior da janela, à direita de **Atalhos de teclado**, clique em **Personalizar**.

    A caixa de diálogo Personalizar teclado abre. As guias da Faixa de Opções são listadas na caixa Categorias à esquerda e os comandos disponíveis para a categoria selecionada são listados na caixa Comandos, à direita.

3. Na lista **Categorias**, clique em **Guia Início** e, em seguida, na lista **Comandos**, clique em **Negrito**.

   Na caixa Teclas atuais, o Word exibe os atalhos de teclado já atribuídos ao comando Negrito.

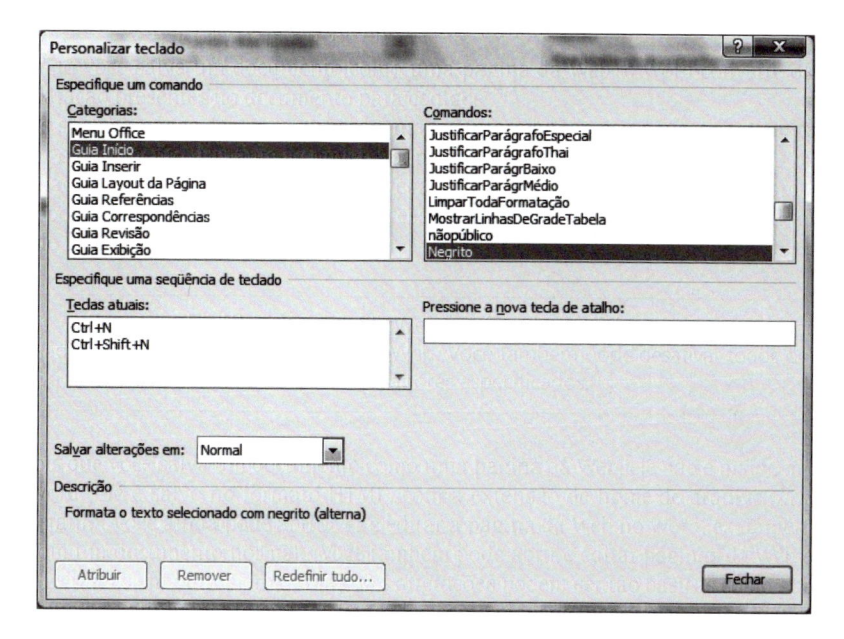

   > **Dica** Para excluir um atalho de teclado existente a fim de torná-lo disponível para uma nova atribuição, selecione-o na caixa Teclas atuais e, em seguida, clique em Remover.

4. Na lista **Comandos**, clique em **DiminuirRecuo**.

5. Dê um clique para posicionar o ponto de inserção na caixa **Pressione a nova tecla de atalho** e, em seguida, pressione [Ctrl]+[D].

   Sob a caixa Teclas atuais, o Word informa que esse atalho de teclado já está atribuído ao comando FormatarFonte.

6. Pressione a tecla [Backspace] (não [Del]) para limpar a caixa **Pressione a nova tecla de atalho** e, em seguida, pressione [Alt]+[D].

   Sob a caixa Teclas atuais, o Word informa que atualmente esse atalho de teclado não está sendo utilizado (a não ser que você já o tenha atribuído a um comando diferente).

7. Clique em **Atribuir**.

8. Repita os passos 4, 5 e 7 para atribuir a combinação de teclado [Alt]+[I] ao comando **AumentarRecuo**.

9. Feche a caixa de diálogo **Personalizar teclado** e a janela **Opções do Word**.

> **Dica** Usando as opções da lista Salvar alterações em, você pode salvar novos atalhos de teclado em um modelo a fim de torná-los disponíveis para todos os documentos que utilizem esse modelo, ou em um documento específico, para torná-los disponíveis apenas dentro desse documento.

Agora, teste o novo atalho de teclado.

10. Na guia **Exibição**, no grupo **Mostrar/Ocultar**, marque a caixa de seleção **Régua** para exibir as réguas horizontal e vertical.

11. Pressione [Alt]+[I] duas vezes para recuar o parágrafo e, em seguida, pressione [Alt]+[D] uma vez, para diminuir o recuo.

Na régua, os marcadores de recuo pulam para a marca 2,54 cm e depois pulam de volta para a marca de 1,27 cm.

> **NÃO ESQUEÇA DE** remover todos os atalhos de teclado que não quiser manter e de desativar a exibição das réguas.

Buscando atalhos de teclado

A lista de atalhos de teclado do Word é longa demais para reproduzirmos aqui. Para imprimir uma lista desses atalhos:

1. Na extremidade direita da Faixa de Opções, clique no botão **Ajuda**.
2. Na caixa **Pesquisa**, digite **atalhos de teclado** e clique em **Pesquisar**.
3. Na lista de resultados, clique em **Atalhos de teclado do Microsoft Office Word**.
4. Clique no link **Mostrar tudo**, no início do tópico, para exibir todo o texto e, em seguida, na barra de ferramentas, clique no botão **Imprimir**.

Pontos principais

- O ambiente do Word é flexível e pode ser personalizado de acordo com as suas necessidades.
- A maior parte das configurações de ambiente está reunida nas páginas da janela Opções do Word.
- Você pode fornecer acesso com um clique de mouse a qualquer comando do Word 2007 adicionando um botão para ele na Barra de Ferramentas de Acesso Rápido, tanto para todos os documentos como para um único documento.
- Quando o trabalho principal em um documento envolver digitação, você pode aumentar a eficiência usando atalhos de teclado, pois assim não precisará retirar suas mãos do teclado para usar o mouse.
- É recomendável memorizar os atalhos de teclado comuns e criar atalhos personalizados para os seus comandos favoritos que ainda não os têm.

Glossário

agrupamento   Reunião de vários objetos, como elementos gráficos, em uma única unidade para que eles ajam como um só objeto e possam ser facilmente movidos e dimensionados.

alça de dimensionamento   Pequenos círculos, quadrados ou conjuntos de pontos que aparecem nos cantos e laterais de um objeto selecionado. Essas alças podem ser arrastadas para alterar a forma de um objeto.

área de gráfico   A área inteira ocupada por um gráfico, incluindo a legenda e os títulos.

área de plotagem   A área limitada pelos eixos de categoria (x) e valor (y) em um gráfico.

área de seleção   Uma área na margem esquerda de um documento, na qual você pode clicar e arrastar para selecionar blocos de texto.

Área de transferência   Uma área de armazenamento compartilhada por todos os programas do Office, onde são armazenados os itens recortados ou copiados.

arquivo   Um conjunto nomeado de informações, como um programa ou dados criados com esse programa.

arquivo de destino   Um arquivo no qual você insere um objeto criado em outro programa.

arquivo-fonte   Um arquivo contendo um objeto que é inserido em um arquivo de destino.

arrastar   Uma maneira de mover objetos, apontando para eles, mantendo o botão do mouse pressionado, movendo o ponteiro do mouse para o local desejado e soltando o botão.

assinatura digital   Um mecanismo de segurança usado na Internet que possui duas chaves, uma pública e uma privada, usadas para criptografar as mensagens antes da transmissão e descriptografá-las na recepção.

atalho de teclado   A combinação de duas ou mais teclas que executam uma ação quando pressionadas juntas.

atributo   Itens individuais de formatação de caractere, como estilo ou cor, que determinam a aparência do texto.

balão   Uma caixa contendo um comentário, exclusão ou alteração de formatação que aparece à direita de um documento quando o recurso Controlar Alterações está ativo.

Barra de Ferramentas de Acesso Rápido   Uma barra de ferramentas que mostra os botões Salvar, Desfazer e Repetir por padrão, mas pode ser personalizada para mostrar outros comandos.

barra de ferramentas Exibir   Uma barra de ferramentas na extremidade direita da barra de status contendo ferramentas para ajustar o modo de exibição do conteúdo do documento.

barra de status   Uma área ao longo da parte inferior da janela de programa que fornece informações sobre o documento atual.

barra de título   Uma área na parte superior da janela de programa que mostra o nome do documento ativo.

blocos de construção   Texto usado freqüentemente salvo em uma galeria, a partir da qual ele pode ser inserido rapidamente em um documento.

blog   Um site pessoal.

botão da Ajuda do Microsoft Office Word   O botão com um ponto de interrogação (?) na extremidade direita da Faixa de Opções que pode ser clicado para abrir a janela de Ajuda do Word.

Botão Microsoft Office   O botão que dá acesso ao menu com comandos que gerenciam o Word e documentos do Word como um todo (em vez do conteúdo do documento).

cabeçalho   A região da parte superior de uma página cujo texto pode ser repetido em todas as páginas (ou em algumas) de um documento.

cabeçalhos de coluna   As caixas cinzas na parte superior das colunas em uma planilha. Consulte também *cabeçalhos de linha*.

cabeçalhos de linha   As caixas cinzas na extremidade esquerda das linhas em uma planilha. Consulte também *cabeçalhos de coluna*.

campo   Um espaço reservado que diz ao Word para fornecer as informações especificadas na maneira especificada. Além disso, é o conjunto de informações de um tipo específico em uma origem de dados, como todos os sobrenomes em uma lista de contatos.

campo de entrada de índice   O campo XE, incluindo as chaves ({}), que define uma entrada de índice.

campo de mesclagem   Campos em um documento principal que dizem ao Word onde inserir as informações correspondentes de uma origem de dados.

caracteres curingas   Ao se usar a caixa de diálogo Localizar e substituir, são caracteres que servem como espaços reservados para um único caractere, como em *?feito* para *efeito* e *afeito*, ou para vários caracteres.

caracteres de divisa   Os caracteres « e » que ficam entre os campos de mesclagem em documentos modelo.

célula Uma caixa na interseção de uma coluna e uma linha em uma tabela ou planilha.

Clicar e digitar Um recurso que permite clicar duas vezes em uma área em branco de um documento para posicionar o ponto de inserção nesse local, com o alinhamento de parágrafo apropriado já estabelecido.

coluna Em um gráfico, a representação vertical dos dados plotados de uma tabela ou planilha. No leiaute de página, a área entre as margens onde o texto pode fluir. (As páginas podem ter uma única coluna ou várias colunas.)

comentário Uma nota inserida em um documento e exibida em um balão ou no painel de revisão.

consulta Critérios de seleção para extrair informações de uma origem de dados para uso no processo de mala direta.

cor de fonte Uma cor de uma gama de cores que podem ser aplicadas ao texto.

diagrama Uma representação visual de informações, como um processo ou relacionamento.

diagrama de ciclo Um tipo de diagrama usado para representar uma seqüência circular de etapas, tarefas ou eventos; ou o relacionamento de um conjunto de etapas, tarefas ou eventos com um elemento básico central.

diagrama de lista Um diagrama no qual listas de informações relacionadas ou independentes são representadas visualmente.

diagrama de matriz Um diagrama usado para mostrar o relacionamento dos componentes com um todo.

diagrama de pirâmide Um diagrama usado para ilustrar relacionamentos proporcionais ou interligados.

diagrama de processo Um diagrama usado para representar visualmente o conjunto ordenado de etapas exigidas para completar uma tarefa.

diagrama de relacionamento Um diagrama usado para mostrar elementos convergentes, divergentes, sobrepostos, mesclados ou contidos.

diagrama hierárquico Um diagrama que ilustra a estrutura de uma organização ou entidade.

Dica de tela Informações exibidas em uma pequena janela quando você deixa o ponteiro do mouse sobre um botão ou elemento de janela.

Dicionário de Sinônimos Uma ferramenta que fornece sinônimos para uma palavra selecionada.

divisa Os caracteres « ou » que cercam cada campo de mesclagem em um documento principal.

documento principal O documento de mala direta que contém as informações que não mudam.

edição arrastar-e-soltar Uma maneira de mover ou copiar texto selecionado, arrastando-o com o ponteiro do mouse.

editoração eletrônica Um processo que cria páginas combinando texto e objetos como tabelas e elementos gráficos de maneira visualmente atraente.

efeito de fonte Um atributo, como sobrescrito, versalete ou sombreado, que pode ser aplicado a uma fonte.

eixo x Também chamado de *eixo das categorias*, é o aspecto vertical de um gráfico, representando as categorias dos dados.

eixo y Também chamado de *eixo dos valores*, é o aspecto horizontal de um gráfico, mostrando os valores dos dados.

eixo z Também chamado de *eixo da série*, é o aspecto da profundidade de um gráfico tridimensional, mostrando uma série de dados.

elemento gráfico Qualquer arte usada para ilustrar ou transmitir informações ou para aumentar o interesse visual de um documento.

elementos gráficos empilhados Elementos gráficos que se sobrepõem.

elementos gráficos SmartArt Um conjunto predefinido de formatação para criar e formatar um diagrama.

endereço de célula A localização de uma célula, representada pela sua letra de coluna e número de linha, como em A1.

entrada de índice Uma entrada no corpo de um documento que rotula os termos a serem incluídos na construção automática de índice do Word.

entrada de referência cruzada Uma entrada em um índice que leva os leitores a uma entrada relacionada.

espaçamento de caractere O espaço entre os caracteres, que pode ser expandido ou contraído para que os caracteres sejam separados ou reunidos.

espaço de trabalho de documento Um espaço em um site do SharePoint criado para facilitar o desenvolvimento colaborativo de um único documento.

esquema XML Uma descrição da estrutura de um documento.

estilo de caractere Uma variação de uma fonte, como negrito ou itálico.

estilo de fonte Um atributo que muda a aparência do texto. Os estilos de fonte mais comuns são regular (ou simples), itálico, negrito e negrito itálico.

estilo de parágrafo Um conjunto de formatação que pode ser aplicado no parágrafo que contém o ponto de inserção, selecionando-se o estilo em uma lista.

Estilos Uma galeria de formatação de texto que pode ser aplicada rapidamente a parágrafos e caracteres.

Extensible Markup Language (XML) Um sistema para codificar a estrutura de documentos textuais e outras formas de dados, de modo que possam ser usados em ambientes variados.

Faixa de Opções Uma área ao longo da parte superior da tela que torna quase todos os recursos do Word disponíveis em um único local.

filtrar Extrair registros de uma origem de dados, excluir registros que não correspondem aos critérios de filtragem.

fluxo A maneira como o texto continua da parte inferior de uma coluna para a superior da coluna seguinte.

focalizar Fazer uma pausa com o ponteiro do mouse por um ou dois segundos sobre um objeto, como um nome de menu ou botão, para exibir mais informações, como um submenu ou uma Dica de tela.

fonte Um conjunto completo de caracteres com o mesmo design.

formatação de caractere O conjunto de atributos aplicados ao texto.

formatação de parágrafo Coletivamente, as configurações usadas para variar a aparência de parágrafos.

formato de arquivo O sistema usado para codificar um arquivo de modo que o programa que o criou (ou outros programas) possa abri-lo e trabalhar com ele.

fórmula Uma equação matemática que efetua um cálculo, como a adição.

galeria Um agrupamento de miniaturas que mostram opções visualmente.

gráfico A representação visual de dados numéricos.

gráfico de barras Um gráfico no qual os dados são plotados em linhas para ilustrar comparações entre itens individuais.

gráfico de colunas Um gráfico no qual os dados são plotados em colunas para ilustrar comparações entre itens individuais ou mudanças com o passar do tempo.

gráfico de linhas Um gráfico no qual são usadas linhas para mostrar alterações nos valores com o passar do tempo.

gráfico de pizza Um gráfico usado para mostrar como as partes se relacionam com o todo.

grupo Uma categoria de botões em uma guia.

guia Uma área na Faixa de Opções que contém botões organizados em grupos.

Hypertext Markup Language (HTML) Um sistema de marcação usado para codificar documentos para que eles possam ser vistos como páginas em um navegador Web.

imagem Uma fotografia escaneada, clip-art ou outro tipo de imagem criada com um programa que não seja o Word.

Indicador Um local em um documento que marca determinado texto para que ele possa ser encontrado rapidamente.

índice Uma lista em ordem alfabética de conceitos e termos e os números de página onde eles são encontrados.

índice de autoridades Uma tabela usada em artigos jurídicos e outros tipos de documentos que lista estatutos, citações, números de caso e informações semelhantes.

índice de figuras Uma lista de elementos gráficos, imagens ou figuras e suas legendas correspondentes.

Iniciador de caixa de diálogo Um botão que ativa uma caixa de diálogo contendo opções para aprimorar um comando.

janela de documento A janela que fornece um espaço de trabalho para um documento aberto.

justificar Fazer todas as linhas do texto em um parágrafo ou coluna caber na largura do documento ou da coluna, com margens iguais em cada lado.

legenda A descrição de um elemento gráfico ou figura.

legenda Uma explicação que identifica a série em um gráfico.

letra capitular Uma letra maiúscula ampliada e decorativa que aparece no início de um parágrafo.

linhas de grade Linhas que elucidam visualmente as informações de um gráfico.

lista tabular Uma lista que organiza o texto em colunas simples, separadas por paradas de tabulação esquerda, direita, centralizada ou decimal.

mala direta Um processo usado para personalizar documentos individuais com base nas informações de uma origem de dados.

Mapa do Documento Um painel que exibe uma estrutura de tópicos vinculada dos títulos de um documento e permite pular para um título no documento clicando nele no mapa.

marca Um comando inserido em um documento que especifica como o documento, ou uma parte dele, deve ser formatado.

marca d'água Texto ou elemento gráfico tênue que aparece no plano de fundo de todas as páginas de um documento.

marca de referência Um indicador no texto de um documento apontando que mais informações estão disponíveis em uma nota de rodapé ou nota de fim correspondente.

marca inteligente Um sinal que identifica informações de determinado tipo, como um endereço. Clique no botão associado à marca para executar rapidamente tarefas comuns relacionadas a esse tipo de informação.

marcador Uma pequena imagem gráfica à esquerda de cada item em uma lista com marcadores.

marcador de dados A representação gráfica de um valor plotado, como uma barra ou coluna.

marcador de recuo Um marcador na régua horizontal que controla o recuo do texto a partir do lado esquerdo ou direito de um documento.

marcas de revisão Sublinhados, marcas taxadas e texto colorido que diferenciam texto revisado do texto original.

margem Espaço em branco em torno da coluna na qual o texto pode fluir na página.

menu do Office Um menu que contém comandos relacionados ao gerenciamento de documentos (como criação, salvamento e impressão). Esse menu entra no lugar do menu Arquivo que aparecia nas versões anteriores do Word.

Microsoft Media Gallery Uma ferramenta que permite organizar imagens de clip-art, figuras, sons e clipes de filme em coleções.

miniatura Uma representação gráfica das escolhas disponíveis em uma galeria ou das páginas em um documento.

modelo Um conjunto predefinido de texto, formatação e elementos gráficos, armazenado em um tipo especial de documento que pode ser usado como base para outros documentos.

modo de exibição Estrutura de Tópicos Um modo de exibição que mostra títulos e o corpo do texto e pode ser usado para avaliar e reorganizar a estrutura de um documento.

modo de exibição Layout da Web Um modo de exibição que mostra como um documento ficará quando for visto em um navegador Web.

modo de exibição Layout de Impressão Um modo de exibição que mostra como um documento ficará quando for impresso.

modo de exibição Leitura em Tela Inteira Um modo de exibição que mostra o máximo do conteúdo do documento que couber na tela em um tamanho confortável para leitura.

modo de exibição Rascunho Um modo de exibição que mostra o conteúdo de um documento com um leiaute simplificado.

nome de campo A célula da primeira linha em uma origem de dados que identifica os dados na coluna debaixo.

nota de fim Uma nota que aparece no final de uma seção ou do documento para adicionar informações sobre determinado assunto. Consulte também *nota de rodapé*.

nota de rodapé Uma nota ou citação que aparece na parte inferior de uma página para explicar, comentar ou fornecer referências para determinado texto em um documento. Consulte também *nota de fim*.

objeto Um item, como um elemento gráfico, clipe de vídeo, arquivo de som ou planilha, que pode ser inserido em um documento do Word e depois selecionado e modificado.

objeto de desenho Um objeto criado com o Word, como uma forma, um diagrama ou texto de WordArt.

objeto incorporado Um objeto criado em outro programa inserido em um documento do Word.

objeto vinculado Um objeto existente em um arquivo-fonte e que é inserido em um documento com um vínculo para esse arquivo-fonte.

órfã Na parte inferior de uma página, uma única linha de um parágrafo que continua na página seguinte.

orientação A direção – horizontal ou vertical – na qual uma página é disposta.

origem de dados Um arquivo que fornece as informações variáveis usadas no processo de mala direta.

página da Web Um documento HTML que pode ser visto em um navegador Web.

paisagem A orientação de uma página horizontal cuja largura é maior do que sua altura.

parada de tabulação Um local na coluna de texto onde o texto será alinhado, depois que você pressionar a tecla Tab para inserir um caractere de tabulação.

parágrafo No processamento de texto, um bloco de texto de qualquer comprimento que termina quando você pressiona a tecla Enter.

pasta pai A pasta na qual outra pasta está contida.

permissões Autorização que permite o acesso a documentos ou programas designados.

ponto A unidade de medida para expressar o tamanho dos caracteres em uma fonte, onde 72 pontos valem uma polegada.

ponto de dados Um valor plotado em uma tabela ou planilha.

postagem (ou post) Conteúdo publicado em um blog.

preenchimento de tabulação Um caractere repetido (normalmente um ponto ou traço) que separa o texto que está antes da tabulação do texto ou número que está depois dela.

processamento de texto A escrita, edição e formatação de documentos em um processador de textos.

promover Em uma estrutura de tópicos, transformar o corpo do texto em um título ou mudar um título para outro de nível mais alto.

quebra automática de linha A quebra automática de uma linha de texto quando ele atinge a margem da página.

quebra automática de texto Uma quebra manual que obriga o texto que vem depois dela a passar para a próxima linha. Também chamada de *quebra de linha*.

quebra de coluna Uma quebra inserida no texto de uma coluna para obrigar o texto que está abaixo dela a passar para a próxima coluna.

quebra de linha Uma quebra manual que obriga o texto que vem depois dela a passar para a próxima linha. Também chamada de *quebra automática de texto*.

quebra de página condicional Uma quebra de página que o Word insere quando o texto atinge a margem inferior de uma página.

quebra de página manual Uma quebra de página inserida para obrigar as informações subseqüentes a aparecerem na página seguinte.

quebra de seção Uma quebra inserida para que as informações subseqüentes possam ter formatação de página diferente (como uma orientação diferente) das informações precedentes.

rebaixar Em uma estrutura de tópicos, o processo de alterar um título para outro de nível mais baixo ou para o corpo do texto.

registro Um conjunto de campos de informações sobre um único item em uma origem de dados, freqüentemente estruturado em uma linha.

retrato A orientação de uma página vertical cuja largura é menor do que sua altura.

revisões Alterações em um documento que são marcadas com marcas de revisão quando o recurso Controlar Alterações do Word está ativo.

rodapé Uma região na parte inferior de uma página cujo texto pode ser aplicado em todas as páginas (ou em algumas) de um documento.

rótulo de marca de escala Os rótulos ao longo de cada eixo identificando os dados em um gráfico.

selecionar Destacar um item para fazer alguma alteração nele.

separador de nota Uma linha que separa notas de rodapé ou notas de fim do texto normal.

série de dados Um conjunto de pontos de dados relacionados em uma tabela ou planilha.

somente leitura Disponível para visualização, mas protegido contra alterações.

Standard Generalized Markup Language (SGML) Um sistema para codificar a estrutura do texto e outros dados, afim de que possam ser usados em ambientes variados.

subentrada Em um índice remissivo, uma entrada subordinada.

sumário Uma lista seqüencial de cabeçalhos em um documento e os números de página onde eles são encontrados.

suplemento Um utilitário que acrescenta funcionalidade especializada em um programa.

tabela aninhada Uma tabela posicionada dentro de outra tabela.

tabela rápida Uma tabela com dados de amostra que podem ser personalizados.

tamanho de fonte O tamanho em pontos dos caracteres em uma fonte.

tela de desenho Um objeto gráfico no qual você pode desenhar formas e objetos para criar um elemento gráfico composto, o qual se move e muda de tamanho com a tela.

tema Um conjunto predefinido de especificações de fonte e cor, que pode ser aplicado a qualquer documento.

transformação Um comando que extrai informações especificadas de um arquivo XML.

visualização dinâmica Uma miniatura que mostra como uma opção ficará se for aplicada a um documento.

viúva Na parte superior de uma página, uma única linha de um parágrafo que continua da página anterior.

WordArt Uma galeria de estilos de texto que você pode usar para criar texto com efeitos especiais.

Índice

A

abrindo
   arquivos, 35–36, 71–72
   arquivos PDF, 336–337
   Bloco de Notas, 347–348
   caixa de diálogo AutoCorreção, 143
   documentos, 36–37, 70–71, 73–74
   documentos Web, em navegadores Web, 342
   Microsoft Media Gallery, 205
   modelos, 154–155
   navegadores Web, na home page, 346
   telas de desenho, 210–211
Abrir, caixa de diálogo, 70–71, 73–74
aceitando alterações controladas, 56–58, 315–318
Aceitar, botão, 317–318
Actual Page (Tablet PC), botão, 321–322
adicionando. *Ver* inserindo
Adicionar clipes ao Media Gallery, caixa de diálogo, 205
Adobe Acrobat Reader, 336–337
agrupando objetos de desenho, 49–50, 211–214, 373–377
Agrupar, botão, 213–214
Ajuda do Microsoft Office Word, botão, 373–377
alças de dimensionamento, 373–377
alinhamento de parágrafo, 41–42, 129. *Ver também* justificando texto
alinhando
   diagramas, 229–230
   nas margens esquerda e direita. *Ver* justificando texto
   parágrafos, 41–42
   texto de tabela, 181–182
   vírgulas decimais, 133
Alinhar Texto à Direita, botão, 129
Alinhar Texto à Esquerda, botão, 129
Alta Prioridade, botão, 313–314
alterações, controlando. *Ver também* revisões
   aceitando todas, 57–58
   aceitando/rejeitando, 56–57, 315–318
   ativando/desativando, 56–57, 314–316
   balões, mostrando em, 56–57, 314–317
   editores, visualizando nomes de, 316–317
alterações a tinta, 321–322

alterações manuscritas, 321–322
alterando documentos. *Ver* editando
Alterar Cores, botão, 233
Alterar Estilos, botão, 121–122
Alterar Forma, botão, 208–209, 234
Alterar forma, galeria, 208–209
Alterar Tipo de Gráfico, botão, 243, 246–247
Alterar Tipo de Gráfico, caixa de diálogo, 243
alternando a exibição de código de campo, 100
Alternar Janelas, botão, 195
Altura da Forma, botão, 213–214
ambiente, 64–65, 70
ambiente do usuário
   cores, aplicando, 70
   definição, 64–65
ampliação, 35–36, 76–77
   na porcentagem exata, 78–79, 171–172
   na Visualização de Impressão, 87–88
   para ver duas páginas de uma vez, 78
   reduzindo, 130
ampliando janelas para preencher a tela, 82
âncoras, 253, 271–272, 373–377
   excluindo, 274–275
   exibindo, 273–274
   inserindo, 52–53, 271–273
   predefinidas, 273–274
   pulando para, 273–274
Anexar Arquivo, botão, 312–313
Anexar modelo, caixa de diálogo, 159
anexos de email, 56–57, 311–312
anulando a seleção de texto, 93–94
Aplicar Proteção, caixa de diálogo, 328–329
aproximando, 35–36, 76–77
   na porcentagem exata, 78–79, 171–172
   na Visualização de Impressão, 87–88
   para ver duas páginas de uma vez, 78
   reduzindo, 130
área de gráfico, 373–377
área de plotagem em gráficos
   definição, 373–377
   formatando, 244
área de seleção, 93–94, 373–377
Área de transferência, 93–94, 96–97, 373–377
Argumentos da função, caixa de diálogo, 191–192
arquivo de destino, 373–377

arquivos, 373–377. *Ver também* documentos
    abrindo, 35–36, 71–72
    bloqueando, 71–72, 373–377
    impedindo alterações em, 71–72, 373–377
    renomeando, 84–85
arquivos de banco de dados, 303–304
arquivos PDF, 336–337
arquivos Portable Document Format (PDF). *Ver* arquivos PDF
arquivos somente leitura
    abrindo, 71–72
    definição, 373–377
arquivos-fonte, 373–377
arrastando texto, 37–38, 94–96
assinaturas digitais, 116–117, 284
Assistente de Mala Direta, 289–290
atalhos de teclado, 369–370
    criando, 60–61, 369–370
    definição, 373–377
    excluindo, 371–372
    exibindo todos, 372
    imprimindo a lista de, 372
    para mover o ponto de inserção, 72–73
    para símbolos, 217–218
    personalizando, 370–371
    salvando no modelo específico, 371–372
atributos, 373–377
atributos de caractere, alterando vários de uma vez. *Ver* Estilos Rápidos
atributos de fonte, 121–122, 125–127
atualizando
    bibliografias, 282
    campos, 100
    campos, em tabelas, 187–188
    data e hora, automaticamente, 100
    espaços de trabalho de documento, 331–332
    índices remissivos, 267–268, 271–272
    referências cruzadas, 276
    sumários, 52–53, 261–264
Atualizar Índice, botão, 271–272
Atualizar Sumário, botão, 263–264
Atualizar Sumário, caixa de diálogo, 263–264
Aumentar Fonte, botão, 123–124
Aumentar recuo, botão, 140, 174–175
autenticando documentos. *Ver* assinaturas digitais
AutoCorreção
    adicionando itens na, 109
    configurações, alterando, 357–358
    definição, 109
    demonstração de, 109–110
    excluindo itens da, 110–111
    rejeitando alterações feitas pela, 109
AutoCorreção, caixa de diálogo, 109–110, 143
AutoRecuperação, 85–86, 357–358
AutoTexto, 256–257. *Ver também* blocos de construção
AutoTexto, botão, 366
AutoTexto, galeria, 366

B

balões
    alterações controladas, exibindo em, 56–57
    comentários em. *Ver* comentários
    definição, 373–377
Balões, botão, 316–317
Barra de Ferramentas de Acesso Rápido
    botões, adicionando, 60–61, 363–364
    botões, padrão, 363
    definição, 64–65, 373–377
    exibindo abaixo da Faixa de Opções, 363
    para documento específico, personalizando, 368
    redefinindo no padrão, 367
    separadores, adicionando, 365
barra de ferramentas Exibição, 66–67, 373–377
barra de nomes
    botões na, 64–65
    definição, 373–377
barra de status da janela de programa
    definição, 65–66, 373–377
    localização do ponto de inserção exibida na, 72–73
    ocultando itens na, 65–66
barra de título
    botões na, 64–65
    definição, 373–377
barra intermitente. *Ver* ponto de inserção
barras, 173–174
barras de ferramentas. *Ver* Faixa de Opções; barras de ferramentas específicas
barras de rolagem, 71–72
barras laterais. *Ver também* blocos de construção
    inserindo, 258
    selecionando, 259
Bibliografia, galeria, 282

bibliografias. *Ver também* fontes bibliográficas
    atualizando, 282
    criando, 53–54, 282
    estilo APA, compatibilizando com, 287
    fontes bibliográficas, adicionando no Gerenciador de Fontes Bibliográficas, 53–54
    formatando, 283
    inserindo, 286
Bloco de Notas, 347–348
blocos, selecionando, 37–38
blocos de citação. *Ver também* blocos de construção
    formatando, 258
    inserindo, 257–258
    movendo, 258
blocos de construção. *Ver também* AutoTexto
    criando, 259
    definição, 253–78
    espaços reservados, substituindo, 257–258
    excluindo, 51–52
    inserindo, 256–257
    personalizados, 259
blocos de endereço
    em cartas modelo, 297
    em etiquetas, 306–307
blogs, 335, 342, 373–377
    capacidade de carregamento de imagens, ativando, 344–345
    contas, configurando, 342–343
    entradas recentes, exibindo, 346
    publicando, 59–60, 342–343
    registrando, 342–344
    SharePoint e, 342–343
    texto, formatando, 345–346
bloqueando arquivos, 71–72, 303–304, 373–377
bordas
    aplicando em tabelas, 184–185
    configurações, alterando, 134–135
    em torno de parágrafos, 41–42, 134–135
Bordas, botão, 134–135
bordas de parágrafo, 130, 134–135
Bordas e sombreamento, caixa de diálogo, 184–185
Botão Microsoft Office, 64–65, 67–68, 73–74, 82–83, 153–154, 373–377
Brilho, botão, 201–202
Brilho, galeria, 201–202
Business Tools, guia, 64–65

C

Cabeçalho, botão, 159–160
Cabeçalho, galeria, 159–160
cabeçalhos, coluna, 373–377
cabeçalhos, linha, 373–377
cabeçalhos de linha em planilhas, 373–377
cabeçalhos e rodapés, 159–160, 373–377. *Ver também* blocos de construção
    alterando apenas para a primeira página, 160–161
    criando, 159–160
    espaços reservados em, 161–162
    fechando, 161–162
    inserindo, 44–45, 160–161, 165–166
    movendo-se para, 160–162
    números de página em, 163
    quebras de seção e, 159–160
caixa de diálogo Envelopes e etiquetas, 302
caixa de diálogo Marcar citação, 265
caixas de diálogo
    Abrir, 70–71, 73–74
    Adicionar clipes ao Media Gallery, 205
    Alterar Tipo de Gráfico, 243
    Aplicar Proteção, 328–329
    Atualizar Sumário, 263–264
    AutoCorreção, 109–110
    Colar especial, 257–258
    Combinar Documentos, 322–323
    Configurações do Esquema, 348–349
    Configurar página, 68–69, 87–88
    Confirmar senha, 325
    Contar palavras, 113–114
    Cores, 244
    Criar Fonte Bibliográfica, 282, 283
    Criar Novo Bloco de Construção, 97–98, 221, 259, 366
    Data e hora, 100
    Definir dicas de tela do hyperlink, 279
    Definir quadro de destino, 277–278
    Definir título de página, 341–342
    Destinatários da mala direta, 292–293, 306–307
    Editar Fonte de Dados, 292–293
    Editar hyperlink, 279
    Editar Nome, 284
    Editar texto da WordArt, 205–207
    Envelopes e etiquetas, 302
    Escolher Elemento Gráfico SmartArt, 226–227

Escolher perfil, 312–313
Filtrar e classificar, 293–295
Formatar Imagem, 201–202
Formatar Séries de Dados, 244–245
Gerenciador de Fontes Bibliográficas, 282, 283
Importar para a coleção, 205
Imprimir, 85–88, 308–309
Indicador, 272–273
Índice de Autoridades, 265
Índice de Ilustrações, 264–265
Índice remissivo, 267–270
Inserir arquivo, 312–313
Inserir bloco de endereço, 298, 306–307
Inserir campo de mesclagem, 298–299
Inserir Gráfico, 235–236
Inserir hyperlink, 276–277
Inserir imagem, 200–201
Inserir Linha de Saudação, 298, 303–304
Inspetor de Documento, 114–115
Layout Avançado, 215–216, 228–229
Legenda, 264–265
Letra Capitular, 210
Localizar e substituir, 106–107, 272–273
Marcar citação, 265
Marcar entrada de índice remissivo, 266, 268–269
Mesclagem para email, 304–305
Mesclagem para impressora, 307–308
Mesclar para novo documento, 301
Modelos e Suplementos, 338, 347–348
Nota de Rodapé e Nota de Fim, 281
Nova Conta de Blog, 343–344
Nova Conta do Windows Live Space, 344–345
Nova lista de endereços, 302–303
Opções da Web, 339–340
Opções de Equação, 218–219
Opções de etiqueta, 306–307
Opções de Imagens, 344–345
Opções de XML, 348–349
Opções do Word, 92–93
Opções Gerais, 324
Organizador de Blocos de Construção, 256–257
Organizar janelas, 248–249
Palavras-chave, 205
Parágrafo, 340–341
Personalizar teclado, 370–371
Propriedades, 114–115
Publicar como PDF ou XPS, 336–337
Referência Cruzada, 274–275

Restrições de Formatação, 326–327
Salvar como, 82–84, 301, 341–342, 345–346
Salvar lista de endereços, 303–304
Salvar Modelo de Gráfico, 246–247
Selecionar Contatos, 295–296
Selecionar Fonte de Dados, 239, 249–250, 292–293
Símbolo, 218–219
Sumário, 261–263
Suplementos de COM, 338
Verificar ortografia e gramática, 109–112
Zoom, 77

calculando em tabelas. *Ver* fórmulas
campos de mesclagem, 289–290. *Ver também* mala direta
    blocos de endereço como, 297
    definição, 373–377
    inserindo, 54–55, 296–297, 302–303
    linhas de saudação como, 298
    realçando, 304–305
campos. *Ver também* bibliografias; referências cruzadas; índices remissivos; índices de autoridades; sumários
    atualizando, 100
    códigos, alternando a exibição de, 100
    definição, 100, 373–377
    em origem de dados de mala direta, 290–291
    inserindo data e hora como, 100
    selecionando, 100
capitulares, 210, 373–377
caracteres
    excluindo, 92–93
    não imprimíveis, 76–77, 81–82
    não-padrão. *Ver* símbolos
caracteres curinga, 106–107, 373–377
caracteres de divisas, 296–297, 373–377
caracteres especiais
    adicionando na galeria, 220–221
    combinações de teclado para, 217–218
    inserindo, 49–50, 218–219
caracteres não imprimíveis, 35–36, 76–77, 81–82. *Ver também* marcas de parágrafo
caracteres não-padrão
    adicionando na galeria, 220–221
    combinações de teclado para, 217–218
    inserindo, 49–50, 218–219
caracteres ocultos, 76–77, 81–82
cartas modelo, 296–297
    blocos de endereço, inserindo, 297
    criando, 297

Índice **383**

linhas de saudação, inserindo, 298, 303–304
salvando sem informações de mala direta, 297
cartas. *Ver também* caracteres
    linhas de saudação, 303–304
    padrão. *Ver* cartas modelo
categorias de citações, alterando, 265
células de tabela, 175, 373–377
    alinhando texto em, 181–182
    bordas, aplicando, 184–185
    centralizando texto em, 178–179
    dividindo, 177–178
    em fórmulas, 186
    excluindo, 176–177
    formatando, 184–185
    inserindo, 176–177
    largura, especificando, 181–182
    margens, configurando, 181–182
    mesclando, 47, 176–179
    selecionando, 176–177
    sombreando, 184–185
Central de Confiabilidade, 361
centralizando
    parágrafos, 129–131
    texto, 171–172
    texto de tabela, 178–179
Centralizar, botão, 129, 130–131, 171–172, 178–179
Centralizar à Direita, botão, 179–180
citações, 257–258. *Ver também* blocos de construção
citações jurídicas, 265. *Ver também* índices de autoridades
citações. *Ver também* bibliografias
    armazenamento de, 282
    categorias, alterando, 265
    citando, 282
    controlando, 280
    criando, 283
    editando, 284
    estilo APA, compatibilizando com, 287
    formatando, 283
    inserindo, 53–54, 265, 285
    inserindo no Gerenciador de Fontes Bibliográficas, 282
    tabela de, criando. *Ver* índices de autoridades
    tornando disponíveis no documento atual, 285
classificando
    dados de tabela, 177–178
    lista de destinatários de mala direta, 293–294

listas, 42–43, 137–138
listas com marcadores, 141
origem de dados de mala direta, 54–55
Classificar, botão, 140
Classificar Texto, caixa de diálogo, 140
Clicar e digitar, 129, 373–377
clip-art
    inserindo, 48, 199–200, 203–204
    no Microsoft Media Gallery, 205
    organizando, 205
    palavras-chave, adicionando, 205
    redimensionando, 204
Clip-art, botão, 199–200, 202–203
colando
    da Área de transferência, 96–97
    elementos gráficos, 204
    entradas de índice remissivo, 267–268
    formatação, 40–41, 123–124, 173–174
    inserção automática de espaço, ativando/desativando, 95
    objetos de desenho, 49–50, 212–213
    planilhas do Excel, como links, 189–190
    planilhas do Excel, em documentos do Word, 186–189
    texto, não-formatado, 257–258
    texto, 37–38, 93–95
    versus vinculando ou incorporando, 193–194
Colar, botão, 95, 188–189, 257–258, 345–346
Colar especial, caixa de diálogo, 189–190, 257–258
Colar tudo, botão, 96–97
coleções do Microsoft Clip Art, 205
colunas, 169–170, 373–377
    aparência de, 170–171
    aplicando no documento inteiro, 170–171
    espaçamento, ajustando, 171–172
    fluxo do texto em, 169–170, 373–377
    formatando texto como, 46, 170–171
    justificando, 169–172
    largura, alterando, 46, 171–172
    listas tabulares em. *Ver* listas tabulares
    margens, 171–172
    opções de leiaute para, 169–170
    recuo deslocado, alterando, 172–173
    separadas por paradas de tabulação. *Ver* listas tabulares
    utilidade das, 169
Colunas, botão, 170–171
Colunas, caixa de diálogo, 171–172
colunas, planilha, 235, 373–377

colunas de tabela
  cabeçalhos, repetindo em cada página, 181–182
  excluindo, 176–177
  largura, ajustando para caber na linha mais longa, 181
  largura, especificando, 176–177, 181–182
  selecionando, 176–177
  totalizando, l
comandos
  visualizando os efeitos de. *Ver* visualização dinâmica
  Word 2003, ausentes na versão atual, 362
combinando
  células de tabela, 47, 176–179
  documentos comparados, 321–323
  parágrafos, 95–96
Combinar Documentos, caixa de diálogo, 322–323
comentários, 373–377
  Dicas de tela para, 317–320
  editando, 56–57, 318–319
  excluindo, 56–57, 318–320
  exibindo, 318–319
  inserindo, 56–57, 317–320
  navegando por, 56–57, 318–320
  ocultando, 57–58, 318–321
  respondendo a, 56–57, 318–321
  texto, visualizando tudo, 318–319
Comentários, botão, 368–369
comparando e mesclando documentos, 57–58, 321–323
Comparar, botão, 322–323
compatibilidade com versões anteriores, 114
Concluir e Mesclar, botão, 304–305
configurações de impressora
  alterando, 85–86
  tamanho do papel, 86–87
Configurações do Esquema, caixa de diálogo, 348–349
Configurar página, caixa de diálogo, 68–69, 87–88
Confirmar senha, caixa de diálogo, 325
Contar palavras, botão, 113–114
Contar palavras, caixa de diálogo, 113–114
contatos, Outlook, como origem de dados de mala direta, 295–296
contornando texto, 124
contornando WordArt, 207–208
Contorno da Forma, botão, 207–208
Contraste, botão, 201–202
Contraste, galeria, 201–202
contraste, imagem, 201–202

controlando alterações. *Ver também* revisões
  aceitando todas, 57–58
  aceitando/rejeitando, 56–57, 315–318
  ativando/desativando, 56–57, 314–316
  balões, mostrando, 56–57, 314–317
  editores, visualizando nomes de, 316–317
  realçando, 68, 70–71
Controlar Alterações, botão, 316
controle de versão. *Ver* espaços de trabalho de documento
convertendo
  documentos, para versões anteriores do Word, 35–36
  texto em tabelas, 180
Converter Texto em Tabela, caixa de diálogo, 180
copiando e colando
  da Área de transferência, 96–97
  elementos gráficos, 204
  entradas de índice remissivo, 267–268
  formatação, 40–41, 123–124, 173–174
  inserção automática de espaço, ativando/desativando, 95
  objetos de desenho, 49–50, 212–213
  planilhas do Excel, como links, 189–190
  planilhas do Excel, em documentos do Word, 186–189
  texto, não-formatado, 257–258
  texto, 37–38, 93–95
  versus vincular ou incorporar, 193–194
Copiar, botão, 95, 188–189, 195, 248–249, 345–346
Cor, botão, 185–186
Cor da Fonte, botão, 125
Cor da Página, botão, 70, 146–147
Cor do Realce do Texto, botão, 125–126
cores
  aplicando em células de tabela, 184–185
  aplicando nos elementos da página, 70
  em elementos gráficos, ajustando, 201–202
  em temas, substituindo, 150–151
  fonte, 121–122, 125, 373–377
  padrão, alterando, 356–357
  plano de fundo. *Ver* planos de fundo
Cores, caixa de diálogo, 125, 244
cores de fonte, 40–41, 121–122, 125, 373–377
Cores do Tema, botão, 150–151
Cores do Tema, galeria, 150–151, 233
Correspondências, guia, 70–71
corrigindo a grafia automaticamente. *Ver* AutoCorreção

corrigindo a ortografia, 39–40
configurações, alterando, 357–358
dicionário, adicionando palavras no, 113–114
do documento inteiro, 109–110
ignorando erros durante, 112–113
Criar Fonte Bibliográfica, caixa de diálogo, 282, 283
Criar Nova Pasta, botão, 82–85
Criar Novo Bloco de Construção, caixa de diálogo, 97–98, 221, 259, 366
Criar Novo Estilo a Partir da Formatação, caixa de diálogo, 157, 186
cursor. *Ver* ponto de inserção
Curva, botão, 212–213
curvas. *Ver* objetos de desenho

D

dados de calendário, 100
data e hora, 100
Data e Hora, botão, 100
Data e hora, caixa de diálogo, 100
Definir dicas de tela do hyperlink, caixa de diálogo, 279
Definir quadro de destino, caixa de diálogo, 277–278
Definir título de página, caixa de diálogo, 341–342
descarregando suplementos, 338
desenhando
linhas, ao longo da página, 143
tabelas, 48, 194
Desenhar Caixa de Texto, botão, 245–246
Desenvolvedor, guia, 59–60
desfazendo, 37–38, 94–96
Desfazer, botão, 94–96, 104, 125, 216–217
Design, guia, 182–183
Destinatários da mala direta, caixa de diálogo, 292–293, 306–307
diagramas de ciclo, 225–226, 373–377
diagramas de hierarquia, 225–226, 373–377
diagramas de lista, 225–226, 373–377
diagramas de matriz, 225–226, 373–377. *Ver também* diagramas
diagramas de pirâmide, 225–226, 373–377. *Ver também* diagramas
diagramas de processo. *Ver também* diagramas
criando, 227–228
definição, 225–226, 373–377
diagramas de relacionamento, 225–226, 373–377

diagramas. *Ver também* gráficos; elementos gráficos SmartArt
alinhando, 229–230
cores, alterando, 234
criando, 226–227
definição, 225–226, 373–377
diagrama, redimensionando, 232
espaços reservados, 227–228
estilos, aplicando, 50–51, 233
formas. *Ver* formas, diagrama
inserindo, 50–51
leiaute, trocando, 50–51, 226–227, 230–231
modificando, 230
movendo, 50–51
painel, redimensionando, 228–229
painel de texto, exibindo, 227–228, 230–231
posicionando, 229–230
processo, 225–228, 373–377
quebra automática de texto, 228–229
redefinindo na versão original, 230
redimensionando, 232
selecionando, 230–231
texto, adicionando, 50–51
Dica de tela, botão, 279
Dicas de tela
definição, 373–377
descrições de recurso em, desativando, 356–357
exibindo, 65–66
para hyperlinks, 279
Dicionário de Sinônimos
definição, 100, 373–377
localizando sinônimos com, 100–101
Dicionário de Sinônimos, botão, 100–101
dicionário personalizado, 113–114
dimensionando
fontes, 121–124, 373–377
tabelas, 176–177, 181
Direção do Texto, botão, 181–182
distribuindo. *Ver* publicando
dividindo células de tabela, 177–178
divisas, 296–297, 373–377
documento de formulário para mala direta, 289–290
documentos
abrindo, 36–37, 70–74
ampliação, ajustando. *Ver* zoom
arquivos PDF, salvando como, 336–337
Barra de Ferramentas de Acesso Rápido, personalizando para, específicos, 368
barra de título, 64–65, 373–377

comparando e mesclando, 57–58, 321–323
congelando elementos gráficos e leiaute. *Ver* arquivos PDF
contagem de palavras, exibindo, 113–114
controlando alterações. *Ver* controlando alterações
convertendo para versões anteriores do Word, 35–36
correção ortográfica de. *Ver* correção ortográfica
direção do leiaute, 86–88, 373–377
enviando por email, 311–312
enviando por fax, 314–315
estatísticas, visualizando, 113–114
estrutura de tópicos, visualizando, 75–76
fechando, 72–73
final, exibindo, 316–317
finalizando, 113–114
fontes, padrão, 121–122
formato XML, salvando em, 58–59
impedindo alterações em, 325–326. *Ver também* senhas; documentos somente leitura
imprimindo, 85–86
janela exibida em, 65–66, 71–72, 373–377
leiaute simplificado, visualizando. *Ver* modo de exibição Rascunho
marcando como final, 39–40, 115–116
miniaturas de, exibindo, 35–36
modelos. *Ver* modelos
navegando, 71–73
número de páginas, visualizando, 113–114
organizando, com títulos, 102–103
orientação, 86–88, 373–377
páginas da Web, salvando como, 59–60. *Ver* documentos Web
planos de fundo de. *Ver* planos de fundo
previamente projetados. *Ver* modelos
protegendo com senha, 324–326
pulando para ponto específico em. *Ver* indicadores
renomeando, 82–83
salvando, 36–37, 82–83, 156–157, 335–336
selecionando, 37–38, 93–94
somente leitura. *Ver* documentos somente leitura
somente de texto, 336–337
tela inteira, 75–76, 79–80, 373–377
trocando entre, 36–37
vários, visualizando, 36–37
visualizando, antes de imprimir, 85–86
visualizando, como impressos, 75–77, 373–377
visualizando, conforme exibidos no navegador da Web, 75–76, 80–81, 373–377
visualizando duas páginas de uma vez, 78

Documentos, pasta, 73–74
documentos Web (HTML)
    abrindo em navegadores Web, 342
    atribuindo nomes, 341–342
    compatibilidade com o Internet Explorer, 339–340
    configurações, alterando, 360
    definição, 373–377
    formatando, 340–341
    formatos de arquivo, 339
    recuo, alterando, 340–341
    salvando páginas da Web como, 58–59
    texto, adicionando, 342
    visualizando, 339–340
documentos de texto, 336–337
documentos em branco, abrindo, 36–37
documentos previamente projetados. *Ver* modelos
documentos Rich Text Format (RTF), 336–337
documentos somente leitura
    abrindo, 325–326
    definição, 324, 373–377
DOCX, formato de arquivo, 335–336, 352–353
download
    modelos, 153
    suplementos, 338
Duas páginas, botão, 161–162

E

edição, realçando. *Ver* controlando alterações
edição com arrastar e soltar, 94, 373–377
editando, 91–92
    comentários, 56–57, 318–319
    dados de gráfico, 235–236
    entradas de índice remissivo, 267–268
    fontes bibliográficas, 284
    gráficos, 51–52
    hyperlinks, 53–54, 276–277, 279
    planilhas do Excel, 240
    posts de blog, 346
    restringindo, 58–59, 324–328
    sumários, 261–262
    texto, com a caixa de diálogo Localizar e substituir, 105–106
Editar Dados, botão, 235–236, 240
Editar Fonte de Dados, caixa de diálogo, 292–293
Editar hyperlink, caixa de diálogo, 279
Editar Nome, caixa de diálogo, 284
Editar texto da WordArt, caixa de diálogo, 205–207

editor de textos, 347–348
editoração eletrônica, 64–65, 373–377
efeito de sombra (WordArt), 209
Efeitos 3D, botão, 209
Efeitos 3D, galeria, 209
efeitos de fonte, 121–122, 373–377
efeitos de preenchimento, adicionando em planos de fundo, 146–147
Efeitos de preenchimento, caixa de diálogo, 146–147
Efeitos de Sombra, botão, 209
Efeitos de Sombra, galeria, 209
efeitos de texto (WordArt)
    convertendo texto em, 207–208
    cor, alterando, 207–208
    criando, 205–206
    definição, 373–377
    efeito de sombra, aplicando, 209
    efeitos 3D, adicionando, 209
    espaçamento entre letras, alterando, 207–208
    estrutura de tópicos, adicionando ao texto, 207–208
    forma, alterando, 208–209
    guias contextuais para, 205–206
    inserindo, 49–50, 205–206
    redimensionando, 207–208
efeitos especiais de texto (WordArt)
    convertendo texto em, 207–208
    cor, alterando, 207–208
    criando, 205–206
    definição, 373–377
    efeito de sombra, aplicando, 209
    efeitos 3D, adicionando, 209
    espaçamento entre letras, alterando, 207–208
    estrutura de tópicos, adicionando no texto, 207–208
    forma, alterando, 208–209
    guias contextuais para, 205–206
    inserindo, 49–50, 205–206
    redimensionando, 207–208
eixos, gráfico, 242, 373–377
elementos gráficos. *Ver também* objetos de desenho; imagens
    brilho, 201–202
    copiando, 204
    cor, 201–202
    criados dentro do Word. *Ver* objetos de desenho
    definição, 373–377
    empilhados, 215, 373–377
    inserindo, 48, 200–201
    modificando, 199–200
    movendo, 48–50, 204

    organizando texto em torno de, 215
    plano de fundo. Ver marcas d´água
    posicionando de forma absoluta, *versus* relativa, 215
    quebrando texto em torno, 49–50, 215
    redimensionando, 48, 200–201
    sobrepondo, 215
elementos gráficos de plano de fundo
    adicionando, como elementos gráficos, 149
    adicionando, como texto, 148–149
    adicionando, 42–43, 146–147
    cor, adicionando, 148–149
    definição, 145–146, 373–377
    elementos gráficos como, 43–44, 149
elementos gráficos empilhados
    alterando a posição de, 215
    definição, 373–377
elementos gráficos SmartArt
    criando, 226–227
    definição, 225–226, 373–377
elevando
    definição, 373–377
    níveis de título no modo de exibição Estrutura de Tópicos, 38–39
    títulos, 104
Elevar, botão, 104
emails em massa. *Ver* mala direta
endereços de célula, 186, 373–377
entradas de índice remissivo, 265, 373–377
    copiando, 267–268
    editando, 267–268
    excluindo, 267–268, 270–271
    formatando, 266
    intervalos de página, 266
    marcando, lv, 266, 268–269
    selecionando, 271–272
    sub-entradas, 266, 269–270, 373–377
envelopes, 302. *Ver também* etiquetas
Envelopes, botão, 302
enviando documentos
    via email, 311–312
    via fax, 314–315
Enviar para Trás, botão, 216–217
Equação, botão, 218–221
Equação, galeria, 218–219, 221
equações
    definição, 373–377
    inserindo, 50–51, 218–221
    personalizadas, criando, 221

equações matemáticas, 218–221
Escolher Elemento Gráfico SmartArt, caixa de diálogo, 226–227
Escolher perfil, caixa de diálogo, 312–313
Espaçamento, botão, 207–208
espaçamento de linha, 130
espaçamento entre caracteres, 121–122, 125, 373–377
espaço de blog, registrando, 59–60
espaço em branco
    circundando texto. *Ver* margens
    na parte superior/inferior da página, ocultando/exibindo, 77
espaços de trabalho de documento
    atualizando, 331–332
    criando, 58–59, 329–330
    definição, 328–329, 373–377
    documentos, adicionando, 331–332
    excluindo, 332–333
    links, exibindo, 331–332
    membros, exibindo, 331–332
    pastas, criando, 331–332
    tarefas, exibindo, 331–332
espaços reservados, 153
    em cabeçalhos e rodapés, 161–162
    substituindo, 153, 155–156
    vinculados, 155–156
Esquema, botão, 347–348
esquemas. *Ver* temas
esquemas, XML, 346–347
    adicionando, 347–348
    definição, 373–377
    validando, 349
esquemas de cor. *Ver* temas
estilo de fonte, 121–122, 373–377
estilos. *Ver também* caractere estilos; parágrafo estilos; estilos de tabela
    aplicando, 39–40, 120–121
    conjuntos de, aplicando, 121–122
    criando, a partir de formatação existente, 186. *Ver também* Estilos Rápidos
    criando, 43–44
    definição, 373–377
    galerias de. *Ver* Estilos Rápidos
    localizando e substituindo, 159
    para sumários, 261–264
    personalizados, 186
    repetindo, 122–123
    restringindo, 326–327

rolando pelos, 120–121
substituindo, ao aplicar novo modelo, 159
temas de. *Ver* Estilos Rápidos
visualizando, disponíveis, 120–121
visualizando efeitos de, 119–120
estilos de caractere, 119–120, 373–377. *Ver também* Estilos Rápidos
Estilos de Gráfico, galeria, 244
Estilos de Imagem, galeria, 201–202
estilos de parágrafo, 119–120
    aplicando, 120–121
    definição, 373–377
    galerias de. *Ver* Estilos Rápidos
Estilos de SmartArt, galeria, 232
estilos de tabela, 181–182
    aplicando, 47, 183–184
    criando, 186
Estilos de Tabela, galeria, 183–184
estilos personalizados, 186
Estilos Rápidos, 119–120
    conjuntos, alterando, 39–40
    salvando, 157
    visualizando efeitos de, 119–120
Estrutura de Tópicos, botão, 80–81, 103
Estrutura de Tópicos, guia, 102–103
etiquetas, 305–306
    bloco de endereço, inserindo, 306–307
    criando, 55–56
    imprimindo, 307–308
    tipo, selecionando, 306–307
etiquetas de endereçamento, 305–306
    bloco de endereço, inserindo, 306–307
    criando, 55–56
    imprimindo, 307–308
    tipo, selecionando, 306–307
excluindo
    atalhos de teclado, 371–372
    blocos de construção, 51–52
    caracteres, 92–93
    células de tabela, 176–177
    clip-art, do Microsoft Media Gallery, 205
    colunas de tabela, 176–177
    comentários, 56–57, 318–320
    dados de planilha do Excel, 237–238
    entradas de índice remissivo, 267–268, 270–271
    espaços de trabalho de documento, 332–333
    formas, em diagramas, 230
    hyperlinks, 276–277
    indicadores, 274–275

informações confidenciais, 114–116
informações pessoais, 39–40
itens da Área de transferência, 96–97
itens da AutoCorreção, 110–111
linhas de grade, de gráficos, 244–245
linhas de tabela, 176–177
marcas de parágrafo, 95–96
paradas de tabulação, 128–129
Partes Rápidas, do Organizador de Blocos de Construção, 259–260
quebras de página, 163–164
quebras de seção, 163–164
sumários, 262–263
suplementos, 338
texto, 37–38, 92–93
texto selecionado, 95
Excluir Comentário, botão, 319–320
Exibição, guia, 70–71, 76–77
Exibir para Revisão, seta de, 316–317
expandindo janelas para preencher a tela, 82
expandindo títulos no modo de exibição Estrutura de Tópicos, 38–39, 104
Expandir, botão, 104
expressões matemáticas em tabelas, 185–186
    criando, 185–188
    definição, 373–377
    funções em, 185–186
    recalculando, 187–188
    referenciando células em, 186
Extensible Markup Language (XML), 346, 350–351
Extensible Markup Language (XML), documentos
    criando, 346–347
    definição, 335, 373–377
    elementos de classe, aplicando, 350
    estrutura inválida, salvando com, 351–352
    marcas, 349
    salvando, 59–60, 351–352
    transformações, 351–352, 373–377
extensões de nome de arquivo, 84–85

F

Faixa de Opções
    definição, 64–65, 373–377
    minimizando, 363
fechando
    cabeçalhos e rodapés, 161–162
    documentos, 72–73

menus, 68
painel de tarefas Área de transferência, 96–97
Word, 72–73
Fechar, botão, 64–65, 72–73, 82, 203–204
Fechar Cabeçalho de Rodapé, botão, 161–162
Fechar Modo de Exibição de Estrutura de Tópicos, botão, 104–105
Fechar Visualização de Impressão, botão, 87–88
filtrando, 294–295, 373–377
Filtrar e classificar, caixa de diálogo, 293–295
finalizando documentos, 39–40, 113–114
finalizando listas, 137–138
fluxo do texto, 373–377
focalizar, 65–66, 373–377
folhas de rosto, 256–257. *Ver também* blocos de construção
Fonte, botão, 123–124
Fonte, caixa de diálogo, 123–124
fontes, 121–122, 373–377. *Ver também* texto
    alterando, 40–41, 123–124
    comumente disponíveis, 121–122
    em temas, alterando, 150–151
    padrão para novos documentos, 121–122
fontes bibliográficas, 253–254. *Ver também* bibliografias
    armazenamento de, 282
    categorias, alterando, 265
    citando, 282
    controlando, 280
    criando, 283
    editando, 284
    estilo APA, compatibilizando com, 287
    formatando, 283
    índice de, criando. *Ver* índices de autoridades
    inserindo, 53–54, 265, 285
    inserindo no Gerenciador de Fontes Bibliográficas, 282
    tornando disponíveis no documento atual, 285
Fontes do Tema, botão, 150–151
Fontes do Tema, galeria, 150–151
Formas, botão, 210
formas, diagrama. *Ver também* objetos de desenho
    adicionando, 230–231
    alterando, 234
    excluindo, 230
    excluindo palavras de, 230–231
    personalizando, 230
Formas, galeria, 210

formatação
  aplicando em parágrafos consecutivos, 130
  copiando, 40–41, 123–124, 173–174
  criando estilos a partir da, 186. *Ver* Estilos Rápidos
  em tabelas, 182–183
  enquanto você digita, 143
  limpando, 40–41
  localizando, 136–137
  marcadores, em listas com marcadores, 137–138
  procurando, 106–107
  removendo, 125
  repetindo, 173–174
  restringindo, 58–59
  selecionando texto com, semelhante, 40–41, 125–126
  texto selecionado, com Minibarra de ferramentas, 122–123
formatação automática, 143
formatação de caractere, 40–41, 122–123, 373–377
formatação de parágrafo, 127–128, 373–377
Formatar Imagem, caixa de diálogo, 201–202
Formatar número de página, caixa de diálogo, 163
Formatar Pincel, botão, 123–124
Formatar Seleção, botão, 244–245
Formatar Séries de Dados, caixa de diálogo, 244–245
formato de documento, 357–358
formatos de arquivo, 335, 373–377
  compatibilidade com versões anteriores, 75–76
  de documentos Web, 339
  DOCX, 335–336, 352–353
  HTML, 339
  padrão, 335–336
  salvando documentos em diferentes, 335–336
Fórmula, botão, 186–187
Fórmula, caixa de diálogo, 186–187
Fórmula Quadrática, inserindo, 218–219
fórmulas, 185–186
  criando, 185–188
  definição, 373–377
  funções em, 185–186
  recalculando, 187–188
  referenciando células em, 186
frases, selecionando, 37–38, 92–93
funções, 185–186

G

galerias, 66–67, 373–377
  Alterar forma, 208–209
  AutoTexto, 366
  Bibliografia, 282
  Brilho, 201–202
  Contraste, 201–202
  Cores do Tema, 233
  Efeitos 3D, 209
  Efeitos de Sombra, 209
  Equação, 218–219, 221
  Estilos de Gráfico, 244
  Estilos de Imagem, 201–202
  Estilos de SmartArt, 232
  Formas, 210
  Layout, 230–231
  Layouts de Gráfico, 244–245
  Letra Capitular, 210
  Margens, 87
  Matemática Básica, 220–221
  Partes Rápidas, 96–97, 256–257
  Posição, 213–214
  Recolorir, 201–202
  Símbolo, 218–220
  Sumário, 261–262
  Tamanhos de Papel, 86–87
  Temas, 70
  WordArt, 205–206
Gerenciador de Fontes Bibliográficas, 280
  abrindo, 283
  fonte bibliográfica, adicionando, 53–54
Gerenciador de Fontes Bibliográficas, caixa de diálogo, 282, 283
girando objetos de desenho, 213–214
Girar, botão, 213–214
gráficos de barras, 241, 373–377. *Ver também* gráficos
gráficos de coluna, 241, 373–377. *Ver também* gráficos
gráficos de linha, 241. *Ver também* gráficos
gráficos de pizza, 241, 373–377. *Ver também* gráficos
gráficos. *Ver também* diagramas
  área de plotagem, definição, 373–377
  área de plotagem, formatando, 244
  ativando, 243
  barras, 241

colunas, 241
colunas, encaixando na entrada mais longa, 51–52
cores, 244
criando, 235–236
dados, editando, 235–236
dados, inserindo, 51–52
definição, 225, 373–377
editando, 51–52
eixos, 242, 373–377
elementos, modificando, 241
elementos, selecionando, 244
estilos, aplicando, 51–52, 244
inserindo, 51–52
legendas, 242
linha, 241
linhas de grade, ativando/desativando, 51–52, 244–245
marcadores de dados, 242, 373–377
origem de dados, selecionando, 239
pizza, 241, 373–377
planilhas do Excel em. *Ver* planilhas do Excel
rótulos de marca de escala, 242, 373–377
salvando como modelos, 246–247
série de dados, 373–377
série de dados, formatando, 244–245
tipos, 51–52, 241, 243
grafos de linha, 241, 373–377
grafos. *Ver* gráficos
grupos, em guias, 64–66
guias
definição, 64–65, 373–377
exibindo grupos ocultos em, 65–66
grupos nas, 64–65

H

Hifenização, botão, 172–173
hifenização automática, ativando, 172–173
Home Page, botão, 346
home pages, abrindo navegadores Web em, 346
homônimos, localizando, 106–107
hora, 100
hyperlinks, 253–254, 276
aparência de, 276–277
Dicas de tela, adicionando em, 279
editando, 53–54, 276–277, 279

email, 279
excluindo, 276–277
inserindo, 53–54, 276–277, 279
novas janelas, abrindo em, 277–278
para URLs, 276–277
pulando para, 53–54, 276–278
quadro de destino, configurando, 276–278
Hypertext Markup Language (HTML). *Ver* marcas HTML; documentos Web

I

identificações digitais, 116–117
idiomas, traduzindo texto para, 102–103
idiomas estrangeiros, 102–103
ignorando erros ortográficos, 112–113. *Ver também* correção ortográfica
Igual a, botão, 220–221
ilustrações, índice de, 264–265, 373–377
Imagem, botão, 199–201
imagens. *Ver* objetos de desenho; elementos gráficos
brilho, ajustando, 201–202
contraste, ajustando, 201–202
copiando, 204
definição, 373–377
inserindo, 199–201
movendo, 204
organizando texto em torno de, 215
redimensionando, 204
importância, configurando em mensagens de email, 313–314
Importar para a coleção, caixa de diálogo, 205
impressoras, alterando, 85–86, 88–89
imprimindo, 85–86
com configurações padrão, 36–37
com configurações personalizadas, 36–37
envelopes, 302
etiquetas, 307–308
mala direta, 55–56
várias cópias, 88–89
visualizando antes, 36–37, 85–87
Imprimir, caixa de diálogo, 85–88, 308–309
incorporando
planilhas do Excel, em documentos do Word, 186–187
versus vinculando, 193–194
Indicador, caixa de diálogo, 272–273

indicadores, 253, 271–272, 373–377
    excluindo, 274–275
    exibindo, 273–274
    inserindo, 52–53, 271–273
    predefinidos, 273–274
    pulando para, 273–274
Índice de Autoridades, caixa de diálogo, 265
Índice de Ilustrações, caixa de diálogo, 264–265
Índice remissivo, caixa de diálogo, 267–270
índices de autoridades
    criando, 265
    definição, 264–265, 373–377
índices de ilustrações, 264–265, 373–377
índices remissivos, 253, 265, 373–377
    atualizando, 267–268, 271–272
    campos, 266–267
    colunas em, formatando, 270–271
    documentos distribuídos eletronicamente e, 266
    formatando, 267–268, 270–271
    inserindo, 52–53, 267–270
    preenchimentos de tabulação, formatando, 267–268
    referências cruzadas, 52–53, 266–267, 269–270
    seleção de termo, 266–267
informações confidenciais, localizando/removendo, 114–116
Iniciador da Caixa de Diálogo, 65–66, 68–69, 373–377
iniciais
    alterando, 356–357
    entrada de AutoTexto para, alterando, 256–257
iniciando o Word, 35–36, 67–68
Iniciar, botão, 67–68, 346–347
Iniciar Mala Direta, botão, 291–292
Início, guia, 64–65, 68
inserindo
    barras laterais, 258
    bibliografias, 286
    cabeçalhos e rodapés, 160–161, 165–166
    campos de mesclagem, 296–297, 302–303
    células de tabela, 176–177
    citações, 265
    clip-art, 199–200, 203–204
    comentários, 317–320
    data e hora, 100
    data e hora, como campos, 100
    elementos gráficos, 200–201
    equações matemáticas, 218–221
    fontes bibliográficas, 285
    hyperlinks, 276–277
    hyperlinks de email, 279
    imagens, 199–201
    indicadores, 272–273
    índices remissivos, 267–270
    legendas, 264–265
    linhas de borda, 143
    linhas de tabela, 176–177, 179–180
    notas de fim, 281
    notas de rodapé, 281
    números de página, 163
    objetos de desenho, 210–212
    Partes Rápidas, 96–97
    planilhas do Excel, 186, 193–194
    quebras de coluna, 172–173
    quebras de linha, 128–130
    quebras de página, 162–165
    quebras de seção, 163–166
    referências cruzadas, 274–275
    símbolos, 218–219
    tabelas, 175, 177–178
    tabelas rápidas, 182–183
    texto, 91–92
    texto salvo. *Ver* Partes Rápidas
    travessões, 217–218
    WordArt, 205–206
Inserir, guia, 68
Inserir Abaixo, botão, 179–180
Inserir arquivo, caixa de diálogo, 312–313
Inserir bloco de endereço, caixa de diálogo, 298, 306–307
Inserir campo de mesclagem, caixa de diálogo, 298–299
Inserir Citação, botão, 285, 286
Inserir data e hora, botão, 100
Inserir Gráfico, caixa de diálogo, 235–236
Inserir hyperlink, caixa de diálogo, 276–277
Inserir imagem, caixa de diálogo, 149, 200–201
Inserir Índice, botão, 267–268
Inserir Índice de Autoridades, botão, 265
Inserir Legenda, botão, 264–265
Inserir Linha de Saudação, caixa de diálogo, 298, 303–304
Inspetor de Documento, 114
Inspetor de Documento, caixa de diálogo, 114–115
instalando suplementos, 338
Ir para Rodapé, botão, 161–162

J

janela de documento, 65–66, 71–72, 373–377
janelas. *Ver também* janela de documento
  maximizando, 82
  trocando, 81–82, 195
  visualizando todas juntas, 81–82
justificando texto, 129–131, 169–172, 373–377
Justificar, botão, 129–131, 171–172

L

Layout Avançado, caixa de diálogo, 215–216, 228–229
Layout da Página, guia, 68
Layout da Web, botão, 80–81, 339–340
Layout da Web, modo de exibição
  definição, 75–76, 373–377
  trocando para, 80–81
Layout de Impressão, modo de exibição, 75–77, 373–377
layout de jornal. *Ver* colunas
Layouts, galeria, 230–231
Layouts de Gráfico, galeria, 244–245
Legenda, caixa de diálogo, 264–265
legendas, 242, 373–377
legendas, 373–377
  inserindo, 264–265
  tabela de, criando. *Ver* índices de ilustrações
leiaute da página
  alterando, 87
  em colunas. *Ver* colunas
  tabelas e, 192–193
Leitura em Tela Inteira, botão, 79–80
Letra Capitular, botão, 210
Letra Capitular, caixa de diálogo, 210
Letra Capitular, galeria, 210
letra inicial de parágrafo, formatando, 210, 373–377
letra maiúscula, 126–127. *Ver também* versaletes
letra minúscula, 126–127
limpando a formatação, 40–41, 125
Limpar Formatação, botão, 125
Limpar tudo, botão, 96–97
linhas
  desenhando ao longo da página, 143
  desenhando. *Ver* objetos de desenho
  finalizando. *Ver* quebras de linha
  selecionando, 37–38, 93–95
linhas, tabela
  altura, alterando, 176–177, 181–182
  direção do texto, alterando, 181–182
  excluindo, 176–177
  inserindo, 47, 176–177, 179–180
  quebrando entre páginas, 181–182
  selecionando, 176–179
linhas de borda, inserindo, 143
Linhas de Grade, botão, 244–245
linhas de grade, 51–52, 244–245, 373–377
linhas de saudação em cartas modelo, 298, 303–304
linhas de tabela
  altura, alterando, 176–177, 181–182
  excluindo, 176–177
  inserindo, 47, 176–177, 179–180
  quebrando entre páginas, 181–182
  selecionando, 176–179
links, 253–254, 276
  aparência de, 276–277
  Dicas de tela, adicionando em, 279
  editando, 53–54, 276–277, 279
  email, 279
  excluindo, 276–277
  inserindo, 53–54, 276–277, 279
  novas janelas, abrindo em, 277–278
  para URLs, 276–277
  pulando para, 53–54, 276–278
  quadro de destino, configurando, 276–278
links da Web, 253–254, 276
  aparência de, 276–277
  Dicas de tela, adicionando em, 279
  editando, 53–54, 276–277, 279
  email, 279
  excluindo, 276–277
  inserindo, 53–54, 276–277, 279
  novas janelas, abrindo em, 277–278
  para URLs, 276–277
  pulando para, 53–54, 276–278
  quadro de destino, configurando, 276–278
links mailto, 279. *Ver também* hyperlinks
lista de contatos do Outlook como origem de dados de mala direta, 295–296
lista de trabalhos citados, 282
Lista de Vários Níveis, galeria, 141

listas, 136–137. *Ver também* listas com marcadores; listas numeradas
   aninhadas, criando, 42–43, 137–138
   classificando, 42–43, 137–138
   de vários níveis, criando, 42–43, 137–138, 141
   finalizando, 137–138
   nível de recuo, alterando, 42–43
   parágrafos, formatando como, 41–42
   recuo, alterando, 140
   renumeração automática de, 137–138
   tabular. *Ver* listas tabulares
   tipo, alterando, 41–42
listas com marcadores. *Ver também* listas; listas numeradas
   classificando, 141
   criando, 136–137
   finalizando, 137–138
   formatando marcadores em, 137–138
   listas numeradas, convertendo em, 41–42
   parágrafos, convertendo em, 138
   quando usar, 136–137
listas numeradas. *Ver também* listas com marcadores; listas
   convertendo em listas com marcadores, 41–42
   criando, 136–137
   estilo de número, alterando, 137–138
   finalizando, 137–138
   formato numérico, alterando, 140
   quando usar, 136–137
listas tabulares
   alinhando colunas em, 173–174
   configurando com colunas, 169
   criando, 46, 173–174
   definição, 173–174, 373–377
   formatando parágrafos em, 174–175
   largura de coluna em, 173–174
   paradas de tabulação personalizadas para, 173–175
locais confiáveis, 361
locais de arquivo, alterando, 360
localizando
   estilos, e substituindo, 159
   formatando, 136–137
   informações confidenciais, e removendo, 114–116
localizando texto, 39–40, 104–105
   apenas palavras inteiras, 106–107
   com determinada formatação, 106–107
   correspondendo a caixa, 106–107
   homônimos e, 106–107
   opções, 105–106
   selecionando resultados, 107–108
   todas as formas da palavra, 106–107
   usando caracteres curinga, 106–107
Localizar, botão, 106–107
Localizar e substituir, caixa de diálogo, 105–107, 136–137, 272–273

M

macros. *Ver* Partes Rápidas
Mais, botão, 157
mala direta, 289–290. *Ver também* campos de mesclagem
   adicionando dados na, 54–55, 292–293
   blocos de endereço, inserindo, 297
   campos na, 290–291
   classificando, 54–55
   com mensagens de email, 302
   criando, 290–291
   definição, 373–377
   documento de formulário, 289–290
   documento principal, definido, 373–377
   filtrando, 54–55, 294–295
   imprimindo, 55–56
   lista de contatos do Outlook como, 295–296
   lista de destinatários, 292–294, 301–303
   mesclando dados selecionados da, 290–291
   para cartas modelo. *Ver* cartas modelo
   para etiquetas. *Ver* etiquetas
   registros, 373–377
   registros na, 289–290
   salvando durante o processo, 296–297
   visualizando, 300–301, 304–305
Mapa do Documento
   definição, 76–77, 373–377
   exibindo, 35–36, 78–79
   navegando no, 79–80
   ocultando, 78–79
Marca D'água, botão, 146–147
Marca d'água impressa, caixa de diálogo, 147–148
marcador Recuo deslocado, 172–173
marcadores, 373–377
Marcadores, botão, 138
Marcadores, galeria, 138
marcadores de dados, 242, 373–377
marcadores de recuo, 129
marcando citações. *Ver* fontes bibliográficas
marcando documentos como finais, 115–116

marcando entradas de índice remissivo. *Ver* índices remissivos
Marcar citação, botão, 265
Marcar Entrada, botão, 268–269
Marcar entrada de índice remissivo, caixa de diálogo, 266, 268–269
marcas, 373–377
marcas, HTML, 339
marcas d'água
   adicionando, como elementos gráficos, 149
   adicionando, como texto, 148–149
   adicionando, 42–43, 146–147
   cor, adicionando, 148–149
   definição, 145–146, 373–377
   elementos gráficos como, 43–44, 149
marcas d'água de imagem, 43–44, 149. *Ver também* marcas d'água
   adicionando, 42–43, 146–147, 149
   cor, adicionando, 148–149
   definição, 145–146, 373–377
marcas de parágrafo. *Ver também* caracteres não-imprimíveis
   excluindo, 95–96
   exibindo/ocultando, 79–80, 185–186
marcas de referência, 281, 373–377
marcas HTML, 339
marcas inteligentes, 373–377
margens
   alterando, 46, 86–87
   configurações de, 127–128
   configurando no padrão, 165–166
   de colunas, 171–172
   definição, 373–377
   em células de tabela, configurando, 181–182
   ocultando, no modo de exibição Layout de Impressão, 77
Margens, botão, 68–69, 165–166
Margens, galeria, 87
Margens da Célula, botão, 181–182
Matemática Básica, galeria, 220–221
material de referências, 38–39, 101–102. *Ver também* Dicionário de Sinônimos
maximizando janelas, 82
Maximizar, botão, 82, 249–250
mensagens de email
   documentos, anexando em, 311–312
   enviando, 313–314
   enviando para vários destinatários. *Ver* mensagens de email de mala direta

importância, configurando, 313–314
   personalizando, 55–56
menu Arquivo. *Ver* menu Office
menu Office, 67–68, 373–377
menus, fechando, 68
Mesclagem para email, caixa de diálogo, 304–305
mesclagem para impressão. *Ver* mala direta
Mesclagem para impressora, caixa de diálogo, 307–308
mesclando
   células de tabela, 47, 176–179
   correspondência. *Ver* mala direta
   documentos comparados, 321–323
   parágrafos, 95–96
Mesclar Células, botão, 178–179
Mesclar para novo documento, caixa de diálogo, 301
Microsoft Excel, botão, 188–189
Microsoft Media Gallery, 205, 373–377
Microsoft Office Word
   fechando, 72–73
   importando dados para planilha do Excel, 247–248
   iniciando, 35–36, 67–68
Microsoft Office Word 2003, 362
miniaturas, 35–36, 66–67, 373–377
Minibarra de ferramentas, 122–123, 356–357
minimizando a Faixa de Opções, 363
Minimizar, botão, 64–65
modelo Building Blocks, 98–99, 367
modelo de documento Normal, 152–153
modelos
   abrindo, 154–155
   alterando, 159
   aplicando, 44–45, 159
   criando, 153–154
   definição, 152–153, 373–377
   documentos, criando a partir de, 43–44
   download, 153
   espaços reservados em, 153, 155–156
   gráficos, salvando como, 246–247
   informações incluídas em, 153
   local de armazenamento padrão, 155–156
   modificando, 153–154
   Modo de Compatibilidade, 153–154
   padrão no Word, 153
   para tabelas. *Ver* tabelas rápidas
   salvando, 155–156
   salvando documentos como, 43–44, 156–157
   visualizando, instalados, 153–154

modelos do site Office Online, 153
Modelos e Suplementos, caixa de diálogo, 159, 338, 347–348
Modo de Compatibilidade, 75–76, 153–154
modo de exibição Estrutura de Tópicos, 75–76
    definição, 107–108
    expandindo títulos no, 104
    fechando, 104–105
    mostrando todos os níveis no, 104–105
    movendo texto no, 38–39
    movendo títulos no, 104
    níveis de título, 38–39
    recolhendo níveis no, 80–81, 103
    trocando para, 38–39, 80–81, 102–103
modo de visualização Leitura em Tela Inteira, 75–76, 79–80, 373–377
modo Inserir, 92–93
modos de exibição. *Ver também* modos de exibição específicos
    trocando, 36–37
    trocando entre, 76–77
Mostrar Marcações, botão, 323–324
Mostrar Nível, botão, 103
Mostrar/ocultar ¶, botão, 185–186
movendo
    elementos gráficos, 204
    imagens, 204
    objetos de desenho, 213–214
    tabelas, 177–178
    texto, 37–38, 95–96
    títulos, no modo de exibição Estrutura de Tópicos, 104
Mover para Cima, botão, 104

N

navegadores Web
    documentos da Web, abrindo em, 342
    home page, abrindo na, 346
    visualizando documentos conforme exibidos em. *Ver* modo de exibição Layout da Web
navegando
    caixa de diálogo Abrir, 73–74
    caixa de diálogo Salvar como, 85–86
    com barras de rolagem, 71–72
    comentários, 56–57, 318–320
    documentos, 71–73
    em planilhas do Excel, 238–239
    Mapa do Documento, 79–80

    revisões, 315–318
    tabelas, 178–179
navegando em documentos rapidamente, 72–73
Negrito, botão, 122–123, 174–175
negrito, texto em, 122–123, 125–126, 174–175
nome de usuário
    alterando, 356–357
    entrada de AutoTexto para, alterando, 256–257
nomes de campo, 373–377
Nota de Rodapé e Nota de Fim, caixa de diálogo, 281
notas de fim e notas de rodapé, 281, 373–377
notas. *Ver* comentários
Nova Conta de Blog, caixa de diálogo, 343–344
Nova lista de endereços, caixa de diálogo, 302–303
Novo Comentário, botão, 317–320
Novo(a), caixa de diálogo, 155–156
Numeração, botão, 139
Numeração, galeria, 139
números de página. *Ver também* blocos de construção
    estilo, alterando, 163
    formatando, 44–45, 163
    inserindo, 44–45, 163
    numeração diferente, selecionando, 163
    opções de exibição, 163

O

objetos de desenho, 199, 373–377. *Ver também* elementos gráficos; imagens
    agrupando, 49–50, 211–214
    altura e largura, criando iguais, 211–212
    atributos de, 210–212
    comumente usados, 210
    copiando, 49–50, 212–213
    cores, alterando, 212–213
    girando, 213–214
    inserindo, 210–212
    movendo, 48, 213–214
    redimensionando, li
    seleção automática de, 210–211
    selecionando vários, 213–214
    telas de desenho. *Ver* telas de desenho
objetos incorporados, 373–377
objetos vinculados, 373–377
ocultando
    caracteres não-imprimíveis, 35–36, 81–82
    códigos de campo, 100

comentários, 57–58, 320–321
espaço em branco (margens superior e inferior), 77
itens da barra de status, 65–66
Mapa do Documento, 78–79
marcas de parágrafo, 79–80, 185–186
marcas XML, 349
margens, no modo de exibição Layout de Impressão, 77
régua, 78–79
revisões, 57–58, 315–317
texto, 76–77, 267–268
Opções da Web, caixa de diálogo, 339–340
Opções de colagem, botão, 95
Opções de Equação, caixa de diálogo, 218–219
Opções de etiqueta, caixa de diálogo, 306–307
Opções de Imagens, caixa de diálogo, 344–345
opções de programa, 60–61, 339–340, 355–356, 363–364
Opções de XML, caixa de diálogo, 348–349
Opções do Word, janela, 92–93, 339–340, 355–356, 363–364
Opções Gerais, caixa de diálogo, 324
opções padrão, alterando, 60–61
órfãs
    definição, 373–377
    evitando, 44–45, 163–165
Organizador de Blocos de Construção, 253–254, 256–257
organizando clip-art, 205
Organizar janelas, caixa de diálogo, 248–249
Organizar Tudo, botão, 248–249
orientação
    alterando, 86–88
    definição, 373–377
Orientação, botão, 86–87
orientação da página, 86–88, 373–377
orientação paisagem, 86–88, 373–377
orientação retrato, 86–88, 373–377
origem de dados de mala direta, 54–55, 289–291, 373–377
origem de dados para mala direta, 289–291, 373–377
    campos em, 290–291
    classificando, 54–55
    criando, 290–291
    dados, adicionando, 292–293
    filtrando, 54–55, 294–295
    lista de contatos do Outlook como, 295–296
    mesclando dados de, 290–291
    registros, 289–290

registros, adicionando, 54–55
salvando, 303–304
Ortografia e Gramática, botão, 111–112
ortográfica, correção, 39–40
    automática. *Ver* AutoCorreção
    configurações, alterando, 357–358
    dicionário, adicionando palavras no, 113–114
    do documento inteiro, 109–110
    ignorando erros durante, 112–113

P

padrões, plano de fundo, 145–147
Página Anterior, botão, 71–72
paginação, 162–163
páginas da Web
    definição, 335, 373–377
    documentos, salvando como, 59–60. *Ver também* documentos Web
Painel de Revisão, botão, 319–320
painel de revisão, 56–57, 318–321
painel de tarefas Gerenciamento de Documentos, 331–332
painel de tarefas Mala Direta, 291–292
painel de tarefas Pesquisar, 100–102
palavras com sublinhado na cor verde. *Ver* correção ortográfica
palavras com sublinhado na cor vermelha. *Ver* correção ortográfica
palavras. *Ver também* texto
    exibindo o número de, no documento, 113–114
    localizando, inteiras, 106–107
    selecionando, 37–38, 92–93
    vermelhas e sublinhadas. *Ver* correção ortográfica
Palavras-chave, caixa de diálogo, 205
palavras-chave, clip-art, 205
parada de tabulação Direito, 175
parada de tabulação Esquerdo, 175
paradas de tabulação
    alinhamento de, alterando, 175
    barras, 173–174
    configurando, com réguas, 128–129
    configurando, 41–42, 132–133, 175
    configurando preenchimentos, 129
    definição, 128–129, 373–377
    disposição padrão de, 128–129
    movendo o ponto de inserção entre, 129
    opções de configuração, 128–129
    para vírgulas decimais, 133

removendo, 128–129
reposicionando, 41–42, 128–129
separando colunas com. *Ver* listas tabulares
Parágrafo, caixa de diálogo, 130, 340–341
parágrafos
   aplicando formatação nos, subseqüentes, 130
   bordas, 41–42
   centralizando, 129–131
   configurações para, 127–128
   definição, 127–128, 373–377
   emoldurando, 134–135
   espaçamento entre, 130, 134
   justificando, 129
   listas, formatando como, 41–42
   mantendo com o próximo, 163–166
   mesclando, 95–96
   primeira letra, formatando de modo diferente, 210, 373–377
   quebras de página e, 163–166
   selecionando, 37–38, 92–96
   sombreando, 130
Parar Escrita à Tinta (Tablet PC), botão, 321–322
partes prontas. *Ver* blocos de construção
Partes Rápidas, botão, 97–98, 256–257
Partes Rápidas, galeria, 96–97, 256–257
Partes Rápidas. *Ver também* blocos de construção
   criando, 96–97
   definição, 373–377
   excluindo do Organizador de Blocos de Construção, 259–260
   inserindo, 37–38, 96–97
   salvando, 97–98
   salvando texto como, 37–38, 96–97
pastas, criando, 36–37, 82–83
pastas pai, 373–377
permissões, 373–377
personalizando
   mensagens de email, 55–56
   Office, 356–357
Personalizar Barra de Ferramentas de Acesso Rápido, botão, 363, 368, 370–371
Personalizar teclado, caixa de diálogo, 370–371
pesquisando informações em material de referência, 38–39, 101–102. *Ver também* Dicionário de Sinônimos
Pesquisar, botão, 101–102
planilhas do Microsoft Office Excel
   atualizando, 235
   colunas, redimensionando, 237–238

   comandos de teclado para, 238–239
   copiando dados em, 247–248
   copiando e colando em documentos do Word, 186–189
   dados, editando, 240
   dados, excluindo, 237–238
   dados, inserindo, 237–238
   estrutura das, 235
   incorporando em documentos do Word, 186–187
   inserindo, 47, 186
   intervalo de origem de dados, editando, 239
   intervalos de célula em, 237–238
   métodos de inserção, 193–194
   navegando em, 238–239
   selecionando, 235
   vinculando em, 186–187, 189–190
planos de fundo, 145–146
   cor, alterando, 42–43, 146–147
   efeitos de preenchimento, 42–43, 146–147
   texturas, adicionando, 146–147
ponteiro, 65–66
ponteiro do mouse, 65–66
ponto de inserção
   barras de rolagem e, 71–72
   colocando em um ponto específico, 71–72
   exibição da localização na barra de status, 72–73
   movendo, 71–72
   movendo, de parada de tabulação para parada de tabulação, 129
   movendo, para a próxima página, 74–75
   movendo, para o final da linha, 72–75
   movendo, para o final do documento, 35–36, 72–75
   movendo, para o início da linha, 74–75
   movendo, para o início do documento, 35–36
   movendo, um caractere, 74–75
   mover, atalhos de teclado para, 72–73
pontos, 373–377
pontos de dados em planilhas, 235, 373–377
Posição, botão, 213–214
Posição, galeria, 213–214
posicionamento absoluto de elementos gráficos, 215
posicionando elementos gráficos de forma relativa, 215
posicionando texto com réguas, 127–128
postagens (posts), blog, 342. *Ver também* blogs
   atribuindo nomes, 345–346
   criando, 343–344
   definição, 373–377
   editando, 346

publicando, 345–346
títulos, criando, 345–346
Preenchimento da Forma, botão, 207–208, 212–213
preenchimentos de tabulação
    configurando, 129
    definição, 373–377
    em índices remissivos, 267–268
    em sumários, 263–264
primeira letra do parágrafo, formatando, 210, 373–377
primeira página, cabeçalho diferente na, 160–161
Primeiro registro, botão, 301
processamento de texto, 64–65, 373–377
procurando
    estilos, e substituindo, 159
    formatação, 136–137
    homônimos, 106–107
    informações confidenciais, e removendo, 114–116
procurando materiais de referência, 101–102
procurando texto, 39–40, 104–105
    apenas palavras inteiras, 106–107
    com determinada formatação, 106–107
    correspondendo a caixa, 106–107
    homônimos e, 106–107
    opções, 105–106
    selecionando resultados, 107–108
    todas as formas da palavra, 106–107
    usando caracteres curinga, 106–107
Procurar por página, botão, 74–75
proibindo
    edição, 58–59, 324–328
    estilos, 326–327
Propriedades, caixa de diálogo, 114–115
Propriedades da tabela, caixa de diálogo, 181–182
protegendo documentos, 325–326. *Ver também* senhas; documentos somente leitura
Proteger Documento, botão, 326–327
Próxima Página, botão, 71–72, 74–75, 78, 87–88
Próxima Seção, botão, 160–161
Próxima Tela, botão, 80–81
Próximo, botão, 317–318
Próximo registro, botão, 300–301
publicando
    arquivos PDF, online, 337
    blogs, via email, 342–343
    posts de blog, 59–60, 345–346
Publicar como PDF ou XPS, caixa de diálogo, 336–337
Publicar Entrada, botão, 346

Q

quebra automática de linha, 82–84, 215, 373–377
Quebra Automática de Texto, botão, 213–216
quebra Contínuo, 163–164
Quebra de Página, botão, 164–165, 262–263
quebra Página Ímpar, 163–164
quebra Página Par, 163–164
quebra Próxima Página, 163–164
quebras
    página, em sumários, 262–264
    página, excluindo, 163–164
    página, impedindo, 163–166
    página, inserindo, 46, 162–165
    página, manual, 162–163, 373–377
    página, opções de, 163
    página, repaginação de, 163
    página, temporária, 162–163, 373–377
    seção, cabeçalhos e rodapés e, 159–160
    seção, criando, sem quebrar páginas, 163–164
    seção, definidas, 163–164, 373–377
    seção, em páginas de numeração par ou ímpar, 163–164
    seção, excluindo, 163–164
    seção, exibição de, 163–164
    seção, inserindo, 46, 163–166
Quebras, botão, 165–166, 172–173
quebras automáticas de texto, 127–128, 373–377
quebras de coluna, 46, 169–170, 172–173, 373–377
quebras de linha, 40–41, 127–130, 373–377
quebras de página manuais, 162–163, 373–377. *Ver também* quebras de página
quebras de página temporárias
    definição, 162–163, 373–377
    repaginação de, 163
quebras de página. *Ver também* quebras de seção
    em sumários, 262–264
    excluindo, 163–164
    impedindo, 163–166
    inserindo, 46, 162–165
    manuais, 162–163, 373–377
    opções de, 163
    repaginação de, 163
    temporárias, 162–163, 373–377
quebras de seção. *Ver também* quebras de página
    cabeçalhos e rodapés e, 159–160
    criando, sem quebrar páginas, 163–164
    definição, 163–164, 373–377
    em páginas de numeração par ou ímpar, 163–164

excluindo, 163–164
exibição de, 163–164
inserindo, 46, 163–166

R

Rascunho, botão, 81–82
Rascunho, modo de exibição, 76–77, 373–377
    itens de tabela invisíveis no, 175–176
    trocando para, 81–82
realçando. *Ver* selecionando
Realçar Campos de Mesclagem, botão, 304–305
rebaixando títulos, 38–39, 104, 373–377
Rebaixar, botão, 104
rebatendo objetos de desenho, 213–214
recalculando fórmulas, 187–188
recolhendo o modo de exibição Estrutura de Tópicos, 38–39, 80–81, 103
Recolorir, botão, 201–202
Recolorir, galeria, 201–202
recortando e colando tabelas, 177–178
recortando texto, 37–38, 95–96, 258
Recortar, botão, 95–96, 258
recuando parágrafos, 41–42
recuo
    aumentando, 132–133
    de listas, alterando, 140
    deslocado, 129, 172–173t
recuo de parágrafo, 41–42, 132–133
    direita, 131–132
    esquerda, 131–132
    primeira-linha, 41–42, 130–131
recuo deslocado, 129, 172–173
recursos não-suportados, verificando, 114
redefinindo
    Barra de Ferramentas de Acesso Rápido, nas configurações padrão, 367
    diagramas, na versão original, 230
Redefinir Gráfico, botão, 230
redimensionando
    clip-art, 204
    colunas de planilha do Excel, 237–238
    diagramas, 232
    elementos gráficos, 48, 200–201
    imagens, 204
    painel de diagrama, 228–229
    painel de visualização, 318–319
    tabelas, 176–177, 181

telas de desenho, 213–214
    WordArt, 207–208
reduzindo fontes, 121–124, 373–377
Reduzir, botão, 78–79
Reduzir Fonte, botão, 123–124
refazendo ações, 94
Refazer, botão, 94
Referência Cruzada, botão, 274–275
Referência Cruzada, caixa de diálogo, 274–275
referências, formatando, 283
Referências, guia, 70
referências, jurídicas, 253–254
    armazenamento de, 282
    categorias, alterando, 265
    citando, 282
    controlando, 280
    criando, 283
    editando, 284
    estilo APA, compatibilizando com, 287
    formatando, 283
    índice de, criando. *Ver* índices de autoridades
    inserindo, 53–54, 265, 285
    inserindo no Gerenciador de Fontes Bibliográficas, 282
    tornando disponíveis no documento atual, 285
referências cruzadas, 253–254, 271–272, 373–377
    atualizando, 276
    inserindo, 274–275
    pulando para, 276
referências cruzadas em índices remissivos
    aparência de, 266–267
    marcando, 52–53, 269–270
registrando blogs, 59–60, 342–344. *Ver também* blogs
registros em origem de dados de mala direta, 289–290
réguas
    configurando paradas de tabulação com, 128–129, 132–133
    exibindo/ocultando, 78–79
    posicionando texto com, 127–128
rejeitando alterações controladas, 56–57, 315–316
renomeando arquivos, 84–85
reordenando
    dados de tabela, 177–178
    lista de destinatários de mala direta, 293–294
    listas, 42–43, 137–138
    listas com marcadores, 141
    origem de dados de mala direta, 54–55

repetindo formatação, 173–174
Repetir, botão, 122–123, 173–174
restaurando ações, 94
Restaurar abaixo/Maximizar, botão, 64–65
Restrições de Formatação, caixa de diálogo, 326–327
restringindo
  edição, 58–59, 324–328
  estilos, 326–327
Restringir Formatação e Edição, painel de tarefas, 326–327
revertendo alterações, 37–38, 94–96
Revisão, guia, 70–71
revisão. *Ver também* controlando alterações; correção ortográfica
  de revisor específico, exibindo, 323–324
  definição, 314–315, 373–377
  em balões, exibindo, 314–317
  exibindo, 56–57
  exibindo certos tipos de, 315–316
  exibindo todas, 323–324
  navegando pelas, 315–318
  ocultando, 57–58, 315–317
Rodapé, botão, 161–162
rodapés. *Ver* blocos de construção; cabeçalhos e rodapés
rótulos de marca de escala, em gráficos, 242, 373–377

S

salvamento automático, 85–86
salvando, 82–83
  atalhos de teclado, no modelo específico, 371–372
  automaticamente, alterando a configuração, 85–86
  blocos de construção, personalizados, 259
  cartas modelo, sem informações de mala direta, 297
  criando pastas, 82–83
  documentos XML, 351–352
  Estilos Rápidos, 157
  formato padrão, alterando, 359
  gráficos, como modelos, 246–247
  localização padrão, alterando, 357–358
  modelos, 155–156
  origem de dados de mala direta, 303–304
  Partes Rápidas, 97–98
  temas, 43–44, 149, 151–152
  texto, como Partes Rápidas, 96–98

salvando documentos
  com novo nome, 82–83
  como modelos, 43–44, 156–157
  como páginas da Web, 58–59, 341–342
  em diferentes formatos de arquivo, 335–336
  no formato XML, 59–60
  pela primeira vez, 36–37, 82–83
Salvar, botão, 82–84, 158, 301
Salvar como, caixa de diálogo, 82–86, 155–156, 301, 341–342, 345–346
Salvar como Modelo, botão, 246–247
Salvar lista de endereços, caixa de diálogo, 303–304
Salvar Modelo de Gráfico, caixa de diálogo, 246–247
Salvar Tema Atual, caixa de diálogo, 151–152
SaveAsPDFandXPS, suplemento, 336–337
Seção Anterior, botão, 161–162
selecionando, 373–377
  barras laterais, 259
  campos, 100
  campos de mesclagem, 304–305
  células de tabela, 176–177
  colunas de tabela, 176–177
  diagramas, 230–231
  documentos, 93–94
  elementos gráficos, 244
  entradas de índice remissivo, 271–272
  linhas, 93–95
  linhas de tabela, 176–179
  objetos de desenho, vários, 213–214
  planilhas do Excel, 235
  tabelas, 176–177
  títulos, 122–123
selecionando texto, 37–38, 92–93
  adjacente, 94
  com formatação semelhante, 40–41, 125–126
  desativando a Minibarra de ferramentas, 356–357
  encontrado, 107–108
  frases, 92–93
  grandes seções de, 170–171
  não-adjacente, 93–94
  palavras, 92–93
  parágrafos, 92–96
  rapidamente, 93–94
  todo, 171–172
Selecionar, botão, 125–126, 134, 164–165, 171–172, 340–341
Selecionar Contatos, caixa de diálogo, 295–296

Selecionar Dados, botão, 238–239, 249–250
Selecionar Fonte de Dados, caixa de diálogo, 239, 249–250, 292–293
Selecionar objeto da procura, botão, 72–75
senhas, 324
 configurando, 57–58, 325
 diretrizes, 325
 inserindo, 325
 removendo, 58–59, 325–326
separadores de nota, 373–377
serviço Blogger, 342–343
serviços de pesquisa, 38–39, 101–102. *Ver também* Dicionário de Sinônimos
serviços do SharePoint para o Microsoft Office 2007. *Ver* espaços de trabalho de documento
seta de Adicionar Forma, 230–231
seta de Estilo, 283
seta de Publicar, 345–346
setas de botão, 65–66
SGML (Standard Generalized Markup Language), 346, 373–377
SharePoint
 blogs e, 342–343
 espaços de trabalho de documento. *Ver* espaços de trabalho de documento
Símbolo, botão, 218–219
Símbolo, caixa de diálogo, 218–219
Símbolo, galeria, 218–220
símbolos
 adicionando na galeria, 220–221
 combinações de teclado para, 217–218
 inserindo, 49–50, 218–219
Sinal de Multiplicação, botão, 220–221
sinônimos, localizando. *Ver* Dicionário de Sinônimos
SmartArt
 cores, alterando, 233
 estilos, alterando, 232
SmartArt, botão, 226–227
sobrepondo elementos gráficos, 215
Sobrescrever, modo, 92–93
sombreado, 209
sombreando
 células de tabela, 184–185
 parágrafos, 130
Standard Generalized Markup Language (SGML), 346, 373–377
sub-entradas em índices remissivos
 definição, 266, 373–377
 marcando, 269–270

Sublinhado, botão, 122–123
sublinhando texto, 122–123
substituindo estilos, 159
substituindo texto, 39–40, 95, 105–108
 enquanto você digita, 92–93
 opções, 105–106
 todas as instâncias, 108
Substituir, botão, 136–137
Sumário, botão, 261–262
Sumário, caixa de diálogo, 261–263
Sumário, galeria, 261–262
sumários
 atualizando, 52–53, 261–264
 criação padrão de, 260–261
 criando, 52–53, 262–263
 definição, 253, 260–261, 373–377
 estilo preenchimento de tabulação, selecionando, 263–264
 estilos, 261–264
 excluindo, 262–263
 formatando, 261–262
 opções, 261–262
 pulando para entradas em, 263–264
 quebras de página, inserindo, 262–264
 títulos e, 260–261
suplementos
 definição, 338, 373–377
 descarregando, 338
 download, 338
 excluindo, 338
 instalados, visualizando, 338
 instalando, 338
 SaveAsPDFandXPS, 336–337
Suplementos de COM, caixa de diálogo, 338
suprimindo. *Ver* ocultando

T

Tabela, botão, 175, 177–178, 182–183, 194
tabelas
 aninhadas, 192–193, 195, 373–377
 atualizando campos em, 187–188
 bordas, aplicando, 184–185
 cabeçalhos, virando de lado, 181–182
 calculando em. *Ver* fórmulas
 cálculos matemáticos em, 175–176
 centralizando texto em, 178–179
 classificando dados em, 177–178

convertendo texto em, 47, 180
criando, 177–178
criando, a partir de texto existente, 180
criando, desenhando, 194
desenhando, 48, 194
dimensionando, 176–177, 181
direção do texto, alterando, 181–182
elementos de, 175–176
expressões matemáticas em. *Ver* fórmulas
formatação de texto em, 182–183
guias contextuais para, 175–176
inserindo, 47, 175, 177–178
inserindo texto em, 176–179
largura, especificando, 181–182
legendas, criando índice de. *Ver* índices de ilustrações
legendas, inserindo, 264–265
linhas de grade em, 175–176
modelos de. *Ver* tabelas rápidas
modo de exibição Rascunho, itens invisíveis no, 175–176
movendo, 177–178
navegando, 178–179
para leiaute de página, 192–193
predefinidas. *Ver* tabelas rápidas
propriedades, alterando, 181–182
rápidas. *Ver* tabelas rápidas
recortando e colando, 177–178
selecionando, 176–177
título, criando, 178–179

Tabelas Rápidas, l
definição, 47, 181–182, 373–377
inserindo, 182–183

Tablet PC, inserindo alterações com, 321–322
Tabulação, caixa de diálogo, 129
tabulações decimais, 133
Tamanho da Fonte, botão, 123–124
tamanho de fonte, 121–124, 373–377
tamanho do papel, 86–87
Tamanhos de Papel, galeria, 86–87
tecla Insert, 92–93
telas de desenho, 373–377
  abrindo, 210–211
  configurando como padrão, 210–211
  formatando, 210–211
  movendo independentemente do texto, 213–214
  quebrando texto em torno, 213–214
  redimensionando, 213–214

temas
  aplicando, 43–44, 149–151
  cores, alterando, 150–151, 356–357
  definição, 149, 373–377
  fontes em, alterando, 150–151
  local de armazenamento de, 149–150
  mistura e correspondência, 149–151
  para estilos. *Ver* Estilos Rápidos
  salvando novos, 43–44, 149, 151–152
  visualizando, 68–69

Temas, botão, 68–69, 149–150
Temas, galeria, 70, 149–150
Teorema Binomial, inserindo, 218–219
Teorema de Pitágoras, inserindo, 218–219
texto caprichado (WordArt)
  convertendo texto em, 207–208
  cor, alterando, 207–208
  criando, 205–206
  definição, 373–377
  efeito de sombra, aplicando, 209
  efeitos 3D, adicionando, 209
  espaçamento entre letras, alterando, 207–208
  estrutura de tópicos, adicionando ao texto, 207–208
  forma, alterando, 208–209
  guias contextuais para, 205–206
  inserindo, 49–50, 205–206
  redimensionando, 207–208

texto curvado. *Ver* WordArt
texto forte, 122–123, 125–126, 174–175
texto invisível, 76–77, 267–268
texto multicolorido. *Ver* WordArt
texto não-formatado, colando, 257–258
texto tridimensional. *Ver* WordArt
texto. *Ver também* fontes
  alinhando, nas margens direita e esquerda, 129–131, 169–172, 373–377
  anulando a seleção, 93–94
  arrastando, 37–38, 95–96
  caprichado. *Ver* WordArt
  centralizando, 171–172
  colando, 37–38, 94, 95
  copiando, 37–38, 93–95
  cor, 40–41, 121–122, 125, 373–377
  efeitos especiais para. *Ver* WordArt
  em colunas. *Ver* colunas
  em diagramas, adicionando, 230–231
  em negrito, 122–123, 125–126, 174–175
  em tabelas, formatando, 182–183
  excluindo, 37–38, 92–93, 95

inserindo, 91–92
justificando, 130–131
limpando a formatação, 40–41
localizando. *Ver* localizando texto
marcas d'água. *Ver* marcas d'água
movendo, 37–38, 93–94
mudando de linha automaticamente, 83–84, 215, 373–377
não formatado, colando, 257–258
ocultando, 76–77, 267–268
organizando em torno de imagens, 215
Partes Rápidas, salvando como, 37–38
posicionando, com réguas, 127–128
realçando, 124
recortando, 95–96, 258
recortando e colando, 37–38
removendo a formatação de, 125
salvando, como Parte Rápida, 96–98
salvo, inserindo. *Ver* Partes Rápidas
selecionado, Minibarra de ferramentas para formatação, 122–123
selecionando. *Ver* selecionando texto
sublinhando, 122–123
substituindo, 95. *Ver* substituindo texto
tabelas, convertendo em, 47, 180
traduzindo, 38–39
WordArt, convertendo em, 207–208

texturas, plano de fundo, 146–147
tipos. *Ver* fontes
títulos
  elevando, 104
  estilos internos de, 102–103
  movendo, no modo de exibição Estrutura de Tópicos, 104
  organizando documentos em torno de, 102–103
  rebaixando, 104
  selecionando, 122–123
  sumários e, 260–261
títulos, tabela, 178–179
títulos de página. *Ver* cabeçalhos e rodapés
traduzindo texto, 38–39, 102–103
Traduzir, botão, 102–103
transformações, XML, 373–377
travessões, 217–218. *Ver também* símbolos
trocando janelas de documento, 36–37

U

URLs (*Uniform Resource Locators*), 276–277

V

validando esquemas XML, 349
Verificador de Compatibilidade, 114
verificando documentos, 116–117, 284
Verificar ortografia e gramática, caixa de diálogo, 109–112
versaletes, 125–126
versões anteriores, garantindo a compatibilidade com, 114
vinculando, 193–194
  em planilhas do Excel, 186–187
  planilhas do Excel, 189–190
  versus incorporando, 193–194
Visualização de Impressão, 36–37, 85–87
visualização dinâmica, 66–67
  de cores do tema, 70
  de estilos, 119–120
  definição, 373–377
visualizando
  documentos, antes de imprimir, 36–37, 85–86
  documentos da Web, 339–340
  efeitos de comando. *Ver* visualização dinâmica
  estilos, 119–120
  Estilos Rápidos, 119–120
  linhas de saudação em cartas modelo, 303–304
  mala direta, 300–301, 304–305
  temas, 68–69
visualizando
  duas páginas de uma vez, 35–36, 78
  janelas, todas em uma única janela, 81–82
Visualizar Resultados, botão, 304–305
viúvas
  definição, 373–377
  evitando, 44–45, 163–165

W

Web logs (blogs), 335, 342, 373–377. *Ver também* posts de blog
  capacidade de carregamento de imagens, ativando, 344–345
  configurando, 342–343
  contas, configurando, 342–343
  entradas recentes, exibindo, 346
  publicando, 59–60, 342–343
  registrando, 342–344
  SharePoint e, 342–343
  texto, formatando, 345–346

Windows Live Spaces
 blogs, registrando, 343–344
 espaço de blog, criando no, 342–343a
Word
 fechando, 72–73
 importando dados para planilha do Excel, 247–248
 iniciando, 35–36, 67–68
Word 2003, 362
WordArt
 convertendo texto em, 207–208
 cor, alterando, 207–208
 criando, 205–206
 definição, 373–377
 efeito de sombra, aplicando, 209
 efeitos 3D, adicionando, 209
 espaçamento entre letras, alterando, 207–208
 estrutura de tópicos, adicionando no texto, 207–208
 forma, alterando, 208–209
 guias contextuais para, 205–206
 inserindo, 49–50, 205–206
 redimensionando, 207–208
WordArt, botão, 205–206
WordArt, galeria, 205–206

X

XML (*Extensible Markup Language*), 346, 350–351
XML, documentos
 criando, 346–347
 definição, 335, 373–377
 elementos de classe, aplicando, 350
 estrutura inválida, salvando com, 351–352
 marcas, 349
 salvando, 59–60, 351–352
 transformações, 351–352, 373–377
XML, esquemas
 adicionando, 347–348
 definição, 346–347, 373–377
 validando, 349
XPS, formato, 58–59

Z

Zoom, botão, 77, 148–149, 161–162, 171–172
Zoom, caixa de diálogo, 77, 171–172

IMPRESSÃO:

GRÁFICA EDITORA Pallotti
IMAGEM DE QUALIDADE

Santa Maria - RS - Fone/Fax: (55) 3220.4500
www.pallotti.com.br